哈佛百年经典

穆勒文集
卡莱尔文集

[英]约翰 · 穆勒 / [苏格兰]卡莱尔◎著
[美]查尔斯 · 艾略特◎主编
王海涛◎译

北京理工大学出版社
BEIJING INSTITUTE OF TECHNOLOGY PRESS

图书在版编目（CIP）数据

穆勒文集 /(英) 穆勒著；王海涛译. 卡莱尔文集 /(苏格兰) 卡莱尔著；王海涛译. —北京：北京理工大学出版社，2014.8（2019.9 重印）

(哈佛百年经典)

ISBN 978-7-5640-8998-6

Ⅰ. ①穆… ②卡… Ⅱ. ①穆… ②卡… ③王… Ⅲ.①社会科学-文集 Ⅳ. ①C53

中国版本图书馆 CIP 数据核字（2014）第 051327 号

出版发行 / 北京理工大学出版社有限责任公司
社　　址 / 北京市海淀区中关村南大街 5 号
邮　　编 / 100081
电　　话 / (010)68914775（总编室）
　　　　　82562903（教材售后服务热线）
　　　　　68948351（其他图书服务热线）
网　　址 / http://www.bitpress.com.cn
经　　销 / 全国各地新华书店
印　　刷 / 三河市金元印装有限公司
开　　本 / 700 毫米×1000 毫米　1/16
印　　张 / 25.25
字　　数 / 362 千字
版　　次 / 2014 年 8 月第 1 版　2019 年 9 月第 3 次印刷
定　　价 / 68.00 元

责任编辑 / 王俊洁
文案编辑 / 王俊洁
责任校对 / 周瑞红
责任印制 / 边心超

出版前言

人类对知识的追求是永无止境的，从苏格拉底到亚里士多德，从孔子到释迦摩尼，人类先哲的思想闪烁着智慧的光芒。将这些优秀的文明汇编成书奉献给大家，是一件多么功德无量、造福人类的事情！1901年，哈佛大学第二任校长查尔斯·艾略特，联合哈佛大学及美国其他名校一百多位享誉全球的教授，历时四年整理推出了一系列这样的书——《Harvard Classics》。这套丛书一经推出即引起了西方教育界、文化界的广泛关注和热烈赞扬，并因其庞大的规模，被文化界人士称为The Five-foot Shelf of Books——五尺丛书。

关于这套丛书的出版，我们不得不谈一下与哈佛的渊源。当然，《Harvard Classics》与哈佛的渊源并不仅仅限于主编是哈佛大学的校长，《Harvard Classics》其实是哈佛精神传承的载体，是哈佛学子之所以优秀的底层基因。

哈佛，早已成为一个璀璨夺目的文化名词。就像两千多年前的雅典学院，或者山东曲阜的“杏坛”，哈佛大学已经取得了人类文化史上的“经典”地位。哈佛人以“先有哈佛，后有美国”而自豪。在1775—1783年美国独立战争中，几乎所有著名的革命者都是哈佛大学的毕业生。从1636年建校至今，哈佛大学已培养出了7位美国总统、40位诺贝尔奖得主和30位普利策奖获奖者。这是一个高不可攀的记录。它还培养了数不清的社会精英，其中包括政治家、科学家、企业家、作家、学者和卓有成就的新闻记者。哈佛是美国精神的代表，同时也是世界人文的奇迹。

而将哈佛的魅力承载起来的，正是这套《Harvard Classics》。在本丛书里，你会看到精英文化的本质：崇尚真理。正如哈佛大学的校训："与柏拉图为友，与亚里士多德为友，更与真理为友。"这种求真、求实的精神，正代表了现代文明的本质和方向。

哈佛人相信以柏拉图、亚里士多德为代表的希腊人文传统，相信在伟大的传统中有永恒的智慧，所以哈佛人从来不全盘反传统、反历史。哈佛人强调，追求真理是最高的原则，无论是世俗的权贵，还是神圣的权威都不能代替真理，都不能阻碍人对真理的追求。

对于这套承载着哈佛精神的丛书，丛书主编查尔斯·艾略特说："我选编《Harvard Classics》，旨在为认真、执著的读者提供文学养分，他们将可以从中大致了解人类从古代直至19世纪末观察、记录、发明以及想象的进程。"

"在这50卷书、约22000页的篇幅内，我试图为一个20世纪的文化人提供获取古代和现代知识的手段。"

"作为一个20世纪的文化人，他不仅理所当然的要有开明的理念或思维方法，而且还必须拥有一座人类从蛮荒发展到文明的进程中所积累起来的、有文字记载的关于发现、经历以及思索的宝藏。"

可以说，50卷的《Harvard Classics》忠实记录了人类文明的发展历程，传承了人类探索和发现的精神和勇气。而对于这类书籍的阅读，是每一个时代的人都不可错过的。

这套丛书内容极其丰富。从学科领域来看，涵盖了历史、传记、哲学、宗教、游记、自然科学、政府与政治、教育、评论、戏剧、叙事和抒情诗、散文等各大学科领域。从文化的代表性来看，既展现了希腊、罗马、法国、意大利、西班牙、英国、德国、美国等西方国家古代和近代文明的最优秀成果，也撷取了中国、印度、希伯来、阿拉伯、斯堪的纳维亚、爱尔兰文明最有代表性的作品。从年代来看，从最古老的宗教经典和作为西方文明起源的古希腊和罗马文化，到东方、意大利、法国、斯堪的纳维亚、爱尔兰、英国、德国、拉丁美洲的中世纪文化，其中包括意大利、法国、德国、英国、西班牙等国文艺复兴时期的思想，再到意大利、法国三个世纪、德国两个世纪、英格兰三个世纪和美国两个多世纪的现代文明。从特色来看，纳入了17、18、19世纪科学发展的最权威文献，收集了近代以来最有影响的随笔、历史文献、前言、后记，可为读者进入某一学科领域起到引导的作用。

这套丛书自1901年开始推出至今，已经影响西方百余年。然而，遗憾的是中文版本却因为各种各样的原因，始终未能面市。

2006年，万卷出版公司推出了《Harvard Classics》全套英文版本，这套经典著作才得以和国人见面。但是能够阅读英文著作的中国读者毕竟有限，于是2010年，我社开始酝酿推出这套经典著作的中文版本。

在确定这套丛书的中文出版系列名时，我们考虑到这套丛书已经诞生并畅销百余年，故选用了“哈佛百年经典”这个系列名，以向国内读者传达这套丛书的不朽地位。

同时，根据国情以及国人的阅读习惯，本次出版的中文版做了如下变动：

第一，因这套丛书的工程浩大，考虑到翻译、制作、印刷等各种环节的不可掌控因素，中文版的序号没有按照英文原书的序号排列。

第二，这套丛书原有50卷，由于种种原因，以下几卷暂不能出版：

英文原书第4卷：《弥尔顿诗集》

英文原书第6卷：《彭斯诗集》

英文原书第7卷：《圣奥古斯丁忏悔录 效法基督》

英文原书第27卷：《英国名家随笔》

英文原书第40卷：《英文诗集1：从乔叟到格雷》

英文原书第41卷：《英文诗集2：从科林斯到费兹杰拉德》

英文原书第42卷：《英文诗集3：从丁尼生到惠特曼》

英文原书第44卷：《圣书（卷Ⅰ）：孔子；希伯来书；基督圣经（Ⅰ）》

英文原书第45卷：《圣书（卷Ⅱ）：基督圣经（Ⅱ）；佛陀；印度教；穆罕默德》

英文原书第48卷：《帕斯卡尔文集》

这套丛书的出版，耗费了我社众多工作人员的心血。首先，翻译的工作就非常困难。为了保证译文的质量，我们向全国各大院校的数百位教授发出翻译邀请，从中择优选出了最能体现原书风范的译文。之后，我们又对译文进行了大量的勘校，以确保译文的准确和精炼。

由于这套丛书所使用的英语年代相对比较早，丛书中收录的作品很多还是由其他文字翻译成英文的，翻译的难度非常大。所以，我们的译文还可能存在艰涩、不准确等问题。感谢读者的谅解，同时也欢迎各界人士批评和指正。

我们期待这套丛书能为读者提供一个相对完善的中文读本，也期待这套承载着哈佛精神、影响西方百年的经典图书，可以拨动中国读者的心灵，影响人们的情感、性格、精神与灵魂。

目
Contents
录

目录
Contents

穆勒自传

Autobiography John Stuart Mill

〔英〕 约翰·穆勒

主编序言

约翰·斯图尔特·穆勒1806年5月20日出生于伦敦。他是家中九个孩子中最年长的，他的父亲詹姆斯·穆勒是边沁的主要信徒之一，也是英国功利主义运动的重要领导人之一。约翰·斯图尔特·穆勒在孩童时期就已表现出非凡的才华，他三岁开始学习希腊语，八岁时已熟读了希罗多德和柏拉图的希腊文原版著作，以及英国历史学家吉本和休谟的著作。十二岁时，他已经认真地学习过了逻辑学。十三岁时，他的父亲在散步时与他谈论政治经济学的内容，并以此方式教授了他政治经济学的全部课程。他在每次谈话后，针对谈话内容做了大量的总结和评论，这些总结和评论又成为他父亲在政治经济学领域发表论文的基础。约翰·斯图尔特·穆勒的这些及其他方面知识的渊博，可以从他的自传中体现出来——他不是在自我吹嘘，他的成长过程正是对有效、正确的教育方法的有力支持。

十四岁之前，他完全由父亲单独教育。十四岁那一年，他去了法国，在那儿的一年里，他学习并掌握了法语，深入了解了法国的社会及政治经济，并继续在高等数学、经济学以及自然科学方面进行学习。

1823年，他进入英国东印度公司，在父亲领导的稽查办公室担任稽查员。在那里，他升迁迅速，并最终成功接替其父担任主稽查官一职。

因自幼跟随父亲，他对所从事的行业非常熟悉，做起工作来非常顺手，这也让他有了大量的空余时间。于是他便利用这些空余时间给报刊写文章，并帮助其父亲在《威斯敏斯特评论》上发表文章。二十岁之前，他与边沁合编了《司法证据的理论基础》。他自己的第一部重要的著作是《论政治经济学若干未解决的问题》，他在二十四岁时就写成了此书，但直至 1844 年才出版。

在宗教信仰方面，穆勒从小被教育成一个不可知论者；在哲学方面，他属于边沁的功利主义学派。但是在 1836 年一次重大疾病后，他开始对他父亲拘泥于孤立无援的理性主义持怀疑态度。他提出“学习的乐趣不在于直接地追求学习，而在于对其他目的的追求。此外，稳定的情感教化对学习很重要”。那个时候他已经广泛了解了伦敦最积极的思想，其中，莫里斯（F.Dmaurice）和约翰·斯特林的思想对他哲学观的人性化起到很大的帮助。他成为华兹华斯的忠实信徒以及卡莱尔的好朋友。第二次的法国旅行进一步扩大了他的视野和同情心，而且使他受到了西蒙尼安（st.Simonian）和孔德（Comte）的影响。他与泰勒先生的深厚友谊对他的发展至关重要，他最忠诚的朋友（最终成为他的妻子）——一个身患残疾但拥有非凡智力的女士，促使他形成了最高尚的主张。

1835 年，穆勒负责主办了一段时间的《伦敦评论》，以及后来合并在一起的《威斯敏斯特评论》，这个刊物机构最初是作为“哲学激进主义”的喉舌被创立的，一直办到 1840 年才停。在此期间，穆勒写了大量评论时政和文学主题的文章，力求能够影响现实的政治形势。但是，代表这个主义的党派在议会中处于劣势地位，所以穆勒将注意力重新转移到逻辑学的研究上，直到 1843 年出版了《逻辑学》一书。这部作品一出版就获得了巨大成功，奠定了穆勒作为英国经验学派思想家的重要地位，至今仍然是这个学科的权威著作。

后来，他的兴趣随着时间的推移转到了经济学方面，他用了不到五年的时间完成了《政治经济学原理及其在社会哲学上的应用》。如他的《逻辑学》在逻辑学方面取得的地位一样，这本书成了政治学领域的权威著作，是当时哲学激进主义学派原则性的典型论述。他书中所教授的东西现在仍然被经济学家认为是非常有价值的，而且这本书被列为自《国富论》出版以来，在政治经济学领域最重要的系统性专著。

1858 年，东印度公司解体，英属印度的行政管理权力被移交给英国政府，穆勒在得到一笔可观的抚恤金后退休。同年，他的妻子去世了，就在他和妻子共同完成他著名的《论自由》一书的修订工作之后不久。

在《论自由》以及他的《代议制政府》和《功利主义》中，我们发现，他对社会和政治哲学中最重要的问题，以极其简洁的方式发表了自己的观点。他对边沁的功利主义思想进行了扩大和提升，认为“最大多数人的、最充分的幸福”是人类行为的真正终点，快乐不但有数量的差异，还有质量的差异。他还在边沁的思想中增加了利他主义，认为在“和自己的同类生物有着团结的感情”中的新认可，使这种感情成为“道德秉性经过良好培养”的人的“自然需求”，最终使自己和他人的目标达到和谐一致。

19 世纪后期，随着进化论学派的兴起，康德主义的影响不断扩大，穆勒的哲学思想的影响力有所下降。

穆勒的哲学研究活动在他的《对威廉·汉密尔顿勋爵的哲学的评论》的研究中达到顶峰，这本书最初于 1865 年出版，后来因为各种争议重新进行了修订。在这部作品中，他对经验学派和直觉学派主要观点的差异重新进行了彻底全面的评论。虽然随着哲学思想的进步，主题不断切换，批判与争论趋于缓和，但穆勒的批判性精神仍然值得赞扬——尤其在他敏锐的观察力和批判技巧方面，很值得称道。

到此时为止，穆勒在政治中的作用被限定为他写的小册子和评论文章方面，但是 1865 年，他作为威斯敏斯特的成员当选为下院议会议员。尽管他在议会中人微言轻，且行为方式过于紧张，但他仍然以他独立的判断力和诚实品格，以及他流利而准确的演讲给下院议员们留下了深刻的印象。他支持公民权利的扩大，支持有关爱尔兰法律的改革，他鼎力支持的许多项目在他退出议会很长时间后都最终得到了实施。当下院于 1868 年重组时，他没有重新当选。

这时的他完全回归于论文写作中，为《双周评论》不断地撰写文章，后来这个刊物由他的朋友约翰·莫利任编辑。1869 年他出版了他的《妇女的屈从地位》一书，在这本书的出版过程中，他以及他的妻子和继女都付出了心血。在担任下院议员期间，他极力主张赋予妇女选举权，但现在这项工作仍然在进行，妇女的这项权利还没有实现。之后，他的健康状况不断恶化，于 1873 年 5 月 8 日逝世。

穆勒在他坦率而又有趣的自传中对自己的记录部分给我们留下的主要印象是，他是一位学者，同时也是一个高度敏感且具有温柔而深情一面的男人。他目的十分纯洁，思想充满活力。他为了自己理想的实现，以充沛的精力和独立性所做的斗争，不仅仅影响了他直接接触到的圈子里的人，也激励了他那个时代的普通学者并提高了他们的精神生活质量。

这里的这本《自传》讲述了这样一个男人的生活，由他本人叙述：从六岁到老去的时间里的生活。而《论自由》一书论述的是另一方面的内容，它从弥尔顿的《论出版自由》或者从对未获授权的出版自由的演讲开始，讲到了洛克的《有关宽容的信件》，由穆勒本人以及他的朋友和伙伴莫利先生的语言表达出来，形成了对英语国家的人来说，是无上荣誉之一的个人自由，在逐步实现梦想的过程中热情的文学性表达。

查尔斯·艾略特

第一章

童年时期及早期教育

在开始叙述我的自传前，我觉得有必要陈述一下我给自己平凡的人生写下的回忆录流于后世的理由。我从没想过我所陈述的生平的任何一部分或者与我有关的事情，能引起大众的兴趣。但我想的是，在教育及教育改良成为比之前英国历史上任何时期都被广泛关注（如果不是更加深刻）的主题的年代，介绍一种特殊并且卓有成效的教育方法是有意义的。此种特殊教育，先不说别的，证明了在教育早期应该给孩子灌输并认真教授比普通教育多得多的知识，以及普通教育模式下的教导是费时又低效的。我同样认为，在人们观念的转型时期，记录下能够不断向前发展的任何思想成功的几个阶段，是颇有趣并有益的，不管我们准不准备学习自己的思想或者其他人的思想。而我写此自传的比上述两方面更为重要的一个目的是，向帮助我智力及道德发展的那些人表示感激。这些人中有些声名显赫，也有些实际名声比应得的略低，还有一些不为世人所知，却对我帮助极大。对此，不感兴趣的读者如果还要继续读下去只能怪他们自己，我不奢望他们其他的，只希望他们知道这本书也不是为他们而写的。

1806 年 5 月 20 日，我出生于伦敦，是《印度史》的作者詹姆斯·穆勒的长子。我的父亲詹姆斯·穆勒，是安格斯县杯水桥的一个小商人（我认为）兼小农场主的儿子。在年少时期，父亲就因他的聪慧被推荐给在菲特凯恩的约翰·斯图尔特男爵并受到重视，斯图尔特先生是苏格兰财政部官员。后来，父亲又由斯图尔特先生的夫人简·斯图尔特以及其他女士建立的苏格兰教会青年教育基金会资助，被送到爱丁堡大学读书。他在那里学习完了大学日常课程并获得了牧师身份，但他从来没有从事过这一职业。此后他在苏格兰担任不同家庭的私人家教，其中有特维德尔侯爵家，但他最终定居伦敦，以写作为生。直到 1819 年，他才在东印度公司谋得一个职位，此前他除了写作，没有其他任何收入来源。

在父亲人生中的这段时期，有两件事不得不提：一件非常普通，另一件却极不寻常。第一件事是对他来讲，当时只有靠给报社写文章而获得不稳定的收入，竟能结婚并养活一大家子人，不管是从理智还是责任方面理解，再没有比这些行为更违背至少在他后半生所极力坚持的观点了。第二件事就是当时在结婚以及不固定的收入给他带来的很大困难的条件下，他依旧能维持生活所需的惊人精力。应该没有比他在当时的条件下依靠写作养活自己及家人那么多年，而又不负债、也不缺钱更让人吃惊的事了；而且他所主张的不管是政治还是宗教方面的观点，都被当时有影响力的人以及普通的富人所排斥，其程度比起之前和之后都要严重。他也从来不为任何诱惑动心而写违心之作，而是只要他认为任何一种情况下条件许可，就会一如既往地把他的观点尽可能多地表达在自己的文章里。我必须承认他是一个从不粗心大意的人，他接受任何任务，写文章或其他工作，从来都是尽力运用把这项工作做好所需要的所有精力去完成。即使在这样的压力下，他仍然计划开始并完成了《印度史》的写作。这部书花费了他十年的时间，这比（即使一个专门从事写作的作家来写）几乎其他任何同等数量历史作品的完成时间都短（即使要花费和其他作品等量的阅读和研究资料工作）。在此要另外说的是，在他写作的整个时期里，他每天都要用一定的时间教育他的孩子中的一个——我，并为此付出了相当罕见的精力、关心和耐心(与其他教育儿女的人相比)，他还竭力按照自己的观念给予我最好的知识教育。

父亲是一个能亲身践行竭力不浪费时间的原则的人，在教导他的学生时同样能贯彻这一原则。我记不清是何时开始学习希腊文的，别人跟我说那时我三岁。我最早关于此的印象是，父亲把常用希腊词表以及英文注释专门为我写在卡片上，让我记住他念出来的单词发音。关于语法，直到几年后，我也是仅仅懂得名词和动词的形态变化，在学习完发音后，父亲就马上让我学习翻译。我依稀记得曾读完的第一本希腊书籍是《伊索寓言》，我印象更深刻的第二本书是《远征记》。到八岁的时候，我才开始学习拉丁文；那时在父亲的指导下，我读了许多希腊作家的散文，其中记得有希罗多德的全部作品、色诺芬的《对话集》以及苏格拉底的《回忆录》；另外还有季奥吉尼斯·莱尔蒂乌斯的几篇有关哲学家生活的传记，以及卢基安、伊索克拉底·泽莫尼库姆和尼科克莱姆的部分作品。1813 年，我还读了柏拉图对话的前六篇（按正常顺序排），包括从埃希福隆到西奥泰图斯；其中的最后一篇对话，我当时在想还是不读为好，因为我完全理解不了。但是我的父亲在教我所有东西时，都要求我尽全力去学会，甚至要我努力去学我不可能学会的东西。在我学习希腊文的整个过程中，父亲都跟我在同一个房间的同一个书桌上进行他的写作，由此可以看出他为教育我所倾注的心力有多么巨大。由于当时还没有《希英词典》，而我还没开始学习拉丁文的时候，《希拉词典》我也没法使用，遇到不懂的单词时只有向父亲一一请教。父亲这个最没有耐性的人，就是在这样不断被我打扰的情况下，完成了数卷《印度史》以及那段时间里他必须完成的其他文章的写作。

除希腊文外，算术是我童年这段时间里唯一学习的科目，也是由父亲教授的。算术是在夜间学习的，我至今仍记得当时学习的乏味与难耐。父亲正式教授的课程只是我童年教育的一部分，还有很多其他知识我是靠自己读书以及与父亲的谈话中学会的，后者多是在散步时进行。1810—1813 年年底，我们当时生活在周围还是一片乡野风光的纽温顿格林。

父亲因健康问题需坚持一定量的运动，于是他习惯每天早餐前（一般在通往霍恩西的绿草小径上）散步。我经常陪父亲散步，于是在我最早的记忆中，每天在向父亲复述我前一天看过的课文时，总有绿草野花的陪伴。

在我最清晰的印象里，当时是我主动向父亲复述课文，并不是父亲规定的练习；我把看过的内容重点记在纸片上，然后在散步的时候根据笔记向父亲作复述；当时看的书主要是历史著作，且通过这种方式我的阅读量非常大，其中有罗伯逊的历史著作、休谟和吉本的书，然而我当时以及以后很长一段时间内，最喜欢的是沃森的历史著作《腓力二世和三世》。这本书中引起我强烈而持久兴趣的，便是马耳他骑士团英勇地抵抗土耳其人入侵，以及尼德兰起义中各省份对抗西班牙人的精彩故事。除了沃森的作品，我最喜爱的历史著作还有胡克的《罗马史》。关于希腊，除了学校行课用的简写本以及罗林翻译的《古代史》最后两到三卷（从马其顿国王腓力起），我当时没看到专门的历史书籍。但是我怀着极大的喜悦读完了兰霍恩翻译的普鲁塔克的作品。在英国史方面，除了休谟时期著作里的历史，我记得读了伯纳特的《他那个时期的历史》，即使当时我只对书中战争和战役的内容感兴趣；我还读了父亲从边沁先生那里借来的几卷《年鉴》的历史部分(从最开始到1788年的历史)。其中，我对处于困境中的普鲁士的弗雷德里克以及科西嘉的爱国勇士保利的故事非常感兴趣；但当我读到美国战争史时，由于年少无知，我选择支持了错误的一方（当时被称作英国的一方），直到后来才被父亲纠正了我的观点。在与父亲散步并谈论到我读的这些书时，父亲经常一有机会就给我解释一些如文明、政府、道德、精神修养等概念，之后他要求我用自己的语言向他重述这些概念。他还让我读许多不足以引起我兴趣的书，然后向他口述这些书的内容：其中有米勒的《英国政府的历史观》，此书在当时极受欢迎，也受到了我父亲的高度赞扬；还有莫西姆的《教会史》、麦克里的《约翰·诺克斯的一生》以及斯书尔和鲁蒂合编的《贵格会教徒史》。他喜欢让我涉猎那些能展示出书中人物在困境中依旧保持旺盛精力和高昂斗志，努力与困难做斗争并最终战胜它的作品，其中就有比弗的《非洲备忘录》和柯林斯的《新南威尔士第一批殖民纪事》；还有我不厌其烦地感兴趣的两本书，一本是受到大多数青年喜爱的安森的《航行》，另一本是由霍克斯·沃思主编（我认为）的《环球航行集》，此书共四卷，由德雷克的作品到库克和鲍根威尔的作品。至于儿童读物，就像我的儿童玩具一样，偶尔由亲戚或朋友送给我作为礼物，我基本没有其他的儿童读物，而其中我认为写得最好我最喜欢的是《鲁滨孙漂流记》，我对这本书在我整个少年时期百读不厌。父亲的观念中不反对我读消遣性的书籍，但是他也只是偶尔让我读一些；他自己基本没有此类书籍，却还是为我借了几本；我记得有《一千零一夜》、卡索特的《阿拉伯故事集》、《堂·吉诃德》和埃奇沃思女士的《通俗故事集》；还有一本布鲁克的《上流社会的傻瓜》，此书在当时非常流行。八岁时我开始学习拉丁文，当时我和一个妹妹一起学，我边学边教她，然后她再把学到的功课复述给父亲听；那之后，我的其他几个弟弟妹妹也一起跟我学习，于是我每天必须为教他们功课做相当长时间的准备；这是我当时最讨厌的事情，因为我必须把他们的功课学习当成自己的学习一样认真负责。不过，我在这种教书过程中也收获到不少好处，对自己讲授的内容理解得更透彻，记忆得更深刻；也许这种通过给其他人讲解难点来增强自身学习印象的方法，对那个年龄的小孩是有益处的。而在其他方面，根据我少年时期教授学生的经历，我认为让孩子之间互相教学的方法是不可取的。我坚持相信，用这种方法来教育孩子是没有效果的；我更相信，由孩子之间互相教学形成的师生关系，对他们来说不是很好的道德约束。通过这种方式，我学完了拉丁语法，读了科尼利厄斯·尼波斯的大部分作品和恺撒的《评论》；后来在监督弟弟妹妹功课的同时，我自己还读了一些篇幅更长的作品。

就在开始学习拉丁文这一年，我也在读《伊利亚特》过程中第一次接触到了希腊诗人。在我取得一定进步后，父亲开始让我读蒲柏的翻译作品，那是第一本我认真读过的英文诗集，并成为我多年来最喜欢的书之一。这本书我至少读过了二三十遍，书里诗歌的叙述和韵律运用可以说是一流水平，而且其风格非常适合小孩子的天性；但根据我的个人经验推断，此书并没受到所有孩子的重视和欢迎，因此我认为有必要在这里推荐一下。这之后不久，我又开始学习几何课程；后来又学习了代数，这些课程仍由父亲教授。

八岁到十二岁，我记得读过的拉丁文书籍有弗吉尔的《牧歌》和《安妮特》的前六卷；还有贺拉斯除《抒情诗》以外的全部作品；费德鲁斯的寓言；利维作品的前五本（出于我对这本书的喜爱，十岁前我自愿在闲暇时间里阅读）；萨鲁斯特的全部著作；奥维德《变形记》的大部分内容；托伦斯的几部剧作；卢克雷休斯的两三本书；西塞罗的几篇演说词和论演说的文章，以及他写给阿迪克斯的书信，父亲还不厌其烦地把明格尔特注释的书信历史背景的说明为我从法文译成英文。我还读完了希腊文原版的《伊利亚特》和《奥德赛》；索福克尔斯、欧里皮德斯和阿里斯托芬的一两个剧本（虽然我从这些剧本中收获甚微）；修西德底斯的全部著作；色诺芬的《希腊史》；德摩斯蒂尼、艾斯基斯和莱仕阿斯的大部分著作；西奥克里特斯的作品；阿纳克雷恩的著作；《希腊诗选》的一部分；狄奥尼修斯的小部分作品；波利比奥斯的几部作品；最后一本是亚里士多德的《修辞学》，这是我第一次读到的在论述道德和心理方面表达相对清晰的科学性论文，其中包含了古人对人性和生活的洞察和看法，因此父亲要我特别仔细地阅读，并把文中的要旨记下来列成提纲。就在那几年里，我还完全地掌握了初等几何和代数，但是微分学以及其他高等数学却掌握得不多。因为父亲早年学到的高等数学知识多已忘掉，他又没有时间去复习，所以无法帮我指导难题，只能让我在除借助这方面书籍外几乎没有其他帮助的情况下自己去解决；那时的我常常因为无法解决难题而惹他不高兴，因为他不知道，对于那些难题我还没有学过必需的数学基础知识。

至于我的自修读物，我只能提一下我能记得的。历史仍是我最喜欢的科目，特别是古代史。我重复地读米特福德的《希腊史》，父亲要我注意看清楚他的托利党偏见以及他美化君主、抹黑民意机关组织的颠倒是非的行为。他以希腊的演说家和历史学家的观点为例来向我不断论述这些观点；就是因为这样，我在读米特福德的书时，常常支持与作者支持的相反的一边；甚至在一定程度上我还能提出反对他的观点；但我并不会因此减少在阅读此书时所不断感受到的新的愉悦。关于《罗马史》，不论是我一直敬仰的胡克先生写的，还是弗格森写的，我都喜欢。对《古代世界史》这本书，虽然文体枯燥，我仍然很喜欢它；在不断地阅读此书时，我的脑海里呈现了最模糊的古代历史细节。关于近代史，除读过一些像荷兰战争这样孤立的篇章外，我所懂得和关心的都不是很多。在整个童年时期，我都热衷于一项自愿的练习，那就是被我叫作“书写历史”的事情。我以从胡克的著作中挑选出的片段为依据，撰写了《罗马史》；还编写了一部《古代世界史》的简写本；另外，我根据自己最喜爱的沃森的著作以及一本无名氏编写的著作撰写了《荷兰史》；在我十一岁到十二岁时，我开始忙着写《罗马政治史》，一部我自认为是十分严肃的作品，其实这部作品不过是我根据利维和狄奥尼修斯作品的框架，又参考了胡克作品的内容而编成的。这本书我尽力多写，最终使其成为一卷八开本的书，内容一直写到鲁西尼亚法典时代。事实上，因为我过去只对罗马人的战争与征服感兴趣，而且着迷于政治斗争，所以这本书着重于叙述贵族与平民斗争，我在书中论述了所发生的所有政治方面的大事。虽然我对尼布尔的研究了解甚微，但根据父亲的启发，我以利维的观点作论据为《土地法》辩护，并尽最大努力支持罗马的民主党。几年后，我对自己这种充满孩子气的观点很不以为然，便毁掉了全部的论文稿子，当时并没有料到后来我会意识到应该珍惜自己初次写作与论证的尝试。在我的印象中，父亲一直鼓励我多进行这种有益的尝试，他也从来不要求看我所写的东西，他这样做是对的，可以让我在写这些作品时不会有要对任何人负责任的压力，更没有在别人挑剔的眼光下写作时的那种压迫感。

虽然这种对历史的写作对我来讲从来不是强制性的，但是另一种写作却是强迫的功课，那就是写诗。所有功课里，我最不愿意做的一门就是写诗；我从来没有写过希腊文和拉丁文的诗，也从未学过用这两种语言写诗的方法。父亲认为不值得花时间去学习作诗，他觉得只要求我给他高声朗诵诗句，然后纠正我错误的音调就够了。我从来没用希腊文写过诗，甚至也不曾写过散文，只用拉丁文写过很少数的几篇。并不是在教授我这两种语言的全面知识时父亲忽视了练习写诗的价值，而是因为他确实没有时间顾及这方面。但在作诗方面，父亲还是要求过我作英文诗。第一次读到蒲柏的荷马史诗时，我就跃跃欲试地想试着写同种类型的作品，打算写成一本《伊利亚特》的续篇。我本以为自发写诗的雄心会到此为止，但是这种我自愿开始的练习却因父亲的命令而继续下去。父亲像往常一样，尽可能详细地给我解释要我作诗的原因，他提出了让我记忆深刻的两个非常符合他的特点的原因：第一，他说诗歌的真正优点在于用诗比用散文更能深刻有力地表达某些东西；第二，人们整体上对诗的重视远远高于它的实际价值，从这一点来说，学习作诗的能力是非常值得的。他一般都让我自己选题来作诗，我印象里所选诗题大多数是向神话中的人物或寓言里的抽象事物致辞；他还让我把贺拉斯的许多短诗译成英文。我还记得他要求我读汤姆森的《冬天》，之后要我不看书本尝试写出同样题材的诗。当然，我写出来的诗非常糟糕，而且我也没有真正学会作诗的技巧，但这样的练习却能让我更容易地掌握灵活表达思想的技巧，对我帮助很大。[①]直到此时，我还没有读过几首英文诗。父亲要我读莎士比亚的书，主要是让我读他的历史剧；但是，我读了历史剧后，又开始涉猎其他。父亲从来不怎么推崇莎士比亚，相反还经常严肃地批评英国人对他的过度崇拜。他对英国诗歌不是特别喜欢，只喜爱弥尔顿（他极为推崇的诗人）、戈德史密斯、伯恩斯的作品以及格雷的《吟游诗》，相对于他的《挽歌》，父亲更喜欢这首诗；或许我还能加上考泊和贝蒂的作品；此外，他对斯潘塞的作品也很重视，印象中他曾念给我听（而不像往常那样要我念给他听）《仙后》的第一册，可我却此书不很感兴趣。他觉得从当代诗歌里难以发现什么价值，所以除了他推荐给我的沃尔特·斯科特的韵文小说外，我在成年以前几乎没接触过当代诗歌；因为这些小说里有我一直喜欢读的生动的故事，所以我非常喜欢。在父亲藏书中有德莱顿的诗集，他让我读其中的许多篇，但我只喜欢《亚历山大的宴会》一书，其余的都不感兴趣。这首诗以及斯科特的许多诗，我那时常常用自己的调子轻轻唱出来，事实上，我还把斯科特的一些诗谱

① 到我童年后期，我不再是强迫性地做这种练习了；而和大多数年轻作家一样，我也写悲剧。莎士比亚和乔安娜·贝利都曾给我的创作带来过启发，但对我影响更深的是后者，特别是他的《康斯坦丁·帕利洛格斯》一书，至今我依然认为是人类最辉煌的著作之一，也是近两个世纪来最优秀的戏剧作品之一。

成歌曲，这些歌曲至今仍清楚地呈现在我的脑海中；我从读考泊的短诗中能得到几分乐趣，但是他的长诗我几乎没读过；我最喜欢他那两卷诗集中的一篇三只野兔的记叙文，没有人能像他所写的那样有趣。十三岁时，我读了坎贝尔的诗，其中《洛琪尔》《霍恩林登》《埃林的放逐》以及其他几篇能让我从诗中获得一份从未有过的特别的感动。而对于他的长诗，除了那篇《怀俄明的格特鲁德》，其中我读了它的非同一般的开篇（诗中给人带来的凄婉动人的完美意境至今仍留在我心底），其他的我也未曾涉猎。

在童年的这段时间里，我对实验科学有着非常浓厚的兴趣。但是，对我而言的实验科学，指的仅是理论上的实验，而不是实际中的实验。我既没搞过实验，甚至也没去看过实验，只是在相关书籍里读到这门知识，而未曾真正学习过这门学科，这时常让我感到遗憾。在我的记忆中，我从来没有像读乔伊斯的《科学对话》那样认真地读过一本书，这本书的前半部分多处谈到物理学的基本原理，关于此父亲批评它存在推理错误，而我却很不以为然。我还兴致勃勃地大量阅读化学方面的论文，特别是父亲早年的朋友和同学汤姆森博士的化学论文；好几年后，我才有机会真正听到化学讲座，见到化学实验。

大约从十二岁开始，我的教育进程步入另一个更高的阶段，这一阶段教育的主要目的不再是培养思想的辅助手段和工具，而是思想本身。此阶段我从学习逻辑学开始，很快读了亚里士多德的《工具论》，读到了《分析篇》截止，而《后分析篇》属于推理的分支，以我当时的程度，读后没有太大收获。在读《工具论》的同时，父亲又让我读了几篇有关经院派逻辑学的拉丁文论文，其中有的全读，有的只读一部分，然后每天在散步时要我把所读的内容详细地讲述给他听，并回答他提出的许多追根究底的问题。此后，我以同样的方式读完了霍布斯的《计算法和逻辑学》，该书比经院逻辑学家的著作思想更为深刻，父亲对其赞赏有加；而我认为，该书虽然有很大价值，但没像父亲说的那么夸张。父亲不论教我什么功课，都有一贯的做法，就是一定要我彻底理解并明白其效用。他认为这样对学习三段论法逻辑学特别有好处，因为三段论法逻辑的有用性受到许多权威作家的质疑。我清晰地记得，有一次我们在巴格肖特希思附近（我们去那里拜访他的老朋友华莱士先生，当时在桑赫斯特任教的一名数学教授）散步时，父亲尝试提出各种问题，让我思考主题并回答，以此让我形成三段论法逻辑功用的一些概念；当我不知道怎么回答时，他会向我做详细的讲解以帮助我明白。虽然当时他的讲解不能让我完全理解，但是并不能因此否认它的作用；因为这一直是我以后观察和思考得以具体化的核心；他所做的讲解，在我后来遇到的一些具体事例中，才真正领会。我自己的意识和经验最终使我像父亲一般，真正明白了及早学会经院逻辑的巨大价值。在我接受的教育中，我很不清楚所获得的思考能力应更多地归功于哪一种。我最初能熟练地运用智力，在于能够分析错误的论点，并找出其中的谬误。虽然我形成的这种思考能力主要归功于父亲对我进行的坚持不懈的智力训练，但是，作为这种训练的主要工具却是在学习和研究经院派逻辑中养成的思维习惯。我坚持认为，现代教育中的任何学科没有比恰当地运用经院逻辑学更能造就真正的思想家，因为这种思想家往往能把握词和命题的精确含义，而不被空洞含糊或模棱两可的词句所蒙蔽；数学研究的作用即使被过分夸大，也根本不能与之相提并论，因为在数学演算过程中不会出现像正确的三段论法推论的那种真正困难。经院派逻辑学也特别适合作为初学哲学学生的早期课程，因为它不要求初学者必须首先经历以自己的经验和思考为基础而获得的有价值思想这个缓慢过程；在他们的思维能力能够大幅度提高之前，他们就有能力理解混乱而又自相矛盾的错综复杂的事物。而许多没有受过这种训练的人，即使其他方面的能力很强，也完全不具备这种能力；当他们必须反驳对方时，只能尽力运用其所掌握的论据做到支持与对方相反的论点，却很少尝试去驳倒对手的论点，因此对他们所论证的问题的对错，最多只能是平分秋色，问题很难得到解决。

在这段时期里，父亲让我继续读拉丁文和希腊文书籍，其中主要读的是在语言和思想上都值得阅读的书籍，包括许多演说家的演讲稿，尤其是德摩斯梯尼的。他的几篇主要的演讲稿我都读了好几遍，还写出了练习式的文章对它们进行全面分析。父亲听了我念出来的这些演说稿，所做出的评论对我启发很大。他的评论不仅让我注意到演说者们对雅典制度的洞察力以及常常强调的立法和政治原则，而且让我懂得演说者的技巧和艺术不仅在于如何把握最恰当的时机去引导听众，即在听众心理处于最能接受别人有目的演说的状态时说出他的每一个重要的观点；还在于如何把直接表达出来容易遭到听众反对的思想，逐渐地用暗示的手段隐晦地输入听众内心。虽然父亲的大部分评论都超出了我当时能完全理解的范围，但是它却在我思想里播下了种子，到一定时候便会生根发芽。这段时间里，我还读了塔西陀、贾维纳尔和昆蒂良的全部作品，由于后者的文体晦涩，文章中许多部分存在烦琐的细节论证，因此很少有人喜欢读，也没有人能完全理解。他的书是一本古人关于整个教育和文化领域思想的百科全书，虽然我只是在少年时期读过他的书，但是我一生保留的许多有价值的思想很容易从他的书中找到根源。就在这段时期里，我人生第一次读到了几篇柏拉图最重要的对话，特别是《高尔吉亚》、《普罗塔戈拉》和《理想国》。父亲认为柏拉图是带给他精神文化最丰富的作家，他向年轻学生推荐最多的也是柏拉图的著作。我自己也有同样的感受。苏格拉底式的以柏拉图的对话为主的表达方法，是用以纠正错误，澄清认识（利用通俗用语构成各种联想束）混乱的一种无与伦比的训练手段。这种对话方法逻辑严谨，可使概念模糊的人要么必须用明确的言辞表达自己的思想，要么被迫承认逻辑混乱；它能够用特殊的实例不断检验所有的一般陈述；它对含义广泛的抽象名词的意义规定，是先确定某些意义更广泛的（包括前者在内）同类名词，然后再对它们逐层往下划分，直到达到所预期的目的——在词以及由它不断派生出的同类词之间划定出一系列精确的区分，从而规定出词的界限和定义。所有这一切，作为培养严密思维的教育手段，其价值是不可估量的；即使在我当时的年龄，这一切已经深深印在了我的内心，并成为我自己思想的一部分。此后，我开始认为，和那些仅仅从柏拉图最晦涩的作品中得出某种教条主义结论而出名的人相比，那些真正受过柏拉图研究方法影响并致力于实践其研究方法的人，更有资格得到柏拉图派学者的头衔；柏拉图在那些晦涩作品中所表达出的思想和文字的特性，让人们难以确定，他本人是不是把它们仅仅当作诗意的幻想或哲学的臆测。

从语言方面讲，既然我现在能完全比较轻松地通读柏拉图和德摩斯梯尼的著作，父亲就不再让我逐句解释，只是让我高声朗读给他听，并回答他提出的问题。但他对朗读法却要求十分严格（他本人也十分擅长朗读），于是这种朗读成为我最头疼的工作。他要求我做的所有事中，没有什么比朗读能让我这么痛苦，也没有什么能这样不断地惹他生气。他对朗读艺术的原则见识颇深，他特别注意最容易被人忽视的部分，比如声调的抑扬顿挫，即朗读法的作家所说的（抑扬顿挫一方面与发音有关，另一方面与表情有关）。他还在句子的逻辑分析基础上，把朗读法归纳出几条原则。他强迫我牢记这些原则，一旦违反，我就要遭到严厉斥责。我在那时虽然已注意到（但不敢对他说），他每当我读错时就责备我，只是告诉我本来应该怎样读，却从来不亲自示范来教我怎样读。在他的值得称赞的教育方式中，贯穿着一个缺点，也是存在于他全部思想方式中的缺点，那就是过分相信没有具体体现的抽象事物的可理解性。直到我少年时代的后期，当我一个人或与同龄的伙伴一起练习演说技巧时，才第一次领会到他的朗读原则的用心，并理解了这些原则的心理学根据。那时如果我和同伴一起就这些原则的细节深入探究的话，我根据父亲的朗读原则，或许能够写出一篇比较有用的论文，但是父亲自己也没有把这些原则和规律写出来，后来我很后悔，在我通过系统练习并认真研究这些问题时，也未曾把这些以及我们改进后的原则，写成一篇正式的论文。

从最佳教育意义方面来说，对我的教育帮助颇深的一本书是父亲的《印度史》。此书于1818年年初出版。在出版的前一年，此书正在排印时，我常常把它的校样念给父亲听；更多时候是我把手稿读给他听，由他校对校样。这本优秀的作品让我从中领悟到许多新的道理，书中对印度的社会与文明以及对英国制度与管理所作的评判和专门探讨，对我的思想发展起了推动、提高和指导作用，使我很早就熟悉这些道理，也对我日后的进步大有帮助。现在如果以完美的标准去衡量此书，我能够看出其中的不足之处；但是我仍然认为它在人类历史上即使不是唯一的最有指导意义的一本书，也是一本对一个思想正在成形中的读者最有益的书。

此书的序言最能展现父亲的写作特色，也是思想内容最为丰富的一篇文章；他对在写此书时他怀有的感情和期望，作了十分令人信服的描绘。此书充满着当时被认为是极端派的民主激进主义的思想与批判态度，它以当时极其罕见的严厉姿态评判英国宪法、英国法律以及在英国掌握相当权力的所有政党与阶级。对于此书的出版，他也许希望从中获得声誉，但肯定没有想过借此提高自己的地位；他也没预料到此书会招来当权者们的敌意，他更不期望得到东印度公司的赞许，因为他当时对公司的商业特权极力反对，也对公司的行政管理条例提出过许多严厉的批判。虽然在此书中他提出了一些有利于公司的论据，他认为这些是它应得的，例如，总的来说，没有其他政府能像它那样，出于对其臣民表示善意，力所能及地公布出这么多的措施；而任何别的政府的条例，若公之于众，完全任人民自由评议，很可能会更经不起详细的检查。

1819 年春，大约在《印度史》出版一年以后，父亲得知东印度公司董事决定要加强负责与印度联系的国内机构，于是提出应征意愿，并且成功地得到了董事会的信任。他被任命为印度通信部稽核官助理，其职责是拟定发往印度的公文，呈送公司主要行政部门的董事审定。在这个职位期间以及在后来他晋升为稽核官的职位时，随着他的上司逐渐希望能真正管理好印度，他的能力、声誉和果断的性格产生了一定的影响，能使他在很大程度上把自己对印度问题的真正见解贯彻在所草拟的公文里，并能通过董事会和监事会的严格审核而不致大大削弱公文的作用。在他的《印度史》里，首次提出了许多管理印度的真正原则；继此书之后，他起草的公文史无前例地推动了印度的改革，并促使印度官员明白了本身的职责。我确信，如果把他写的这些公文选集出版，这本书能使他称得上是一位实际的政治家，完全可与他作为理论家的杰出地位相媲美。

他担任此新职务期间，对我的教育依然关注如初。就是在这一年(1819 年)，他指导我学完了政治经济学的全部课程。他的挚友李嘉图不久前出版了一本伟大的政治经济学的开元之作，如果不是在我父亲恳切地请求与热情地鼓励下，这本书很可能永远不会被完成或出版。因为李嘉图是个极其谦逊的人，他虽然确信自己的理论正确，却认为自己没有能力很好地把它们表达出来，所以未曾想过公开出版自己的理论。一两年后，他又在父亲的友好鼓励下，成为下议院议员。在此期间，他人生的最后几年里，他对父亲和我在政治经济学和其他学科方面取得的见解起了很大的帮助作用。然而遗憾的是他在智力鼎盛期与世长辞。

虽然李嘉图的著作已经出版，但是还没有出现适合初学者的详细介绍其理论的、指导性的文章。所以父亲开始以一种类似讲座的方式教授我这门学科：在和我散步时，他每天详细地讲解一部分，第二天要我交给他听课笔记，他让我一遍一遍改写笔记，直到表达得清楚、明确和相对完整才行。我就是以这种方式学完了这门学科的全部内容。而我每天写下的听课笔记，后来成为他写《政治经济学要义》的材料。此后我读李嘉图的书，每天都根据所读的内容写下笔记，并尽自己最大的努力讨论在我们领悟过程中自行出现的附带问题。

货币问题是这门学科最复杂的部分。父亲让我以同样的方式读李嘉图在所谓“条金争论”时写成的优秀的小册子；紧接着他又要我读亚当·斯密的著作，父亲这样要求主要目的是要我把李嘉图高深的理论见解与亚当·斯密肤浅的政治经济学观点作对比，从而认识到斯密论点中的谬误之处或者他的结论中站不住脚的地方。我接受的这种教育方式适合于成就一个思想家，但是这种方式必须要有像我父亲那样思维缜密、精力旺盛的思想家的指导才能施行。这种教育方式，对他来说，实行起来相当艰辛；对我来说，我相信也是一样，尽管我对这门学科有浓厚的兴趣，还是会由于学不好经常惹父亲发怒；即使有些地方本来不能期望我一下子便能理解的，但父亲依然常常毫无理由地发火。但是，不管怎么说他的教育方式是正确的，而且是成功的。我相信，任何一种科学的教育方法都没有父亲教授我逻辑学和政治经济学所用的方法更加的彻底，或是更为适合培养人的才能。他尽全力（甚至有点儿过度）激发我的智力，要我自主去解决所有问题，事先并不向我解释，总是在我真正感到困难不能解决时，才给我讲解。他不但要我学会这两门重要学科的精确知识（达到当时普遍理解的程度），而且要我成为钻研这两门学科的思想家。几乎从一开始就让我独立思考问题，偶尔我的想法跟他会有分歧，虽然长期以来我们的这种分歧只是存在于一些细小的问题上，但是我最终还是以他的看法为准。到后来，我偶尔也能够说服他，改变他在某些细小问题上的看法。我这么说不是为了表扬自己，而是为了夸奖他。因为他对我的观点的接受，既表明他为人坦直，又显示了他的教育法的真正价值。

到此时，我的正式功课结束了。大约十四岁时，我离开英格兰有一年多时间；回来后，虽然依旧在父亲整体指导下读书，但是他也不再是我的导师了。因此，关于父亲的教育方法我就说到此为止。回过头来，我想谈谈前边回忆中提到的有关我的生活和教育中一些比较平凡的事情。

在前面已经部分谈到的关于我接受教育的过程，从表面看最明显一个特征是：在我童年时代，父亲费尽心思教授给我属于高等教育的知识，这些知识往往是到成年后才会学得到的（如果必须要学的话）。实验的结果证明了这种教育并不难实现，同时也充分说明，让小学生用好几年的时间学习一点点拉丁文和希腊文知识，是何等程度的浪费啊。这种浪费以致许多教育改革错误地认为可以在普通教育中完全取消拉丁文和希腊文的学习。假如我天生智力过人，或者记忆力超强而且精确，或者性格十分外向，或者精力特别旺盛，那么对我的教育的结论可能不具有代表性；可是我所有的天赋跟一般人差别不大，凡是我能做到的，任何具备中等智力以及健康体魄的男孩或女孩也都能做到。如果说我学有所成的话，除其他的有利条件外，主要应归功于父亲给予我的早期教育。公平而言，父亲的教导使我的早期教育比同龄人早开始了二十五年。

在我接受的父亲的教育中有一个基本的关键点，对此我在前边已略有提及，他与其他条件相比更是我的这种教育取得良好成效的根源。大多数经过教育而获得许多知识的儿童或少年，他们的智力非但没有因为知识而提高，反而受它的限制。他们只是机械地接受单纯的事实和他人的观点言辞，把这些东西记在脑海里作为代替自己思想的力量。因此，那些优秀的父亲费尽心思教育出来的儿子，长大后常常简单地重复别人的东西，除了机械地沿着别人走过的轨迹，不会运用自己的头脑。但是我接受的教育不是填充式的，父亲决不允许我把知识的学习当成简单的记忆练习；他一定会要我理解教导我的每一阶段的内容，而且尽可能在教我前让我先理解；父亲从不对我能通过自己思考理解的问题给予指导，只对在我绞尽脑汁后也不能解决的问题给予指点。我能记得的在这方面我做得不是很好，在我印象中，几乎没有成功过，都是失败。而其实我失败的地方常常在于那些我的初学阶段不可能成功的地方。我记得十三岁时，有一次偶然在父亲面前使用“观点”一词，父亲就问我“观点”的定义；之后又对我所作的含混不清的定义很不满意。我还记得我因为使用了在理论上是对的，但在实践中却需要改正的一般性表达而惹他发火；记得有一次我对“理论”一词作了肤浅的定义，他就给我详细解释这个词的意义，并指出我所用的一般性表达的错误之处，这使我完全意识到：在不理解“理论”一词的确切定义时，认为其实际的意义与自己认为的不一致，是非常无知的。他对我严厉的批评，似乎有点儿不合常理，但是我想，他只是有时感觉我才能平庸时才会生气。如果不要求学生做不会做的事情，他就永远不会去做能做的事情。

自满，是早年学有所成之人最容易犯的一个毛病，它往往能毁掉一个人的前途，对此父亲特别注意防范。他非常警惕，尽力不让我听到别人的表扬，不让我因和别人比较而自我夸耀。他在和我的交流中，让我只能感到谦虚之心；关于比较的标准，他认为不是和别人做了什么相比，而是和一个人能够做到的和应该做到的相比。他完全不让我受到那种让他十分担心的影响，他使我完全感觉不到我所学到的知识对我的年龄来说是极不寻常的。如果我偶然意识到有些孩子懂的知识比我少（这种情况出现的比想象的要少），我会以为并不是我懂得知识多，而是他们由于某些原因知道得少，或者他们懂的知识和我的知识不一样。我的心态既不自卑也不骄傲，也从来不去想自己怎么样或者能够怎么样；我也不过高或过低地评价自己，或者说我根本不怎么评价自己；如果我内心评价过自己，那我始终觉得自己在学习上获得的知识跟父亲对我的期望有很大距离，至少我确信是这样。

虽然这并不是在我童年时期见过我的人们的印象。后来我才知道他们当时觉得我骄傲自满、惹人生厌，可能是因为我喜欢争辩，听到不同的观点时，就毫不犹豫地上前直接地进行反驳。我想大概是一直受到父亲不断地过度鼓励以及经常和他探讨不是我这个年龄段的人思考的问题的缘故。即使在与成年人一起讨论时，父亲也未曾教导过我要在他们面前表示尊敬，以至于养成这种坏习惯。父亲可能没有发觉我这种傲慢无礼，因为我内心一直对他十分敬畏，以致在他的面前我总是十分顺从而保持沉默。尽管如此，我实际上心里从没有过任何优越感，而且幸亏我从没产生过这种念头。我记得十四岁那年，在我要长时间离开家的前夕，就在海德公园那个地方，父亲告诉我，等我认识新的朋友时，将会发觉我所懂得的知识不是我的同龄人都能懂的，很多人可能会对我说起这一点，我可能还会因此受到夸奖。关于这个问题他还说了些什么，我已记不清了，只记得他最后说，我能够比别人懂的知识多，不是我因为我才华出众，只是我的运气好，有特殊的优越条件：我有一个愿意为我付出时间和心血并不知疲倦地教育我的父亲。即使我懂的知识比没有同样优越条件的人多些，也没什么值得被表扬的；如果我懂的还没有那些人多，那我该感到非常羞耻才对。我记得很清楚，当我第一次接受父亲的忠告时，他说我比受过良好教育的同龄人懂得的要多。这让我非常惊讶，但对此我仍然像他告诉我的别的事情一样相信，而且我实在没有把这个当成重要的事放在心上；我并不以懂得其他人不懂的知识而引以为傲，不管是什么样的知识，我也不会把它拿来当成自己的优势自我吹嘘。但当我回想到此事认真思考时，我认为父亲说的我拥有特殊的优越条件的话是极其在理的，即使从常识的角度思考也是这样，于是这些话也就成为我永远不变的看法与感情。

很显然，如果父亲没有告诫我少和别的孩子打交道的话，这一点以及父亲教育计划中许多其他的目标是难以实现的。他有意地不让我受到孩子们相互之间坏的影响，而且要我避开庸俗的思想和情感，为做到这一点，他宁愿我在学校所获得的主要知识方面不如全世界的其他学童。我接受的教育的不足之处主要在于缺乏其他学童在尽力自我约束中和集体生活中所能获得的东西。由于经常散步以及生活中的自我节制，我的身体虽然不是肌肉发达，也是十分健康而体力充沛的。但是我却不懂得任何的手工技术，也不会跳普通的体操。并不是我不愿做体操，也不是挤不出时间；虽然父亲从不给我放假，为的是不让我打乱学习生活规律和养成懒散的习惯，但是我每天仍有充足的娱乐时间；只是我没有伙伴，而散步已经能满足我的体力活动的生理需要，所以我的娱乐活动多数时候是单独进行的，通常是在一种安静状态下的活动，它对我各类感官活动的刺激（包括心理活动的刺激），不比读书带给我的刺激更为强烈。结果导致我长期不擅长用手做各种灵巧的工作，貌似一直如此，即使后来这种情况有所好转。我的大脑和手一样，在处理（本能处理好的）实际生活琐事时也同样不灵活。而这些琐事是大多数人生活中主要关心的事情，也是他们主要会体现其能力的地方。在日常生活方面，我不是很关心，也不太用心观察甚至消极地对待，为此我本该受到责备。但父亲对这些生活细节的态度却和我截然不同，他的感觉和智力总是时时处于戒备状态。他为人处世和生活的全部举止总是表现出勇敢果断和精力旺盛的状态，他的这种性格和才华常常给跟他接触过的人留下深刻印象。可是精力旺盛的父母的孩子，长大后却显得萎靡不振，因为他们依赖父母，而父母对他们照顾得更是无微不至。父亲对我的教育更适合于教我学会“理解”，而不适合于把我训练成“会做”。他其实也意识到了我这方面的缺点，为此我在童年和少年时期经常因受他的严厉责备而苦恼。对他来讲，绝不会让我这个缺点自由发展，更不会给予宽容。然而，他虽能让我不受到学校生活对道德的恶劣影响，却未能尽力给我提供足够代替学校教育的实际有影响的教育。他好像觉得，他本人可能不费力或经过专门训练而学会的本领，我也必定同样很容易就学会。我想，他在这个问题上没有像对其他大部分学科那样予以同样的考虑和重视，从这点以及和对我教育的某些方面来看，他似乎只追求结果而不问原因。

第二章

少年时期父亲对我的道德影响

和其他人的教育一样，在对我的教育中，思想道德教育比什么都重要，但它却极其复杂又很难用某种方法完整详细地描述。我不打算详细地描述我少年时期性格形成的具体环境，因为那是非常渺茫的事情；在此我只限谈几件主要事情，这些事情是我接受教育的真实记录中不可或缺的一部分。

我从小没有在通常说的宗教信仰的环境中长大。父亲虽受过苏格兰长老会教义的教育，但通过他自己的研究与思索，很早就不相信《启示录》，并反对“自然教”的基本思想。他曾对我说过，在这个问题上，他思想的转折点归因于阅读了巴特勒的《类推法》。谈起此书，父亲总是心存敬意，正如他所说，此书让他在相当长的时间里相信基督教神圣的权威；此书向他证明，要人们相信《旧约》和《新约》源自智慧和善良之神，或者记载着他的事迹有很大困难；要人们相信具有此种品格的神创造了这个世界，有着同样甚至更大的困难。父亲认为，巴特勒的论点可以让他所反对的对手无反驳之力。一个人承认了这个世界有一位万能的、至公至上的造物主和统治者，自然不会说出反对基督教的言论，否则他至少会以同样的信念来否定他自己。因此，父亲在自然教理论中找不到立足点，让他一直处于困惑的境地；很显然，通过多次思想斗争，他最终选择相信万物的起源是不可知的。这是他思想中一个相当正确的结论，他把武断的无神论看成是荒诞的，正如大多数被世人当作是无神论者的人把神看成是荒诞的一样。这些细节是十分重要的，他们表明父亲之所以排斥所有被称为宗教信仰的东西，并非许多人猜想的那样，主要是因为逻辑和证据，实际上是因为道德伦理和理智（其中道德的成分多点儿）。他认为，一位拥有无限智慧、极其善良、正义的造物主会造出这样一个充满着邪恶的世界，是令人难以置信的。这个明显的矛盾被许多人企图以不可理解为借口来逃避，但父亲的才智让他看透了这种所谓的不可捉摸。而关于古也门人也就是摩尼教徒信奉的善恶原则理论，即二者为统治宇宙而互相斗争的理论，父亲却并不同样一味地加以指责；他曾对我说，对这个时代无人复兴这个理论而感到意外，他宁可将此看成是纯粹的假设，也不认为它有腐蚀心灵的影响。和其他人看法一样，父亲也很清楚基督教徒一般不会受到这种教义中固有的道德败坏的影响，只是从教义的方式或程度来看，有可能产生这种影响。正是思想上的倦怠，使他们的理性被恐惧、希望和爱恋所掩盖，接受了含有条件矛盾的理论，而无法看到理性思维下这种理论的后果；恰恰是这种理性被掩盖后的屈服，使人们同时相信了互相矛盾的事物。大部分人当作真理所接受的东西中都是在情感的驱使下得出的推论。大多数人深深相信着万能的地狱创造者，但他们并不把它与所憧憬的至美至善的道德概念相提并论。他们崇拜的不是恶魔，而是他们对美德的幻想。不幸的是，这样一种信仰使他们的理想处于非常低的地位，同时压制着所有能提高这个理想的地位的思想。教徒们不主动接受能净化心灵、提高美德标准的思想的教化，因为在他们当时对这种思想没有完全理解的情况下，他们感觉到提高的标准将与神的旨意相冲突，与许多他们习惯看作基督教教义里的东西相冲突。于是，品德行为依旧按照盲目的传统标准，不依照一贯的原则，甚至不遵循一贯的感情的引导。

有关宗教认识，父亲如果没有使我获得与他同样的宗教信念与宗教感情，就与他强烈的责任观完全不相符，所以他一开始就让我坚信，万物的起源是不可知的。关于“谁创造了我”这个问题是无法回答的，因为我们不具备回答此问题的经验和可靠的知识；对这个问题的任何回答只会使回答此问题更加困难，因为这个问题之后又会出现“谁创造上帝”这一问题。父亲有意让我知晓人类过去对这些难以解决的问题的态度。我曾说及，他从小就让我阅读基督教会史，让我深刻关注宗教改革，因为它是反对教会暴政、解放人类思想的伟大而有决定意义的斗争。

所以在这个国家里，我是那些极少数的不是抛弃宗教信仰，而是从来没有宗教信仰的人之一。我是在消极看待宗教的氛围中长大的，我意识里不论古代宗教还是现代宗教都与我毫无关系。英国人对宗教（我不相信的）的相信，并没有让我比读到希罗多德书中的人们笃信宗教时更感到意外。我心里十分清楚一个事实，历史让人类具有了不同的认识，而笃信宗教也不过是这个事实的发展而已。但是这个问题在我早期教育中有时产生了引人关注的不好影响。父亲在教导我与其他人持相反的观点时，认为有必要谨慎地不让其他人知道；虽然我与其他人交往较少，尤其不大可能与跟我谈论宗教问题的人接触，使我不至于在这个问题上必须明确地或是隐晦地表明自己的观点，但是这种让我在幼年时期就隐藏自己思想的教导，给我带来一些道德上的不良影响。我记得童年时曾有两次遇到这个必须跟人谈论的话题，两次我都公开表明自己不信宗教，并为之辩护。那时我的辩论对象都是孩子，但年龄比我大得多，我肯定使他们中的一个人思想动摇了，而后来我们之间再也没有说到这个话题；另外有一个人对我的观点表示十分吃惊，也曾尽力劝说我一段时间，但没有产生效果。

现在和我童年时期一个最大的不同，就是议论自由的巨大进步，大大改变了这个问题的道德标准，这也是现在和我童年时代最重大的差别之一。我认为现在具备类似于父亲才能的，同样有公德心以及坚定的道德信念的人很少，如果他们持有不同常人的宗教上的见解或其他重大思想主题上的独特看法，他们就不会隐藏或教导别人隐藏这些见解；除非这样的情况发生，即公开地表明这些看法有丢掉工作的危险，或者会被排挤出特别适合个人能力的圈子，但这种情况发生得越来越少了。尤其在宗教方面，在我看来这样的时期已经到来，所有具有这方面学识、能够深思熟虑、认为当前的宗教见解不仅荒谬而且有害的人，都有义务公开表明他们不同的见解；那些有足够高的地位和名望的人，更应该使其意见有机会引起世人的注意。这样的公开声明能永远地消除世人庸俗的偏见，即认为“无信仰者”（这个称呼极不恰当）就是思想不端和心灵堕落的人。倘若世人知道，那些受到他们普遍尊敬的拥有至高智慧和美德的人，那些最杰出、最耀眼的人物，其中有相当大的一部分对宗教完全持怀疑态度的话，他们会感到万分惊诧。这些人中的多数出于个人或者良心的考虑，当然更多是出于良心的考虑(我认为这些考虑完全没必要)，不愿公开表明自己的见解；他们担心表明了自己的观点后，会削弱世人现有的信仰，从而（如他们想象的）削弱对世人现有的精神约束力，担心这样做有害无益。

所谓无信仰者和有信仰者一样，有许多种类型，他们涵盖了几乎每一种不同的道德类型。凡是有机会跟他们中的最优秀的人接触，就会真正了解他们，并毫不犹豫地肯定他们比那些虔诚的自称是信教者的人更像信教之人（把宗教一词作为最佳意义理解）。伴随时代的胸怀不断宽广，或者说，阻碍人们看清他们眼前与期望不符的事实的那种固执偏见的削弱，使人们普遍承认自然神论者可能是真有信仰的人。但是如果宗教代表着仁慈的品德，而不是代表纯粹教义的话，那么许多没有自然神论者那么坚定信念的信教者，也同样可以被看作有真正信仰之人。虽然自然神论者可能认为没有足够证据来确定宇宙是“经过设计的产物”，虽然他们根本不相信宇宙存在一位拥有绝对权力和至高品行的创造者和统治者，但是他们信念里具有构成宗教的主要价值的东西，他们也有一个至善之神的理想概念，并习惯以此理想概念作为自己道德的原则。这种“至善”的理想往往比一些人所崇拜的那个客观的神更接近于完美，这些人认为自己只有从创造了这个充满痛苦和不公平的扭曲的世界的客观的神那里，才能找到至善的品行。

父亲这种彻底抛开宗教的道德信念，跟希腊哲学家道德信念有很类似的特点，并能从他独具的毅力和决心表现出来。早在我跟他读色诺芬《大事记》时，这本书及父亲对它的评论使我对苏格拉底的人格产生了深深的敬仰；苏格拉底在我的心里就像理想道德模范。我还印象深刻地记得当时父亲教我潜心学习《海格立斯的选择》这一课的情景。很快之后，柏拉图著作中展现出的高尚道德标准又深深地影响了我。父亲主要用“苏格拉底式美德”作为道德标准教诲我，即正义、克制（这一点他运用到各个方面）、诚实、坚忍不拔、敢于吃苦耐劳、热心公益、善于评价人的优点、评价事物的内在本质；在生活中则要求努力奋斗，反对安于自我享乐及懒散。他把这些和别的道德规范说得简单明了，在不同的情况下，有时诚恳地规劝，有时严厉地责备和鄙视。

父亲对我的直接道德教诲让我受益良多，但是他间接的教诲对我影响更深。他对我人格的影响不仅是依靠有目的的直接说教，更多的是依靠他的以身作则和言传身教。

父亲的人生观融合了古代的斯多葛、伊壁鸠鲁和犬儒学派（从这个词古代而不是现代的含义来说）的特点，其中犬儒学派对他个人人格影响最为深远；而他的道德标准却是伊壁鸠鲁派的，即是功利主义的，以行为产生的是快乐还是痛苦作为决定是非的唯一标准。但是他却不喜欢贪图快乐（这一点又像犬儒学派），至少在他的晚年时期，我可以肯定是这样的。他不是对快乐感到麻木，而是认为几乎没有什么快乐能与其所付出的代价对等，至少按目前的社会情况看是这样。他认为就是对快乐的过分重视，才造成了生活中很多的失败，所以，希腊哲学家所指的广义的克制——所有欲望必须止于适度，父亲对这一点的重视如同对那些希腊哲学家一样，几乎是他教育箴言的中心点。在我的童年回忆中，关于美德的谆谆教诲在他对我的教育中占有很重要的地位；他认为在多彩的青春以及永不满足的好奇心消逝之后，人生至多还是可怜的。他很少谈起这个话题，尤其在青年人面前更是保持沉默，但他一旦谈起此事，口吻总是那么坚定和深信不疑。有时他说，在良好的政治和教育环境下让生活成为它应有的样貌，这样才是有价值值得拥有的生活。然而，即使他提及存在此种生活的可能性时，也几乎不带一点儿热情。他坚持认为汲取知识所获得的享受高于其他一切，暂且不谈以后的好处，但从所得快乐的价值来看也是如此。他把宽广仁慈的爱看作快乐之本，他常说，他从来没有见到过一个快乐的老人，除非他们能再次生活在青春快乐之中。对于各种各样强烈的情感以及人们为表达情感的所说或说写，他几乎都强烈排斥；他认为这些强烈的情感是不理性的表现。“强烈”一词被他用来当作表达轻蔑不满的口头禅。参照古代的道德标准，他认为过分强调感情已经偏离了现代道德标准，因此，感情并不适合被称赞或责备。对与错、好与坏，在他看来完全是行为——做与不做——的属性，任何感情都会或常会导致好的或者坏的行为；而良心本身(做好事的欲望）往往会引导人们做坏事。父亲坚持认为，称赞或责备是用于阻止作恶，鼓励行善的，所以他的称赞或责备不受对方的动机的影响；即使对方行为的动机是出自责任感，只要他认为是恶行，就会严厉地加以责备，就好像对方是故意行恶。对于有些人想为中世纪宗教法庭的审判官辩护，说他们真心地相信把恶劣的异教徒处以火刑是审判官出于良心上的义务，父亲是根本不会接受这种辩驳的。虽然他不会因对方错误行为的目的诚实而减轻对其责备，但是行为的目的大大影响着他对对方品性的评价。可以说他比任何人都赞赏行为目的诚实与正直的人，也比任何人都更不轻易对他不很了解的人做出评价。但是对于这类人的其他缺点，只要他认为这些缺点会促使他们做坏事，他同样十分厌恶。例如他对做坏事的盲从和无知之徒的厌恶，跟对为了私利或怀有不良居心做坏事的人是一样的，甚至更深，因为他认为盲从之徒的行为可能更加有害。他厌恶许多理性支配下所犯的错误，也讨厌他认为属于这种错误的行为，在某种意义上，他认为这些错误都有道德感情的特点在里面。所有这些表达了一种意思，我父亲的见解里是带有自己的感情色彩，这在过去具有一定的普遍性，而现在却很少见。的确，那些既富有感情又有卓见的人没能在其见解中带有感情色彩，令人十分费解。而只有那些不关注别人见解的人，才会误认为这是他们不宽容的表现；那些只认为自己正确的见解十分重要，而认为和自己相反的见解极其有害，同时特别关注公众幸福的人，必定会一致而模糊地不喜欢那些与他们截然相反观点的人；虽然他们（我父亲也是这样）不一定会看不到对方的优点，也不会只根据一般的推断评价对方，而不关注对方的全部品行。我承认，一个认真的人同样会犯错误，他常常会讨厌别人的并不足以让人讨厌的见解；但是，如果他本人既不故意贬低这些见解，也不纵容别人去贬低，他应该被认为是宽容的。只有真诚地意识到自由平等发表各种见解对人类的重要意义，从而产生的宽容，才是值得称赞的唯一宽容，也可以被称为符合人类思想上最高道德标准的宽容。

应该承认，一个具有上述见解和品质的人，比如我父亲，有可能对主要受他思想教导的人的心里留下深刻的道德印象，他的道德教育也可能不会因放松或纵容而产生错误。在他给予孩子们的道德影响中缺少的主要东西就是温情，而我不相信父亲天性中缺少这份温情；我认为他只是拥有丰富的感情却不经常表露出来而已，他内心蕴含的感情比曾经培养出的多得多。他和大多数英国人一样，以表露感情为羞耻，将感情深埋心底，而从不表露。如果我们更进一步想到，他处于独自一人教育孩子的艰难境地，加上他天性急躁易怒，我们不得不发自内心给予同情。父亲本来付出很多，竭尽全力教育孩子，原本十分珍视和孩子们的感情，他一定常常觉得自己的感情因为孩子对他的畏惧而难以表露。后来情况改变了很多，尤其是他与较小孩子的感情方面改善明显。我的弟弟妹妹都深深地爱着父亲，如果我不算同样地爱他，我肯定在一直深深地敬爱着父亲。至于对我的教育，我不能十分肯定他对我的严厉是好还是坏，但是他的严格并不影响我有一个快乐的童年时代；况且我不相信，单纯地劝说和温情地鼓励能诱导孩子一心一意地进行枯燥乏味的学习，更不可能让他们做到持之以恒。孩子们的教育中很多功课必须要做，很多东西必须要学，为达到此目的，严格的纪律以及让他们意识到的可能的惩罚是不可或缺的手段。现代教育，要求孩子必须学习的功课尽可能轻松有趣，这种努力确实值得称赞。但是如果这个原则发展为只要求儿童学习简单有趣的东西，那么必然要抹杀教育的一个主要目的。虽然我对旧有的残暴专横的教育制度的没落感到高兴，但是这种教育却能让孩子养成专心踏实的习惯。据我观察，新的教育制度正在培养一批没有能力做他们不喜欢做的事情的人，我不认为畏惧作为教育的一个元素是可以去除的，但是我肯定畏惧不可以是教育的主要元素。倘若过分畏惧，会使小孩对将来可以完全信任的导师反而失去敬爱与信任，也许还会阻碍孩子天性中的坦率和本有的能说会道的培养。那么畏惧成了一种弊病，会大大地削弱教育在其他方面对孩子品德和智力方面的好的影响。

我童年生活的这段时期里，来拜访父亲的常客极少，大部分人没什么名望；可是他们具有和父亲类似的高尚人格，以及与父亲或多或少政见相同（后来与父亲政见相同的人不及当时多），对于他们的友谊，父亲极为重视。他与这些挚友的谈话，能引起我极大的兴趣并带给我很深的感悟。由于我和父亲一直共用一个书房，所以我有机会认识他最亲密的朋友——大卫·李嘉图，他的慈祥善良的容貌以及和蔼可亲的态度深深吸引着年轻人；在我学习政治经济学后，他邀请我去他家，跟他一起散步，并同时讨论这个学科的问题。在 1817—1818 年，我更经常地拜访休谟先生，他和父亲出生在苏格兰同一个地方，也是父亲少年时的校友以及大学时代的同学。他从印度回来后，与父亲重叙故交之情；和许多人一样，他也深受父亲非凡才智和毅力的影响，他进入议会，某些原因也是受这种影响的驱使。在议会里他所主张和实行的政治方针让他在英国历史上获得了荣耀的地位。而边沁先生，由于和父亲有着深厚的友谊，使我更经常地见到他；虽然我不知道父亲初到英格兰后多久与他成为朋友的，但父亲应该是英国有声望的人中最早彻底了解并整体上采用边沁的道德、政治和法律观点的人；这给他们俩的深厚友谊奠定了坚定的共同基础，也使父亲能在边沁那段生活中不怎么接见来客的时期（后来情况要好点儿了）和他成为亲密的挚友。那时边沁先生每年总要在巴罗格林豪斯住上一段时间，那里是萨里山区景色优美的地方，距戈德斯通只有几英里[①]远，我每年夏天都会陪伴父亲到那里拜访他，并住上许多天。1813 年，边沁先生、父亲和我一起旅行，途中经过了牛津、巴思和布里斯托尔、埃克塞特、普利茅斯和朴次茅斯。在这次旅行中，我见到许多对我有益的事物，并第一次懂得欣赏自然美景，开始

① 1 英里=1.609344 千米。

对“景色”有了最初的好印象。同年冬天，我们搬进父亲从边沁先生那里租来的并离他住处很近的一处房子，坐落在威斯敏斯特皇后广场。从1814年到1847年，边沁先生每年有一半时间住在萨默塞特郡（或者说在被萨默塞特郡包围的德文郡）的福特修道院里，我时而有机会到那个地方小住一阵子。我想这种短时间的小住在我的教育中是一种重要的际遇，因为宽敞而充满自由空间的住所比其他任何东西对提高个人情操都有作用。这是个古老而美丽的中世纪建筑，有豪华的大厅和开阔高深的房间，比英国中产阶级所居住的简陋而狭窄的空间好太多，能带给我一种置身于更大更自由空间的情操；而且这个修道院地理位置优越，有令人陶醉的景色，静谧清幽的环境，绿树成荫，泉水潺潺细流，这种优美自然的田园风光能带给我诗意的陶醉。

在我教育中的另一次良好际遇，就是我曾在法国住过一年，这应该感谢边沁先生的兄弟塞缪尔·边沁爵士，他是一位将军。这个际遇是他赐予的。在上文提到的那次旅行中，我曾在戈斯波特附近塞缪尔爵士的家里见到他和他的家人，他当时是朴次茅斯军舰修造所的监督；战争结束后不久，他们在去欧洲大陆定居之前曾到福特修道院小住几天，那时我又见到他们一次。1820年他们邀请我去他们法国南部的家做客半年，结果因为他们的热情好客，我差不多在那里住了一年。塞缪尔·边沁爵士的性格虽然和他知名的哥哥不一样，但也是成就非凡，并且富有才能，尤其对机械工艺有着惊人的天赋。他的夫人是著名的化学家福代斯博士的女儿，她拥有坚强的意志、直爽的性格和广博的学识，而且具有像女作家埃奇沃思那样辨别是非的能力。她是一家人的主心骨，对这个评价她理所应得，也完全适合。他们有一个儿子（著名的植物学家）和三个女儿，年龄最小的女儿都比我大两岁。我十分感谢他们给我的各式各样的教导以及父母般的关怀。1820年5月我刚到法国时，他们住在波比南别墅（当时还属于伏尔泰一个敌人的后裔的产业），这座房子坐落在高地上，可俯视蒙托邦和图卢兹中间的加罗尼平原。我曾跟他们去比利牛斯山旅游，途中在巴提尔德比戈尔停留一段时间，还去了波贝约尼和吕雄的巴涅尔，并登上了南狄比戈尔峰。

最初欣赏那优美无比的山景使我印象极为深刻，激发了我一生对自然美景的兴趣。10月份我们从图卢兹出发继续前往蒙彼利埃，途经美丽的卡斯特尔和圣蓬斯的山道。在蒙彼利埃附近，塞缪尔爵士刚购买了离圣卢普孤山山脚不远的雷斯汀克利尔的产业。这次在法国长住期间，我学会了法语，了解了一般的法国文学；我还学习了各种体操，但是没有一项精通的；在蒙彼利埃，我聆听了科学院精彩的冬季讲座、有安格拉达先生的化学讲座，普罗文卡先生的动物学讲座，以及十八世纪形而上学主义的典型代表人物葛尔刚先生的逻辑学讲座，他的题目是——科学的哲理。我还在蒙彼利埃的利西大学伦索里教授私人教导下学完了高等数学课程。但在我的这段时间教育中，让我受益最多的也许是在整整一年的大陆生活中所吸入的自由而清新的空气。这种好处虽然在当时无法估计，也无法真正意识到，但它是确实存在的。我几乎没有什么英国生活的经验，即使我认识少数的几个人，也大都是关心公益不图私利的人，因此我对所谓英国社会的沦落的道德风气了解甚少。人们对英国社会行为习惯确实日趋低劣和卑贱这点虽然没有公开承认，但总是想当然地以各种方式来暗示。高尚情操的缺乏，表现在对带有高尚情操的行为的嘲弄和贬低，表现在大家绝不公开承认任何的高尚的行为准则（除少数严格的宗教信徒外），除了在预定场合下，不得不以做样子的形式要表达一下之外。当时我还不清楚也无法估计到英国人的这种生活态度与法国人的生活态度有何许不同，但我想，法国人的缺点，如果同样存在的话，无论如何也与之完全不同。而法国人不论在书本里还是私人生活中，他们都保持着相比之下可称为高尚的情操，那就是与人为善，它就像人们交往通用的货币。这种情操虽然作为公开场合下的应酬方式显得日趋淡漠，但是由于人们交往中一直在用，而且不断以善心作为激励，所以在他们整个民族中还被鲜活地保持着，从而在人们之间造成开心愉悦的气氛，并得到所有人的承认和理解。当时我还不懂得普遍培养理解的重要性，这种理解是习惯使用感情的结果，并用这种方式把它传到欧洲大陆几个国家的大多数未受教育的阶层；在英国所谓的知识分子中，除了由不同寻常的良心敏感性致使习惯地运用理智来判断是非问题外，在理解上与欧洲大陆不同。我不明白为何普通的英国人除了偶然对某件特别的事感兴趣之外，对无关私利之事了无兴趣；他们对自己感兴趣的事情，形成了既不对他人公开，甚至对自己也不承认的习惯，可能就是由于这种习惯导致了他们的感觉和智能的发展缓慢，或者只在几个方面并且在有限范围内得到发展，让他们（即使作为有思想的人）过着一种冷漠无情的生活。而上述这些情况，我很久之后才真正看明白，虽然当时我还没有清楚明白的意识，但是我已经感觉到：法国人个人交往中的坦诚率直与和蔼的态度，和英国人意识里对人那种（几乎都是这样）别人不是冤家就是对头的态度形成明显的对照。的确，在法国无论是个人还是整个民族，和英国相比，他们的优点和缺点更容易从外表显露，在寻常交往中这种表露显得更无所顾忌。只要没有真正反对的理由，法国人每个人通常都有向别人表达友好感情以及期望获得别人友好感情的习惯。在英国，只有上层阶级或他们中受过最好教育的那些人才会谈得到这一点。

在我往返法国途中两次经过巴黎时，曾在著名政治经济学家萨伊先生家里住过一段时间，他是父亲的朋友，经常互相通信。战争结束一两年后他曾来到英国，和我父亲成为朋友。他是法国革命后期人物，是法兰西共和党人中最优秀的典范，是不受拿破仑引诱，也不向他卑躬屈膝的人物之一，是一位真正正直、勇敢的有识人士。他过着勤学平静的生活，因受到公众和好友们热烈爱戴而感到欣慰。他认识许多自由政党的领导人，我住在他家时见到过许多著名人士。我愉快地回忆起其中就有圣西门（我见到过他一次），当时他还没有成为一种哲学或信仰的创始人，只是被认为是一个有创造性的聪明人。我从这些著名人士那里得到的主要收获是对欧洲大陆的自由主义产生了强烈而持久的兴趣，从此我对自由主义就像对英国政治一样长期关注。这种自由主义在当时英国人中间是极不寻常的，但却很有利于我以后的个人发展，让我不轻易犯英国人普遍容易犯的错误，那就是以英国标准评判全世界的问题。这种错误即使像我父亲那样能脱离各种偏见的人也可能会犯。在卡昂的一位父亲的老朋友那里又逗留了几周后，我于 1821 年 7 月回到英国，重新开始我的常规教育。

第三章

受教育的末期和自学的初期

在从法国回来一两年时间里，我继续原来的学习，并增加了一些新的内容。我刚从法国回来时，父亲即将完成出版他的《政治经济学要义》，他让我在他的手稿上做一种“增加旁注”的练习，即把每段作简洁的摘要写上去，使作者更易于判断和改进思想层次以及整体叙述特点。边沁先生在他自己所有的作品上也是这样标注的。之后不久，父亲要我读孔迪拉克的《感觉论》和《修学指南》中有关逻辑和形而上学的几篇文章；父亲让我通过读《感觉论》（虽然孔迪拉克的心理学理论表面上与父亲的相类似）来认识一种典范，也获得一种训诫。我现在已记不清是在这年冬天还是第二年冬天，我第一次读到了法国革命史。我惊讶地发现，当时的民主原则在欧洲各地处于被轻视的地位，也没有发展的希望，然而却能在三十年前的法兰西首先出现，并成为这个民族的信条。由此可见我先前对这个伟大动乱只有模糊的认识：当时我只知道法国人推翻了路易十四和路易十五的独裁统治，处死了国王和王后，把许多人送上断头台，其中一个就是拉瓦西，而最后却沦为拿破仑的专制统治。于是在此发现之后，我被这个主题深深地吸引了，它符合我作为一个少年的雄心大志，让我渴望成为一个民主斗士。在我的意识中，法国不久前发生的事情，似乎还会发生；我所能想象的无上光荣之事，就是不问成败，做一个英国国民议会中的像法国一样的吉伦特派成员。

1821—1822 年冬天，父亲在我旅法期间新交的朋友约翰·奥斯丁先生友好地允许我向他学习罗马法。父亲虽然清楚也厌恶英国法律的杂乱无章，但仍然想让我当律师，总的来说，他觉得这比其他职业更适合我。奥斯丁先生吸取了边沁先生思想中的精华，并融入了来自别人的和他自己的思想成分，所以我跟他学习法律不但能得到有价值的法律基础知识，而且可以成为我的普通教育中相当重要的一部分。我跟着他读了埃内希斯的《法制论》、《罗马旧制》和《法规汇编》带注释的一部分，此外，还读了布莱克斯通的许多作品。开始读这些作品时，父亲又让我读边沁先生的《立法论》，作为这些书之外的必要补充。边沁的主要思想是由杜蒙向欧洲（实际是向全世界）作了广泛的解释。阅读此书让我的学习生活进入一个新时代，也是我思想发展历程的一个转折点。

我之前所接受的教育，从某种程度来说，已经符合边沁思想的方向；父亲一直教我运用边沁的“最大幸福”准则来看待事物。有关这个准则抽象的讨论我甚至比较熟悉；因为它在父亲参照柏拉图模式所写的、没有发表的政治论篇章中，是作为插入性讨论的。我刚读了边沁这本著作的前几页，就被它里面一股扑面而来的清新的气息所吸引，书中关于道德和立法的一般推理方式那一章的评论就给我留下清新的印象。他指明，这种推理方式是从像“自然法则”“正确理性”“道德意识”“自然公正”等词演绎而来，它以教条主义为伪装，以冠冕堂皇的言辞为掩饰，把自己的思想感情强加于他人，但是这些言辞并没有为思想感情表达理由，而是把思想感情本身作为理由。边沁的理论驳倒了这一切，这是我以前不曾想到的；我很快就意识到，边沁超出了以往所有的道德思想家，他的理论的确开辟了思想史的新时代。他根据对各种行为结果的种类和等级的分析，科学地把幸福原则运用在行为的道德上，这更加深了我对他的敬佩。但当时最让我震惊的是他对“犯罪的分类”，杜蒙在编译本中对这个问题的论述比从边沁的原著中摘出的论述更加清晰严密而又让人印象深刻。柏拉图的逻辑学和辩证法是我之前学习课程的主要部分，使我对精确的分类法产生了浓厚的兴趣。我在法国时又曾学过建立在所谓“自然方法”原则上的植物学，虽然只是为了消遣，我学得却很热情，这更增强和启发了我对分类法的兴趣。当我意识到，在“快乐和痛苦后果”的伦理原则指导下，完全按照边沁对这些问题提出的详细方法，把科学的分类法运用到“可罚行为”这个重大而复杂的主题上时，我感觉自己的认识被提升到了一定的高度，从那里能概览广阔的思想领域，并能伸展眼光看到无数的思想成果。我继续深入学习他的思想，感觉除了理论上清楚明白，还有实际改进人类事务的激奋人心的前景。我对于边沁有关构成法律体系的总的观点，并不是完全不熟悉，我曾认真读过父亲写的题为《法理学》的精彩文章，但是我从中获益甚少，也提不起什么兴趣；可以肯定的是，因为它过于笼统和抽象，也因为它偏重法律形式而不是法律的实质，也就是关注法律的逻辑，而忽略了法律的伦理道德。但是边沁思想的主题是立法，法理学只是它的外在形式。他书中的每一页似乎都展现着更清晰、更广泛的概念，阐明人类应该具有怎样的思想和制度，怎样才能具备应有的思想与制度的状态，人类现有的思想和制度状态与应有的状态差别有多大。当我读完《立法论》的最后一卷时，我的思想完全改变了。正如边沁书中理解的“功利原则”和他在此三卷《立法论》中以那种方式运用的“功利原则”一样，确实成为把我零散破碎的知识和信仰融合起来的基本原理，并使我对事物的认识统一起来。现在的我有各种主张，一种信条、一种学说、一种哲学和一种宗教(从这个词的最好含义去理解)，对这些东西的宣传和灌输成为我一生的重要目标。目前我脑海有一个宏伟的想法，就是这个理论将改变人类的状况。《立法论》中推崇的种种思想和法律在我面前展示了一幅人生最美妙动人的画面。书中预测的可行的改良办法是极温和的，它反对由许多被看成是模糊热情的事情引起的幻想。这些事情可能总有一天会被人类当作极为寻常的事情，从而使那些曾把它们看成幻想的人，有可能在将来被证明是不公正的。但是在我的心里，此种超于幻想的外观加上边沁理论带给我的精神力量提高的影响，以及他所展示出的改善人类状况的宏伟前景，足以点亮我生命的指路灯，确定我人生的志向。

此后，我还常常读边沁先生已经出版的其他著作，不论是他自己写的还是杜蒙编译的。这是我的自修读物，同时，在父亲指导下，开始学习分析心理学中较高级的课程。我在读洛克的《论文》时，会相应做些笔记，包括每一章的完整摘要以及偶有感悟所做的一些评论；这些评论由父亲读或者我读给父亲听，然后都要彻底进行讨论。我用同样的方式学习了爱尔维修的《精神论》，这本书是我自己选的。在父亲的监督下我所做的这种摘要工作，对我非常有用，因为这项工作能让我对于考虑和表达各种心理学说时用词更加精确，不论作为真理而接受还是只看作他人的见解。读完爱尔维修的《精神论》，父亲又要我学习他认为是真正思维哲学的杰作——哈特利的《人性观察》。虽然这本书不像《立法论》那样能深刻影响我的生活方式，但在它所讲述的直接的主题留给我非常类似的印象。虽然哈特利在许多方面叙述得不够完整，但他以联想规律解释复杂的精神现象，使我马上感到这才是真正的分析；相比之下，我认为孔迪拉克用概括化的言辞进行分析的方法要差之甚远，即使洛克以有启发意义的探索和感觉来解释心理活动的基础的方法也不算十分完美。就在这个时候，父亲开始写他的《精神分析》，这本书大大拓展了哈特利的解释精神现象方法的广度和深度。但他一年当中只有一个月或一个半月的假期，只有此时他才可以集中精力来写这本书。1822 年夏，他在多尔金度过的第一个假期里，开始着手写这本书，从那时起直到他去世为止，除了两个年头外，只要公务许可，每年他总要在多尔金郊区住六个月。好几个连续的假期，他都在写《精神分析》这本书，一直到 1829 年该书出版。在他写书过程中，他允许我分部分读他的手稿。我读过的并且喜爱的其他重要的英国思想哲学作家的作品，主要有伯克利、休谟的《论文集》，里德、杜加尔德·斯图尔德和布朗的《因果论》。而布朗的《演讲集》我在两三年后才读到，这本书父亲当时也没有读过。

这一年里，我读过的对我思想发展进步帮助很大的书籍中，还应该说到《自然宗教对人类现世幸福影响的分析》，它是根据边沁先生的一些手稿写成的，用菲利普·比彻姆的假名出版的。这本书不是检验宗教信仰的真伪，而是从最普遍的意义检验宗教信仰的实用性，不具备任何特殊启示的特性。有关宗教的各方面论述中，这本书是这个时期最重要的著作；在这个时期，所有对宗教教义的真正信仰都是非常薄弱而且不坚定的，但是，从对道德和社会目的角度来说这种信仰被普遍认为还是必要的。那些反对启示的人一般都以乐观的自然神论为挡箭牌，即崇拜自然的秩序和幻想中通往上帝之路；如果对自然神论有彻底的了解，那么至少可以知道它与基督教的任何教义一样自相矛盾并且扭曲了道德情操。但是，怀疑这种形式的信仰的实用性的人中，几乎没人写得出可看作具有哲学性质的著作。这本以菲利普·比彻姆名出版的著作即是以反对这种信仰作为其特殊目的。我父亲看过这本书的手稿后，就拿给我读，我像读《政治经济学要义》时一样在页边上写出评论。除了《立法论》外，此书深入而全面的分析，给了我最深刻的影响。很多年以后再读此书时，我发现了其中包含了边沁思想方法的优点和缺点；我认为，此书中除了大部分正确而充分的论点外，还有少数证据不足的论点；而且书中还有许多宝贵的资料，可用来更全面地从哲学上更彻底地对这个主题进行研究。

至此，我相信自己已经提到了所有对我早期思想发展有重大影响的书籍。在此之后，促进我智力发展的训练主要是写作而不是读书。1822 年夏天，我写成第一篇辩论性文章；我对它的具体内容已记得不很清楚，只知道它是针对贵族偏见的攻击，这种偏见认为富人在道德上比穷人高尚。我的文章全是辩论性文字，没有像青年作家写到这个主题时允许有的和人们期望中有的犀利言辞；在雄辩方面，我从当时到以后一直都不是很擅长。我能够或愿意写出来的只有一般化的论据，虽然我还是很容易受到以理性为基础的激发情感的作品的影响，不论是以诗歌的形式或者是演讲的形式。父亲在我写完这篇文章后才知道，对此他表示十分满意，我甚至从别人那里听说，他比较喜欢它。可是也许父亲希望除了培养纯逻辑思维之外，还想培养我其他方面的思维能力，因此，他建议我接下来尝试写作演讲体文章。听了他的建议，我根据所熟悉的希腊史、希腊思想以及雅典的演说家，写出了两篇演说词，一篇是控告佩里克利斯的，另一篇是为他辩护的；这个控告假定的理由是在拉西迪莫尼亚人侵犯雅典时，他不出兵抵抗。此后我继续写论文，但写的主题往往远远超出我的能力范围，不过这种练习本身以及与父亲一起对文章的讨论过程，都带给我很大好处。

现在我开始与我接触到的受过教育的人士谈论一般性的话题，而且这种接触的机会自然越来越多。在父亲的朋友中，我交往最多、受益最大的是格罗特先生和约翰·奥斯丁先生。他们虽和父亲相识不久，但很快成为挚友。格罗特先生是李嘉图先生介绍给父亲认识的，我想是在1819年，当时他大约二十五岁，他很积极热情地与父亲交往和讨论。他虽然已经接受过高等教育，但在与父亲谈论人类思想大问题时，却显得像个初学者，但是他能迅速地领悟我父亲最正确的思想。在他的政治见解方面，早在1820年他就因为写了一本为激进改革辩护的小册子而出名，这本小册子回应了詹姆斯·麦金托什爵士不久前在《爱丁堡评论》上发表的一篇著名文章。格罗特先生的父亲是个银行家，我认为他是一位完全的托利党人，他的母亲是一位虔诚的福音派教徒，所以他本人的自由思想绝非来自家庭的影响。但是不同于大多数今后能继承一大笔遗产的人，他虽然积极地承担银行事务，但还是花很大一部分时间研究哲学；而他与我父亲的深交，在很大程度上决定了他下一阶段思想发展的特性。我常常拜访他，和他谈论政治、道德和哲学等话题，并从中获得了许多有益的指导。另外，与这样一位富有才华、道德高尚的人作惬意的思想交流，让我感到了无比的喜悦和受益，他的才华和道德以他的生平与著作为世人所知。

奥斯丁先生比格罗特先生大四五岁，是萨福克一个退休磨坊主的长子。这位磨坊主在战争期间靠给国家供货发了财，他肯定是一个优秀智慧之人，因为他的几个儿子个个都是才华横溢并且道德高尚的绅士。现在讲到的这位奥斯丁先生，是因为他的法理学著作而闻名；他曾在军队里服役过一段时间，隶属威廉·本廷克勋爵麾下西西里的部队。战后，他卖掉了所得军衔开始学习法律，在和我父亲认识之前，他当过一段时间律师。他和格罗特先生完全不同，不是作为父亲的学生，而是经过阅读和思考，获得很多与父亲相同的见解，这些见解在他本人鲜明果断的个性驱使下得以修正与加强。他智慧过人，这在与他的谈话中表现得最为明显；当他讨论兴奋时，习惯运用有力和华丽的辞藻，对最为普通的主题坚持这样或那样的看法，这时他表现得不仅坚决刚毅而且神情镇定，还略带一点儿抱怨的口气。这一方面是因为他的性格，另一方面因为他感情和思考的一般倾向。这种眼光独到而敏锐并且高度认真的人，在当前社会和知识的状况下对生活和世界都或多或少感到不满，这种不满使他的性格上带有一种忧郁的色彩；这对于像他这种自身消极的道德敏感性超过了积极活力的人来说，显得十分自然。但必须说的是，他的态度所显示出的高度自信和坚强的意志力，基本上又被这种态度所耗尽。他怀有造福人类的巨大热情和高度的责任感，也有给世人留下著作作为证明的能力和学识，可是他几乎从未完成任何著作。他给应该做的事定下太高的标准，又总是过分夸大自己的努力不够，对符合自己情况和目的的精心之作的数量又如此难以满足，他经常由于过分用心刻画作为一般用途的作品而最终糟蹋了这些著作；而且他在不必要的研究和思考方面浪费过多的时间和精力，所以他在本该完成任务的时候，反而因过劳致疾，以致还不能完成所承担的工作的一半。这种思想上的弱点（在我认识的有才能的人中，他不是唯一例子），加上他被经常爆发的虽不危险但影响工作的疾病困扰，让他一生中所取得的成就相对于和他的能力匹配应获得的成就就显得少之又少了；可是凡是他写出来的文章，都得到了最有能力的评论家的最高评价。正如科尔里奇一般，他可以说自己功过足以相抵，因为他的见解给许多人带来许多教益，而且大大提高了他们的品格。他给了我极为有益的影响，并且应该是最好意义上的道德影响。他对我真诚而善意的关注，远远超过像他这样的年纪、地位和严肃性格的人对我这个普通年轻人所应关心的程度。他的一言一行表现出了一种宽广的心胸，这是我当时认识的其他人（如果他们也有着同样心胸的话）中表现得不那么明显的。因为他和我常见的所有其他有学识之人有着不同类型的思想，所以和他交往对我更有好处。在为人处世方面，从最初他就果断提醒我不要养成种种偏见和狭隘的思想，这种缺点在当时一个受特殊思想方式或特殊社会圈子影响而成长起来的年轻人身上很容易看到。

他的弟弟查尔斯·奥斯丁在那时及以后的一两年里经常和我见面，也对我产生了很大影响，虽然和他哥哥影响的性质很不相同。他比我大不了几岁，那时刚大学毕业，在大学里他以见多识广、能言善辩而出名。他对剑桥同辈人的影响可以说是历史性的；一般来说，他的影响部分表现在自由主义倾向上，尤其是在边沁式的思想和政治经济学方面，这种倾向从那时开始到1830年止在一部分高年级的思想活跃的学生身上表现出来。当时反响很大的联合辩论社是那时政治和哲学上的极端见解每周进行宣讲的舞台，他们与持相反的见解的人进行面对面的辩论，听众大部分是剑桥学生中的精英青年。许多后来小有名气的人（其中麦考利勋爵最为著名）都曾在这些辩论会中取得初次辩论的胜利。查尔斯·奥斯丁在这些辩论家中算是最有影响力的。他大学毕业以后，凭借自己能言善辩的口才和个人的声誉，仍然是他们同龄（过去经常和他在一起的同伴）青年人中的领袖，他把我也算作这些同伴之一。通过他，我认识了麦考利、海德、查尔斯·维利尔斯、斯特拉特（现为贝尔拍勋爵）、罗米利（现为罗米利勋爵和法院案录官）以及后来在文学上或政治上较为出名的一些人。我曾听到他们对许多主题进行的辩论，至今这些辩论还留给我几分新鲜感。查尔斯·奥斯丁带给我的影响不同于我迄今提及的所有人，因为这不是一个前辈对孩子的影响，而是那种年龄稍大的人对年龄较小的同辈的影响。正是和他的交往，让我第一次感到我不再是在老师指导下的学生，而是成人中的一分子。他是第一个和我处于平等地位交往的有学问之人，虽然我在我们共同的立足点上比不上他。凡是和他交往过的人，都对他印象深刻，即使与他持相反见解的人也是这样。他给人们的印象中带有无穷的力量，包括他的才能、明显的意志和性格的力量，这种力量似乎能够支配这个世界。那些认识他的人，不管和他关系友好与否，都预料到他以后将在社会上有相当的影响力。很少有人能像他那样仅凭演讲的口才就有如此之大的直接影响，除非他们付出极大努力，而他的努力确实非同寻常。他很擅长打动人，甚至能让人震惊。

他知道达到演讲效果的最主要因素是果断，所以在辩论中他总是尽可能坚决果断地发表自己的见解，当他果断而大胆的见解让众人为之吃惊时，他会感到从来没有的快乐。他的哥哥极其反对狭义的解释和运用他们两人都信奉的原则；而他却截然不同，他以最惊人、最让人感动的方式解释边沁的理论，并故意夸大边沁理论的任何结果会与人们先入感情有相抵触的地方。对此他高度热情而又非常有力地给予辩护，并能以让人信服的适当的态度表达出来，所以他总能获得辩论的胜利，或者是受到对方和观众的赞誉。我相信很多人获得的所谓边沁主义的观点或功利主义原则的许多概念，都起因于查尔斯·奥斯丁这些似是而非的观点的影响。但必须指出，许多摒弃旧政治和哲学观点的年轻人都以他为榜样（当然这不是普遍的），夸大人们认为违反边沁主义理论和原则的任何东西一时成为一个有共同志向的青年团体的标志。所有那些对边沁理论和准则有信心的人（我也在其内）迅速成长起来，丢掉了那种不成熟的虚荣心，而那些对此没有信心的人开始讨厌标新立异的理论，因而他们将自己信奉过一段时间的违反公认标准的见解，不论好坏全部抛掉。

1822—1823 年冬天，我制订了组办一个小型学会的计划，它由同意以下基本原则的青年人组成，这些原则就是：承认功利是伦理和政治的标准，承认我从信奉的哲学中得出的某些重要的必然结论。学会每两周聚会讨论一次，按照之前大家约定的规则诵读论文和讨论问题。本来这件事几乎没什么值得谈的，但是我命名这个由我计划创立的学会为功利学会这件事倒值得一提。这是第一次有人用功利主义这个名称，而且这件小事情让这个词从此融入语言之中。这个词并不是我发明的，而是我从高尔特的一本小说《教区编年史》中得来的。这本小说据说是一位苏格兰教士的自传，书中讲述了这位教士告诫他的教区信徒不要离开福音变成功利主义者。出于孩子对这类性质名称的喜爱，我使用了这个词。在这之后很多年我都把它作为一个派别名称来称呼我自己和其他的同伴，逐渐地一些持有类似功利主义见解的人也偶尔使用此词。随着功利主义见解被越来越多的人注意，这个词被一些局外人和反对者一再使用；而当那些首先使用这个词的人把它连同代表的宗派特性一起放弃时，这个词的使用却已经相当普遍。被称作功利主义学会的团体开始时只有三个会员，其中一位是边沁先生的抄写员，他允许我们在他的家里开会。我印象中学会会员人数从未超过十个人，1826年该学会解散，从创立到结束一共存在了三年半的时间。对我来说，组织这个学会除了给我练习口头辩论的机会外，更主要的是让我结交了几个当时学识上还不如我的年轻人；在这样一个有着同样理论的团体中，我有一段时间成为领导人，对他们思想上的进步有相当大的影响。任何同意我的做法的有识青年，只要他们的见解与这个学会所持见解不抵触，我都会尽力想办法接受他们入会；如果其中一些人不加入这个学会，也许我们永远没有机会认识。这个学会中的成员根本不能算是“门徒”，他们所有人都有着自己的独立思想。其中有些人跟我成为知交好友，包括威廉·艾顿·图克，他是著名的政治经济学家的儿子，他是一位富有才智、道德高尚的青年，却不幸英年早逝，这对世界是一个重大损失；他的朋友威廉·埃利斯，是一位在政治经济学领域有创造性见解的思想家，现在因热心教育改良而出名；乔治·格雷厄姆是一位几乎对所有抽象主题都有独特见解和优秀才智的思想家，后来他成为破产法庭的官方代理人；约翰·阿瑟·罗巴克1824年或1825年第一次到英格兰学习法律，并参加我们的学会，后来他成为比前面三个人更有名气的人物。

1823年5月，父亲为我在东印度公司找到一个职位，就这样决定了我以后三十五年职业的方向和地位。我在该公司的通信稽查署办公室工作，父亲是这个部门的直接领导。我通过正常途径被录用，从最开始的底层职员做起（列在书记员名单的末位），凭能力晋升，至少第一次晋升是这样。但是根据他们说好的条件，我一经录用就被安排拟定公文电报。他们让我接受这种训练，从而准备接替那些位居高层的官员的职位。当然在起初一段时间，我拟定的公文底稿需要由我的顶头上司多方修改，但我很快熟悉这项工作，并在父亲的指点下，也因为我本身能力的提高，几年之后我就能胜任（实际已能算是）公司一个重要部门——土著部——的主管和印度通信的官员。我在这个职位上工作了相当长一段时期，直到后来被晋升为稽查官；但我担任这一新职位的时间只有两年，两年后因为东印度公司作为政治实体的资格被取消，于是决定引退。我现在不知道还能找到什么能让我维持生计的职业，而且是能比我这个职业更适合一个没有经济依靠而又想在二十四小时中抽出一部分时间做自己学问的人。而为报刊写文章，对于有能力在文学或思想领域取得较高成就的人来说，不能被视为长久的生计来源。这不仅是因为这种工作收入很不稳定，而且也因为凡是有良知的作家，不会为除自己观点外而不愿意接受别人的见解写文章；而且靠写作维持生计的作家的作品本身就没有什么价值，因为它肯定不是作家殚精竭虑之作。真正能够成为未来思想家的作品，肯定是需要很长的时间才能完成，而且作品即使完成了，一般情况下也要很长时间之后才会被公众接受而出名，因此作家难以赖此为生。那些只能以写作为生的作家只能艰难地进行枯燥辛苦的写作，最好的也只是依靠写一些通俗性的作品来维持生计；他们只能从乏味的写作中抽出一点点时间来写自己喜欢的东西，但这样抽出的时间一般要比公务员的闲暇时间还要少，而且更容易使身心疲惫不堪。至于我自己，我从生活中体会到，从事公职的事务只是我同时进行其他脑力工作后的实际休息。而从事公务员工作也算是知识性事务，并不是枯燥乏味的苦工，它的用脑强度使习惯抽象思考或从事细致文字写作的人感到疲惫。然而，因为每项工作都有它的缺点，我也很清楚地知道当公务员的缺点。虽然当公务员让我不怎么在乎失去某些职业，比如说律师这个职业，正如上文中提到，父亲想让我当一名律师，它能给我提供名利双收的机会，但是对于失去当议员和参加政治活动的机会，我很难不无动于衷。另外我的工作使我必须长期待在伦敦，这更使我感到不快。东印度公司规定的假期每年不超过一个月，而我在法国的旅居生活激发了我对旅行的爱好，特别是对乡间生活的强烈向往。虽然我的这种向往没有得到无限制地满足，但也不是完全不能满足。全年大部分周末我都在乡间度过，即使有时星期天留在伦敦，我也要到郊外做较长时间的散步。在每年一个月的假期里，开始几年是在父亲乡下的住所居住，后来用部分或全部的时间外出旅行，基本上是徒步旅行，我会邀请一个或几个青年朋友同我一起旅行；再后来我开始一个人或和朋友一起进行长途旅行。我每年假期的常到之处是法国、比利时和德国莱茵河地区；在另外两次较长的假期里，一次是三个月，一次六个月，我在医生的建议下去了瑞士、蒂罗尔和意大利。幸运的是这两次旅行都在我还年轻的时候，给我留下了大半生健康而美丽的回忆。

我对别人这样的推测表示同意：我的公职给我一个机会，使我能通过个人观察具备了处理实际公务的能力，这个机会对我作为当时见解和制度的理论改革者来说有很大的价值。当然，并不是说这种需要在纸上办理而且要在地球的那一边起作用的公务本身，能带给我许多生活的实际知识，而是这种工作使我习惯看到和听到公文在执行时所遇到的各种困难，也使我经常为了公文的执行而提出和仔细讨论解决困难的办法，因而使我有机会观察到国家政策和其他政治措施什么时候以及为什么不能产生所期望的效果。而对我最重要的是，它使我在这一部分工作中成为机器中的一个轮子，从而使整部机器的各个零件能够配合起来正常运行。作为一个纯理论作家，我本来可以完全自己思考而不需询问他人，而且本不会在思考中碰到而只有将理论运用到实际中去时才会产生的阻碍；但是作为一个负责政治通信工作的秘书，我所撰写的命令和发表的见解一定要使许多与我完全不同的人满意，一定要让命令适合执行。因此我具备了特别的优势，能够在实践中找到办法，将思想政策用最容易被接受的方式灌输到习惯上对此没有准备的人们的心里；同时这项工作也让我真正理解了打动人心的困难，以及知道妥协的必要性还有牺牲次要以求保全大局的艺术。我学会了在不能得到所有时，怎么去得到我能得到的最主要的东西；在我的主张不能完全被实现时，我懂得了不去垂头丧气，学会了在能实现其中的最小一部分时就感到喜悦和满足。即使连最小的部分也达不到实现，我依然能心平气和地面对自己的主张被完全否定的现实。我从生活中获得这些有价值的感悟，对我的个人的幸福无比重要。这些感悟也让任何一个人——不管他是理论家还是实践家——能够获得实现符合他的机遇的最好的事的必要条件。

第四章

青年时期的工作

我在公务方面花了不少时间，却并没有让我放松自己的学习，反而使我更加集中精力继续学习。大约就是这个时候，我开始在报纸上发表文章。第一次发表的文章是在《旅行者》晚报上的两封信，那是1822年年底发表的；后来《旅行者》被《全球》报收购，合并成《环球旅行者》报，它在当时是著名的政治经济学家托伦斯上校的产业，主编是富有能力的沃尔特·库尔森（他曾是边沁先生的抄写员，后来当了记者，接着当了编辑，再以后做过律师和财产代理人，最后去世时是内政部法律顾问）。这份晚报是自由党人最重要的机关报之一；托伦斯先生亲自执笔为该报写了许多政治经济学文章；针对当时正在攻击李嘉图和我父亲的某些见解，我在父亲的鼓励下，写了一封信进行反击；库尔森出于对父亲的尊敬和对我的好意，将信登载出来。之后托伦斯还写了一篇回复，对此我写了第二封答辩信。很快我尝试着做更有野心的事情。理查德·卡莱尔和他妻子与妹妹因出版敌视基督教教义的书刊被起诉，这件事引起了很多人的关注，特别是与我接触较多的一些人的关注。当时还没有政治上，尤其是宗教上的言论自由，即使仅仅是理论上的也被严厉禁止，而现在好像至少已得到了承认；持有和人们不同观点的人，不得不为争取言论自由而随时准备进行反复辩论。我以威克利夫的笔名给《纪事早报》连续写了五封信，深入而仔细地论述了自由发表宗教见解的重要性，其中三篇于1823年1月和2月发表，另外两篇因言辞过于激烈而不被该报许可，一直没有发表。但我很快就以同样的主题（当时下议院正在辩论这个主题）写了一篇文章，被该报作为社论登载出来。在1823年的全年里，我在《纪事早报》和《旅行者》上发表了相当多的文章，有的是书评，但更多的是以书信形式的评论，评价议会发表的粗浅议论、法律的缺陷以及关于地方行政官或法院的违规行为。《纪事早报》当时在针对官员罪行的揭发方面做出了突出的贡献。佩里先生去世后，该报的编辑和管理工作由约翰·布莱克先生接任。他从该报创刊以来一直担任着该报的记者，并且他博览群书，知识渊博，为人诚实，心地纯朴；他也是父亲的一位好朋友，非常熟悉和相信父亲和边沁的思想理论，并能熟练而巧妙地把这些思想以及其他有价值的思想展现在他的文章里。自此开始，《纪事早报》不再像过去那样仅仅是辉格党的喉舌，在此后十年里，该报在很大程度上成为激进功利主义者发表见解的工具。此类文章大多由布莱克亲自写，协助他的是方布兰克，后者用为该报撰写的议论性文章和讽刺小品展示了他突出的写作才能。该报大量披露法律和司法行政上的缺陷，并对它们的改进做出了巨大贡献。在那时以前，除了边沁和我父亲以外，还没有发现对英国制度和行政机构最大弊端的公开批评。英国人几乎普遍地深信英国的法律、英国的司法制度以及英国的不支薪酬的地方行政官制度都是优秀的典范。我可以很负责地说，除了边沁先生提供的重要理论和资料之外，让人们识破这一迷信的最大功臣应是这位《纪事早报》的编辑布莱克先生。他不断地发表文章进行攻击，揭露法律、法院（支薪与不支薪）的荒谬和罪恶，使人们心中不断形成比较正确的认识。在其他许多问题上，他是社会舆论的喉舌，经常要比其他报纸提倡的东西早得多。布莱克是父亲的常客，格罗特先生常常说，他只要看到周一晨报上的文章，就知道周末布莱克是否与我父亲在一起。布莱克是父亲传播思想最有影响力的众多渠道之一，通过该报使父亲的言论及个人影响变成布莱克的文章发表出来。此外，加上他的著作的影响，父亲成为英国的一股力量，这股力量是普通大众只凭才智与品格很难获得的，而且这股力量往往在人们意想不到的地方发挥得最充分。上文我已说过，李嘉图、休谟和格罗特的很多成就中的一部分就是因为我父亲的鼓励与劝导。与布鲁厄姆相比，父亲在许多社会公益方面，不论是教育改革、法律改革还是其他问题，他所有的成就可以证明他是一个难得的天才。他的影响如不停息的流水，举不胜举，这种影响又因为《威斯敏斯特评论》的创立而被无限扩大。

和人们的推测相反，我父亲并没有参与《威斯敏斯特评论》的创办工作。多年前父亲与边沁先生经常说起的就是要创办一份激进党的机关报，以回击《爱丁堡评论》和《季刊评论》（当时它们正处于最有影响力的时期），当时边沁先生想由父亲出任主编，可是这个想法从未成为现实。后来，1823 年边沁先生决定自己出资创办《评论》，并邀请父亲担任编辑，但父亲因为在东印度公司任职，公务繁忙而无法兼顾，所以拒绝了。于是边沁先生就邀请了鲍林先生担任此职（现为约翰爵士），他是伦敦市内的一位商人。鲍林先生在此前两三年中经常殷勤地拜访边沁先生，由于他有着优秀的才智，而且他对边沁先生高度尊敬，以及赞同着他的许多（即使不是全部）主张，同时他也与各国自由党人有广泛的交往和通信，所有这些让他似乎适合担任边沁的得力助手，帮助向全世界各地传播他的信誉和理论。父亲很少接触鲍林，但对他很了解，认为他完全不是想象中的适合办政治和哲学评论的人；而且他预感到这个刊物的前景不长，对它不抱什么希望。他深信这个刊物不但会使边沁折本，而且可能会使激进派的原则遭受质疑。但是父亲又不能置边沁先生于不顾，就同意为创刊号写一篇文章。按照在之前商定好的计划中受大家共同赞成的一部分，该刊将针对其他评论刊物的文字进行评论。父亲的这篇文章就是对《爱丁堡评论》从创刊起各期的作品做出的全面评判。他在开始写之前，让我把该刊所有文章或者每期的重要文章通读一遍（这种工作在 1823 年时要显得容易些），然后把我认为他需要看的文章，或者写得好或者写得差的地方摘录下来。父亲的这篇文章让《威斯敏斯特评论》第一次出刊就引起轰动，也是他所有文章中最能展现他的思想性和技巧性的一篇。首先，他整体分析了期刊文字的倾向，指出刊物不能像书籍一样等待成功，而是必须一出刊就能引起响应，否则刊物可能永远成功不了。因此，面对公众时，父亲认为刊物大体上一定要遵从并反复灌输公众已持有的见解，决不可去纠正或改进他们的见解。其次为了突出《爱丁堡评论》作为一个政治性机关刊物的特点，他进一步用激进派的观点全面分析了英国的宪法。他提醒公众认识到该宪法自始至终的贵族特性：下议院的多数议员由几百个家族产生；议会中较独立的一部分人（各郡的议员）几乎都是大地主；这种范围狭窄的寡头政治只是为便于统治，才允许不同阶级分享一部分政权。最后，他称教会和法律界是寡头统治的两个后台。他指出，这样组成的贵族体制自然倾向于把自己分成两个政党，由一个政党执政，另一个政党在大众舆论的支持下想要努力取代前者，而贵族的优势和占据的支配地位，根本不受到重大伤害。他描述了贵族的在野党可能采取的方针和占有的政治地位，解释了在野党为了取得公众的支持而假意支持受公众欢迎的原则。他指明了这种做法是怎样在辉格党所做的事情中体现出的，而《爱丁堡评论》作为辉格党的主要喉舌正在施行。他用“跷跷板”一词来形容该刊的主要特点；但凡触碰到统治阶级的权力和利益的每一个问题时，它们用不同的文章或文章的不同部分时而这样说，时而那样说；而且他还就以上种种情况用丰富的材料加以表明自己的立场。这篇文章给了辉格党及其所施行的政策从来没有过的严厉抨击，此前在英国还从来没有人为了激进主义而给予对手如此沉重的打击。我相信，当时除我父亲外再没有人能写出这样的文章。①

此时，新创立的《评论》已与另一份筹备过程中的纯文学期刊联合，后者由亨利·萨瑟恩先生担任主编；他当时是职业文人，后来步入外交界。两位主编同意联合办刊分工合作，鲍林担任政治版刊物的编辑，而萨瑟恩负责文学版。《评论》的文学版本打算交由朗曼公司出版，该公司当时虽

① 这篇文章的续篇刊登在《评论》的第二期上，是我在父亲指点下写的，此文没有什么价值（只是从写作练习角度，此文带给我以往任何文章都没有的好处）。

然在《爱丁堡评论》占有部分股权，但愿意承担这份新刊物的出版。但是当一切准备就绪，刊物的简报已经发出去时，朗曼公司见到我父亲抨击《爱丁堡评论》的文章，便撤销其出版决定。因此，父亲在大家的请求下利用他和出版商鲍德温的关系，使《评论》成功出版。于是《评论》的创刊号终于在 1824 年 4 月问世了，这完全超出了我父亲和大多数后来支持它的人的预料。

这期的发行量使我们大多数人都喜出望外，文章总的质量也超出了预期。文学版与艺术版的文章主要依靠宾厄姆先生，他是一位律师（后来担任检察官），与边沁先生是多年的好朋友，也是奥斯丁兄弟的朋友，极为热情地信奉边沁先生的哲学理论。非常巧的是，在第一期刊物中他的文章就有五篇之多，而且每篇文章都让我们特别满意。我清楚地记得，当时自己对《评论》有着错综复杂的感情；我非常高兴地看到这个刊物办得这么好，好到足以令人满意地成为那些支持刊物并公开宣称的观点的人们可以信赖的喉舌；我们认为该刊物总体上十分优秀，因此对我们认为有损它完美的地方感觉非常懊恼。除了我们对它持有一般好感之外，当我们知道它作为创刊号的发行量如此之大，并且知道它作为一问世就受到广泛关注的激进派评论刊物拥有和其他基础牢固的政党报刊同等权利时，我们更加毫不迟疑地竭尽所能，希望把它办得更好。

父亲继续偶尔写些文章，继《爱丁堡评论》之后，又披露了《季度评论》；在他的文章中，最重要的是发表在第五期上抨击索赛所写的《教会》一书的论文，和第十二期中一篇政治论文。奥斯丁先生只写过一篇论文，但十分成功；该篇文章反对长子继承权，回击了麦卡洛克最近发表在《爱丁堡评论》上的文章。格罗特也只写过一篇论文，因为他正在全身心地投入写《希腊史》；他写的这篇文章就是讨论他正在研究的主题，即彻底地揭露和批判米特福德。宾厄姆和查尔斯·奥斯丁继续为《评论》写了一段时间文章；方布兰克从第三期起经常向此刊投稿。我的知交好友埃利斯也给此刊写稿，但是到第九期他就离开了。大约这个时候，另外一批人又参与进来，有艾顿·图克、格雷厄姆和罗巴克。我自己也经常向此刊投稿，从第二期起到十八期止共写了十三篇文章，内容要么是对历史和政治经济学著作的评论，要么是读特殊政治主题如《谷物法》、《狩猎条例》和《诽谤法》的评论。有时父亲和我的其他朋友也会写点儿有价值的文章。鲍林先生的朋友写过精彩的文章。可是总的来说，在我所接触的那些对《评论》的宗旨有强烈兴趣的人中，没有一个人对《评论》的经营表示满意的。几乎每一期出版时，都有一些地方使我们非常厌恶，有的是观点和风格方面的问题，也有的纯粹是水平问题。我父亲、格罗特、奥斯丁兄弟等人对该刊做出的不满的评论，激起我们年轻人过度热情地附和。我们年轻人的热情高涨，让我们毫不犹豫地大发议论，这使两位主编的日子很不好过。现在回想起当时的所作所为，毫无疑问我们有的做得对，有的做得不对。我可以肯定，如果那时《评论》依照我们的想法经营（我指的是按照我们这批年轻人的想法经营），那么也不会办得更好，甚至也许比那时办得更差。但是在边沁主义历史上一个值得注意的事实是，使边沁主义广泛传播的这份刊物，从一开始就受到了认为对所有问题的见解都该代表边沁主义的人的强烈非议。

此时，《评论》已经广为公众熟知，它为边沁式激进主义在主张和理论方面取得公认的地位，这样的名誉和地位与其信奉者人数之不成比例，也与当时大部分被认为是信奉者中人的个人成就和能力不成比例。众所周知，那是个自由主义迅速膨胀的年代，随着人们对法战争的恐惧和仇视情绪慢慢消失，公众开始重新关注国内政治，改革的思想潮流也开始逐渐高涌。但在欧洲大陆上，旧王族恢复了对人民的压迫，英国政府公然支持所谓“神圣同盟”的反对自由的阴谋，长期战争带来的巨大消耗造成了国内债务和税收的沉重负担，这使政府与国会十分不得民心。激进主义在伯德茨和科贝茨的领导下取得的声望和重要地位让政府惶恐不安。他们的恐慌并未因颁布了著名的《六项法案》得到暂时的缓解；而对卡罗琳王后的审判在大众心中激起了更大更深的仇恨。虽然这种仇恨从表面迹象看随着刺激原因消失而消失，但是到处都涌现出一股之前没有过的反对政府各种不公的思潮。休谟先生坚持要求对政府开支严格审查，促使下议院在讨论每一条引起争议的预算项目时产生了分歧，这种情况开始强有力地影响着舆论，最终迫使政府很无奈地缩减许多较小的开支。1820年由图克先生起草，由亚历山大·巴林先生递呈的伦敦商人要求自由贸易的请愿书，以及李嘉图在议会生活的几年中所做出的不懈努力，使政治经济学在公共事务中有力地突显出它的作用。李嘉图紧接着就“条金争论”所写的文章，和继他的文章之后发表的我父亲和麦卡洛克的论文和评论（那几年里麦卡洛克在《爱丁堡评论》发表文章都极有价值），都引起了公众对政治经济学的关注，使政府内部至少有一部分人转变了立场；赫斯基森在坎宁的支持下主张逐步取消这种保护贸易制度，他们的一位同僚实际上于1846年完成了这个任务，虽然贸易保护主义的最后残余直到1860年才由格拉德斯通先生彻底扫清。当时的内务大臣皮尔先生正小心翼翼地尝试着走无人走过的边沁主义特色法律改革之路。这个时期，自由主义似乎成了时代的主题，最高阶层鼓吹改良制度，而最低阶层强烈叫嚣着要求彻底改变议会章程。于是在这个时候经常会出现一批新的作家，他们自称是这股新潮流的立法者和理论家，以此来引起人们的注意，这就不足为奇了。他们写作的坚强信念，似乎没有人能够比他们的信念坚定；他们敢于正面抨击现有两个政党；他们毫不妥协地公开宣称反对许多为人们普遍接受的思想，他们对他人的怀疑态度表明了没有谁比他们更具有反社会的精神；至少我父亲的著作具备这样的力量和气势，他还有众多出现在他背后足以办一份评论的支持者；最后《评论》有了相当大的发行量和读者。所有这些使所谓哲学和政治学中的边沁学派在公众心里占有了十分重要的地位，其影响是前所未有的，也是后来英国兴起其他同样认真的思想学派所难以达到的。由于我置身在这个学派的中心机构，了解它的组成状况，而且我是其中最积极的少数人之一，所以可以毫不过分地说，我比大多数人更有资格谈一谈它的情况。

这个想象中的学派，事实上当时只是由围绕在他周围的一定数量的年轻人组成，他们被我父亲的著作和思想所吸引；他们或多或少已经或正在从我父亲那里吸取他的明确而果断的政治学和哲学思想。那种认为边沁身旁聚集着一批亲自聆听他讲述学说的信徒的说法，纯属无中生有；关于此父亲在《略论马金托什》中已经说得很明确了；凡是了解边沁先生生活习惯和谈话方式的人都知道，这种说法是荒谬的。边沁的影响是通过他的著作产生的。他通过著作对人类的现状产生影响，直到现在依旧在发挥作用，这无疑比我父亲的影响更广更深远。在历史上他是个比我父亲伟大的人物，但是我父亲的个人影响要大一些。人们从我父亲的谈话中寻找信念和教益，他也确实主要以谈话为手段来传播他的见解。我从没看到过有人能像他一样，用通俗的谈论让自己最完整的思想得以充分而正确地表达。他能完美地运用自己丰厚的思想底蕴，他的简洁畅快的语言能声情并茂，以及他发言时所流露出的高尚道德风范和理智的力量，使他成为最优秀的辩论家之一。他满怀奇闻典故，经常笑声爽朗，当和他喜欢的人在一起时，他是个活泼而有趣的伙伴。但父亲并不仅仅是通过（或者主要依靠）传播他的精神信念才显示出他的力量，他的品格力量所产生的影响力更加巨大，这一点我后来才懂得它的珍贵。他有着高度的公德心，有视大众的利益高于一切的胸怀，他的这些品质让同样的高尚与美德的萌芽在受他鼓励和他接触的人们心灵上逐渐生根发芽并不断成长。他的赞同成为这些人的愿望，他的非难成为他们的羞耻；他的谈话和当场的行动给了那些怀有相同目标而奋斗的人以精神上的支持；他以高度的自信心给予那些灰心失望的人们（总会在某些具体情况中失去自信）以鼓励，而他的坚定的信念来自对理智的力量，对社会总体的进步趋势，以及每个人都能通过明智的努力而行善的深信不疑。

正是父亲的见解赋予当时边沁主义即功利主义的宣传以显著的特点。他的这些见解零散地、多面地不断往外传播，主要通过三种渠道不断地源源流出。第一种是通过我，我的思想是唯一在他教导下形成的，并由我对很多年轻人产生相当有力的影响，再由这些年轻人向别人宣传。第二种是通过剑桥大学几个与查尔斯·奥斯丁年龄相仿的人，他们在奥斯丁的带领下，或者在他的思想的鼓舞下，信仰许多与父亲所主张类似的学说，其中有些小有名气的人后来设法认识父亲并经常拜访他。这些人中值得提起的是斯图拉特，即后来的贝尔伯勋爵和现在的罗米利勋爵，罗米利的父亲是有名的塞缪尔爵士，他是我父亲的老朋友。第三种渠道是通过剑桥大学生中较年轻的一代，他们比奥斯丁稍晚，与艾顿·图克同辈，他们因具有与值得尊敬的图克的思想相似而和他交好，再由图克介绍给我父亲。他们中最著名的是查尔斯·布勒，其他还有许多人也个别地接受父亲的影响并传播父亲的思想，例如布莱克（上文已提到）和方布兰克。但是在那批人中间的大多数，我们估计也只能算是部分的同盟者，比如说方布兰克在许多重要问题上就与我们存在分歧。但是，实际上我们当中对任何一部分见解都不存在完全的一致，我们中也没有任何人绝对信奉我父亲的学说。譬如说，他的《论政府》一文，我们虽然几乎都认为是政治学里的杰作，但是其中有一个段落我们并不赞同，在那一段中他提到可以不给妇女普选权，这与良好政治并不抵触，因为她们的利益与男人的利益一致。对于这个理论，我与我的知交朋友都表示坚决反对。应该为父亲解释一下，我父亲否认他故意强调妇女应该排除在普选权之外。他主张妇女应该和四十岁以下男子一样都没有选举权，关于这一点就在文章的下一段里，他对男子也提出完全相似的见解。他实际所说的不是讨论普选权是否应受限制的问题，而只是讨论（假定应给予限制）限制到什么样的程度，有了它才肯定不会危及良好政治的安全。但是我在当时和此后也经常意识到，他所承认的见解与他所否认的见解都存在极大的错误。声称妇女的利益包含在男人的利益里，就等同说臣民的利益包含在国王的利益里一样，而普选权赋予每个人的现实理由都要求不能把妇女排除在外。这种观点也是我们年轻的一批激进分子共同持有的，让我们高兴的是，边沁先生在这个重要问题上完全站在我们这一边。

虽然我们中间并不是每个人都完全赞成我父亲的每一种主张，但是正如我之前所讲，对我们这批后来被称为“哲学激进主义”第一批宣传者来说，父亲的理论是我们所组成的这个小团体主要的标志和特征。我们中的任何人的思想方法，都不是任何意义上的边沁主义的特色（即以边沁为领导或倡导者），而是把边沁的观点和现代政治经济学观点以及哈特利的形而上学融合在一起。比如马尔萨斯人口论同隶属边沁的任何理论一样，也是组成我们这个团体的旗帜和宗旨。这个伟大的理论原本为反对人类社会有着无限的改良前景的说法而提出来的，我们尤其热情地从相反的方向来理解这种理论，即认为要实现这种改良，唯一的办法只有通过主动限制人口的增长来保证全体劳动者以高工资充分就业。关于我们和我父亲共同观念的其他主要特点现解释如下：

在政治上，父亲几乎无限信任两件事的功效：议会制政治和议论的完全自由。父亲十分相信只要能让人类的思想具备足够的理性光芒，它就会对人类心灵产生巨大的影响。他认为，如果能教所有的人读书，能够把各种思想用语言或文字向他们阐述，能给他们普选权，就能使他们选出立法机关，实行他们所信仰的思想理论，而后似乎一切问题都可解。他认为只要立法机关不再代表某一阶级的利益，它就会诚挚地和理智地为大众的利益服务；因为人民在经过受教育具备的理解能力的指导下，一般能够理性地选出他们的代表，这之后，就可以给予他们的代表自由处理的权力。因此，他认为贵族统治，即任何形式的寡头政治，是唯一阻止人类选出最明智的代表管理他们事务的障碍，也是他严加指责的目标；而他主要的政治信念，即民主普选权，并不是源自自由、人权或在此之前提出的保卫民主的有一点儿意义的各种警句口号，而是把它作为“保障良好政治”的必要因素。在这个问题上，他同样只紧紧抓住他认为主要的因素：只要政治良好，是君主政体还是共和政体对他来说关系不大，这种态度要比边沁温和很多；而边沁认为的国王是“腐败的罪首”，这是十分有害的。除贵族统治外，他反对英国的宗教或教士组织，认为他们在地位上是使宗教堕落的罪恶源头，是反对人类思想进步的阻碍，这也是父亲极为厌恶的目标；可是他并不讨厌正直的教士个人，他有几个真挚的教士朋友。在伦理学方面，在他认为与人类的幸福有重要关系的一切问题上，他的道德感情都是热情而又严厉的；而他对通常的宗教教义却完全不关注（虽然这并不表现在个人行为上），因为他认为此类教义只是出于禁欲主义和教士权术，没有任何可靠依据。例如在男女关系方面，他希望给予人们更多的自由，虽然他并不明确限定什么是或应当是这种自由的确切条件。他这种见解不能证明他在思想上或实际生活中有情欲问题。相反，他预言这种自由的增加产生有益影响之一，是人们的想象力将不再集中于肉体关系或与之相关的事物，不再把这些夸张作为生活的一个重要目标；他认为这种想象力和情感的堕落是人类心灵最根深蒂固并且普遍存在的邪恶之一。在心理学方面，他的基本理论是在不同环境下通过普遍的“联想原理”可以形成人的性格，以及认为教育有着提高人类的道德和智力水平的无限可能性。在他所有的理论中，这一条理论最为重要也最值得去坚持。不幸的是，就是这一理论与当时及后来流行的思潮抵触最大。

凡此种种见解都是我所在这个青年小团体以万分高涨的热情紧紧拥护的，此外我们还把这种共同的信仰当成了宗派意识，而后一点至少从意向上说与父亲没有关系。由于我们（应该说是人们想象中的我们）甚至曾被人们滑稽地夸大为“学派”，而使我们中有些人在一段时间里真正希望成为这样的“学派”。十八世纪法国“哲学”派是我们追捧模仿的榜样，我们希望获得不低于他们的成就。我们这个团体中尤其是我，是对这种稚气的野心抱有最大希望的一个；如果说此事不会被觉得浪费篇幅与时间的话，倒可以说出许多详情来。

但是，准确地说我所谈到的这一切只是这个团体的外表，或者说仅仅是理论性的部分，而且还只是这个部分的一个方面。至于要透视到我们这个团体内部，分析我们是怎样的一种人，我必须先说明，我谈的仅限于我本人，只有对我自己我才是真正了解的；同时我相信，我所描述的关于我本人的情况，如果不作很多方面的修改，是不适用于我的任何伙伴的。

我想，人们经常把边沁主义者描述为仅仅是推理的机器，这种说法虽然对大多数具有这个称号的人极不适用，但对我人生中的某两三年的情况并非完全不符合。也许这个说法对我这种刚入社会，对向往的共同目标怀有新鲜热情的青年人才是适用的。在下面一点上，也没有特别异常的地方：不能期望一个与我当时年龄相仿的年轻人成为我恰好成为的那类人。我怀有数不清的干大事的抱负和愿望，其中最强烈的情感就是热情地为人类谋福利，当然里面还夹杂其他的情感观念。但是在我人生的那个阶段，我的热情主要还集中在理论性的见解上，还说不上出于真正的仁慈或对人类的同情，虽然这些品德已在我的道德准则中占有相当的地位。我的热情也与任何追求崇高理想的高度热忱不同。虽然我极其容易受这种感情的影响，但在当时这种感情的自然养料——诗歌的熏陶——曾经中断，而接受更多的是与感情相反的训练，那就是不带丝毫感情的逻辑与分析。此外，如上文中提到，父亲对我的教导往往忽视了感情的价值。这并不是因为他本人铁石心肠或麻木不仁，我相信事实恰恰与此相反。他认为感情不需要来自他人的关心，只要恰当地关心行为本身，肯定就会有足够的感情。他在伦理学和哲学争论中，看到人们把感情作为行为的最终理由和辩护，而忽视感情本身也需要辩护；当看到行为的结果对人类幸福产生害处时，实际上也需要感情为之辩护；当觉得一个人性格里富有感情时，人们就认为他值得被看作好人（父亲认为只有行为才能证明人的美德），这些事情经常引起他的愤慨。在评论人物或事物时，他对称颂感情最无耐心，即使提到也只是只言片语带过。除了他身上这种特性带给我及其他人的影响外，我们发现，我们认为所有最重要的见解常因人们感情的缘故而受到抨击。功利思想被谴责为冷酷的计算，政治经济学也被当成是无情的东西，控制人口的理论被斥责为违反人类的自然感情。我们拿“感伤”这个词来反驳，并连同“阔论”和“模糊”两个词作为我们指责他们的常用术语。虽然与反对我们的那些人比较，我们通常是对的，但争论的后果促使我们不珍惜感情的熏陶（除公私责任情感外），感情在我们大多数人思想中，尤其是我的思想中基本没有分量。我们主要想的是改变人们的看法，让他们相信事实证据，懂得什么是他们的真正利益，一旦他们懂得自己的真正利益所在，我们认为，他们必定会把交流思想当成工具，尊重彼此的利益。当我们真正意识到无私的仁慈和热爱正义的最高美德时，我们不再期望通过针对这些情感的任何直接行动来使人类获得新生，而是希望通过受过教育的有识之人的作用，去改变人类自私的思想感情。虽然对那些受更崇高的行为准则约束的人来说，最后这一点是他们手中非常重要的改良手段，但是我不相信当时边沁派或功利派中能坚持到今天的任何人，还主要依赖它作为改进人类行为的方法。

由于从理论上和在实践中都忽视了对感情的陶冶，结果自然是低估了诗歌本身以及它作为人类天性中一个因素的想象力的价值。人们在心目中从过去到现在，都普遍认为边沁主义者是诗歌的敌人，这种看法对边沁本人也比较适用。他过去常说“全部诗歌都是歪曲”，但他说的这句话的含义还可被更进一步理解为，所有感人的言语也是歪曲，甚至还包括所有在性质上超过算术答数范围的修辞描写和教导都是歪曲。第一期《威斯敏斯特评论》上的一篇宾厄姆的文章在解释他为什么不欢喜穆尔时说，“穆尔先生是一位诗人，所以他不是一位推理家”，这篇文章更加深了人们认为《评论》的作者们都憎恨诗歌的印象。而事实上，我们中大多数人都非常喜爱诗歌，宾厄姆本人也曾写过诗，至于我（我父亲也是这样），准确地说我并不讨厌诗歌，而是从理论上对它不感兴趣。我讨厌诗歌中的任何感伤情绪，也同样不喜欢散文里的感伤情绪，而诗歌里却包含了特别多的这种情绪。我完全没意识到诗歌作为引导感情的手段及诗在人类文化中的地位。但是我个人却很容易受某些诗歌的感动。在我对边沁主义最抱有宗派热情的那段时期，我偶然间读到了蒲柏的《论人》，虽然其中见解几乎与我的信念完全相反，但是我清晰地记得它对我的想象力产生了多么大的影响；也许那时任何其他一篇比用韵体写成的深刻议论更高级的诗篇也不会对我有同样的影响。无论如何，我难得有机会读到这样的诗篇。但这种情况仅仅是被动的。远在我的智力基础有大幅扩展之前，在我思想发展的自然过程中，我已经通过虔诚地赞美英雄人物，特别是对哲学上英雄的生活和性格的赞美，获得了最有价值的诗的熏陶。许多为人类造福的先驱，他们从普鲁塔克的《古希腊罗马名人传》中获得的体验记录成文字留给后代，对他们产生了激励人心的影响；同样柏拉图描述中的苏格拉底和某些现代传记，也给我带来了精神鼓舞，尤其是孔多塞所著的《杜尔葛传》；这本书经作者刻意的描述，能唤起读者最高尚的热情，因为它是由一个最聪明、最高尚的人叙述的同样一个最聪明、最高尚的人的生活。我所同情的这些思想界的代表人物的英雄美德深深地感动了我。当我需要提高我的感情与思想境界时，我总是马上求助于他们，正如别人求助于他们喜爱的诗人一样。顺便我要提一点，这本书纠正了我狭隘的宗派主义的愚昧。这本书的开头写着这样一句话，“他认为各种宗派都是有害的”，说明了杜尔葛为什么一直和百科全书派人士不一样，这些深深地留在了我的记忆里。我不再称自己和我的同伴为功利主义者，在用人称代词“我们”或其他集合人称名词时，我不再标榜宗派主义。至于我思想深处的宗派主义，直到后来才十分缓慢地去除干净。

大约在 1824 年年底或 1825 年年初，边沁先生从杜蒙先生那儿收回了他《论证据》的文稿（杜蒙根据此稿所写的《司法证据论》此时已经完成并出版），决定用原稿出版。他觉得我有能力担任书稿的整理和出版的筹备工作，正和最近宾厄姆为他编辑《论谬误》一书的方式一样。我很愿意承担此项任务，它几乎花了我一年的业余时间，还不包括我以后负责的这五大卷书的复印的工作时间。边沁先生先后分三次写此书，每次中间都隔了较长时间，每次写作的体裁都不相同，而且每次写时又不参阅上一次所写的文稿。其中有两次他从头到尾涉及了整个主题。我的工作就是要把这三大文稿汇编成一篇论著。我以他最后写的那份文稿为模板，并从其他两份文稿中挑选内容对此中未提到的部分加以补充。我还必须把其中晦涩难懂的超出读者能理解程度的语句以及突然的文句改编成通顺易懂的句子。边沁先生还特别希望我根据自己的理解，尽力把他文稿中遗漏的地方加以补充。为此，我专门阅读了有关英国证据法最有权威的论文，对边沁先生文稿中遗漏的英国法规不合理的部分加以评论。我还针对杜蒙著作的读者对其书中边沁先生的理论所提出的反对见解进行了答辩；此外，我对书中比较抽象的部分如“未必性”和“不可能性”的理论增加了一些补充说明。我是用比较自负的语气，写的这些由编者增添的容易引起争议部分的文字，从而使它们看着不像是出自我这样无经验的年轻人的手笔。而事实上我也从来没想过显示我的个人才能；作为边沁著作的无名编者，我基本都使用作者的口吻写作，也从没有想过这样做对他和对书的主题是否合适，对我来说，可能是不大合适的。在该书出版时，边沁先生强烈要求把我的名字作为编者印在上面，我虽极力推辞，但不起作用。

我编辑此书花费的时间相对我个人的进步是值得的。这本《司法证据的基础理论》是边沁所有著作中内容最丰富的一部。证据的理论是他最重要的主题之一，这个主题又关联到许多其他论点，此书包含了他思想中的大部分精髓。除此之外，它的另一大优点就是对英国法律中的弊病和缺陷做了最详尽的揭露；因为这些弊端此后依然存在，所以在他以后写的许多著作中他继续毫不留情地揭露。此书除对证据法议论之外，还插入了许多说明性的事例，阐释了英国议会的全部程序和做法。所以，我编辑此书得到的直接知识，深深印在我的脑海里，比单纯阅读要深刻得多，真是不小的收获。这件工作还带给我意想不到的收获，它极大地提高了我的写作能力。自从我完成此项编辑工作后，我所写的东西比以前要好得多。大家都知道，边沁晚期的文风有点儿烦冗拖沓，由于过分重视文字的优美，以及他追求用词的精确，所以他所写的文章里的语句会出现一个从句套另一个从句的现象，在读者理解他文章主旨时，还必须弄懂他全部的修饰语词和限定语词。他的这种写作风格不断夸张，以至于后来不习惯读他文章的人理解起来都觉得十分费力。但是他的早期写作风格，如《政府杂论》和《司法机构计划》等文章，都可称得上是语言简洁明快的典型，再加上他的内容丰富，几乎没有人能够超过他。他的这种早期风格在《证据论》的手稿中也有许多鲜明的例子，对此我编辑时尽力保留下来。编写这种长篇的优秀手稿，对我的写作能力影响很大；同时我又勤奋地阅读了其他英法作家的著作，如戈德史密斯、菲尔丁、帕斯卡尔、伏尔泰和库里埃的作品，他们极其自然而又表达有力的写作风格进一步提高了我的写作能力。在此种种影响下，我的写作脱离了像我先前作品中表现的那种枯燥乏味，我的文章主旨的骨架开始显得有血有肉，风格也显得活泼轻快。

我的进步首先在一个新的领域里展示出来。利兹的马歇尔先生是现在的马歇尔家族的祖辈，当格兰庞德丧失的代表权由约克郡接受时，他被选为约克郡的议员。他是一位热心的议会改革家，家境富有，花钱慷慨。他因为非常喜欢边沁先生《论谬误》一书，所以想到每年把议会的辩论汇编成书，内容可不以议会记事录的日期顺序那样编排，而是按照主题来分类，同时加上发言人的谬误的评论。有这个想法之后，他自然就写信给《论谬误》这本书的编者，于是宾厄姆在查尔斯·奥斯丁协助下，承担了此项编务，这份刊物称为《议会史实与评论》。此刊物销量较少，经营上不能盈利，因此只维持了三年，但是它却引起了议会和政界人士的注意。而我们这批人的主要精力都用到办这个新刊物上，而且该刊的发行给编者带来的信誉远比《威斯敏斯特评论》要多。宾厄姆和查尔斯·奥斯丁写了许多文章，斯特拉特、罗米利和其他几位自由党的律师也写了很多篇。我父亲以他最佳的风格写了一篇，查尔斯·奥斯丁的哥哥也写了一篇。库尔森也写了一篇极为优秀的文章。至于我自己写的一篇文章有幸能登在第一期的卷首，内容是评论1825年议会会议的主要议题，题目叫《天主教联盟和天主教的无能》；我在第二期上写了一篇精心构思的论文，题目为《论1825年的商业危机和货币争论》；在第三期上我写了两篇文章，一篇是一般的主题，另一篇是论商业中的互惠原则，内容针对当时坎宁与加勒廷的著名的外交通信。这些文章不再仅仅是我对所学别人的理论的重述和应用，而且包含我的原创性思想（如果能把旧有思想加上新的形式和新的延伸就可以称为原创思想的话）。我可以毫不夸张地说，这些文章已经成熟，而且融合很多东西一起形成新的特色，这是我以往文章里从未有过的，所以发表出来一点儿也没有显得幼稚。但是文章的主题不是已经过时，就是被别人早已更完整地讨论过，因而它们只是重复别人做过的，肯定也将与最开始我在《威斯敏斯特评论》上发表的文章一样，被逐渐淡忘。

在这样为刊物写文章的同时，我没有放松其他的自学方式。就在此时我学习了德语，使用的是汉密尔顿法，为此我与几个同伴组成了一个学习班。那时起到几年后，我们集体学习所采取的形式对促进我思想进步帮助很大。我们学习的形式是通过阅读和讨论，集体研究几门我们希望掌握的学科。我们集合十几个人，格罗特先生把在针线街的住房的一个房间借给我们作学习之用；他的合伙人——功利学会最早的三个会员之一——普雷斯科特也参加我们这个组织。我们每周集会两次，上午从八点半到十点，在这段时间里我们大部分人都停止了日常工作。我们学习的第一个学科是政治经济学，选择了几篇系统化的论文作为课本，我父亲的《政治经济学要义》作为我们的首选课本。先由一个人朗读一章或者几小节，然后大家开始讨论，任何人对论文都可随时提出异议或发表评论。我们的原则是要彻底讨论每一个提出来的问题，不论大小，并要延长讨论直至每个参会的人对各自做出的结论完全满意为止。书中或讨论中随之出现的每一个值得思考的问题，我们也一定要弄懂，而不会放过，直到把发现的每个难题完全解决为止。在某些问题上我们会反复讨论几个星期，甚至在会下的时间也努力思考，并尽力解决上次讨论会上新出现的难题，就是以这种方式我们学完了父亲的《政治经济学要义》，紧接着继续用同样的方式学完了李嘉图的《政治经济学原理》和贝利的《价值论》。这种细致入微而又生动有趣的讨论不但使参与者大有进步，而且还能在抽象的政治经济学的一些主题上提出新的见解。我后来出版的《国际价值》中的理论就是从这些讨论中得来的；我在《论利润与利息》中修正了李嘉图在利润理论中提出的理论，也是受益于这些讨论。在我们这群人中具有原创性思想的有埃利斯、格雷厄姆和我，其他人也都对讨论贡献很大，尤其是普雷斯科特和罗巴克，前者学识渊博，后者眼光独到、辩证敏锐。《国际价值》和《论利润与利息》中的理论是我和格雷厄姆共同思考出来的，其中我们的功劳可对等。如果我们能按原来的想法去做的话，那么我后来的《论政治经济学中未解决的几个问题》一书本来可以连同他的几篇论文，以我们两人的名义共同发表。但是当我开始写时，我才发现我之前过分夸大了我们二人见解的共同之处；他完全不同意我两篇论文中最具独创性的见解，也就是《国际价值》里的见解，所以我不得不把这些见解看作完全属于我一个人的，而且许多年后此书出版时也只署了我一个人的名字。还值得一提的是，父亲在修订第三版《政治经济学要义》时，有几处所做的改动就是根据这些讨论会中所提出的批评意见，尤其是他修正的其中两点理论是我提出的（虽然还没有达到形成我们新理论的程度）。

学完政治经济学以后，我们以同样讨论的方式学习三段论逻辑学。此时格罗特也参与到我们的讨论会中。这方面我们学习的第一本课本是奥尔德里奇的著作，但我们厌恶他的肤浅，所以我们就从许多经院派逻辑学手稿中挑选出了最完善的一份进行翻印，这些手稿就是从我父亲这个此类书籍的大收藏家那里拿到的。这本书是耶稣会教士杜·特里乌的《逻辑学入门》；这本书学完后，我们开始学惠特利的《逻辑学》，当时此书是京都百科全书出版社的第一次重印版；最后我们学习霍布斯的《计算法和逻辑学》。我们就用同样的方式学完这些课本，让我们获得了范围广而又具有原创性的形而上学理论知识；我的《逻辑学体系》第一册的大部分内容就是得益于这些讨论，书中指出了经院派逻辑学家理论的原则和特点，以及完善了命题的重要性理论。格雷厄姆和我提出了大部分新的见解，而格罗特和其他人做出了最出色的判断或检查。从这时起，我就筹划着写一本有关逻辑学的书，虽然最初计划的字数比最后写出来的要少得多。

学完逻辑学后，我们开始学习分析心理学，并挑选了哈特利的著作当课本。为使人手一册，我们找遍了整个伦敦的书店，以至普里斯特利版的价钱突然上涨。以同样形式学完此书，我们的讨论会就暂告一段落了；但不久后父亲的《精神分析》出版了，我们为了学习此书，又聚在一起，直到学完这本书，我们的讨论式学习也宣告结束。我一直认为我能够成为一个有创造性见解的独立的思想家就是从这些讨论会开始的；也正是这些讨论使我形成了（或大大强化了）一种思维方式，在这种思维方式的带动下我才能够取得已经达到的或者将要达到的思想上的成就，才使我在完全解决难题前绝不在解决一半时就停下来；也使我决不放弃任何一个难题，一定要追根究底地研究，直到完全清楚；还使我决不放过问题中即使不是很重要的任何含糊的地方；使我在没有彻底弄清楚整个问题之前从来不自认为已经完全懂得问题的所有方面。

我们在1825—1830年所作的公开演讲，在我那几年生活中起了非常重要的作用。由于它们对我的个人发展产生了深远影响，我觉得有必要详细讲述一下其中的一些事。

有一个称作“合作协会”的欧文主义者组织已经存在一段时间，他们每个星期在英国大法官法庭巷聚集一次，进行公开的辩论会。1825年上半年罗巴克因偶然的机会结识了其中的几个会员，于是他也去了一两次那个辩论会，并参与了反对欧文主义的辩论。我们中间有人提议我们集体去那里和他们进行公开全面的辩论，查尔斯·奥斯丁和他几个不常参加我们集体活动的朋友也参与了这个计划。而合作协会的成员也一致赞成这个计划，因为他们自然更愿意与其他的对手进行激烈的辩论，不愿意仅仅在他们内部进行沉闷的辩论。这次辩论的主题是人口问题，并以我方的查尔斯·奥斯丁的一篇优秀的演讲作为开始。我们的辩论战每星期一次，并连续进行了五六个星期。每次都会有很多人来听，其中除合作协会的会员和他们的朋友外，还有来自四个法律协会的一些听众和几个发言者。关于这个主题的辩论刚刚结束，另一场关于欧文理论体系的一般优点的辩论又开始了，而这次辩论持续进行了大约三个月。这是一场欧文主义者和被他们视为最顽强的对手的政治经济学派之间的激烈辩论战，但它同时也是一场极其友好的辩论。我们作为政治经济学派的代表怀着和对手同样的目标，并竭力将它们表达出来。他们那一方的主要辩手是一位值得尊敬的人，也与我很熟，就是科克城的威廉·汤普森先生，《论财产分配》一书的作者，也是代表妇女界反对我父亲的《论政府》中有关妇女那段评论而发表了《呼吁书》的作者。埃利斯·罗巴克和我在此次辩论中都表现得相当积极，而来自四个法律协会的参加了这次辩论的那些人中，我记得有查尔斯·维利尔斯。在针对人口问题进行辩论时，对手也得到了会外一些人的有力支持，当时已经上了年纪的有名的盖尔·琼斯发表了一篇言辞精彩的演说。与他同时发表演说的瑟沃尔的辩论技巧也给我留下了深刻印象，虽然我几乎不同意他所说的每一句话。他是一个历史学家，当时是大法官法庭的律师，后来成为圣大卫教堂的主教，仅以他在剑桥联合会时练就的雄辩技巧负有盛名，在剑桥他还是奥斯丁和麦考利的前辈。他的演讲是对我的一篇演讲的回应。还没有听完他的十句话，我就认定他是我听过的最出色的演说家，此后我没有见过比他更优秀的演说家。

这些辩论所引起的那些参会人们的浓厚兴趣，使他们更容易接受政治经济学家麦卡洛克提出的建议，即伦敦需要成立一个像爱丁堡理论学会那样的组织，正是在这个学会中布鲁厄姆、霍纳等人首先对他们公开演讲的技能进行了锻炼。我们在合作协会的经验使我们乐观自信地认为可以联合伦敦的这一批人来实现这个目标。麦卡洛克给向他学习政治经济学的几个有志青年说过此事，他们中还有几个人热情地支持这个想法，特别是后来成为克拉伦顿伯爵的乔治·维利尔斯。他和他的两个兄弟海德与查尔斯·罗米利、查尔斯·奥斯丁还有我以及另外几个人开会制订了一个计划。我们决定每年11月到下一年6月每两周在共济会旅馆聚会一次。很快就有很多人加入到我们这个集会里，包括几位议会议员和几乎全部剑桥联合会和牛津联合辩论学会最出名的演说家。但是我们这个学会招收会员时很难招到许多的托利党演讲者，这种情况既令人感到奇怪又说明了当时的趋势。我们尽力邀请到的几乎都是处于各种不同地位和阶层的自由党人。参加者除了上述提及的人外，还有麦考利、瑟尔沃尔、普雷德、威克勋爵、寒缪尔·威尔伯福斯（是后来的牛津主教）、查尔斯·波利特·汤姆森（后来的西德纳姆勋爵）、爱德华、亨利·利顿·布尔沃、方布兰克以及许多其他我已记得不是很清楚的人，但这些人后来在政界或文学界都多少有所成就。这样看来，我们的学会在这么多人的支持下前景良好。在学会即将成立的前夕，推选出一位会长和挑选几个要在第一次的辩论会上发言的人是必要的，遗憾的是我们当中稍有名气的人没有一个愿意担任会长或进行首次发言。在我们所推选的人中，被我们说服的只有一位，我和他不是很熟悉，我只知道他在牛津负有很高的声望，还听说他在那里以出色的演讲而出名（不久后他成为托利党的一名议员），因此我们推选他担任学会会长并进行第一次演讲。那个重要的日子终于到来，那天会场座无虚席，我们当中所有出色的演讲家都到来了，他们并不是主动来给予支持的，而是来看看我们的学会筹办得是否成功。这位牛津演说家的这次演讲却以失败的结果收场，使到场的听众大失所望，在他之后更是没有人能主动而又诚心尽力地发言，导致了演讲会的彻底失败。这之后我们都希望这个著名的演讲家再也不要来了，这件事至少在我了解人世方面是一个教训。而且这次意料之外的失败完全改变了我在这个计划中的作用，我原本从没想过要在学会中担当主要角色或者经常登台演讲，至少在学会创立之初是这样。但是现在我明白了，这个计划成功的关键还是在于新人，于是我就主动担任这个重要角色。第二个主题的讨论是在我的带领下开始的，从那以后基本每次辩论会我都发表演讲。后来在一段时间里我们的工作相当艰难，除了我和罗巴克外，学会创建初的那些人几乎都失去了耐心，只有维利尔斯三兄弟和罗米利还支持了我们学会一段时间。在后来的（1826—1827 年）集会季节，情况开始好转，我们拥有了两位杰出的托利党演说家——海沃德和希（后来的皇家法院特别高级律师）；激进派方面参与了查尔斯·布勒、科伯恩和其他几个剑桥里支持边沁主义的第二代人士。在这些人以及其他个人的时而援助下，还有两位托利党人、罗巴克和我作为长期的演讲者，使每一场辩论都成了哲学激进派人士与托利党律师之间的精彩激辩。后来我们的辩论影响越来越大，几个社会上颇有名气的人也来听我们的辩论。在此后的两个集会的季节（1828—1829 年），我们的这种辩论越来越频繁，当时科尔里奇派莫里斯与斯特林以第二自由党甚至是以激进党人的身份加入我们的辩论，他们和边沁主义有着迥然不同的立场，甚至激烈地反对边沁主义；他们运用为反对十八世纪哲学而出现的欧洲思想的一般理论和思维方法进行辩论，使我们的辩论中又多了一个十分重要的擅长辩论的派别；而且他们现在都是受过最好教育的新的一代中思想运动的领军人物。我们学会的辩论与一般意义的辩论差别很大，因为我们辩论的双方常常能提出最有力的论据和最有哲学意义的原理，因而能够用它们进行严密地和细致地互相反驳。这种辩论方法对我们当然好处多多，对我的好处更为突出。实际上，我从来不用华丽的言辞发表演说，而且有时反应迟钝、姿势也不好看，但是我总能使别人认真倾听。当我想认真表达重要东西时，我常常根据内心感情和所要阐述的思想实质写下演讲稿，这种习惯大大地增强了我的实际写作能力；另外，我不但懂得分辨抑扬顿挫，而且懂得辨析生动的语句的意思，并且能根据这些语句对不同听众的效果估测出他们的影响力量的特性。

为准备学会的工作以及准备上午的集会辩论，我花去大部分空闲时间，当 1828 年春天我结束为《威斯敏斯特评论》写稿时，学会的工作成为我精神的安慰。这份刊物陷入了经营困境的地步。虽然它第一期的销售量很好，但是，后来销量长期低迷，收入不够难以维持经营。虽然已经大幅减少开支，但还是入不敷出。一位编辑萨瑟恩已经辞职，之前几个撰稿人（包括父亲和我）写文章跟别的作者一样可领取稿费，而后来都不再要稿费。然而创立之初的基金还是基本或者完全用完，如果想把《评论》继续办下去，那么就必须做一些新的调整。我和父亲曾就此事跟鲍林谈过几次，我们愿意尽最大力量维持我们的喉舌《评论》，但鲍林不能再担任主编。因为这个刊物当时已不可能再聘请一位领薪水的编辑，于是我们就根据这个理由在能保住他面子的情况下建议解除他的职务。我们和几位朋友准备以无薪水的撰稿人身份继续把刊物办下去，并决定由我们这些人中的一个作为不要工资的编辑，或者大家共同承担编务。但是正当我们在鲍林明显知道的情况下商量进行此事时，他却在另外的地方与佩罗内特·汤普森上校进行了磋商。我们收到鲍林的来信，他以主编的名义第一次通知我们，说他已为刊物作好安排，并建议我们为下一期刊物写稿，说明了会支付稿酬。只要他说到做到，我们还是认为鲍林有权做出与我们提出的办法相比对他个人更有利的安排。但是，我们把他这种表面上似乎同意我们的办法，实际又隐瞒着我们另作安排的做法，当成是对我们公然地侮辱。即使我们没有这样的想法，我们也不愿再花费时间和精力给他所主编的《评论》投稿。因而父亲也找借口推辞写稿，虽然两三年后因实在无法推托他又写了一篇政治性的论文。而我是当面正式拒绝的，于是我就和原来的《威斯敏斯特评论》撇清了关系。我为《评论》写的最后一篇文章，比之前所写的任何一篇投入的都更多；但这是我主动愿意花精力去写的，因为这篇文章为早期的法兰西革命者辩护，反对托利党人在沃尔特·斯科特爵士的《拿破仑传》的序言中，对作者所做的肆意歪曲。为写这篇文章，我所读的书的数量、所做的笔记量和摘录量，甚至连需要买的书的数目（那时还没有那种可借书拿回家参考的公共图书馆或收费图书馆）都大大超过了撰写文章的实际需要，因为我当时心里有个不成熟的想法，决心写一部法兰西革命史；虽然我一直没动笔写它，但我收集的资料给后来卡莱尔写这本书提供了很大帮助。

第五章

我思想发展中的危机　一个进步的阶段

这之后的几年，我基本不再写作，不再给刊物写稿。在这种写作的间隙中我获得了很大益处。在这段时间里，我能对自己的思想进行整合并使之有所进步，但并不把它们发表出去，这对我来说具有重大意义。我如果不停止写作，就必定会阻碍我的思想和性格在那几年中发生重大的转变。如果要讲清楚这种转变的来源或至少说清楚在我转变前进行的准备过程，那就要从很久前讲起。

从 1821 年冬天我第一次读到边沁的作品开始，特别是从《威斯敏斯特评论》创立起，我的人生里逐渐出现了一个真正的目标，那就成为一个世界的改造者。我以这个目标为个人幸福的目的。我所希望获得的个人同情也就是有此共同目标的知己的同情。我尽全力去获得在实现此目标的道路上获得的同情；但是我把这个目标当成坚定的个人得以满足的源泉，所以寄托自己的全部希望在这一点上；我一直幸运地觉得自己真的毫无疑问地享受着幸福生活，我将幸福定义在长久和遥远的事物上，在追求这种事物中一直不断获得进步，而又不能完全获得这种事物，所以我的幸福也不至于完结。这种想法多年里一直鼓励着我，对这段时间里世界上发生的一般的改良，我想到了自己和他人为此所做出的奋斗，就觉得生活似乎充满了趣味、生机和活力。但是到1826年秋天，那样的时刻的最终来临使我如梦初醒。就像人人有时都会遇到的那种状况，我处于神经麻木的状态，对娱乐和快乐的刺激不感兴趣；我的心里感到，以前快乐的事情现在变得枯燥乏味或与我毫无关系；我认为，只有那些改信卫理公会的人经受第一次“深信有罪”的折磨时，才会产生和我现在同样的心理状态。怀着这样的心态，我禁不住问自己：“假如彻底实现了生活中的所有目标，假如就在这个时间彻底实现改变了自己所设想的全部制度和思想，自己会感到十分的快乐和幸福吗？”一种不由控制的自我意识坚定地回答“不”。想及此处，我的心情变得沉重，我生活中所依托的整个基础动摇了。我全部的幸福本来是对这个目标的不懈追求，现在这个目标对我已失去了吸引力，那么追求目标的手段还有什么意义呢？生活似乎变成了一片空白。

起初，我希望乌云会自行消散，可事实并不是如此。一夜的安眠是解除生活中较小烦恼的速效药，但对我却不起作用，我醒来后依然感觉到这个令人悲哀的现实。我和人交往时想到它，不管做什么事都会想到它，好像没有任何东西能够使我忘掉它，即使忘记短短的几分钟都不可能。甚至有几个月里这种烦恼的乌云似乎变得越来越厚。科尔里奇《沮丧》里的几行诗句——那时我还未读过——准确地描述出了我当时的心情：

> 一种含有剧烈痛楚的感伤、空虚、黑暗和忧郁，
> 一种孤寂、沉闷和冷漠的痛苦，
> 在言语、叹息或眼泪里，
> 找不到自然的发泄或安慰。

我从自己喜欢读的书中寻求过安慰。那些历史书中记载的历史上高尚和伟大的人物，曾经能给予我持续的力量和生机，现在却对我没什么作用。现在我对读这些书毫无感觉，或者说那种习惯性的感觉已经对我失去了吸引力。我相信自己对人类的热爱和对美德的追求，已经消失殆尽。向别人

诉说自己的感受也不能使我感到宽慰。倘若世上有我爱得非常深的一个人，能够让我不得不给他诉说我的痛苦和悲哀的话，那么我也许不再处于这种境地。我还知道，自己的痛苦不是有趣或者是值得尊敬的事情，更完全不值得别人的同情。如果我知道去哪里寻求忠告，这种忠告会是十分珍贵的。麦克贝思对医生说的一番话时常出现在我脑海里，但是我却没有任何希望找到这种帮助。在我遇到任何具体困难时，父亲自然是我求助的对象，但在这种情况下，我却很不愿意向他求助。我可以肯定，他完全不能理解我所承受的这种精神痛苦，即使我能够使他理解，他也不是解决我痛苦的医生。我所受的教育都是他给予的，他的这种教育方法是不可能导致这样的后果的。我觉得没有必要让他意识到他的教育的失败，可能是不可弥补的失败，甚至是不管怎样他都无法挽救的失败，说了只会增加他的痛苦。而我的朋友中，我从没希望能找到任何一个明白我处境的人，因为只有我自己完全明白，我越是思考这个问题，似乎就越没有希望去解决。

我的学习过程使我相信：所有精神的和道德的感情和品质，不论是好是坏，都是联想外界的结果；我还相信我们喜爱一种事物，却憎恨另一种事物；我们以一种行为和目的为快乐，以另一种为痛苦，这是因为我们对这些事物所产生快乐或痛苦的想法，是来自教育或经历的影响。由此我得出一个必然的结论（这个结论父亲曾经常说，我自己也深信不疑），教育的目的应该是构成有益事物的最牢固的、可能的联想；把快乐和有益于大多数人的事物联想起来，把痛苦与有害于大多数人的事物联想起来。这个结论看起来是坚固不破的，但是现在回想一下，我认为当时我的老师们构成和保持这种有益联想的方法是较肤浅的；他们似乎完全相信大家熟悉的旧有的方式，像表扬与批评、奖励与惩罚。现在我完全不怀疑，及早而不间断地使用这些方法，可能会形成强烈的痛苦的联想和快乐的联想，尤其是痛苦的联想，它可能使人产生的长久的欲望和厌恶，这也许会伴随人的一生。但是以这种方式产生的联想必然带有不自然的和偶然的特性。而用这种办法把痛苦和快乐与事物强行地联想起来，这肯定不是自然的联想。所以我认为，让这些联想在一个人能习惯运用分析能力之前，就已经非常深刻而持久地扎根于心里，而且永久不会消失，是这些联想持久稳固的关键。因为现在我明白了，或者我觉得我明白了，之前我常抱着怀疑态度接受的东西——分析的习惯，会削弱感情的力量；当人的其他心理习惯还未形成，形成的分析精神缺乏自然的补充与矫正时，它确实削弱感情。我认为：分析的优点在于能够削弱和破坏由偏见引起的后果，它使我们能在心理上区分开偶然纠缠在一起的见解；任何联想最终都无法抗拒这种分解的力量，这就是我们把分析看作获得有关自然界的不变联系的最清楚认识的原因；事物之间真正的联系是不以我们的意志和感情为转移的，根据自然法则，在很多情况下，一种事物实际与另一事物紧密联系在一起，不可分割；根据我们对这些法则的认识的清晰度和理解程度，这些法则让我们对万物的认识在自然中总是联系在一起，也在我们的思想中越来越紧密地结合。分析的习惯可能因此加强了原因与结果、方法与目的的联想，但分析的习惯往往又会削弱那些（用熟悉的话来描述）单纯是感情的东西。所以我认为：分析的习惯对长远的思虑和洞察力来说是有好处的，但相对于热情和品德的基础却是永久的蛀虫；更重要的是，分析的习惯能剧烈地破坏由联想引起的所有希望和所有快乐；也就是说，根据我所持的理论，它能破坏除了物质和感官上的希望和快乐之外的其他所有的希望和快乐。没有人比我更坚定地相信，单凭物质和感官的希望和快乐完全不足以使人生活幸福。这些是人性的规律，对我来说，就是这些规律让我处于目前的境地。所有我所敬仰的人都有这样的观点：即同情他人和助人为乐的幸福，尤其是在更大程度上为人类造福的快乐，是人生的目的，也是最大最可靠的幸福之源。我深信不疑地坚持这种见解的正确性，但是，知道有一种感情如果我有了它就会幸福，并不等于我就一定能得到这种感情。我认为，自己接受的教育未能给予足够的力量来抵御分析所带来的瓦解感情的影响；而且我在获得知识的整个过程中所形成的过早发展和过早成熟的分析，已成为我思维中根深蒂固的习惯。我内心认为，我的人生旅途的航船刚起航就搁浅了，虽然我有装备良好的船和舵，却不能远航。对于自己曾经为之努力奋斗的目标，现在已不抱任何的希望。对于美德和普遍的善行，我没有了任何兴趣，对于其他事物我也失去了激情。我内心的爱慕虚荣和远大抱负的源泉，就像仁慈心的源泉一样已完全干涸。回想起来，我在少年时代已经获得过某些虚荣心的满足，在成就辉煌的希望还没变成激情以前我已获得过一些荣誉，也曾觉得有了点儿地位；尽管当时我获得的荣誉和地位非常微小，但是它们还是来得太早了，就如所有的快乐来得太快一样，这让我过早地对荣誉和地位的追求感到了厌倦和淡漠。因此无论是自私的快乐还是无私的快乐，对我都失去了意义。世界上好像再没有足够的力量来重新塑造我的性格，使我这颗受困于分析而不能自拔的心灵，不能重新对人类向往的任何事物产生新的快乐的联想。

我的这种思想状态，与1826—1827年那个阴冷的冬天的枯燥与沉闷混合在一起。在这段时间里，我还是能够做日常的公事，但只是机械地在习惯的驱使下去做。因为我已受过某种精神层面的训练，就算漫不经心仍能照常工作。我甚至还撰写了几篇演讲稿，并在辩论会上进行发表，但我不知道演讲的效果取得了几分成功。我在学会中连续演讲了四年，只是对这一年的情况我基本没留下什么回忆。在所有的作家中，唯有科尔里奇的两行诗我一直印象深刻，真实地描述了我当时内心的感受（但不是当时的感觉，因为当时我还未读到它，而是后来重新遇到同样心理困境时想起的）：

> 没有希望的工作，犹如口中嚼蜡，
> 没有目的的希望，无法存续。

我的情况很可能不像我认为得那么特别，我相信还有很多人也有过跟我类似的经历；可是我接受的教育的特点让这个普遍的现象在我身上有了特殊性，使它看起来是由什么原因造成的自然结果，而不可能随着时间流逝而消失。我时常问自己，如果生活一定要以这种状态继续下去，我能不能或者有没有必要再活下去。我一般给自己这样的答案：我认为自己的忍耐期限不可能超过一年。但是这样的痛苦状态才持续了半年，一丝光明就穿透照亮了我阴暗的内心。我偶然地读到了马蒙特尔的《回忆录》，读到他父亲去世那一章，里面说到了他一家人悲伤的情境，突然有一种鼓励让他（还只是一个孩子）感到，并使他家里人也觉得，他将是全家人的唯一依靠，他将填补他们失去的一切。书中描绘的感人场景和真挚感情深深打动了我，我情不自禁地流出感动的泪水。刹那间，我的思想负担减轻了。那种认为自己所有的感情都已磨灭的思想上的抑郁感消失了。我不再绝望，也不再是一块木头或石头。我似乎感觉自己身上还留有某些东西，他们能让我具有全部的有价值的品性和获得全部的追求幸福的能力。我内心时刻困扰我的无法去除的伤感情绪消散了，逐渐感觉到普通的生活小事又能带给我一些快乐；我又能从阳光和蓝天，从书籍、谈话和公务中感受到并不强烈但比较充实的欢乐，能在我的观点为公众的利益而发挥我的力量中再次感到一定程度的兴奋。就这样，心中的阴霾逐渐消散，我能够懂得再次享受生活。虽然之后有几次旧病复发，有几次还持续好几个月，但是我不再像以前那样感到悲伤。

这段时间的经历对我的思想和性格方面产生了两个明显的影响。首先，它使我拥有了和之前完全不同的生活信念，而且肯定与我当时从没听到过的卡莱尔的“反自我意识理论”有很多相似之处。我的确从来没有动摇过我原来的信念，认为快乐是检验所有行为的标准和生活的目的。但是现在我觉得，这个目的只有在不把它看作直接目的时才能达到。我认为只有那些不专门自己谋求幸福而把精力投入在别的目的上的人才是快乐的；那些为他人的幸福着想，为人类的进步考虑，甚至一心追求艺术或学问，而不拿它们作为谋生手段，把它们当作理想目标的人才是快乐的。他们不为自己的幸福而是做其他工作也能从中得到快乐。我现在所持的信念是：对生活的享受足以使其本身成为快乐的事，但是绝不可把这种享受当作生活的主要目的，而是当作附带所得到的东西。一旦把它们当作生活的主要目的，就会立刻感到它们不足以成为快乐的事，因为它们经不住仔细的审查。如果你非要问自己快乐与否，你就不会再感到快乐。唯一的解决途径就是不把快乐看作生活的主要目标，而视快乐以外的目的为生活的目标。让那种自我意识、自我回顾检查、自我询问都逐渐消失。还有一种情况，如果你已经足够幸运地处于快乐之中，那么你不需要再仔细讨论和回顾快乐，不要在刻意去想象快乐，不要对快乐寻根问底而使其消失，这样你才能随时随地快乐。这个信念被我用来成为我对待哲学的基础，我也认可它是所有具备中等程度的享受敏感性和能力的人，也就是这世界上的大多数人，应该具有的最好信念。

这段时间我个人思想上产生的另一个重要转变是我第一次把个人的内心修养当作人类幸福的首要条件之一。我不再单独把外部条件的安排和对人的思想与行为的训练看成唯一重要的东西。

经验告诉我，被动的感受性和主动的能力一样，也需要滋养，也需要培育、教养和指导。我没有一刻忘记或低估以前所领悟的那一部分真理；我完全承认知识教育的重要性，也决不否认分析的运用和效力是促进个人和社会进步的必要条件；只是我觉得它还要与其他种类的教育相结合，用以纠正对它的重要性的认识。我现在认为，应该保持各种能力之间的一定平衡，这是非常重要的。情感的培育成为我的伦理和哲学信念的基本点之一。我的思想和兴趣越来越集中于能帮助达到这个目的的事物。

我曾读到或听到的关于诗歌和艺术是教育人类的重要工具的说法，现在觉得这很有道理并开始寻求。但是很久之后，我才从亲身体验中逐渐明白这个道理。在赋予人类想象力的艺术中，我从小时候起就比较喜爱的只有音乐。它最大的效果（音乐在这方面超过其他的艺术）在于激发热情，还在于激发了人类品性中本来潜在的高尚情操，音乐的刺激能使这种感情发光发热。虽然这种热情达到顶峰时只是那一瞬间，但是在另外的一些时候保持这种热情是极为宝贵的。我经常受到音乐的这种影响，但在我精神抑郁时期，它和其他所有令人快乐的感受一样也暂时消失了；我一再想从音乐中寻找安慰，但终究毫无效果。在我内心的阴霾过去之后，在我处于恢复阶段时，音乐一直鼓励我向前，但我的情绪始终比较低落。就在这时我第一次听到了韦伯的《仙境之王》，它美妙的曲调带给我的极大快乐，对我很有益处，因为它让我重新感受到了以前能感动我的那种快乐的源泉。但是想到音乐带来的快乐（像这样踏实的快乐终究只不过是曲调的动听而已）会因为太谙熟而消失，需要隔一段时间听一次或者不断更新不同的曲调才能维持这种兴奋，这样就使音乐带来的快乐大大削弱。有一点非常符合我当时的情景和内心的情绪格调：那就是一想到音乐曲调变化终有尽头，我就相当懊恼。八音度只有五个全音与两个半音，它们组合在一起构成音调的方法是有限的，而且这有限的组合也只有一小部分听起来悦耳；而其余的大部分组合我认为都是人们已发现了的，所以不可能有很多像莫扎特和韦伯那样的人能开创出那种特别新颖的、丰富的、优美的音乐风格。有人可能会觉得，我的这种过度焦虑的根源与拉普塔的哲学家们的焦虑十分类似，那就是只怕太阳会烧尽。但实际上这种焦虑和我性格中最好的特质有关，这也是我毫不浪漫的、完全没什么光彩的忧郁中唯一的优点。因为，虽然我的忧郁认真观察起来只是一种以自我为中心的心理在作怪；我想，这是因为我的快乐结构受到了破坏而产生的，但是我的内心总牵挂着人类的整体命运，这与我个人的命运是密切相关的。我认为个人生活中的短暂的风暴，是来自一种生活本身的风暴；我的问题在于，如果社会和政治的改革家能实现他们的目标，让社会的每个人得到自由和物质上的安逸，那么生活的快乐可能会因为没有了贫困也不再需要斗争而将不再是快乐。我还认为除非我关乎人类的整体幸福能寻找到比这更美好的希望的出口，我的忧郁一定还会继续下去；如果我能找到这个希望的出口，那么我才对世界怀有乐观的态度，对我自己而言，这时我才愿意享受人类的共同命运里我应得的那一份快乐。

以这样的思想和感情状态，我第一次（1828 年秋天）读到了华兹华斯的作品，这变成了我生活中一件大事。在好奇心驱使下，我开始读他的诗集，并未期望能从中得到心灵上的安慰，虽然这之前我怀有这种期望而求助于诗歌。在我思想最灰暗的那段时期，我读完了拜伦的全部诗歌（是我第一次读）；大家一般认为诗人的特别之处就在于他们有着丰富而强烈的情感，于是我想试着看诗人能否唤起我情感的共鸣。果然在我意料之中，我读了以后没有得到什么好处，反而产生了相反效果。拜伦的思想和内心跟我太相似了，他的诗正是对一切快乐麻木的人的感伤。他的观点是，生活对于所有已经拥有了优越物质的人一定是枯燥乏味毫无快乐可言，这正是我内心的看法。他的《哈罗尔德》和《曼弗雷德》中就展示了和我一样的思想重负；我的精神和心境也没能期望从他的《吉奥斯》的狂热激情中或《拉腊斯》的极度沉闷中得到任何慰藉。然而，虽然拜伦的诗完全不适合我的心境，但华兹华斯的诗则刚好适合。两三年前，我就读到过他的《远游》，但没有什么收获；如果我这时重读这一篇，也许仍旧一无所获。但是他在 1815 年出版的二卷本中内容各具特色的诗篇（作者晚年几乎没有增加有价值的东西），正是在那个特殊关键时期给予了我精神上所需要的东西。

首先，这些诗有力地触动了我内心里最能强烈感受到快乐的地方，那就是对乡土风情与自然景观的喜爱；这些不但是我生活中大部分快乐的来源，也是把我从最近一次最长的忧郁复发中解脱出来的根源。正是乡村美景的力量打动了我的内心，这为我从华兹华斯的诗歌中寻求快乐奠定了基础；他诗歌中的美景集中于对群山的描写，加上我早年游览过比利牛斯山的感受，让这种对山水风光的描写成为我理想的自然美景。如果华兹华斯的诗歌展现出的仅仅是自然美景，那他的诗歌对我绝不会产生如此巨大的影响。虽然司各特诗歌描写的自然风光比前者更为美丽，但是前者描写的略逊一筹的风景却比任何诗人给我的影响都大。华兹华斯的诗歌之所以成为治疗我心病的良药，就是因为他的诗歌不仅描绘出了外在的美，而且在动人的美景下流露出了感情，并且由感情渲染出了思想。它们好像正是我苦苦寻求的激发我快乐的感情东西。我仿佛从他的诗歌中得到了快乐的源泉，得到了同情的和想象中的快乐的源泉，这种源泉是所有人都能享受到的，和人类的斗争与缺陷无关，它会随着人类的物质条件和社会条件的不断改善而变得更加丰富。从这些诗篇里我隐约懂得了，当去除了生活中所有重大的邪恶时，什么才是长久不变的快乐的源泉。受到了这些诗歌的熏陶，我整个人变得精神振奋，心情舒爽。我们的这个时代里，虽然肯定有比华兹华斯更伟大的诗人，但是即使具有更热烈、更高尚的感情的诗歌在当时也能像他的诗歌那样给我力量。我需要有人教我懂得在宁谧的思考中有真正而长久的快乐，只有华兹华斯的诗歌教会了我这一点；他不但没有让我远离人类的共同感情和共同命运，反而让我对这些产生了更大的兴趣。这些诗篇带给我的快乐深刻地证明了，有了这种情操，即使形成了根深蒂固的分析的习惯，也不足为惧。在诗集的最后部分是著名的《颂歌》，它被人们错误地当成柏拉图式的《永恒的暗示》，这首诗除了比他一般的诗曲调与韵律更美之外，除了几段经常被引用的、语言华丽但哲理肤浅的诗节外，我发觉作者也曾有过与我相同的感受。他也同样认为年轻生活的快乐的最初新鲜感不会持续太久，但他去寻找弥补的方法，而且他找到了，寻找的方法就是他现在正教我的找寻补偿的方法。最后我慢慢地彻底从长期的抑郁中挣脱出来，从此脱离了它的折磨。从这之后，我评价华兹华斯时总是以他对我产生的影响为尺度，而不是以他内在的高尚为尺度。和其他的最伟大的诗人相比，他可以被认为是没有什么诗人气质的诗人，他只具有那种宁静的喜欢沉思的感情。但是，那种非诗人的气质刚好是需要被诗熏陶的气质。与具有诗人气质的诗人相比，华兹华斯更能够以诗熏陶人。

因此，赞扬华兹华斯的成就变成我第一次公开宣讲我的新的思维方式的机会。这还导致了我和没有经历过同样转变的以前的朋友互相疏远。当时我经常只与罗巴克讨论这个话题，我劝说他读华兹华斯诗集，他读后的最初感觉好像其中有许多让人佩服的地方。而我像大多数喜欢华兹华斯诗歌的人一样，强烈反对拜伦，不仅反对他的诗，还对他对人们的影响。罗巴克天生外向，喜好争斗，和我相反，他特别喜欢和敬佩拜伦，在他思想中拜伦的诗可称作歌颂人类的诗篇，而华兹华斯的诗却只是赞美花朵、蝴蝶的诗篇。我们双方同意在辩论会上把这个问题讨论清楚，于是我们花了两个晚上的时间进行辩论，比较拜伦和华兹华斯的诗的优点，我们两人都用长篇大论提出并说明自己关于诗歌的理论；斯特林也发表了一篇精彩的演讲，提出了他独具特色的理论。这是我和罗巴克第一次站在相反的立场上辩论重要问题。这之后的几年虽然我们能够维持良好的朋友关系，但从这开始我们俩之间的分歧越来越多。最开始，我们的主要分歧在于感情的培养问题。罗巴克在很多方面的见解与边沁主义或功利主义的一般观点都很不相同。他爱好诗歌和大多数美术，十分喜爱音乐和戏剧表演，尤其是绘画，他本人在风景画方面独具才华，所作的画也独具美感。但是他从来没有明白艺术的陶冶能帮助形成一个人的性格。在性格上，他不像一般称作边沁主义的人那样缺乏感情，他十分感性和敏锐。但和大多数有丰富感情的英国人一样，他认为感情严重阻碍他的发展，他感受痛苦的同情比令人快乐的同情更加容易；因此他转移到其他方面寻求他的快乐，他不希望自己的感情敏锐起来，而是希望麻木起来。事实上，英国人的性格和英国的社会环境几乎不可能让人们从同情他人中获得快乐，因此，同情心在一个英国人的生活计划中的地位微不足道，也就不足为奇了。在其他的大多数国家里，同情心作为个人快乐的要素是极端重要的，这是理所应当和众所周知的规则。但是，大多数英国的思想家基本把同情心看成保持人类慈善和怜悯行为的必然的祸害。罗巴克正是或者说好像就是这种英国人。他看不到发展情操的任何好处，从根本上否定想象力能够陶冶情操，他觉得想象力只可以用来产生幻想。我极力向他说明：由想法产生的冲动激发了我们头脑中的充满想象力的感情，这感情并不是幻想，而是和其他事物性质一样真实的存在；这种感情决不会让我们在理解事物中产生错误和幻想，而是让我们对物质与精神的规律与关系的最正确的认识与我们最完全的实际认识一致，就好像夕阳染红的彩霞之美给人的最强烈的感情，并不阻碍我们理解云是水蒸气，受悬浮状态中水蒸气的规律的支配；而且只要有机会，我还是尽可能考虑和运用这些自然规律，好像我领悟不了美与丑之间的任何区别一般。

在我和罗巴克的关系日益疏远的同时，我开始与学会里几位科尔里奇派对手逐渐建立友好关系，如弗雷德里克·莫里斯和约翰·斯特林，他们后来都小有名气，前者以著作出名，后者以黑尔和卡莱尔为他写的传记闻名。我的这两位朋友，莫里斯是思想家，斯特林是演说家，他的演讲中表达出带有热情的思想，这些思想在当时几乎完全由莫里斯为他构思。

我跟莫里斯的认识，是由艾顿·图克引见的，当时他在剑桥就和莫里斯认识。虽然我和莫里斯的讨论几乎都是因观点不同而以争论的形式进行，但这种争论带给我的好处颇多，对帮助我建立新的思想框架很有好处。和从科尔里奇派那里获得的好处一样，这几年我从读歌德以及其他德国作家的作品中也获益良多。我对莫里斯的性格、人生目标和智力上的天赋，都极其敬佩，所以如果我有什么事情对他的赞美不够，或者不足以表达我对他的敬意，那肯定也是出于无心。但我一直认为，与同代人相比，莫里斯的智力浪费了很多，很少有人像他那样浪费天赋的。他把强大的概括能力、少有的独创性和辨别力以及重要深刻的真理的广泛认知力用错了地方，没有在重要思想主题上研究出更好结果来替代由陈旧的见解堆积成的垃圾思想，而用在对自己证明英格兰国教会自一开始就知晓的一切，攻击教会与正统观念所依据的所有真理（其中有许多东西他和别人看得一样清楚），不但完全符合“三十九条”，而且在这些条款里对这些真理的理解和表述比反对它们的人更加清楚。我对此种情况无法找到其他合理的解释，只能说他可能是由于良心上的懦弱，加上他天性气质的敏感，这些内心的弱点常常会驱使一个拥有极高天赋的人到罗马天主教教义中去寻找比较牢靠的支持，因为他在根据自己的判断得出独立结论中找不到有力的支持。但是事实上即使莫里斯没有拿出公开的证据说明自己不是如此，认识莫里斯的人也不会把更庸俗的胆怯算在他身上，只要人们最终看到了他与一般被当作某些正统的观念持相反态度，以及他姿态高尚地创立和引导了基督教社会主义运动就没问题了。从思想状态来看，和莫里斯最接近的是科尔里奇，但他除了诗歌方面的才能外，智力上比不上莫里斯。然而当时，莫里斯可以说是他的门徒，而斯特林既是科尔里奇的门徒又是莫里斯的门徒。我对自己原有理论的修正使我在某些观点上接近他们的理论，对此莫里斯和斯特林对我的进步起到了很大的作用。我很快和斯特林成了挚友，我和他的友谊比之前所有人都要深厚。他确实是一个让人喜爱的人。他性情坦率、热忱深情而外向；不论是对待最高尚的事物还是最低微的事物他都一样热爱真理；慷慨和热情的性格让他表达的见解包含明显的性格色彩和激情，但对于相反的观点和持相反观点的人他都能尽力持有公正的态度，而对错误的观点他也能给予猛烈的攻击；他同样崇尚“自由”和“责任”这两个基本要义。斯特林身上兼容了许多种美德，这不仅对我，而且对所有和我一样了解他的人都很有吸引力。虽然我和他之间在思想上依然存在有分歧的地方，但他的博大心胸使我们很容易跨越这个鸿沟成为朋友。他告诉我，之前他和其他人（只是听别人传言）是怎样把我看成是“制造”出来的人，以为我身上只烙有别人的思想印记，而我只是跟着别人人云亦云；而后来他又怎样从我在关于华兹华斯和拜伦的辩论会中听到我对华兹华斯的见解，他发觉我的见解既有我的独特性又有和他的朋友一致时，他对我的看法发生了很大改变。不久后他得了病，疾病彻底破坏了他所有的人生计划，他不得不搬到离伦敦较远的地方，因此在我们认识一两年后，经常要相隔很久才能见上一次。但是（正如他给卡莱尔信中说起的那样）当我们见面时，我们亲如兄弟。虽然他从来不是一位层次深刻的思想家（从这个词的全面意义来讲），但是他有远远超过莫里斯的博大心胸和高昂勇气，这让他的进步足以突破莫里斯和科尔里奇曾经在智力上占有的优势限制。虽然他始终对他们两位怀着真诚但又有分别的敬佩，对莫里斯他表达的更多的是热爱。除了他选错方向当牧师的那段短暂时期外，他的思想一直在进步。每隔一段时间我再见到他时，他似乎总是有所进步，不禁使我想起了歌德用来评价席勒的话，我用来称赞他：“一日不见，刮目相看。”我和他交往之初，在思想见解上的分歧有着天壤之别，但是我们之间的分歧在不断地缩小。如果说我对他的某些观点在不断认同的话，那么他在短暂的一生中，也不断地认同着我的某些观点。如果他的生命能够长久一些，他的健康和精力能让他进行辛苦的自学的话，那么我们之间这种自然的同化过程不知将继续到何种程度。

1829 年后我不再参加辩论学会。我所作的演讲已经够多了，现在希望能静下来进行个人研究和思考，但我不愿立刻发表自己的研究成果。我意识到自己以前所接受的旧有的理论结构在许多新的地方已经不适用，但我绝不会让它们崩溃，我尽力不断地让它们重新具有活力。在这种思想转变过程中，我从不让自己理解得含混不清或半途而废。当我学习到一些新的思想时，我不会有哪怕是片刻的停顿，一定会调整它与我原有的理论之间的关系，直到能够确定新的东西在修正或替代我旧有理论有多大作用时才停下来。

我在维护边沁和父亲作品中提出的政治理论所经常遭遇的论战以及和其他政治思想学派的接触，让我明白了许多东西。一般自称为政治理论的学说应该添加这些东西，可是实际上并非如此。但是，我认为这些东西并不是理论本身的缺陷，而是理论应用于实践时所做出的修改。我觉得政治学不可能是一种基于具体经验的科学；而那些指责边沁学说不是一种理论，说它不是建立在培根的实验而以先验方式作一般性的推理的人，表明了完全不理解培根的理论，完全不懂得实验性调查研究所必需的重要条件。就在这个重要时刻，《爱丁堡评论》上发表了麦考利攻击我父亲《论政府》的著名文章，这件事激发了许多感触。我发现麦考利关于政治学逻辑的概念是错误的，他反对用哲学的方式，而主张用经验主义方式解释政治现象，在自然科学方面他对研究哲理的观点也许与凯普勒的理论相符，但肯定违背了牛顿和拉普拉斯的理论。但是我忍不住想到，虽然他的语气不是很合适（麦考利后来对他的错误作了最深刻、最完整的修改），但是他对我父亲关于这个主题的论述所作的几处批评也还是有道理的；父亲的理论前提的确有点儿狭隘，他书中只包含了政治学中重要结论所基于的几个一般真理。统治阶级和整个社会阶级之间的利益的一致性不是（从与此相关的实际意义来说）形成良好政治的唯一前提，而且这种利益的一致也不是单纯依靠选举制度来保证的。父亲对待麦考利的批评的态度让我很失望。他并没有如我期望的那样为自己辩护说："我写的不是论政治的科学论文，而是主张国会改革的论文。"然而他把麦考利的批评当成了毫无根据的攻击，是对他推理才能的侮辱，正是霍布斯所说的"当理性反对人时，人也会反对理性"的例证。他的这种做法使我意识到了，父亲应用在政治学上的哲学方法的概念中确实存在着比我之前预料的更加根本性的错误。但是当初我不是很清楚这到底是怎样的错误，后来在研究其他问题的过程中马上被我发现了。1830 年上半年，我开始把学会清晨辩论会上（上文提起过）提出的和讨论中形成的逻辑思想记录下来（主要讨论专有名词间的区别和命题的意义）。为了能够深刻理解并记住这些思想的要旨，于是我进一步研究逻辑学的其他部分，想尝试一下能否从整体上弄清楚逻辑学的理论。于是我暂时放下推理的问题，马上转入讨论归纳法的问题，因为在我们能由前提进行推理以前，必须先获得前提。现代归纳法主要是从结果中归纳出原因的方法。我尝试了解自然科学中探索因果的方式，让我很快懂得，在较完善的科学中，应该是先通过一般的事物到特殊的事物再上升到个别事物的单一倾向，然后再从那些单一的倾向向下推理至许多共同原因的结合所产生的结果。然后我提出疑问，什么是这种演绎过程的最后分析？普通的三段论法推理明显解决不了这个问题。我的做法（从霍布斯和父亲那里学来）是利用我能找到的最具体的实例来研究抽象的原理，我认为力学中“力的合成”是我正在研究的逻辑方法的最完美的实例。于是当我在思考如果运用“力的合成”原理研究思想，思想会发生什么样的变化时，我发现了它起到的是简单的加法作用。它是把一种力的单独结果与另外一种力的单独结果加起来，然后把这些单独的结果的总数加在一起成为总的结果。但这个方法是正确的吗？在力学和物理学的全部分支学科中它是正确的，但在其他一些学科中如化学中它又是不正确的；于是我想起了童年时喜欢读的汤姆森的《化学体系》序言中曾经提到过类似的情况，并指明这是化学现象和机械现象之间的区别之一。这个区别马上点醒了我，让我明白了在政治哲学中令我困惑不解的东西。现在我明白了，判断一种科学是演绎的还是实验的，要根据它所涉及的领域内各种原因结合而引起的结果，是不是和同样的原因在分散时所产生的结果的总和相等。由此判断，政治学一定是一门演绎的科学。进而也说明麦考利和我父亲都错了，麦考利把政治学中推究哲理的方法等同于化学的纯实验方法；而我父亲虽然使用了演绎法，但他不是使用自然哲学的演绎法分支，而是使用不恰当的纯几何演绎法，而后者根本不是研究因果关系的科学，因此不需要也不允许对结果进行累加。我后来出版的《道德科学的逻辑学》的主要几章就是来源于这时在我思想里奠定的基础；而我本来的政治学信念中相关的新观点现在也进一步被明确了。

如果有人问我用哪种政治哲学体系来替代我所放弃的哲学，我的回答是“没有体系”。我只是强烈相信，真正的体系肯定比我之前所想的要更复杂、更多面；它的功能不是提出一套产生制度的模式，而是提出一套原则，根据这些原则可以演绎出任何适合已有环境的制度。欧洲思想的影响，也就是欧洲大陆思想的影响，尤其是对十八世纪做出反应的十九世纪思想的影响，现在已经填充于我的心里。它们来自各个方面：一方面来自科尔里奇的著作，他的书在我思想转变之前已经在满怀兴趣地读；一方面还来自和科尔里奇派的人交往的影响；另一方面来自歌德作品思想的影响；还有一方面来自卡莱尔早期发表在《爱丁堡评论》和《外事评论》上文章的影响，虽然有很长一段时间我觉得并没有什么可吸取的（我父亲一直认为没有什么可获取），只是把它们看作不切实际的狂文。但我从这些影响的来源以及从我与当代法国文学的接触中，获得了欧洲思想家在理论发生剧变时最先提出的各种观点，尤其是以下观点：人类思想可能的进步会按一定的顺序，有的进步在前，有些在后，政府和极具影响力的人物可以在一定程度上改变这种顺序，但改变程度不是无限的；有关政治制度的全部问题都是相对的，而不是绝对的，人类进步的不同阶段不但应有并且必然有不同的制度；政府总是被掌握在那些社会上最强大的力量的人手中，这是什么样的一种力量，不取决于制度，而决定制度；一般的政治理论或政治哲学都提出过人类进步的前提理论，历史哲学提出的也是同样的东西。现在和我最经常交流想法的思想家所认可的这些见解总体上是正确的，只是态度上稍微的夸张和激烈。这些人一般持反对的态度而不重视十八世纪思想家看到的那一半真理。虽然在我思想发展的某个阶段，我也有一段时间低估了这个伟大的世纪的思想价值，但是我从未持反对态度。我是既坚持真理的这一边又依然坚持真理的那一边。十九世纪与十八世纪之间的争论常常使我想起矛盾之争；它的一面是白色另一面是黑色，我对争执者之间怀着盲目的愤怒并互相攻击感到十分吃惊。我把科尔里奇关于一半真理的许多名言应用到争论的双方，并应用于科尔里奇自己；而歌德的“多面性”的理论，是这个时候我最愿意使用的。

在新的政治思想方式方面给我留下最深刻印象的是法国圣西门学派作

家，这种影响超过其他学派。1829—1830年我读到过他们的几本著作，当时他们的学说还处于发展起步阶段，他们还没有让他们的学说带有宗教色彩，也没有制定他们的社会主义方案。他们正开始对世袭财产的原则提出质疑。我完全没想和他们一起探讨这个问题，但是他们第一次提出有关人类进步自然顺序的系统思想的观点，使我极为震惊，特别是他们把全部历史划分为建制时期和批判时期更让我激动。按照他们的说法，在建制时期人类以坚定信念接受积极的政治纲领，纲领约束着人类的全部活动，它包含了或多或少的真理并适合人类社会的需要。在纲领的影响下，人类取得了和纲领相符合的进步，并最终超出了纲领所适应的范围。紧接着就是一个批判和否定的时期，这个时期里人类放弃了原有的信念，但没有形成带有普遍性和权威性的新信念，唯有深信旧的信念是谬误的。受过教育的希腊人和罗马人能够诚心信奉的是希腊和罗马的多神教时期，这是一个建制时期；接着就是希腊哲学家的批判和怀疑时期。另一个建制时期随着基督教的出现而到来，相应的批判时期也和基督教的改革运动同时开始，然后一直持续着，要到一个新的建制时期开始才会终止，而新的建制时期要到更先进的信念获得胜利时才能开始。我知道这些思想不是圣西门派人所独具的，相反它们是欧洲或者至少在德国和法国都普遍存在的思想；但据我了解，它们从来没有被这些作家那样全面而系统地总结，也从来没有人如此有力地提出过批判时期的显著特性，因为我当时还没有读到费希特的《现代特征》演讲集。事实上，我在卡莱尔的作品里，发现了他对"无信仰的时期"和现代的严厉斥责，我当时像大多数当代人一样，以为这种斥责只是为祖护旧的信仰方式而提出的强烈抗议。但是这些斥责中所包含的正确的东西，我认为圣西门学派的人表达得更加理智和更富有哲理。在他们的出版物中，我觉得有一本书非常好，书中蕴含的整体思想比较成熟，已经到更加明确、更有启发意义的程度，那本书就是奥古斯特·孔德的早期作品。当时他自称是圣西门的学生，甚至在此书的第一页上也是这样显示的。孔德先生在这本书的一篇短文中首先提出，人类的知识领域包含三个自然连续阶段的理论：第一是神学阶段，然后是形而上学阶段，第三是实证阶段，最后他对此理论进行详细阐述。他坚定地认为社会科学也要受同样规律的支配；封建和天主教的制度是社会科学神学阶段的最后形态，新教是形而上学阶段的开头，法国革命的理论是这个阶段完成的，而实证阶段还没来到。这种理论和我现有的思想十分相符，它似乎让我的思想更具有科学性。我现在把自然科学的研究方法当作政治学研究的合适的典范，但是在这段时间里，我通过对圣西门学派以及孔德的思想的探讨，获得的主要成果就是从来没有这么清晰地理解思想变迁阶段的特性；我不再把这个时期的道德和智力的特性错误地当成人类的正常属性。我希望以这个时代公开的争论和一般而言微弱的信心，能创造出一个批判时期与建制时期的优点结合在一起的未来，在这个未来里，思想的自由不再受限制，个人各种各样的行动自由也将不受束缚（只要不伤害别人）；但是对与错、利与害的信念已经通过早期的教育和人们普遍拥有的情操深深地融入人们的感情里，而且成为人们理性和生活的真正需求的牢固原则，这些信念和古今所有的宗教、伦理和政治的信条都不一样，必须有周期地进行更新换代。

孔德先生不久后脱离了圣西门学派，有一些年我都没见到他和他的著作。但我继续与圣西门学派的人交往，通过和他们中间一位最热情的信徒古斯塔夫·代什塔尔先生保持联系而持续关注着该学派的发展。他那时在英格兰停留了很久。1830 年通过他我认识了他们的领袖人物巴扎尔和昂方坦，只要他们继续公开发表学说和宣传改变信仰，他们的所有的作品我几乎都能读到。他们对自由主义的一般理论的批评，我认为充满着深刻的哲理；我能看清楚旧的政治经济学中存在局限和短暂的价值，部分也是因为他们作品的引导；在旧的政治经济学中私有财产和遗产被认为是不能取消的事实，认为生产自由和交换自由是社会改良的最好办法。圣西门学派的人慢慢地制定出了他们的纲领，规定社会的劳动和资本必须用于增加社会总体的利益，要求每个人都参与劳动，不论是思想家、教师、艺术家还是生产者，按能力分配，按劳给酬。我认为他们的这些社会主义主张比欧文更加优越。我认为他们的目标有情有理，受到人们欢迎，尽管他们的方法也许效果不佳。虽然我认为他们设计出的这台社会机器既不具社会实用性，也不可能良好地运行；但是我对他们这样能够公开地宣扬人类社会的理想，表示赞扬，他们能给那些努力推动现在所建立的社会结构不断接近人类理想的结构的人，提供动力和良好的方向。我对他们最受人嘲弄的地方表示最为尊敬，那就是他们能以大胆和公正无偏见的态度看待家庭问题。这个问题是所有问题中最重要的，家庭是所有重要的社会机构中最需要进行根本性改革的，而关于这个问题很少有其他的改革家们大胆提及。在大胆地主张男女完全平等和主张建立一种男女相互关系的全新秩序方面，圣西门派与欧文和傅立叶一样，非常值得后人尊敬，并且深切记下。

在描述我的这段时期生活时，我只能详细地讲一些新的印象，这些印象在我看来可以成为当时和以后我思想方法上取得突出进步的转折点。但是经过我筛选的这少数几点，并不能充分地证明我在这段时期里思想转变中对许多问题进行的思考的数量。我的思想的转变确实包括了那些我曾经不相信也不重视而后来又重新发现其价值的东西，而这些东西早已被世人熟悉。但是我的重新发现相当于新的发现，让我深刻理解了许多真理，它们不是传统的陈规旧说，而是真正具有新的意义的真理。我的这种新发现总能从这些真理中获得新的领悟；这些领悟让我修正了早期思想中对一些不被人知道的真理的认识，让我的见解与这些真理更加协调，而且似乎进一步加强了我在早期思想中对这些真理的认识。它们中最基本的东西，在我内心没有一刻动摇过。我所有的新思想只不过是为这些真理奠定了更深厚、更牢固的基础，同时也能常常去除那些因歪曲这些真理的效用而产生的误解和混乱的观念。例如，在我后期的几次抑郁症复发时，有种称为“哲学的必然性”的概念像梦魇一样困扰着我的思想。我觉得自己好像是一个已经被科学证明了的受旧有的环境支配的无反抗之力的奴隶；似乎我的个性和所有其他人的个性都是由我们控制不了的力量形成的，而我们对此完全无能为力。我经常想到，如果我可以不相信环境造就个性这个理论，这对我是多大的解脱。我想起了福克斯关于反政府学说的愿望，他期望国王们永远不要忘记这个学说，而希望臣民永远不要记住这个学说。我说如果所有人都相信必然性的理论只适用于别人的个性，不相信对他们自己的个性也适用，那么人们是多么幸福。关于这个问题我苦苦思索了很久，才逐渐地领悟了一些道理。我懂得了，必然性作为一个名词运用到人类行为的因果论上，本来就容易引起人们错误的联想；而正是这种联想诱导我经历了之前的情绪低落、精神麻木。我知道，虽然我们的个性是在环境中形成的，但是我们的愿望对环境的形成也产生了巨大的影响；我懂得，在自由意志理论中真正能鼓舞精神和增强意志的地方在于让人们确信自己具有控制形成自己个性的力量；我懂得，我们的意志可以通过影响我们的某些环境，来改善以后使用意志的习惯和能力。所有这些理论与环境论完全一致，或者正确来理解的话它本身就是环境论。从那时起我思想中对环境论和宿命论就有了明确的区分，彻底抛弃了必然性这个让人误解的名词。我第一次真正明白了理论这个东西，不会再使我沮丧；而且这除了让我的精神获得宽慰外，还让我不再因为认为一个理论正确，而与其相反的理论也符合道德标准的情况而造成思想上的负担，这种负担对于想成为一个理论改革者的人来说是多么沉重。让我摆脱了这个两难困境的思想锻炼，几年之后我觉得对别人同样也适用，也能获得相同的效果；在我的《逻辑学体系》的末编论《自由与必然》一章中我讲的就是这个思想锻炼的问题。另外，在政治学方面，我虽然不再把《论政府》当成科学的理论，也不再把代议民主制当成亘古不变的真理，而是把它看作一个由时间、地点和环境影响的问题；虽然我现在把政治制度的选择看成一种道德和教育问题，而不仅是一种物质利益的问题，但是我认为这种选择应该主要取决于哪种生活和文化的巨大改良最接近民意，并且是人民进一步改良的基础，而什么制度最有可能促进此种改良；不管怎样，我的政治哲学前提中的这些转变并不会改变我持有的适合这个时代和国家需要的实际政治信念。我仍旧是一个主张对欧洲特别是对英国实行改革的激进主义者和民主主义者。我认为贵族阶级（包括贵族和富豪）在英国政体中占有的优势是一种罪恶，应当不遗余力地进行消除；这不是单纯地针对税收或者其他类似方面的弊病，而是因为这种优势是腐蚀国民道德的巨大力量。道德的沦落，首先是因为私人的利益优于国家的公共利益，滥用立法权为自己的阶级谋取利益，因而让政府的行为成为公共道德严重败坏的实例。其次，更重要的原因是，在目前的社会状况下，依靠群众的尊重总是他们通向权力的主要手段；在英国制度下，不论世袭的财富还是赚得的财富，几乎都是取得政治上重要地位的唯一保障之源；财富和能证明所持财富的标记几乎是仅有的真正受到尊重的东西，也成了人们生活的主要追求目标。我认为，当上层的富有阶级掌握政权时，教育人民和改善人民生活就与这些阶级的自身利益相违背，因为教育人民和改善人民的生活往往能够增强人民挣脱束缚的力量。但是如果在统治权力中民主政治能占较大和主要比重，那么改善人民的教育就与富有阶级的利益相一致，只有这样才可以防止真正有害的错误思想，尤其是防止由此引起的侵犯别人财产的不公正行为的思想。根据上述理由，我不但要毫不动摇地积极地拥护民主制度，还真诚地希望欧文主义、圣西门学派和所有其他反对私有财产的理论能广泛地普及到穷苦阶级之中；并不是我认为这些理论正确，也不是希望人们依照它们来行动，而是为了让上流阶级明白，对他们来说没受过教育的穷人比受过教育的穷人更可怕。

我就是在这种思想状态下听到了法国七月革命的消息，这激发了我巨大的热情，好像给予了我一种新的生存状态。我马上动身去巴黎，经过引见认识了拉斐特，这次认识让我和他以及后来与最得民心的政党里几位活跃的领导人能够保持长久的联系。我一回国，作为一个作家，马上热情地投入到了对时局的讨论；后来格雷勋爵内阁的成立和议会《改革法案》的提出，让这种讨论更加激动人心。在此后的几年里，我为报纸写了大量文章。大约就在这个时候，原来为《检查报》写过一段时间政治性论文的方布兰克成为该报的股东和主编。人们对他在格雷内阁时期办报时所表现出的活力、才智和高度机敏时刻难以忘怀，也忘不了该报在新闻界中作为激进主义者见解的代表所有的重要地位。他为该报撰写的文章极具突出优点，他写的文章至少占该报发表的有独创性见解的文章的四分之三，在余下的四分之一里，我在那几年里投稿的文章占的比例比其他人都大。几乎所有关于法国问题的文章都是我写的，包括经常写得很长的对法国政治的每周评论。此外还写了许多社论，讨论一般的政治、商业和财政的立法以及我感兴趣的而又适合该报刊登的多种题材的评论，有时还包括书评。然而，单纯就当代时事和问题写一些报纸性文章，没有机会让我获得一般思想方法的进步，于是1831年初年我试着在以《时代精神》为标题的一系列的文章里，发表我的一些新观点。在论述这个时代的特征时，我特别指出了在一个陈旧的思想体系已经过时，另一个新思想体系正在形成过程中这样一个过渡时期能出现的一些异常和弊病。我很清楚这些文章风格古板，任何时候都不可能带给报纸读者生动活泼或引人入胜的感受，而不会被他们接受。只有在政治剧变迫在眉睫，并引起了大众广泛关注的特殊时刻，这些文章才可能具有更大的吸引力，但是，我的这些议论时机不对，根本没有什么轰动力量。我所知道的这些文章只对卡莱尔产生了影响，他当时居住在苏格兰一个偏远的地方，在孤身独处时读到了这些文章，他对自己说(他后来告诉我）“这是一位新的神秘主义者”。并在当年秋天，他来到伦敦拜访了文章的作者，这次访问是我们成为好友的直接原因。

上文我已经说到卡莱尔的早期著作是我接受影响的途径之一，这些影响扩大了我原先狭隘的信念。但是我并不认为这些著作本身影响了我的思想。虽然著作中透出的道理和我从其他地方已经学到的一样，但它的形式和外表比起其他文章更加不适合被我这个已受过那种早期锻炼的思想接受。它们好像就是诗歌和德国的形而上学的模糊的混合体，其中唯一非常清晰的就是强烈反对作为我思想方法基础的大部分理论，像宗教怀疑论、功利主义、环境决定论和坚持民主、逻辑或政治经济学的重要性。起初从卡莱尔作品中，我并没受到什么指导。只有当我从更容易被我接受的其他文章中读到同样的道理时，我才能从他的著作中看出一定比例的相同的道理。当然，他所提出的理论展现出的那种惊人力量，留给我深刻的印象，让我在相当长一段时间里成为他最热衷的崇拜者之一；但是他的作品中能让我受到教益的东西，不是指导性的哲理而是令人兴奋的诗词。即使在我们认识的开始，我的新思想方式也没有成熟到能够完全欣赏他作品的程度。关于此的一个证据是，当他拿给我看他刚完稿的最伟大杰作《萨尔托·里萨图斯》的手稿时，我几乎一无所获；但两年后当它发表在《弗雷塞杂志》上，我再次读到时让我感到无限喜悦，并给予了热烈赞美。我并不会因为卡莱尔与我在哲学上有根本的分歧而不和他来往，他也很快觉得我并不是“另一个神秘主义者”。为了表示真诚和坦然，我给他写了一封信，清楚表明了我知道他极其不接受我的全部见解，他回信说，我们之间最大不同在于我“还不是一个自觉的神秘主义者”。我不知道他多久才会放弃对我必定会成为一个神秘主义者的看法。虽然此后几年里他和我的思想都发生了很大的转变，但是我们的思想方式还是在刚认识的头几年里最为接近。但无论如何我肯定自己没有能力去正确地评价卡莱尔。我认为他是一位诗人，而我不是；他是一位直觉主义者，而我不是；正因为如此，他不仅能够比我早很多就理解许多事情，而我只能在别人指出后再经过自己慢慢地研究和求证才能明白；而且极有可能他所明白的东西，在别人指出后我甚至还是不明白。我知道自己没有能力完全地了解他，也没有自信彻底地看透他，我也从来不自以为是地明确地对他做出评价。除非有一位比我们二人更为高明的人向我解释他的思想，那个人要比他更具诗歌才能，比我更富有思想，而且这个人思想和天性中必须有卡莱尔的思想和天性，甚至要比他多得多。

在我所熟识的有才能的人中，和我持最多共同观点的是大奥斯丁。我在上边说起过，他一直反对我们早年的小宗派主义心态，后来他同我一样受到了新思想的影响。他受聘为伦敦大学（现大学学院）法学教授后，曾待在波恩一段时间研究他所教的学科。德国文学的影响和德国社会的性质与状况的影响让他的人生观产生了极其显著的变化。他个人的性情变得比以前温和得多，变得不再像以前那样争强好胜；他的兴趣开始转向诗歌与思考。他不再像之前那样重视外表的变化，除非这种变化包含着内部本质的改善。他对英国普遍平庸的生活，对他们缺乏开阔的思想和无私的愿望，对英国各层次人士极力追求的低级目标，表示强烈的憎恶；甚至对英国人表示关心的那种公共利益，他也很少给予尊敬。他认为，普鲁士式的君主政体比英国代议制政体在实际中能建立更良好的政府，能（完全真实的）对各阶层人民的教育和智力发展给予更多的关心。他与法国经济学家一样，认为良好政治的真正保障是“有良好教育的人民”，然而让人民具备良好教育不一定是民主制度的结果；即使没有民主制度也能培育富有知识的人民，这种制度将比民主制度更加有效。虽然他赞成议会的“改革法案”，但是他预言，一旦改革施行，它不会像许多人所盼望的那样，在政治上取得突出的直接的改良。他说，现在英国还没有那种能干出这种大事的人。不论是他刚接受的新观点，还是他一直保留下来的旧观点，在许多问题上我都能与他的看法保持一致。跟我一样，他一直都是一个功利主义者；虽然他十分敬佩德国人，也十分欣赏德国的文学，但他绝不会向德国的先天主义的形而上学做出妥协。他慢慢地形成了一种德国宗教思想，一种带有很少(如果有的话）明确教义的诗歌与感情的宗教思想。在政治上（这一点上我和他有着最大不同）他对民主制度的进步几乎轻蔑地进行鄙视。但是他对社会主义的进步感到高兴，把它看成能迫使当权阶级去教育人民的有效手段，使人民明白，能不断改善自己物质条件的唯一真正方法就是限制人口的增长。这时他基本上认可把社会主义本身作为社会改良的最终结果。他公开表示强烈地蔑视被称为“政治经济学家宣扬的人性的普遍原则”；他坚持认为，历史和日常生活经验为“人性的神奇适应性”（这个表达我已在某些地方借来用过）提供了证明；他还认为对道德力量不应当给予任何现实的限制，因为这股力量将会在社会和教育影响的带动指引下在人类社会中不断展现它的作用；虽然我不肯定他是否一直都保持着这些见解直到生命的尽头，但可以肯定的是他在晚年的思想方式，特别是他晚年最后发表的著作，比他在这段时间所持的见解更多地包含着托利党的普遍特征。

我现在发现我和父亲之间的思想感情状况存在很大的差距。事实上，我们之间实际存在的距离，要比两人完全冷静下来、全面地解释和思考时还要大。但是父亲不是那种你能期望和他在基本理论问题上进行冷静地和彻底地探讨的人；他至少不会和一个他认为可能违背了他的理论的人进行这样的探讨。幸运的是，我们几乎能在有关当前的政治问题方面几乎一直保持着非常一致的见解，而政治问题又是他大部分的兴趣所在和他谈话的主要方面。我们很少去探讨我们之间有意见分歧的问题。他也知道他的教育方法让我形成了独立思考的习惯，甚至有时会让我接受和他不同的观点。

而他也常常感觉到我并不总是会告诉他我和他之间有着“怎样”的不同见解。我明白探讨我们之间见解的分歧完全没什么好处，只是徒增双方的痛苦而已。当他说到一些与我相反的见解和感受时，如果我保持沉默这算是耿直的话，我才会张口谈论，不然我不会主动去谈。

现在要讲一下我这几年写的东西，除了给报社写的文章外，我还写了其他文章。1830—1831 年，我写了五篇论文，后来编成《论政治经济学中未解决的几个问题》出版。除了第五篇在 1833 年有部分改动以外，其他四篇基本就是现在这样的内容。我写完这五篇论文后并不急着出版，几年之后我把它们拿给一位出版商看时，他拒绝帮我出版。这本书一直等到我的《逻辑学体系》获得了荣誉和成功后，才能够出版。我继续对逻辑这一主题进行探讨，当遇到用一般的推理就能发现新的真理这样的问题时我会觉得相当困惑。然而从事实来说这点是没有疑问的。所有推理都可以分解为三段论法，而且在每一个三段论法中，结论实际包括或隐含着前提，这一点是毫无疑问的。既然结论包括或隐含着前提，那么结论怎么会是新的真理呢？而几何学的原理，在表面上跟定义和定理存在如此的差别，又怎能包含着定义和定理呢？我觉得，这是个之前几乎无人能察觉的难题，也是没人成功地解释清楚的难题。虽然惠特利等人做出的解释，也许能使人一时地满意，但关于这个主题在我心中总是笼罩着一层迷雾。最后，我在第二遍或第三遍读杜加尔德·斯图尔特的第二卷《论推理》的几章时，关于每一个论点我都认真地提出疑问，并尽可能对书中提到的每个思想主题进行追根究底的探讨；从中我突然发现了他对三段推理论法中使用定理的见解，对于此我之前好像没有加以注意，现在细细考虑一下，它不但用于定理是正确的，而且不论用于哪类一般性的命题也是正确的，并且还是解决整个疑惑的关键。我的《逻辑学体系》第二卷中所讲述的三段论法的理论，就是因为这个萌芽逐渐发展起来的，在我记录下这个见解后我马上确定了我书中的理论。那个时候，我更加希望能够写出一本既有独创性又有价值的讨论逻辑学的作品，然后就继续根据已完成的不成熟的草稿，写成了《逻辑学体系》第一卷。而我现在写的东西成为以后续写的基础，但其中不包括后来增加的《类别原理》，这是我在第一次拟定《逻辑学体系》第三卷的最后几章的题目遇到困难时才想出来的，不然这些困难也无法解决。就在我的工作到了这个节骨眼儿上时，我把它停了下来，一停就是五年之久。此时我已经到了思虑穷尽的时候，关于《归纳法》再也写不出让人满意的东西来。于是我继续阅读对这个主题能有所启发的书籍，并尽我所能寻找到突破口。但是经过很长一段时间，我还是找不到能让我发散思维的突破口。

1832年我为《泰特杂志》的第一期写了几篇文章，另外写了一篇文章投给了名为《法理学家》的季刊。这个季刊是由一些兴趣相合的朋友一起创办的，但只办了很短的时期。这些人全是律师和法律改革者，我还跟其中几个人有交往。我的那篇存在争议的论述有关国家对社团财产和教会财产的权利和义务的论文，现在就收录在《论述与讨论》中的第一篇；其中还收录有发表在《泰特杂志》上的一篇题目为《货币幻术》论文。整体来说，我在这些文章之前所写的很多文章并没有永久的价值，不值得重印。在《法理学家》上发表的那篇论文，我至今依然认为是有关国家对基金机构的权利的比较完整的论述，它表达了我的观点的两个方面：一个是我坚持主张所有捐款都应属于国家财产的理论，政府可以也应当对其适度地控制（正如我一如既往地主张的一样）；一个是我不再谴责捐款本身，而认为不应把捐款用来偿还国债（像我曾经一度主张的）。相反，我坚决主张设立教育基金有重要意义，不能单单依赖市场的需要，就是说不能单靠依赖父母的知识和见识，而应该有计划地制定和保持较高的教育标准，而且要比商品买家的自主要求标准还高。我的这些观点在后来经过反复思考，变得更加坚定、更加强烈。

第六章

我的父亲去世 我一生最珍贵友谊的开始
1840 年以前我的著作和其他活动

就在我达到智力和精神发展的这个时期，我得到了来自一位女士的友谊，它是我一生的荣誉和重大幸福，也是我为人类进步所奋斗的或希望以后实现的大部分事业的动力所在。第一次认识这位女士是在 1830 年，我当时二十五岁，她二十三岁，我们经过了二十年的交往，她最终答应做我的妻子。我们家与她丈夫家以前就有交情，她丈夫的祖父与我父亲在纽温顿格林时是邻居。我在还是孩子时就曾被这位老绅士好几次邀请到他的花园里玩耍。他是苏格兰旧派的典型的清教徒——严肃、朴实而意志坚定，但对孩子却十分和蔼，他这样的人能给孩子们留下永久难忘的印象。虽然我在认识泰勒夫人好多年后才和她成为亲密的或能够互相信任的朋友，但是我马上就意识到她是我认识的人中最值得敬佩的朋友。这并不是说，她后来和我们初次见面的那个年龄时完全一样（任何人都不可能这样）。如果说她天生就具有自学的才能和不断追求卓越的个性，这样来形容她是不切实际的；她这种追求卓越的热情和才能属于自发的倾向，这种倾向让她把自己接受任何印象或经验都变成提高智慧的源泉和机会。我第一次见到她时，她内涵丰富而性格坚强，这种性格已经整体上按照流行的女性英才的类型在发展。从外表上看，她漂亮又聪明，拥有一种让接近她的人都能感觉到的天然的气质。她内心包含着深沉而浓烈的感情，富有洞察力和天生的直觉的智力，以及充满想象力的诗人气质。她早年嫁给了一位非常正直、勇敢和值得尊敬的绅士，他具备开放的思想，受过良好的教育，但对知识性的活动和艺术没有兴趣，否则他就是她天作之合的伴侣；但他是一个诚实而重情义的朋友，她一生都对他怀有发自内心的尊敬和最深厚的情义，她因为他的去世而陷入强烈的悲痛之中。由于这个社会让妇女处于无奈的弱势地位，所以她没能在外界充分发挥最大的才能。她的生活习惯于一种内心思考的活动，只是在与朋友的小圈子里密切交往时才有所变化；她的朋友中只有一位（早已去世）天赋异禀，拥有和她类似的才能与智力，其他的人只是在思想和情操方面与她或多或少有些共同之处。我有幸能进入她的朋友圈子，很快我在她身上发现了我其他所有朋友具有的美德，对此我感到十分高兴。在她身上完全没有各种迷信的味道（包括把假的至善当成自然和宇宙的秩序），她对那些已是社会法规一部分的许多习俗能强烈地反对，她的这个优点不是因为固执的理性，而是她高尚的情感力量和值得尊敬的天性使然，并与虔敬的天性同时并存。从一般的思想特征以及气质和品格方面形容，我经常把当时的她比作雪莱；但是在思想和智力上，雪莱在短暂的一生中所达到的发展和她最后达到的相比，仍然有很大的差距。即使是对最高的理论领域的探讨，或者对日常生活琐事的研究，她的智力同样是能让她洞察秋毫，看透事物的本质和核心，以及把握观念的实质或原则的完美工具。她的动作同样准确而敏捷，这一点也表现在她的灵敏的感觉和思维能力上，加上她在感情和想象力方面的天赋，让她完全有机会成为一位十全十美的艺术家；而她透出的热烈而温柔的气场和雄辩的口才，足以让她成为一个伟大的演说家；她对人性透彻的理解和对世事的洞察力和卓识（如果妇女能够参政的话），将让她成为人类最杰出的统治者之一。她的智力天赋弥补了我毕生没养成的最高尚的品行。她的公而忘私，并不是出于后天责任感的培养，而是发自内心的能把他人感情和自己的感情同等地看待，她想象着让别人也怀有和自己内心一样对他人的热烈感情，因此她常常过度地考虑别人的感情。如果她没有随时准备着把无限的慷慨和爱给予他人而并不要求任何感情上的回报的话，那么人们可能把她对正义的热爱看成她最强烈的感情。她的其他的品德自然地是和上述这些思想和心灵的美德相对应的。她内心怀有最真诚的谦逊，同时又有最高尚的自尊；她把绝对的坦直和真诚给予能够接受的人，她最强烈地蔑视卑鄙懦弱的行为；她对残暴、专横、不忠或恶劣的行为和品格表示最强烈的愤怒；她又能对“天性的恶行”和“犯错的恶行”划定明确的界限，就是能把是内在的感情和品性引发的恶行与只是违犯了好的或坏的习俗的行为区别开来。她认为这种违犯行为（不论是对还是错）是那些在别的方面令人尊敬爱戴的人们难以避免的。

能和这样一位具备如此优良品质的人进行任何程度的精神交流，对我的发展显然会产生相当有益的影响。虽然这种影响是逐渐深入的，许多年以后，她的思想的进步和我的思想进步让我们最终达到完全默契成为伴侣。我从中得到的好处远远多于我希望得到的。虽然对她来说，她的思想看法起初是因为具有强烈感情的性格产生的精神直觉而获得的，但是毫无疑问她也能从一个通过学习与推理得到许多同样收获的人那里获得鼓舞和帮助。在她知识不断积累的过程中，她能通过她的思维活动把任何东西都变为知识，她的这种活动的资料来源有从其他地方获得，无疑也从我这儿获得不少。简单地说，我从她那里获得的好处（甚至是知识上的），多得数不清了。下面我就针对从她那里受到影响的情况讲一些还不是很完整的认识。

跟所有最优秀和最智慧的人一样，那些对人类目前生活境遇感到不满和坚决要进行激烈改革的人，他们的思想可分成两个主要领域：一个是最后的目标领域，它的构成要素是人类生活可实现的最高理想；另一个是直接有用和实际可得的领域。在这两个领域里，我从她的指导中获得的收获比从其他地方获得的总和还多。老实说，真正的确定性就存在于这两个主要的极端领域里。我自己的能力却完全处于那个不确定的模糊的中间领域里，指的就是处在理论或者说伦理和政治科学的领域里。关于这个中间领域学科的结论，不论我以何种形式接受的或是创造的结论（包括政治经济学、分析心理学、逻辑学、历史哲学或其他学科），都应该对她的功劳表示深深感谢。因为我从她那里学会了一种明智的怀疑态度，这种态度让我能认真地运用我的思维能力去探讨任何可能得出的结论而不会受到阻碍，还会提醒我不要以思辨性质的没有确定性的信心来肯定或宣布这些结论。另外这种态度还能让我的内心不但随时准备接受而且急于欢迎和热切探寻一切更清晰的概念和更完善的证据，甚至在那些经过我深思熟虑的问题上也是这样。我的作品与大多数同样习惯于大量概括的思想家的作品相比包含着更多的实用性，因此我经常受到人们的表扬，其实我本人觉得应该受到的称赞只有一部分。那些被表扬具有实用性的作品并不是我独立思考的成果，而是两人合作的结果，其中一个人对当前事物的判断和理解极其切合实际，对遥远的未来的预测是眼光长远而又勇敢大胆。

但是现在这个阶段，这种影响只是对我形成未来性格的许多有利影响之一。我可以认真地这样说，甚至在这个影响成为我思想发展的指导原则后，它也没有改变我发展的方向，只是让我更加勇敢地同时更加小心地朝着同一方向继续向前。我实际的在思想方式上发生的唯一的剧变已经完成。我的新思想趋向在某些方面还必须加强，在另一些方面却需要节制，但是和政治相关的唯一的实质性的思想转变还未发生。这种变化，一方面是关于人类的最终发展远景更加接近于有限度的社会主义；另一方面是，我的政治理想从民主党人通常所理解的纯粹的民主政治转向经过我修改的民主政治。有关这种民主政治，我在《代议政治论》中有所解释。

我思想上最后的变化发展得十分缓慢，最早是从我阅读（应该说是研究）托克维尔先生的《美国民主政治》开始，此书一问世我就立即弄到一本。在这本著名的作品中，作者把民主政治的优点阐释得更加清楚和具体，至于达到何种程度我则不曾知晓，而在这方面就连最热情的民主主义者也没有这样讲述过；同时书中作者对大多数人统治的民主政治面临的具体危险也进行充分的揭露，并进行了彻底的分析。作者指出这些危险并不是要否认民主政治是人类进步中必须面临的结果，而是为了指出民主政治的弱点，同时指明保护民主政治的各种方法和必须增加的改正措施，从而能够让民主政治的有利倾向得到充分的发挥，抵消或减轻那些与民主政治相排斥的种种因素。因此我开始准备认真地研究这个政治理论，并从那时起我不断朝着书中理论指明的思想方向不断向前。虽然在此之后的许多年里我的实际政治信念经过了不断地修正，这一点只要比较一下我1835年所写和发表的第一篇对《美国民主政治》的评论和1840年所写的收在再版《论述与讨论》中的第二篇评论以及在《代议政治论》中的最后一篇评论，就能看出来。

在研究托克维尔著作中，我对一个附带问题的探索也获得巨大好处，那就是中央集权的根本问题。他对美国和法国经验所作的有力的哲理分析，使他认为：最重要的是，社会集体事业要尽量地由人民进行安全地管理，而不需要政府的行政干预，政府既不要越俎代庖，也不要任意指挥。他认为这种由公民参加的实际政治活动，不但是锻炼人民社会感情和实际管理才能的最有效的手段（这种感情和才能对人民而言极为重要，对良好政治而言也必不可少），而且是克服民主政治某些特有弱点的起抵制作用的方法，还是保护和防止民主政治不堕落为专制政治的必要手段。而专制政治是当今世界上真正的危险——由政府的行政首脑对分散的群众进行绝对的专制统治，结果可能导致人人平等但人人都是奴隶的局面。当然，在海峡对岸的不列颠这边不会马上发生这种危险，在这里有十分之九的国内事务是由独立于政府的机构管理，而不像别国那样都是转交给政府；在这里中央集权过去和现在都是人们进行合理议论的话题，也是给予盲目偏见的主题；在这里，人们怀着盲目的感情对政府的干预时刻戒备着，这种感情甚至阻碍着立法机关发挥最有效的作用，导致不能对假公济私和目光短浅的地方寡头政治滥用职权进行控制，让他们不正当地管理地方利益形成各种弊病。但是公众越是以错误的立场反对中央集权，理论改革家难免陷入相反错误立场的危险就越大，他们忽略了没有亲身经受过的痛苦的危害。在这段时期，我本人也积极参加维护一些重要措施的活动，如1834年伟大的《济贫法修正案》，我反对建立在对中央集权制偏见基础上的非理性的喧闹。

如果不是托克维尔的作品对我的提示，我不知道自己会不会像以前许多改革家那样草率地、过分地反对英国盛行的这种喧闹，甚至会把攻击这种偏激的行为当作自己的责任。事实上，我谨慎地处于这两种错误之间，不管我是否能在此两者之间划分出一条正确的界线，至少我坚持同样的突出强调两方的弊端，而且集中注意力研究如何调和两者优点的手段的问题。

与此同时，议会经过改革后举行第一次选举。我的几个最著名的激进派的朋友和熟人被选进议会中，如格罗特、罗巴克、查理·布勒、威廉·莫尔斯沃思、约翰和爱德华·罗米利，还有另外几个人；此外，沃伯顿、斯特拉特等人本来已经是议会的议员。这些人称呼自己为哲学激进派，朋友们也这样称呼他们；现在看来，这些人处于比之前任何时候都更有利的地位，有公平的机会来发挥他们的才能，我和父亲对他们充满着厚望。但是，我们的期望注定要落空；从他们在议会里获取的投票支持率来说，虽然他们经常遭受打击，但他们是诚实的，忠于自己的信仰。当议会中提出和他们的宗旨背道而驰的提案时，如 1837 年的《爱尔兰镇压法案》或《加拿大镇压法案》时，他们敢于果断地站出来，直接面对各种敌视和偏见，决不违背正义。但是总的来说，他们在推进他们的理论的实施上没有获得什么成效；他们缺乏积极的进取精神和主动性；他们把议会中激进派的领导权让给了休谟和奥康奈尔等老一辈议员。但他们中间也有一两位年轻人表现比较突出，例如罗巴克就表现得非常令人尊敬，他在进入议会第一年就提出发起国民教育运动（此运动由布鲁厄姆先生首先试着提出，没能成功，他再次提出）；他还首先发起了争取殖民地自治的运动，为此他几乎孤独奋战了许多年。而其他人，甚至被大家都看好的人，整体来讲所做出的行动也没能比得上这两件事。现在，静下心来仔细回想，其实可以明白那些人并不像我们当时感觉的那么差劲，事实是我们对他们的期望太高了。他们当时的处境很不利。他们当时的环境比较恶劣，正处在十年来不可阻挡的反动思潮之中，而当时改革的浪潮已经衰退；公众真正希望的一些立法的改良已很快地实现；权力又朝着它的自然方向倾斜，即被那些主张维持现状的人所掌握；此时大众的内心希望得到休息，自休战以来，他们的内心比任何时候都更不愿意再受到议会改革时期热情的触动，而更愿意自己的热情投入到新事物的新活动当中。当全国处于这种状态时，本来需要一位伟大的政治领袖通过议会的讨论来实施真正伟大的事业，但实际上没有人可以承担这个使命，这也不能责怪谁。父亲和我原本希望出现一位有才能的领袖，有一位既有哲学修养又有真正才能的人，让他能够尽力培养愿意和他一起努力奋斗的许多年轻人或没有名气的人，让他们尽其所能地向公众提出进步的政见；他们本来能够把下院作为教导和鼓励公众思想的讲座和讲坛；他们能够或者可迫使辉格党人接受他们的政治见解，或者从他们手中夺取改革派的领导权。如果我父亲在议会里的话，那里就会有一位这样的领袖。由于缺少这样一个领袖，受过理论教育的激进派人只能沦为辉格党的左派。现在我认为的跟当时一样，如果激进派的人正常地努力发挥他们理论的力量，他们完全可能成功。怀着这种强烈而夸张的看法，从那时起到 1839 年，我努力利用我个人的影响和我写的文章，给他们灌输我的思想和目的。我的努力对查理·布勒和威廉·莫尔斯沃思爵士起到一定作用，他们两人做出很有价值的努力，可令人遗憾的是，他们在工作开始时就离开了议会，因此我的努力总的看来没有什么用处。为了有机会继续让我的努力奏效，就需要有一个和我有不同地位的人。我的这项任务只有他身在议会中才能进行和完成，才能与激进派议员一起每天进行日常的商讨；这样他本人才能掌握主动，不再是劝说别人去领导，而是直接由自己对他们发出号召。

凡是能用我的文章达到目的的事我都做了。1833 年，我继续和方布兰克一起为《检查报》工作，此时他正积极地为激进主义、为反对辉格党内阁而战斗着。在 1834 年议会开会期间，我以报纸文章的形式写了一篇题为《报纸评论》的评论时事的文章，发表在福克斯先生创办的杂志《月刊汇编》上。福克斯先生是一位有名的宣传家和政治演说家，后来由奥德姆从地方上选入议会。我与他刚相识不久，主要也是因为他，我才为他的报刊写文章。除了上述文章外，我还给此刊物写了几篇别的文章，其中最重要的一篇论诗歌的理论收录在我的《论述与讨论》里。1832—1834 年我发表的文章，除发表在报上的之外，一共加起来有一大卷。但是其中还有几篇关于柏拉图《对话》的摘录（其中附有介绍性的评论）是几年前完成的，虽然到1834年才发表。后来我从不同的场合中得知，这些摘要的读者比我之前的其他作品的读者更多，也正是这些摘要让更多的读者知道了我这个作者。为了使我这段时期的文章更加完整，对我所有的文章我还要补充的是，1833年受布尔沃之托写了一篇评论边沁哲学的文章。布尔沃此时刚写完《英国和英国人》一书，当时这本书表达的思想远远超越了大众的理解程度。我这篇文章中的一小部分融合地表述在他书的正文里，把其余部分(写明了郑重的感谢）作为附录。在这篇文章里，我对被认为是完美哲学的边沁理论，做出了赞美的和批评性的论述，而这些表述在这本书中第一次得以公开。

很快我就得到了一个机会，让我以自己的力量给哲学激进派的人提供比之前更有效果的帮助和鼓励。父亲和我以及经常到我家来拜访的议会中的人还有其他激进派的人士偶尔谈起的一个计划，打算创办一份定期出版的哲学激进主义的机关刊物，让它承担原来打算由《威斯敏斯特评论》承担的任务。这个计划已经进行到讨论前期的资金支持和选聘一位编辑等问题，但是后来又停置了一段时间，没有任何进展。到1834年夏天，威廉·莫尔斯沃思爵士（他是一位勤奋的学者和典型的形而上学思想家）主动提议创办一份《评论》，只要我同意担任实际的编辑，即使我不享有编辑的实际名义，他也愿意以他的文章和财力帮助这项事业。这样的提议是很难拒绝的，于是该刊物就办了起来。起初它被命名为《伦敦评论》，后来莫尔斯沃思从汤普森将军那里收购了《威斯敏斯特评论》，并把两刊合并起来，统称为《伦敦和威斯敏斯特评论》。1834—1840年，编辑这份刊物花费了我大部分的业余时间。在开始的时候，总的来说这份刊物不能完全代表我个人的看法，因为我不得不向一起工作的同事做出很多让步。《评论》创立的初衷为了代表“哲学激进派的人”，但是他们中的大多数人在许多典型的论点上与我有分歧，而我在他们中间甚至算不上最重要的一分子。我们统一认为，我父亲作为一个作家，和他的合作是不可缺少的，他为这个刊物撰写了很多文章，直到最后一次得病时才停止。因为他的文章的题材特点和文章中所表达的思想的穿透力和果断，使得《评论》早期文章中更多地带着他的论调与色彩。我对他的文章不能以编辑的身份擅自修改，甚至有时还必须保留我自己的一部分见解。所以之前《威斯敏斯特评论》的理论只是稍微地修改后就变成了新刊物的主题。事实上，我希望在刊登父亲的文章同时，还能介绍一些其他人的思想和别人的论调，从而能让我的一些见解和我们这派人中其他人的观点能一起得以发表。专门为了这个目的，我用一种特别的方式，即规定在每篇文章署名时必须标出作者姓名的第一个字母或其他的笔名，从而显示出此篇文章表达的完全是作者的个人见解；而编辑只负责保证每篇所刊登文章的价值以及不违背该刊物创办的宗旨。刚好这个时候我有了一个好的机会，可以选择我发表在此刊物上第一篇文章的题目，从而实现我之前构思的对新旧“哲学激进主义”之间的调和的计划。在自然科学的某个领域有非凡成就的塞奇威克教授，本不该闯入哲学领域里来，却在最近出版了《论剑桥研究》一书，从书中很明显能看出来，表面上是在抨击洛克和佩利，本质上却在肆意地攻击分析心理学和功利主义伦理学。这件事引起了我父亲和其他人极大的愤怒，我也认为他们的愤怒是合乎常情的。我突然想到，这既是一个反驳不公正的攻击的机会，也是在保卫哈特利主义和功利主义的同时，插入发表我关于这些问题的看法的机会（我与之前的同事有着不同的看法）。在这件事情上我获得了部分的成功；但是由于我与父亲的关系，如果我此时把对这个问题的全部见解大胆地表露无遗，肯定会让我十分尴尬，更何况要在他写稿的《评论》上发表出我的全部见解是不可能的。

然而现在我往往认为，父亲并不是像他看起来那样强烈地反感我持有和他不同的思想方式；他那种无意识地夸大知识争论重要性的观念，让他过分偏执地评价自己的见解；当他觉得自己面前没有对手与他争论时，他愿意接受之前他似乎要否定的很多真理。我经常察觉到，他实际上经常在考虑许多似乎和他的理论无关的东西。好像就是在这个时候，他撰写的《略论麦金托什》出版了，虽然我十分赞同书中的某些部分，但整体来讲我从中获得痛苦的感受多于快乐的感受。而许久以后，我再次读到它，我觉得书中几乎没有什么我认为整体上合理的东西；虽然我对他憎恶麦金托什的复杂与啰唆表示同情，但是他所持的严厉态度不很明智，甚至有些偏激。当时我觉得有一件事是个好兆头，那就是他特别赞同托克维尔的《美国的民主政治》。实际上，他关于托克维尔书中提到的民主政治的优点比书中谈及的缺点讲得多一些，想得更多一些。而且，这本书不管怎么来看都是在用和他相反的方式对待政治问题，即完全用了归纳法和分析法，而没有用纯粹的三段论推理法，但是他却对此有着高度的评价，这带给我很大鼓舞。他还称赞我发表在两份刊物合并后的第一期上的文章，这篇文章以《文明》为题，之后被收录在我的《论述与讨论》中。我在这篇文章中表达了许多新的见解，并以肯定不是从他那里获得的理论和方式，强烈地批判了当时的思想和道德倾向。

但是，父亲思想的未来发展的可能性，以及在我和他共同传播我们的思想的长久合作的可能性，这方面的期望注定是要中断的。在 1835 年一整年里，他的健康状况不断恶化，他的症状明显是肺结核，在痛苦地度过最后衰竭的阶段后，父亲在 1836 年 6 月 23 日去世了。他在生命的最后日子里，依然保持清醒的神志和智力，依然关心着他一生中感兴趣的人和事；即使面对死亡，他对宗教问题的信念也没有丝毫的动摇（他那么坚定的信念是不可能动摇的）。在他自知生命快到尽头时，他怀有的主要安慰好像是想到他为世界更加进步所作的努力，而他的主要遗憾则是不能有更多的时间做更多的事情。

他在英国文学史上，甚至在英国政治史上都有着崇高的荣誉和地位。在从他的思想中获得益处的那代人中，很少有人能记起他，即使和那些成就远不及他的人物相比，他同样很少被人提起，这是极其不体面的事情。这可能主要是因为两个方面：首先，他的思想获得的荣誉大部分被覆盖在和他有着相似理论的边沁所理所当然享有的更高的声誉里，但他绝对不仅仅是边沁的追随者或门徒。准确地说，他应是那个时代最有创见的思想家之一。他的思想结构基本说来与边沁不同，他不拥有边沁的全部优秀品质，同样边沁也没有他的全部品质。当然，赞颂他为人类做出了和边沁同样巨大的贡献是可笑的。他的思想中不具有能够根本改变或者创造人类思想的一个伟大理论的分支。但是，先不说他工作中受益于边沁的那部分成果，只说他在边沁未曾涉足的领域取得的成就，例如分析心理学方面的成就；在这个最重要的思辨学科的分支中，他的理论是让所有道德学和政治学最终能够依赖的。像他这样一位最伟大的人物，是应该被后人记住的，他的成就标志着这个学科发展的一个重要阶段。而另一方面让他没能获得应有的声望的原因是，尽管他拥有被人们普遍接纳的大量的理论（部分是因为他自己的努力），但是总的来说，他的精神与这个时代的精神之间存在着明显的排斥。就像布鲁特斯被称为最后一个罗马人一样，他可以被称为最后一个十八世纪的人；他带着十八世纪的思想感情（虽然也有所修正和改进）进入十九世纪，但他对十八世纪反动的影响，不论是好的还是坏的都没有被接受，而这种反动影响正是十九世纪上半期所具有的明显特征。十八世纪是一个伟大的时代，是涌现许多坚强而勇敢的人的时代，他刚好就是这个世纪最坚强、最勇敢的人之一。他的著作和个人的影响让他成为那个时代重要人物的核心。在他晚年的一段时期，他是英国激进派知识分子的领袖和导师，正如伏尔泰是法国哲学界的领袖和导师一样。从他的长篇大作《印度史》的主题来说，他是健全的治国政策的创造者和倡导人，而这一点只不过是他一生中较小的功德之一。他不论写什么题材，都从来不缺乏丰富而宝贵的思想。除了《政治经济学要义》一书，在开始的时候十分有用，而现在已经完成了它的任务。另外，他的著作能被他人的著作所替代，或者不再被作为对研究这一课题的学生使用的有启发作用的读本都要经过很长一段时期。他只凭自己思想和品性的力量就能影响其他人的信念和意志，他还能努力利用这种力量促进自由与进步。据我所知，在男人中能以这种力量与努力这样做的再没有其他人，而在女人中却有一个。

虽然我真正地知道，在他非凡卓越的个人品德方面，我是遥不可及的。但我现在必须试着努力一下，看看没有他我会取得怎样的成就。《评论》是我希望在内心的自由与民主方面对公众产生有效影响的主要途径。没有了父亲的帮助，我同样没有了他思想的束缚和压制，这是获得他的帮助的代价。现在我觉得，我不必再遵从任何其他激进派的作者或政治人物，而是要进一步坚持我持有的见解。由于获得了莫尔斯沃思的完全信任，我认为以后可以尽力多发表我自己的见解和思想方式，并尽量接受对我认为的进步事物持同情态度的作家的稿件，甚至不惜会因此失去我之前同伴们的支持。于是，此后卡莱尔的文章经常刊登在《评论》上，不久斯特林的文章有时也发表在上面。虽然上面刊登的每一篇文章表达的都是作者个人的思想感情，但是整体的格调与我的思想大致上接近。而和我一起合作，专门负责《评论》经营工作的是一位名叫罗伯逊的苏格兰青年。这个人有一定的能力与眼界，非常勤奋，思维灵活而又富有方法，他能想出各种点子扩大《评论》的销量，我对于他这方面的能力充满期待。于是在 1832 年年初，当莫尔斯沃思厌倦了《评论》的亏本经营，急着想放弃这个刊物时(他确实已尽了很大努力，而且亏损了不少钱)，我十分武断地不顾自己的经济利益，也因为对罗伯逊才能的相信（因为他的计划还没有经过真正地试行)，就决定由我把刊物继续办下去。他的计划是很好的，我没有理由改变我对他的这种看法。但是我相信，任何方法都不能使一个宣传激进主义和民主主义的刊物达到完全的收支相等，包括一位编辑或助编的工资和撰稿人丰厚的稿酬。我自己和几位经常的撰稿人仍像在莫尔斯沃思主持时一样不领取报酬，但是对于要领取稿酬的投稿人，还必须按照《爱丁堡评论》和《每季评论》的正常标准支付稿费，但根据目前刊物的销售收入来看，我们付不起这笔费用。

在 1837 年这一年，我一边忙于这些事务时，一边重新开始动笔写《逻辑学体系》。之前写到归纳法时我把它搁置下来，到现在已经有五年的时间，我都没有接触过这方面。我慢慢地发现，要克服逻辑学中这个主题方面的困难，主要要做的就是全面而精确地理解整个自然科学，而要做到这一点我担心可能需要一个很长的学习过程。因为我不知道通过读什么书或者什么样的指南能让我懂得各门科学的一般原则和变化过程；我知道自己没有别的方法，只能尽其所能从各学科的书本里，自己去获得这些理解。

然而幸运的是，休厄尔博士在这一年年初出版了《归纳科学史》一书。于是我动力十足地开始阅读此书，发现其中讲到的几乎都是我需要的东西。虽然书中有关哲学的理论有很多部分（不是大部分）并不是很准确，但是其中还是有大量资料可以供我思考。而且作者叙述的这些材料都已经过精心地编辑，这给我以后的工作提供了大大的便利。我现在得到了我期望的东西。在休厄尔博士的作品思想的带动下，我重读了赫谢尔·J·爵士的《自然哲学研究论》；这本书给了我相当大的帮助，让我能够衡量自己获得知识的进步程度，虽然几年前我也读过此书，而且还复习过，但收获甚微。现在开始我勤勉地解决思想上和写作上的这个问题，为此，我必须撇开紧要的事务，抽出一部分时间。正好此时我担任《评论》的编辑获得了两个月的空闲时间。在这两个月中我写完了大约《逻辑学体系》初稿的三分之一，也是全书中最困难的三分之一；我估计五年前所写的也有三分之一，所以还剩下的也只有三分之一。这次我完成的有推理原理没写完的部分（即连续推理的理论和论证科学）和论归纳法这卷的大部分。当这些都完成时，我认为自己已经解决了真正的难题，写完全书就只是时间问题了。书写到这个程度，我必须得把它暂停一下，为下一期的《评论》写两篇文章。写完这两篇文章我又继续写书，此时我第一次偶然地读到了孔德的《实证哲学教程》，或者应该说读到了那时已经出版的此书的前两卷。

我的归纳法理论在读孔德作品以前，实际上已经差不多完成了。我的归纳法理论并没有沿袭他的方向，这可能是对的，因为我的论文里包括了他肯定没有涉及的东西，那就是把归纳的方法概括为严密的法则和科学的试验，比如说用三段论法进行推理。孔德在调查研究方法上总是严密准确而又深奥的，但是他甚至没想过对论证的条件给一个确切的定义。在他的作品中，可以发现他在这些问题的理解上从没给予一个合理的概念。然而这正是我研究归纳法理论时特别强调的问题。不管怎样，我还是从孔德的作品中获益良多，给我后来重写的几章内容增添了不少精彩；特别是对我有几章中没想清楚的部分问题，更加有帮助。他后来逐渐出版的几卷书，我都如饥似渴地阅读，但是，读到他书中谈到的社会科学问题时，我的感觉发生了变化。他的第四卷让我比较失望，我对他这卷书中对社会问题的见解，持反对态度。但是，他的第五卷中包含的连贯历史观，却又重新激起了我的热情。第六卷（末卷）依然让我热情澎湃。单从逻辑学问题来说，我从中学习到的主要概念就是“逆演绎法”的概念，它主要适合解决复杂的历史和统计学问题。逆演绎法和普通的演绎法不同，它不是根据一般的推理得出结论，也不是根据特别的经验（如自然科学演绎法中的自然顺序）来证明结论，而是通过对特别的经验的核对而得出一般性的原理，然后判断这些原理是否和已知的一般原理相符合，从而来证实。我从孔德的书中学到这个方法时，它对我而言是一个完全新的概念。如果不读他的作品，我可能不会很快（或许永远不会）懂得这一方法。

在和孔德实际认识之前，我从来就是他的作品的忠诚读者。我和他本人始终未能见面，但我们保持了几年的通信来往，一直到后来我们之间的观点争议让相互的热情冷却下来为止。我首先减少了和他的通信，但是他后来首先停止了与我通信。我发觉（也许他一样发觉）我对他的思想没有帮助，而他所能给我思想的帮助完全来自他的著作。如果我们之间的分歧只存在于简单的理论上，那么决不会导致我们交往中断；然而我们之间的分歧主要存在于那些和我们两人的强烈感情联系在一起的观点，而这些观点决定了我们的梦想的整个方向。我完全同意他这方面的观点，他认为大多数人（包括全部实际生活部门的统治者）出于实际需要必须接受权威人士在政治和社会问题上（和在自然科学上的问题一样）的大部分见解，因为权威人士对这些问题比一般人有着更多的研究。在我提及的孔德的早期著作中，他的这个观点让我印象深刻。而在他的伟大作品中，最让我敬佩的是，他精彩地论述了欧洲的现代各国在历史上从中世纪时期的政教分离和教会权力的独特组织中所得到的益处。我也同意他这个观点，就是一旦由教士掌握了道德上和知识上的优势，这种优势就要及时地转到哲学家手中；因为只要哲学家的意见充分一致，而且从其他方面也值得拥有此优势时，它会自然地形成。但是，他夸大了这种思想路线，把它变成了一种实际制度，而这种制度把哲学家组成一种等级制度的集体，并赋予他们几乎与过去和天主教会掌握的相同的最高神权（虽然这不包括世俗的权力）；我还发现，他把这种精神权威当作良好政治的唯一保证，并把它看作反对社会压迫的唯一堡垒；他还希望有了此种权威之后，国家的专制制度和家庭的专制主义能变成无害有益的东西。我和他在逻辑学上观点是一致的，但由于他的这种看法，我和他在社会学上就只能分道扬镳了，这不足为奇。孔德生前极力贯彻这些理论，在他的最后一部作品《实证政治学体系》中，构想了精神与世俗专制的最完美的制度，它的完美程度只有伊格内休斯·洛约拉的理论可以与之相比。他所构想的制度中，一个精神导师和统治者组成的团体，利用大众舆论的压力，掌握控制任何行为的权力，在人类能力所及的范围内控制社会成员的每一种思想和每一件事情，不管这些事情只与个人有关还是涉及他人的利益。但应该合理地说明，这本书在感情的许多问题上比以往的同类作品有很大的改进；但是，作为社会哲学上的补充观点，我认为它唯一的价值是不再认为没有宗教信仰的帮助就难以有效维持道德权威对社会的统治。尽管孔德的作品中除了承认人文主义的信仰外，不承认任何宗教信仰；但是它仍能让人不由自主地相信：社会普遍承认的道德信仰有着影响每个人的行为和生活的潜在力量，这种力量是让人难以想象的。这本书可以说是对社会学家与政治学家的一个严重的警告：如果人们的思想中忽视了自由与个性的价值，就会发生多么可怕的事情。

现在谈谈我自己。在一段相当长的时间里，我编辑《评论》几乎花去了我能用来写作或思考写作的全部时间。我为《伦敦和威斯敏斯特评论》写了许多文章，但后来收集在《论述与讨论》中的还不到当时所写的四分之一。在《评论》的运营上我有两个目的：一个是使哲学激进主义不被指责为宗派性的边沁主义。我希望在保持措辞准确、用意鲜明、避免慷慨陈词和空的模糊的风格（这些是边沁和我父亲令人敬佩的写作特点）的同时，使激进派的思想有更广阔的基础和更自由、更温和的特点，并且除了承认和接受边沁所有有永久价值的理论外，还证明存在着一种比边沁的哲学更优秀、更完美的激进派哲学。我在某种程度上实现了第一个目的。另一个目的是，我尝试发动议会内外所有受过教育的激进派人士，引导他们组成一个有能力管理国家的强大政党（如果方法得当的话，这是有可能的），或者至少能够有条件地和辉格党分享政权。这个尝试从一开始就成了泡影，部分原因是时机不对：社会改革的浪潮基本已退却，而托利党的剩余势力止重新壮大；但更主要的原因就像奥斯丁指出的“这个国家还没有这样的人物”。议会中的激进派人士中有几位有资格成为一个有影响力的激进派党员，但是没有人能够组织和领导这样一个政党，我对他们的劝导没有任何作用。曾经只有过一次机会，当时激进主义似乎能进行大胆成功的一击；德拉姆勋爵退出了内阁，据说是因为内阁成员不能充分地发展自由主义；他后来受政府委托调查和解除加拿大叛乱的祸端，他在出发前曾有意邀请一批激进派人士作为顾问。他最开始提出了一个非常好的解决方案（在目的和效果上都是一个好的办法），却受到了本土政府的反对被完全否定，于是他辞去职务，公开处于和政府对立争吵的立场。他作为一个重要人物，受到了托利党的敌视，最近又被辉格党伤害，正好极有可能成为激进党领袖。面对这样一个机会，任何一个具有政党策略的最基本观念的人，肯定会有所行动。此时德拉姆勋爵正受到各方面的猛烈攻击，受到对手的痛骂，被胆子小的朋友遗弃，而那些愿意维护他的人又不知道该说些什么。他似乎成了一个遭受失败和侮辱的人。我一开始就对加拿大事件比较关注，我是他的维护者之一；他提出的政策几乎和我的想法完全相同，因此我替他的政策辩护。我写了一篇宣言发表在《评论》上，立场坚定地维护他，不但为他做无罪辩护，而且表示他应该得到高度的称赞和荣誉。很快有另外一些作家也接受了我的观点。后来，德拉姆勋爵曾过分客气地对我说，我写的那篇文章使他返回英国时受到了几乎像凯旋归来时的那种欢迎，对此我相信是有几分真实的。我相信我的文章刚好及时地在紧要关头真正起到了决定性的作用；这就好像在高高屋顶上的一块砖头，被轻轻地一碰就能决定它倒向这边还是那边。但是寄托在作为政治家的德拉姆勋爵身上的全部希望很快成为泡影，然而我们在有关加拿大总体的殖民政策上所付出的努力工作，还是有收获的。在韦克菲尔德带动下，由查尔斯·布勒草拟的德拉姆勋爵报告，开拓了一个新时代，这个报告中建议的加拿大实行内部完全自治在两三年内得以全部实现，之后这种建议扩展到几乎所有欧洲民族的殖民地，让这些殖民地形成了自己的重要社会特征。可以这样说，我在最关键的时刻成功地维护了德拉姆勋爵和他的顾问们的名声，并且对这样结果的得出付出了相当多的努力。

在担任《评论》编辑时发生的另一件事同样说明了采取果断快速行动的重大作用。我相信，我在《评论》上评价卡莱尔的《法兰西革命》的文章，很大地促进了这本书受到大众早期的重视和获得成功的声望。很快这本书正式出版，它蔑视那些平凡而肤浅的评论者的评价标准和方式；在这些平凡的评论者对此书的否定意见还没进入公众内心之前，我就发表了一篇对此书的评论，赞美它是天才之作，它超越了所有的原则，它本身就是法则。不论对这件事还是对德拉姆勋爵那件事，我并未把我的文章带给公众的影响归结于是我的写作技巧的特别功劳。其实，至少在其中的一件事上（对卡莱尔作品的评价），我觉得自己的写作技巧不怎么出色。对于这两件事，我坚定地认为，任何处在编辑位置上的人，只要他能在同样的关键时刻发表同样的观点，并为辩护对象的正确立场做出恰当的阐述，也可以得到同样的效果。然而，在我想使用《评论》给激进政治带来新的生命力的希望全部落空以后，回想一下我在这两件事中曾真诚地为值得我帮助的人与事直接付出的努力，就感到高兴。

在成立激进党的最后希望破灭之后，是时候该停止为《评论》花费我大量时间和金钱了。我把《评论》作为自己发表观点的工具，在某种程度上我达到了这样的个人目的。通过它我能够表达自己的许多经过修改后的思想方式，并明显地表明已摆脱自己早期作品中狭隘的边沁主义。这一点不仅能从我所写的全部文章（包括纯文学作品）的一般论调中清晰地展示出来，特别是在两篇我尝试着从哲学角度评价边沁和科尔里奇的文章（收集在《论述与讨论》里）中表现得尤其清楚。前一篇文章在全面而公正地赞美边沁作品优点的同时，还指出我认为的他的哲学中的错误和缺陷。关于这个评价的主旨我至今依然认为是完全公正的，只是我偶尔怀疑自己在那个时候把它发表出来是否正确。我常常觉得，边沁哲学作为促进社会进步的一个工具，在它发挥作用之前就在一定程度上让人产生了怀疑；这样一来会降低它的声望，从而对社会改良是有害而无益。但是，看到现在对边沁主义好的方面产生了异议时，我可以略有安慰地对待自己曾对他缺点的批评，尤其是因为我在指出他的缺点的同时，也表明了边沁哲学基本原则的正确性。我做出的这些评价被收录在同一本集子里。在评价科尔里奇的文章里，我试着描述出欧洲对十八世纪的消极哲学的反对的特点。如果只考虑这篇论文的效果，人们或许会觉得我不恰当地过分夸大了他的优点，正如我过分夸张了边沁的缺点一样。在这两种评价中，那股让我和边沁的理论以及十八世纪理论中站不住脚的论点严重脱离的动力，也许已经让我达到了相反一面的极端（虽然主要是在表面上，不在实质上）。但是针对科尔里奇这篇文章的评论，我的辩护是，我是为激进党人士和自由党人士而写的文章，对他的优点的突出描述是我的职责。从一个不同学派的作家身上，从他这一派的知识中，激进党和自由党人士能够取得相当大的进步。

刊登评论科尔里奇文章的这一期《评论》的出版，是我负责编辑这份杂志的最后一期。1840年春，我将《评论》转让给希克森先生，他是我主办该刊物期间的一位不要稿酬的经常撰稿人。转让的唯一前提让该刊物恢复旧有的名称——《威斯敏斯特评论》。希克森先生以这个刊名经营《评论》十年之久，他计划着将《评论》的纯收入分给撰稿人，而自己作为撰稿人和编辑却不领取丝毫报酬。虽然稿费很低，难以争取到撰稿人投稿，但他在这样的情况下能够在一定程度上保持《评论》作为宣扬激进主义和进步的喉舌，确实值得高度赞扬。我没有完全停止为《评论》撰稿，但也不是专为它写稿，只是不时写一些文章；因为此时销量更大的《爱丁堡评论》也向我约稿，而我认为在有观点想要发表时，这份刊物是更加适合的工具。在这个时候，《美国的民主政治》一书的最后几卷刚刚出版，我就以评论此书的一篇文章开始为《爱丁堡评论》写稿，这篇评论后来被收集在《论述与讨论》第二卷的第一篇。

第七章

此后我的生活概况

在我此后的生活中，值得一谈的事情的范围就比较狭窄了，因为我的思想没有发生进一步的转变，只是不断地进步（像我所希望的那样）。我的这种思想进步不适合作连续的叙述，读者最好在我的作品中去寻找。因此我对此后多年的事情将大大缩略地叙述。

在离开《评论》以后获得的空闲时间里，我首先用来写《逻辑学体系》一书。1838 年七八月间，正好有一段空闲时间继续写此书的第三卷在初稿中没有完成的部分。在写那些既不是因果规律，也不是因果规律所得必然结果的自然规律的逻辑理论时，我慢慢发现"物种"是自然界中的实在，并不是人们为了认知方便而加以"区别"的。这个发现在我写此书第一卷时还没有察觉，从而让我有必要对这一卷中的几章进行修改和扩充。在同一年的秋季，《论语言和分类》一卷以及《论谬误分类》这一章结稿了，剩余的部分在 1840 年的夏天和秋天完成。从 1841 年 4 月到年底，我花费自己所有的空闲时间来对全书进行彻底的改写。我的所有作品都是这样完成的，总是至少要写两遍。我一般都先把全书的初稿没有任何遗漏地完成，然后对全书进行全部重新改写，改写时把初稿中符合我目的的所有句子或短语进行更换或组合写入第二稿。我发现这种两稿的写作办法好处很大，比其他的写作方式要好，因为它既能够保持构思初稿提出的新颖和有力的概念，又能通过自己后来的长期思考让改写后的作品更加精确和全面。此外，以我自身的情况来说，在我思考过整个主题，把要表达的实际内容（不论怎样的不完整）写出来以后，接下来对文章的写作和表达的细节上的细心修改所耗费的精力就相对少多了。在写作初稿过程中，我特别注意的唯一一点就是力求文章的布局完善。如果布局不好，贯穿全书的思想线索就会混乱，思想线索的连接混乱会导致没法用正确的方式加以表述；如果初稿的布局混乱，它作为最终改写成定稿的基础几乎没有用处。

在我改写《逻辑学体系》时，休厄尔博士的《归纳科学哲学》问世了。对我而言这是件有好处的事，因为它带来了我非常盼望的东西，那就是我的反对派对这个主题的全面论述；它能让我在向反对派对我的论点进行辩护或面对与反对派的理论相对峙时，提出更加清晰、出色和更加全面、灵活的观点。我在改写《逻辑学体系》过程中，第一次把和休厄尔博士争论的观点以及从孔德那里得来的许多资料，写在这本书里。

1841 年年底，该书着手付印。我原本交由默里出版此书，但是原稿在他那里放置了很长一段时间，以致错过了出版季节，结果他拒绝了我的出版申请，还说了一些原本一开始就可以说清楚的理由。他的拒绝并没让我感到沮丧，我又把稿子交给了帕克先生，由他 1841 年春季将此书出版。我本来开始对此书抱有的成功希望就十分有限。事实上，虽然惠特利大主教已经恢复使用逻辑这个名词，并恢复了对推理的形式、规则和谬误的研究；同时休厄尔博士的作品也开始引导公众开始对我这本书中论述的另一部分主题——归纳法理论——感兴趣；但是，我内心很难期望一本讨论这么抽象的题材的专著能受大众欢迎。它是一本只适合研究人员阅读的作品，而研究这个主题的人员不但人数极少（至少在英国是这样），而且这少数的人主要痴迷于和我的理论相反的形而上学派、本体论派和“天赋原理”派的理论。因此我没有过多期望这本书会有很多的读者或支持者，也不期望它会产生什么实际的效果，只希望它能够维持我认为较好的那种哲学传统而不至于断层。我对唯一能激起人们马上关注此书的希望，主要寄托于休厄尔博士喜欢争辩的天性上。根据我对他在其他情况的表现的判断，我觉得他可能会做点儿什么来回应我对他理论的抨击，从而很快会让此书引起人们的注意。他也确实做出了回应，可是一直推迟到1850年才进行了回应。此时我的《逻辑学体系》第三版刚好即将出版，我就在第三版中对他的回应进行了辩驳的答复。我对这样的一类书为什么会取得如此大的成功，以及购买（我不敢说阅读）此书的人大部分是哪类人士，这两点一直未能完全想明白。然而联系到后来它成为许多理论复兴的证据，也就是联系起在许多地方，尤其在大学（我过去对在大学里最不抱希望）里又一次兴起对思辨或思辨自由的重视，这总算部分地解答了我的困惑。我从来没过分期望这本书对哲学理论会有多大影响，因为关于人类的知识和认识能力的德国先验论观点，似乎还会对英国或欧洲大陆从事这方面研究的人产生很长一段时期的支配性影响（虽然这种支配希望慢慢减弱）。但是《逻辑学体系》提供了当时被大众迫切需要的相反理论的教科书。这种理论认为，一切的知识都来自经验，所有的道德和智力的特点主要来自被给予的联想的方向。我跟其他人一样，对于逻辑过程的分析或任何可能求证的法则本身就能指导或校正认知活动方式的观点评价不高。这些分析和法则假如能同其他的必要条件结合在一起，我肯定会认为它们会起很大作用。但是，不管这些分析与法则的真正哲学究竟有着怎么样的实际价值，几乎都不可能去夸大作为一种伪哲学的害处。对于那种被认为人脑之外的真理可以不通过观察和实验，仅凭直觉和意识就能认知的观点，我相信，在这些时间里，能够给予假的理论和不良的制度巨大的知识上的支持。在这种观点的支持下，所有来源不明的根基稳固的信仰和强烈感情就可以不通过理性的判断证明它们的正确，或者它们本身就会成为充分的理由。从来还没有人能设计出这样的一种工具使根深蒂固的偏见变得神圣化。此种伪哲学在道德、政治和宗教上的主要力量在于它习惯于在数学和自然科学的同性质学科中产生魅力，把这种伪科学从这些学科中去除，也就能把它从堡垒里赶出去。但是事实上这一点从未被有效地做到，从而让直觉学派甚至在我父亲的

《精神分析》问世后，就他们已经出版的书籍而言，还能表面上在整体看来是最有意义的理论。为了说清楚数学和自然科学真理的证据的真正本质，《逻辑学体系》就从直觉哲学家之前认为无错可寻的根本问题入手，根据经验和联想两方面针对被称为必然真埋的特殊性质做出解释，指出直觉哲学家就是根据必然的真理而确定它们的证据是出于比经验更深入的来源。但对于我这种做法是否能达到效果还不知道。要去除这种在人类思想中根深蒂固的成见和偏好的思维方式，并去除其表面单一理论上的支持，在当时我朝着这个目标也只是取得了很小的进步；但是即使这较小的进步，却是不可缺少的一步；因为这种偏见毕竟只能通过哲学去战胜，在证明这种偏见本身并不包含哲学之前，没有其他办法能真正地永久地战胜它。

在当时，我不需要非常积极地关注当前的政治，我也摆脱了从事文字职业，不用亲自和投稿人打交道，于是我能够如愿地把自己社交的圈子缩小到极少的几个人之内，这对于一个过了少年时虚荣心的年龄而又喜欢思考的人是很自然的。而当时英国的一般社交正是一件特别乏味的事情，甚至对那些让社交变成了现在这个样子的人来说，他们维持这种社交不是为了娱乐，而是另有其他原因。对大家有异议的事物进行认真的辩论，被人们当作没有教养；在全国缺乏充满活力的社交精神，让人们不能形成愉快地谈论琐事的艺术；而十八世纪的法国人在这种艺术方面倒是十分在行。对于那些还没进入社会上层的人来说，所谓社交的唯一魅力在于他们希望以此能爬上社会的上层；而对那些已经处于上层的人而言，他们的社交主要是依从习惯和他们地位表面的需要。对于有着极其普通的思想感情的人来说，如果不是他想利用社交达到个人目的，那么社交对他而言绝对毫无魅力。因此此时的许多真正有知识的上层阶级参加社交的非常少，他们参加的频率也很低，几乎被认为是和社交绝缘一样。而那些具有非凡才智的人却与之相反，他们可以说几乎没有例外地受到社交的严重腐蚀，更不必说对时间的浪费和情操格调的降低。这些人在经常来往的社交圈子中，闭口不谈他们思想中的那些见解，于是他们对那些见解的态度变得越来越不真诚。他们慢慢地认为自己最崇高的目标是不切实际的，或者至少跟现实相差太大，只能是幻想或者理论。如果有些较幸运的人能够和大多数人不同，那么可以仍保留着没受到损害的高尚原则，但是他们对当时的人和事的见解，也在无意识地倾向于使用希望从他们的伙伴那里得到类似感情的判断方式。一个富有智慧的人决不会进入缺乏智慧的人的社交圈中，除非他是专门拯救这些人的使者；但是只有拥有崇高理想的人，才能安全地进入缺乏智慧的人的社交圈里。那些追求知识志向高远的人，如果他们做得到，应该选择和至少与他们在知识、能力和高尚情操上对等的人交朋友，或者最好尽可能和超过自己才智的人交往。如果性格的培养和思想的组成是以人类思想中少数的基本点为基础，那么建立在这些基本点之上的信念与感情的一致，对一个真正诚实的人而言，在任何时候都是值得称赞的友谊的一个必要条件。所有的这些因素集合在一起，让我现在愿意与之交往的人很少，而愿意与之深交的人更少。

在我愿意交往的人中，最重要的是一位我已经说起过的在我心中无人可比的朋友。这段时间里，她大多时候是和她的一个女儿一起生活在乡下一个安静的地方，偶尔也会到城里和她的第一位丈夫泰勒先生住在一起。我时常会到乡间或到城里去拜访她。当她和泰勒先生不在一起时，我也经常去拜访她，我们还偶尔一起旅行，这样可能会引起别人的种种误解，但她坚强的性格给了她无视这些的力量，对此我非常感激。不过在所有的其他方面，我们那几年的交往行为光明磊落，一点儿也不会让人们怀疑。那段时间里，我们之间的关系仅限于强烈的爱慕和真挚亲密的友谊；虽然我们的思想并不会受到社会习俗对这个只是属于私人问题的约束，但是我们确实觉得有理由，绝对不可以让我们的行为损毁她丈夫的声誉，从而也不玷污她的名誉。

在我的思想进步的第三阶段里（我认为可以这样讲），我的思想与她的思想是共同进步的；我的看法在广度和深度上都比以前更加进步，懂得更多的东西，而且以前懂的东西，我现在理解得更透彻。我现在已经从以前对边沁主义产生的过度的反作用中彻底扭转过来。在反作用达到最强程度时，我们对人们持有的对社会和世界的普通见解的态度要宽容很多，开始更愿意接受那些普通见解中出现的对表面的改良支持，而不愿意成为和人们在许多地方持有迥然不同的观点的人。那个时候我更加倾向于（比我现在更加赞同）暂时把自己思想中比较迥异的部分掩藏起来。但我现在觉得，思想中这些异端性部分是几乎唯一止确的东西，宣扬它就是倾向于追求社会的变革。另外，我们现在的共同见解比我还处于极端边沁主义时期所持的见解简直更加异端。那个时候，我对社会结构的根本性改革的可能性方面，能看到的不比那些旧政治经济学家更多。当时我和这些人一样，都把现在所认为的私有制和遗产制看成立法中最后的焦点。我当时只认为可以通过取消长子继承权和限定继承权来减轻由这些制度造成的不公正现象。除此以外，我认为去除这种社会的不公正可能还有别的方法，但我对这种方法抱有的只是幻想，因为不公正中（不论是否允许对此进行全面的纠正）总是包含这样一个事实，就是少数人生下来就是富人而绝大多数人生下来就是穷人。我当时只希望通过实现全民教育，让人们自愿减少出生率而限制人口，这样可能穷人的生活会有所改善。总而言之，那时的我是一个民主主义者，完全不是社会主义者。但是和那时的我相比，现在的我们更加不是民主主义者了，因为只要教育继续这样不完善下去，就有理由担心民众可能会继续无知，尤其担心民众内心的自私与野蛮。但是我们怀有的改良社会的最终理想，远远超越了民主主义，由此可以肯定地把我们当成通常被称为的社会主义者。我们在费尽心力去谴责社会对个人的专制（这一点据推测在大多数社会主义制度中也存在）的同时，我们还期盼有一天社会中不再分为游手好闲的人和辛勤劳动的人；到那时候，不劳动就不得食的原则不但适用于穷人，而且公平地适用于所有人；那时的劳动产品分配，不再像现在这样在相当的程度上由出身决定，而是由经过协商确定的一致公认的公平原则；那时通过努力获得的将不完全属于他们自己的利益，而应该属于他们所属的社会共享的利益，人们对此将不再认为是不可能的事情。我们认为未来的社会问题将是如何调和个人应获得最大程度的行动自由和地球上人类共享的资源，以及人人都有权分享的共同的劳动成果三者之间的关系。我们并不会自以为是地认为已经预见到了能用哪种具体形式的制度来有效地实现这些目的，或者将在多久之后的将来实现这些目的。但是我们明确地预见到，要实现这种可能的被大家所向往的社会变革，必须要让组成劳动阶级的没受过教育的人民和他们的绝大多数古板的内心发生同等程度的变化。这两个阶级的人都要从实践中学会宽容大度，或者不管怎样都要为公共和社会的共同目标而联合劳动，而不是像到现在为止那样只为狭隘的私人利益而劳动和联合。人类身上一直具备着达成这种目标的能力，它不会消失，将来也永远不可能消失。通过教育、习惯和情操的培养，会让一个普通人变得像时刻准备着为祖国而战一样随时准备为祖国奉献和劳动。实际上，必须要通过一种系统而有序的培养方法，并加上好几代人的不断努力，才能使普通民众达到这种程度；但是阻力决不存在于人性的基本结构。目前大多数人内心对公众利益显得非常淡薄，这并不是因为它一直都会是这样不可改变，而是因为人们的内心还不习惯考虑公众利益，他们处心积虑地关注的只是个人利益。现在这样的自私心理，一旦因为日常生活的需要而冲动起来，同时受到爱慕名誉和惧怕耻辱的心理的驱使，即使是普通的民众也能够发挥最大的力量并做出最英勇的牺牲。已成为现在社会普遍特点的根深蒂固的自私心理，完全是由现在制度的全部政策导致的；而现代制度在某些方面比古代制度更具备这种倾向，因为在现代生活中呼吁个人无私地为公众利益服务的情况要比在古代相对小的整体社会中少得多。考虑到这些，也并没有让我们忽略那种在还没有或者不能提供个人利益的替代物之前就想在社会事务中过早地去除个人利益的刺激的不当做法。但是我们认为所有现存的制度和社会结构“仅仅是临时性的”（我从奥斯丁那里得来的这句话），因而我们怀着最大的快乐和兴趣期盼着所有的优秀人士实行的社会主义实验（如组成合作社团体）；不管这种实验成功或失败，对参与其中的人都是一种特别有用的教育；它要么能培养他们直接为大众利益的目标而奋斗的能力，要么让他们认识到自己或其他人做不到这样所缺乏的东西。

这些观点在《政治经济学原理》中曾被表述过，在第一版中叙述得不是很全面和清楚，在第二版中有所改进，第三版中就更加明确了。存在这些差异的部分原因是时代的变迁，第一版写就和付印是在 1848 年法国革命以前，而在革命后民众的内心更容易接受新颖的观点；在不久之前让人惊讶的理论，现在看来却十分温和。在第一版中，把实行社会主义的困难描述得十分严重，以至于整体看来好像持反社会主义的论调。而就在这一年或之后的两年里，我花费了大量的时间研究欧洲大陆最出名的社会主义作家，思考和讨论存在争议的所有问题，最后删除了第一版中关于这个问题所写的大部分东西，重新添加进去的论述和观点代表着更先进的思想。

《政治经济学原理》写就的速度比《逻辑学体系》快得多，也比以前我所写的所有重要作品都要快。从 1845 年开始写，到 1847 年年底写成并准备好付印。在这两年多的时间里，其中有六个月的中断时期，我暂时把它搁置一边而为《纪事早报》（它意外地和我的主张相符）写文章，极力呼吁在爱尔兰的荒地上创立农民产业。此时正是 1846—1847 年冬季的饥荒时期，当时的严峻的困难形势似乎给我提供了一个机会，能让大众对我认为的唯一方法进行关注，这个方法就是不但可以缓解眼前的贫苦危机，而且可以永久地改善爱尔兰人民的社会与经济状况。但是这个想法是全新而又奇特的，这种做法在英国没有先例，正是英国的政客和公众对英国这种不常见的社会现象（即使在其他地方十分常见）的彻底无知，让我的努力完全失败。议会不愿意大规模地开垦荒地，也不想让穷人成为土地拥有者，而是通过了一项《济贫法》，对这些穷人按难民给予救济。如果说这个国家并没有在旧的弊端与愚蠢的治理者的双重折磨下而陷入无法解决的困境，那么这肯定完全归功于一个出乎意料的惊人事实，就是爱尔兰人口因为饥荒而开始下降，接着因为居民的外迁而继续减少。

《政治经济学原理》能快速受到读者欢迎，说明公众需要和盼望着有这样一本书。该书在 1848 年年初印了一千册，不到一年就销售一空。而 1849 年春天原版又印了一千册；1852 年年初第三次印了一千二百五十册。此书从一开始起就不断地被引用，被认为是权威之作，因为它不仅是抽象的科学，还是实用的科学；它并不把政治经济学当成独立的学科，而是把它看作范围更广的学科的一部分，就是社会哲学的一个分支；它与社会哲学所有其他分支密切联系，所以它的结论在其独立的领域内也只能在一定条件下才是正确的，必须要受到其他别的领域的各种原因的影响和限制；而且脱离了其他种种必须考虑的条件限制，它就称不上具有实际的指导意义。实际上政治经济学从来没有自认为仅凭它本身的理论而脱离其他因素就能给人类以指导；虽然那些只懂得政治经济学而不懂别的理论的人（所以懂得很狭窄）承担了引导人们的责任，他们也只能根据自己有限的理论发表见解。但是许多敏感冲动的政治经济学的反对者和更多装作敏感冲动而持有偏见的反对者，却能通过对政治经济学的错误攻击非常成功地获取公众的信任。虽然《政治经济学原理》大胆地表达出了许多见解，但它在目前仍是有关这个问题的最受欢迎的专著，它能帮助解除反对这门重要学科的人的武装。关于这部著作作为科学论述的价值和它所提出的不同的应用方法的价值，公众自然会有定论。

在这之后一段很长的时间里，我没有再出版什么长篇巨作，但我仍然偶尔为期刊写些文章，我的有关公益问题的讨论的通信（许多通信者和我并不相识）已堆积如山。在那些年中，我写了很多论述人类与社会生活的根本问题的文章，准备最后汇编成书出版；其中几篇言辞的激烈程度已经大大超过了贺拉斯的训诲。我继续以浓烈的兴趣关心世界大事的发展，但从总体形势分析不能让我感到欣慰。1848 年以后的欧洲的反动局势和 1851 年 12 月非法夺权者的成功，似乎磨灭了法国和欧洲大陆获取自由和社会进步的全部希望。在英国，我已经看到并持续看到了我青年时代的许多观点已被普遍接受，许多我一生都在努力推动的制度改革已经实现或正在实现。可是这些变革为人们带来的好处比我先前期望的要少得多，因为它们对为真正改善人类命运所依靠的智力与道德状况的改进方面收效甚微；另外值得让人注意的问题是，与改革同时出现的种种腐败的因素是否已经限制住或破坏了改良的趋势。我从经验中知晓：许多错误的见解可以转化为正确的见解，而且一点儿也不改变产生谬误见解的心理习惯。例如，英国的公众自从国家实行自由贸易政策以后对政治经济学的一些问题的概念依然跟过去一样十分陌生和模糊；在培养十分高尚的品格问题上仍然没有形成较好的思维或感情习惯，更加没有形成很好的预防错误的能力。这是因为，虽然他们已经遗弃了某些错误观点，但是他们在智力和道德方面接受的整体思想教导并没有改变。我现在坚定地相信，除非人类思维方式的基本结构产生很大的转变，否则人类的命运就不可能有很大的改善。宗教、道德和政治方面的旧观点在那些更富有知识的人的内心虽然大部分已经不起作用，致使它们的大部分效用彻底丧失，但是在这些问题上的这些旧观点依然能极有力地阻碍更进步的观点产生。当世界上具有哲学思想的人不再相信他们的宗教，或者他们只会相信其根本性质经过彻底改造后的宗教，于是一个过渡时期就开始了。在这个时期里，人们的信念薄弱，思想麻木，原则观日益松懈；在这种情况下，只有彻底改变人们信念的基础，增强人们真正的自信心（不论是对宗教的信心还是对自己的信心），这种现象才会停止。在这之前，社会处于此种境地时，任何不能根本改变人们信念的思想或作品，都是稍纵即逝，没有什么价值的东西。目前来看公众的思想还没有明显表现出趋向这种改变的迹象，因此我对改善人类命运的近期前景的看法很不乐观。最近突然出现了一种自由讨论的精神，它为英国思想的不断解放带来令人鼓舞的前景。与此同时，欧洲的其他国家重新出现了政治自由的斗争运动，这种较好的征兆给人类的现状带来了更有希望的前景。

从刚刚说到的那段时间到现在，我的个人生活中发生了几件比较重大的事情。第一件事是，1851 年 4 月我与那位女士结婚。这么多年来她的不可比拟的价值让我们的友谊成为我幸福与进步的最大源泉；在那些年里我们从未想过让相互的关系更加亲密。我原本应很自然地强烈渴望在我人生的任何时候都能拥有和她这样的完美结合。但是我和我的妻子，宁愿都永远放弃这种特殊的幸运，也不愿因我最真诚而值得尊敬的朋友，她强烈地深爱着的丈夫过早地去世而获得这样的机会。但是不幸的事情终于还是在 1849 年 7 月发生了，这让我个人从这个不幸中获得了最大的好处，让我们长久以来从原来的思想、感情和写作方面的伙伴关系，变成了现在的整个生活的伴侣关系。我在这样无限幸福的生活中享受了七年半的时间，可是也只有七年半；我无法用话语诉说这个损失对我当时和现在意味着什么，就连用最模糊的语言都说不出来。但是因为我知道她想让我这样做，所以我竭力利用我剩余的人生，从她的思想中，从之前和她思想交流的回忆中获取我已经减弱的力量，为了她的遗愿而继续工作。

当我们俩的思想和信念能够完全融合时；当两人在日常生活中谈论有关知识或道德方面的所有问题，探讨的深度远远超过了为一般的读者所写的适合一时需要的普通议论时；当我们从同一原则出发，使用共同的方法得出我们的结论时，要辨别出谁是原创，谁是执笔这些问题，就显得没有意义了；写得最少的人往往可能是文章构思最多的人；对两个人共同完成的著作，根本不可能分别清楚我们各自的功劳，更加不可能确定这部分功劳属于这个人，那部分功劳属于那个人。从广泛意义来讲，不光是在我们结婚后生活的几年里，还是在从我们建立起互相信任的友谊到结婚之前的很多年里，在我所出版的全部作品中她的贡献和我的一样多；而且对我的作品她做出的贡献是逐年增多的。只是在某些作品中，才能明确地指明和辨别属于她所贡献的那部分。除了她的思想对我产生的整体性影响外，我们共同完成的作品中最有价值的思想和特点——在取得的重要成果这种最有效用，并为作品带来了巨大成功和名誉——都来源于她的原创，发自她的内心。而我在这些作品中发挥的作用只是发现以前作家的思想观点，然后把它们和我的思想观点融合在一起，最后形成我自己的思想而已。在我的大部分写作生涯中，我和她一同履行相关的职责，从很早开始我就把这种职责当成在思想领域中我有资格承担的最有益的任务，那就是作为有原创性思想家的理论的表述人和思想家与公众之间的中介人。在抽象的科学领域（逻辑学、形而上学和政治经济学以及政治学的理论原理）之外，我自认为不足以具备一个有原创性的思想家的能力，但是我绝对相信自己在虚心向别人学习的想法和能力上大大超过很多同龄人。我发现几乎没有一个人会特别注意识别那些为所有的见解（不论新旧）进行的辩解，我深深地相信即使所有的见解都是错误的，在它们的深处也可能蕴藏着正确的东西；我还深信这些见解中有道理的东西如果被发现，那么将对真理有好处。

所以我把这一点确定为有用的规则，我自己也特别积极主动地按规则去做。另外，当我接触和了解了科尔里奇的思想、德国思想家的思想和卡莱尔的思想时，我更坚持要这样；他们所有的思想方式和我从小接受和形成的思想方式截然不同，它们的思想方式让我深信其中存在着很多谬误的同时，也蕴含许多真理。真理往往被先验论和神秘论的语言表达掩盖起来，否则可能获得真理的人们就能够理解它们；他们习惯于用这种表达方式来掩盖住真理，他们既不关注也不懂得如何摆脱真理。而我有信心将谬误与真理分开，同时能使用一种言语表达加以阐述从而让那些在哲学上站在我一边的人能够理解而不至于引起反感。所以人们很容易相信，当我和一位最富有才华的人进行深入而彻底的思想交流时，随着这个人思想方面的才能不断展现和发展，不断领悟出了更加深奥的真理，而我没有觉察到其中（在其他真理中我有所觉察）夹杂着什么谬误的东西；对这些真理的吸收促进了我思想的最大进步，而我的工作中最有价值的部分就是为这些真理和我的整体思想体系建桥铺路，让它们能够连接起来。①

我的《政治经济学原理》是她参与较多的第一部书。而对《逻辑学体系》一书，她除了在写作方面一些比较细微的问题上给予意见外，其他很

① 我在她的帮助下所获得的思想进步，是对这个问题一无所知的人很难想象得到的。例如，或许可以这样说，我对男女之间必须拥有同样平等的法律、政治、社会和家庭关系的坚定信念，就是从她那里获得或者学来的。有人说这些信念是我研究政治学科问题的最早成果，这绝不是事实。我相信，我对将这些信念作出坚持的努力，是让她对我感兴趣的起始原因，超过其他的所有原因。实际上，我在认识她之前，我内心对这种见解的认识不过是抽象的原理，我认为在法律上妇女和男人是平等的，没有理由从属于他人。我肯定女人的利益应该和男人的利益一样，需要受到全面的保护。如果在制定约束妇女的法律方面女人没有和男子同等的权利，她们的利益就难以得到保护。而在我的《论妇女的从属地位》一书中所阐述的关于妇女的实际强大的忍耐性和无奈状况的概念，主要是从她的指导中获得的。如果没有她对人性的宝贵认识和对道德与社会影响的理解，虽然我肯定也拥有现在的见解，但是对于女人卑下的社会地位导致的后果与当今社会的全部弊病以及人类进步面临的所有困难混杂在一起的情况，我就不能获得充分理解。事实在这个问题上，她拥有的很多优秀的思想，我都没能把它们呈现在文章里，对此我感到十分苦恼；如果她能够把在这个问题上的见解全部写下来，或者她能活得长久一些，能够帮助加以修改和补充我那些不完善的表述（她肯定会这么做的），那么我的这本小小的著作也许不会这么不完善。

少参与进来；但是我的著作，不管篇幅长短，在写作方面从她的准确而敏锐的批评中获得很多好处。①在对《政治经济学》这一章观点的影响上，她提出的意见比其他各章都要大；而《劳动阶级的可能未来》这一章中的观点完全来自她，这本书的初稿里原本没有这一章；她指出需要把这一章添加进去，否则这本书就十分的不完整。听取了她的意见我才添加了这一章，它的大部分内容是针对劳动阶级的实际状况的两种相反理论的叙述和讨论，里面完全是她的思想，而且常常用她的。孔德对我的帮助仅限于他的著作，就是他的《实证哲学体系》一书在当时已出版的一部分。正如我上文说到的，我所获得的这种帮助比人们认为的要少得多。《逻辑学体系》第一卷包括了此书全部的基本理论，而这些基本理论在我看到孔德的著作前大部分都已写完。但我还是从他那里吸取了不少有价值的思想，尤其是《论假设》那一章和有关代数学的逻辑观点。只是在最后一卷《论道德科学的逻辑》里，对我在逻辑法应用的概念上产生根本性的影响，这种影响我在本书前半部分已有过叙述和说明。对于政治经济学中的纯科学部分，我不是从她那里学来的。但是，总的来说仍是因为她的影响，才使此书具有了和以往所有被称为科学的政治经济学著作截然不同的基调。而正是这种基调才使此书能够帮助抚慰被过去的著作所排斥的人们的内心思想。这种基调的特点主要在于巧妙地区分了“财富生产”的规律和“财富分配”的方式，前者是真正的自然规律，以物的属性为基础；后者受到一定条件的支配，取决于人的意志。一般政治经济学家都称它们为经济规律，把两者混成了一体，他们认为这些规律不是通过人为努力能推翻或修改的，而认为依赖于我们地球的存在而不可改变条件的物，和那些仅仅与这些物共存的，实际却是特殊社会制度的必然结果的物的分配，有着同样的必然性。在一定的制度与习俗下，工资、利润和租金是由某种因素决定的；然而这些政治

---

① 在我写《逻辑学体系》的过程中带给我直接帮助的只有贝恩先生，从那以后他的哲学著作受到了公正的好评。我的原稿在送印前他都要帮我认真审阅，而且他补充了很多科学的例子和实证，从而丰富了我原稿的内容；他提出的许多例证和一些为认可我的逻辑观点而作的段落评论，我几乎都一字不差地添加进去了。

经济学家都不提及这个不可或缺的前提条件，却用论证来说明这些因素由人力不可抗拒的内在必然性所决定，它们必然地决定了劳动者、资本家和地主之间占有的产品分配的份额。而《政治经济学原理》不委从于前人的任何观点，目的在于科学地评价这些因素的作用；但它还要树立不把这些必要的前提条件作为最后条件的典范。经济的一般性结论不是依据自然的必然性，而是依据自然必然性与社会现存制度两者的结合，《政治经济学原理》只是把这些一般性结论当成暂时性的，它们会随着社会的进步产生很大变化。我对事物的这种观点确实部分是因为圣西门派理论的启发而产生的，但是将这种观点变成书中鲜活有力的原则却是在我妻子的鼓励下产生的。这个例子充分说明了她对我的写作作出的贡献的一般特点。书中关于抽象和纯科学的部分一般都是来自我的观点，严格意义上的人道要素一般是来自她的见解；在把哲学应用于人类社会和进步的重要事情方面，以及在大胆地推测和谨慎地作出实际判断方面，我是她的学生。这是因为，在预测未来的事物发展顺序时，她比我更有勇气和远见，而许多有限的一般性结论现在常常与普遍原理相混淆，不再有什么作用。在我的作品中，特别是在《政治经济学原理》中，那些有关探讨未来的各种可能性的部分，如果得到了社会主义者的肯定，那么一般会受到政治经济学家的坚决否定，如果没有她，这些部分我要么会删去不提，要么在说法上会更加谨慎，在形式上会更加有限。但是她在鼓励我更勇敢地思索人类前景的同时，她实事求是的态度和对实际可能的阻力的准确预测，阻止了我产生纯属幻想的所有倾向。她的思想使所有观点以具体的外形呈现出来，并在她的头脑中构成如何发挥这些观点的真正作用的概念。她对人类现有的感情和行为的理解很少有误，因此她能够敏锐地发现任何有关脱离实际意见的弱点。①

从我婚姻生活的开始到灾难来临和她分开的那些年里，我的外在生活的主要事情，就是有关我在东印度公司的任职情况（假如不讲述家族遗传

① 短短几行表示她对此书所做贡献的致谢语，印在了《政治经济学原理》第一版的一些赠送本前面。但是因为她不喜欢引起公众的注意，所以在此书的其他版本里都没再添加这些话。

病对我的第一次袭击以及后来为恢复健康去意大利、西西里和希腊的半年多的旅行的话)。到 1856 年，在该公司任职了三十三年后，经过多次的升职，我最终被晋升为公司的主任。这一职位，即印度通信稽核，是东印度公司内部仅次于秘书的最高任职，负责监督除陆军、海军和财政以外的全部与印度政府通信的有关事宜。我担任此职直到它不再存在为止，一共两年多一点儿的时间。此后公司为了讨好国会，也就是说，为讨好帕默斯顿勋爵，结束了东印度公司作为国王下属的印度政府的部分职权，把这个国家的行政管理权下放给了作为英国议会二三流的政客们。我在公司里是曾对自己的政治权力消失进行反抗活动的主要成员；在为此而撰写的信件和申请书中，以及在我的专著《代议政治论》的最后一章中，我针对政府在这个考虑不当的改革中的愚蠢性和危害，发表了我自己的观点。但此事对我个人而言，是非常有好处的，因为我的一生为东印度公司的事务已经付出了很多，我很愿意在领取丰厚的补偿金后就此引退。在改组彻底完成后，印度国务大臣斯坦利勋爵邀请我担任评议会委员的职务；后来该评议会因为必须填补评议会中的空缺，又一次向我发出邀请。但新制度下的印度政府的情况让我感觉到，参与其中只会让我徒增烦恼和浪费精力。而后来发生的事情并没让我对此拒绝感到后悔。

在我离开公职前两年里，我的妻子和我一起撰写《论自由》一书。1854 年，我最初的计划是写成一篇短文。但就在 1855 年 1 月份我踏上罗马朱比特神殿的台阶时，我才第一次想到把它写成一本书。我之前所写的所有著作都没有像我写这本书时那样进行细心地构思，而且进行了不断的修改。如往常一般在写了两遍之后，我们随时把它带在身边，外出旅行也带着，时常拿出来反复阅读，字斟句酌，不断进行全面的审阅。我们本来计划在 1858—1859 年冬季结稿，也就是准备在我退休之后在南欧度过的第一个冬季定稿。但是这个希望以及其他的所有希望都被突如其来的我妻子的病逝造成的痛苦所磨灭。就在我们去蒙彼利埃的路上，路过阿维尼翁时她因突然患肺充血而去世。

自此之后，我在思想状态允许的条件下，过着一种仿佛感觉她仍在我身边的生活，以此来缓解痛苦。我在离她的墓地最近的地方买了一幢屋子，和她的女儿（她与我一样悲痛，现在也是我的主要安慰）在这一年的大部分时间里都住在那儿。我仅有的生活目标根本就是她以前的生活目标；我向往的事业和工作就是她曾经和我一起努力做或赞成做的事业和工作，这些和她是紧紧地联系着的。对她的怀念在我心中成了一种宗教信仰，她对我的认可是一种用来衡量一切有价值东西的标准，我尽力按照这个标准来指导我的生活。[①]

在承受了这个无法挽回的损失后，我最惦记的事情就是就是印刷和出版《论自由》。这本书的很大一部分是我妻子写的，我以此来缅怀她，作为对她的纪念。这本书稿我没有再进行修改或补充，以后也永远不会再去改动它。虽然这本稿子还没经过她的最后审阅，但是我也不曾想过自己去代替她而完成这最后的工作。

和之前用我的名字出版的其他作品相比，《论自由》一书更加可以认为是我们直接合作的文字成果，因为书中的每一句话我们都经过共同地反复阅读，并经过反复地思索和推敲，还细心地剔除了被我们审查出来的思想上和用语上的不当之处。正是因为经过这样的细致和用心，此书虽未经过她最后的修改，但只从文章的结构来看，就已经大大超越了我之前和之后的全部作品。至于书中所表达的思想内容，很难分辨出哪一个特定的部分或观点比其他地方更像是她的思想。但此书所表达的整体思想方法很明显都属于她的，只是我深深地受到了这种思想方式的感染，所以我们两人才会很自然地拥有相同的思想方式。然而我之所以能这样清晰地理解这种思想方式，都是因为她的帮助。在我的思想发展历程中，曾有一段时间在关于社会和政治的主张上，非常容易具有无政府主义的倾向；而在另一段时间里又很容易倾向于另一个极端，而不能如现在一般强调彻底的激进与民主。在这两个方面以及其他许多问题上，她不但引导我懂得了新的真理，远离了错误，而且帮助我继续保持站在正确的角度上看问题。我变得很愿

① 以上内容于 1861 年或 1861 年以前写成或修改，以下内容写于 1870 年。

意积极热情地向任何人进行学习，我也愿意经常地把自己新旧思想融合在一起，从而为接纳任何新的思想留出空间；如果没有她长期如一的影响，我很可能被诱使去过度地修改我原来的见解。她在我的思想发展中给予的最有价值的指导是她能准确地衡量各种见解的相对重要性，从而让我不至于在刚领悟到一种新的道理时，就在我的思想中把它放在超过它本身应有的重要地位。

《论自由》也许比我的其他作品会更加经典持久（可能《逻辑学体系》是例外），因为她的思想与我的思想的完美融合让这本书成了一个阐释特殊真理的哲学教材，这个真理在现代社会不断地变革中会变得越来越明显和突出。它指明了不同类型的性格对个人和社会有这么重要的意义，并且指出人性朝着无数的和冲突的方向发展方面取得彻底的自由的重要意义。此书在说明这个真理有着深厚的基础方面的论述给读者留下的印象比其他什么都更深刻；尽管当时从表面上观察似乎人们并不迫切需要这样的指导。在书中我们忧虑的是，随着社会的平等和代表大众舆论的政府的必然出现，言论和行动的一致的枷锁会被安在人类头上；这样的忧虑对那些只看得到眼前事实而看不清未来形势的人来说可能是多余的；因为社会和其制度方面正在逐渐发生变化，迄今为止是肯定有利于新思想的发展，能使这些新思想相对于以前更加容易得到人们没有偏见的聆听。但这是属于过渡时期的一种特点，此时旧的观念与感情基础已经开始动摇，而新的理论尚未形成其统治地位。在这个时期，进行着精神活动的人们，已经抛弃了旧的信仰，但他们不能确定所保留着的那些东西是否有改变的可能，于是他们在倾听新的思想方面持积极态度。但这种现象肯定是暂时的，将来必然有一天某一个特殊的理论体系会获得大多数人的拥护和支持；和这种理论体系相符的社会制度和行为方式会被建立，然后利用教育灌输给新的一代人它的新信条，而不用告知他们产生这种新信条的思想过程。不久这种新信条会逐渐具备和曾发挥过作用的后来又被取代的旧信条一样的强制力，这种有害的强制力将来能不能取得发展，取决于人类是否意识到这种力量的发挥能阻碍人类的本性发展。而在那时，《论自由》的指导意义才会呈现出最大的价值；然而又值得让人忧虑的是，这种指导意义的价值会维持很长一段时间而不消失。

有关原创性的概念，它当然指的是每一个人在探索与表达人类共同财富的真理时，能够拥有自己的创造性和思考方式。此书要表达的主旨思想是这样的：尽管这种思想在许多年中只被孤立的思想家所拥有，但是或许从人类文明的开始起这种思想就一直存在。就拿最近的几代人来说，这种思想很明显地被包含在有关教育与文化的重要思想脉络里，更加因得力于佩斯塔洛齐的努力和天赋而普遍存在于欧洲人的心中。书中曾说到威廉·冯·洪堡无条件地倡导这种思想，但他在德国对这种思想的提倡绝不是孤身一人。在十七世纪的上半叶，全部学派的德国作家都极力宣扬个人权利学说和道德应自由发展的理论，甚至达到了夸张的程度；德国最出名的作家歌德虽不属于其中的任何一种，但他的作品中也蕴含着道德观和处世观。虽然我认为他的这些道德观和处世观常常根据不足，但是他仍是在坚持不懈地在道德观和处世观所容许的范围内为自我发展的权利与义务的理论寻求辩护的证据。在英国，在我的《论自由》完成之前，威廉·麦考尔先生就以一种强烈的雄辩性，有时让人回忆起费希特的风格的热情，倡导维护个性的理论；在他出版的许多作品中，最经典的一本书是《个人主义的要义》。

一位著名的美国人沃伦先生曾组织建立以“个人主权”为基础的“社会制度”，得到了不少人的支持，实际上他还建立了一个“村庄社团组织”(我不知现在它是否还存在)。这个社团组织虽然在表面看起来与社会主义者建立的团体相似，但在原则上恰恰与它们相反，因为它不承认社会对个人的任何权威，只坚持所有的个性有着平等发展的自由。以我的名字出版的《论自由》这本书中论述的理论不是原创的，目的也不是叙述这些理论的历史，虽然在这本书一段文字中我从沃伦派人那里借用了他们提出的“个人主权”一词，我依然认为在我之前坚持这些理论的作家只有一位，而且是应该提及的作家，就是为此书题词的洪堡。我在这本书中诠释的概念跟我之前提及的前辈作家们对这个理论的概念在细节上存在巨大差异，在此不需要详述。

在此之后不久，那个时期的政治状况驱使我完成和出版了一本名为《议会改革的思考》的小册子。其中的一部分是在几年前的一次议会改革法案流产的时候写出来的，当时还得到了我妻子的赞同和修改。这本册子的主要特点是强烈敌视现有的投票制度，这说明了我们两人思想的转变，她还比我要早点儿和为少数派争取代表权，这些主张在当时并没有超出加思·马歇尔先生提出的累积投票制的范围。在此书着手付印前，进行最后整理时，想到了1859年对德比勋爵和迪斯雷利先生共同内阁的改革法案的讨论，我决定增加第三个特点，就是主张选票的多数不应给予财产而应给予真正受过较好教育的人。我认为这个主张成为兼顾两个方面的一种方法，一方面考虑让每个男女在处理和自己密切相关的事务时拥有不可剥夺的发言权；另一方面又能保证在较高的意见上知识的地位优先于权力。但对这个主张我从没和我那位几乎没犯过错误的顾问讨论过，所以我也没法证明她是否支持这个主张。在此书出版后，根据我的观察，好像没有一个人支持这个主张。但凡那些希望继续这种不平等的投票制度的人，都支持以财产为投票的标准，反对以智力或知识为标准。如果想要平息反对这个建议的强烈情绪，看来只有等到系统的国民教育制度确立之后，在这种制度下能够准确地规定和评定政治上具有价值的学识的等级时才行。如果没有这种制度，我的这种主张将会永远受到强烈的或者可能是决定性的反对，而一旦有了这种制度，我的这种主张可能又没什么意义了。

就在《议会改革的思考》出版后不久，我读到了黑尔先生的值得佩服的著作《个人代表制》一书，这还是第一次出版论述代表制的这种形态的书。从此书中的相当实际和富于哲理的思想中，我看到了代议政治制度所能获得的最大程度的改良；这种改良以巧妙的方式十分恰当地弥补了在之前看来代议制度固有的巨大缺陷；它让全部权力都落入多数派手中，而不是按获票的多少按比例分配权力，因而最强大的政党能够排斥较弱小的政党，使后者无法在议会上表达他们的政见，他们只能利用在各地偶然不平等地分配到的机会发表意见。关于这些重大的弊病好像不大可能有彻底地缓解的办法。然而，黑尔先生所提的代表制成了根本的解决办法。这个重要发现——政治艺术上的伟大发现——激励了我，我相信它也激励了所有接受这一主张的有思想的人，从而对人类社会的前景怀着新的更加乐观的希望，还使整个文明世界朝着有明显必然倾向的政治制度形式发展，能从表面上好像是限制它的或怀疑它的根本利益的主要部分中解脱出来。少数派只能一直处于少数派位置，而且总是（必然地）在选举中受到对手的压制；如果能对投票人的集会所达到的人数上限进行规定，就能自然地选出一名中意的代表进入立法机关，从而就能解除对少数派的压制。最后独立的政治见解就会强行进入议会，并在那里得到发表。这种主张在现有的民主代议制度中一般实行不了。将来的立法机关不再排斥个人的特性，也不再完全只由代表大的政党或宗教派别的纲领的人组成，它将包括国内各领域内最优秀的个人，他们能被选入议会与党派无关，而是由崇拜他们个人才华的选民选出。我愿意理解，对那些在其他问题上极其聪明的人士，基于不充分的考虑，他们会因为黑尔的方法太过复杂而难以接受他的方案。但是，认为为这个方案提供的东西没必要的人，把它仅仅当成理论上神奇构想或奇特念头的人，认为它缺少有价值的目标而又不值得务实的人们去注意最终放弃的人，绝对不能说是合格的政治家，不能掌管未来的政治。我想说的是，如果这种人是一个大臣或者希望成为大臣的人，那就是另一回事了；因为我们已经习惯看到大臣反对一项改良政策，几乎非要到他的良知或他的利益驱使他接受这一政策的时候，才会不表示无条件的反对。

假如我能在这本小册子出版前就看到黑尔先生提出的方案，我一定添加进小册子中进行评论；鉴于没能做到这一点，我就只能在《弗雷塞杂志》上写了一篇文章（后来收进我的杂文集里），主要目的是介绍他的这部作品，另外还评论了两本当时论述时事问题的书：一本是我早年的朋友约翰·奥斯丁先生的小册子，他在晚年变得反对议会一切进步的改革；另一本是洛里默先生写的充满活力和才华的但有部分错误的作品。

这年夏天，我接受并完成了一项极其责无旁贷的任务，就是为《爱丁堡评论》撰写一篇文章，介绍贝恩先生造诣颇深的专著《论精神》；那时这本书的第二卷刚刚出版。另外，同时还完成了我的短文选集出版的工作，即《论述与讨论》的头两卷。这部作品的编选工作在我妻子在世时已经完成，但为了做出版准备，我和她共同进行最后的修订工作却刚刚开始。当我失去了她正确的判断力的提醒时，内心沮丧，没心情继续工作下去，除了把文中同我现在的观点不再一致的段落删除外，我只是按原稿将它出版。此年中我最后完成的一篇名为《略评不干涉政策》的文章发表在《弗雷塞杂志》上（后来被收编入《论述与讨论》的第三卷）。我在一种内心想法的鼓动下完成了这篇文章，这种想法就是为欧洲大陆各国普遍地指责英国十分自私的外交政策进行辩护，与此同时急切提醒英国人，正是因为英国的政客们习惯低调地宣称自己国家的外交政策只注重英国的利益，以及帕默斯顿勋爵在这个特殊时期反对苏伊士运河的行为，才导致了这种指责的产生。我也趁这个机会表达出内心蓄积已久的一些观点（其中部分观点因处理印度事务提出的，其他一些是针对当时欧洲大众极其关心的国际问题的见解），主要论述了国际道德的正确原则和在不同的时期和环境下对这些原则进行合法修改的问题。对于这个问题，在一定程度上我已经在反对布鲁厄姆勋爵和其他人攻击1848年的法国临时政府（当时我在为之辩护）的文章里论述过。当时这篇文章发表在《威斯敏斯特评论》上，后来收入《论述与讨论》中。

那时我认为我已下定决心，以纯文字写作的生活度过余下的人生，假如我这种持续的以政治为主题（不但在理论上，而且涉及实际政治）的写作能被称为纯文笔生活的话；虽然在一年的绝大多数时间里，我都在离自己的国家政治中心几百英里远的地方生活，我依然坚持为自己的国家或主要为自己的国家写作。实际说来，一个政论家如果在生活条件上还算过得去，加上现代便利的交通条件，这不但可以忽略他远离政治中心的不利条件，而且还能把这种不利条件转化为有利的条件。报纸和杂志只要能够快速按时送到，他就能及时地知晓最新的政治动态，清楚舆论走向，这比他本人亲自和人们交往获得的消息还要可靠。因为每个人的社会交往都或多或少受到其所属的特殊集团或阶级的限制，所以他在其中的交往中获得的只是对这些集团和阶级的印象，而没有其他方面的印象；根据我的经验，那些把时间花在所谓社会引人入胜的要求的人，没有时间读大量的报刊，他们对舆论的一般走向和对其中有积极的有教育意义的部分的了解，完全比不上那些隐居起来静心读报的人。但有一点没有疑问，离开自己的国家太久也是存在着弊端的——不能亲眼看到周围的人和国家发生的事的真实状况，就不能及时对这些印象进行更新；然而，身处远方对这些情况能做出细心而周全的判断，而不受到周围人各种看法的干扰，因此而获得的结论是最可靠的，甚至是值得用来实际运用的。而我处于远近交接的有利位置，能够结合利用两种情况的优势。虽然能够启发我最好思想的人已离我而去，但我并不是孤身一人；她还留下一个女儿，我妻子和她前夫生的女儿海伦·泰勒小姐，她继承了她母亲的智慧和一切高尚品格，她的逐渐进步和成熟的才能自那时起到现在都在为和她母亲同样的伟大目标奉献着。她的才能已经让她获得了比她母亲更高、更广的声誉；如果她母亲不去世的话，情况可能和现在会不一样，但很多事情都是注定了的。然而很难说清楚她直接和我共同合作的价值，以及我从她那周全的判断力中所获得的好处。以前肯定没有人能像我这般的幸运，在遭受了那样的巨大损失之后，又能在多变难测的人生中获得了另一个瑰宝——另一个伴侣、支持者、咨询师，和另一个良好的指导者。不管是现在或是以后，任何人能记起我和我的作品，务必要知道，这些成就并不是一个人而是三个人才能和心智的结果；而在这些作品上标有他名字的人，却是其中功劳最小和最没有创作能力的一个。

1860—1861 年我的主要著作是两部专著，其中只有一部准备马上出版，名为《代议政治论》。在多年的思考之后，我终于找到了一个我认为是最好的民主政体，这本专著就是与此有关的解释。此书中除提出了一般的必要的政治理论用来说明怎样实施这个政体外，还针对有关纯组织体制领域内当前的重大时政问题提出了我成熟的见解；还根据我的预测，提出了另外一些变得日趋紧张的但迟早会让政治理论家和实政家产生重视的问题。在这些问题中，最重要的是有关区别出制定法律的职能与监督制定良好法律的职能；民众的集会相对前一职能而言是极其不合适的，而后种一职能则是民众集会本身的职责，这种职责是任何其他机构不能完整地承担的。于是需要建立一个立法委员会，来作为自由国家组织的一个永久部分；该委员会可由少数的受过高等训练具有政治头脑的人士构成，承担议会决定的制定一项法律的职责；议会保留通过或否决委员会制定的法案的权力，可以向委员会提出修改意见，但不能直接修改法案。这里提出的在所有民意职能中最重要的有关立法职能的问题，是现代的政治组织中重大的特殊问题；在我看来，这个问题应是由边沁首先提出并全面论述的，虽然他并没有比较圆满地解决这个问题。处理公共事务不但需要民众彻底地监督，而且需要最完善的专门机构来配合。

当时我写的另一部著作——《论妇女的从属地位》几年以后才准备出版。它是在我女儿的要求下写成的。她说不管怎样在这个重大问题上最后我还是要把自己的看法尽可能以书面的形式完整而明确地论述出来。我计划把它和其他的一些没有出版的文稿汇总在一起，随时进行可能的修改，在它最能发挥作用的时候出版。在最后出版时，我添加进去一些我女儿重要的思想以及她写的几段论述，对此书作了补充和完善。此书中我所写的部分，其中最激动人心和最深刻的思想来自我妻子。因为这个问题在我俩心目中都占有重要位置，所以我们对这个问题进行了很多次的探讨和商榷，它也来自我和她共享的思想成果。

此后不久，我从没有出版的稿件中，选出在我们婚姻生活中最后几年完成的部分文稿，又添加进去一些东西，印成一本名为《功利主义》的小册子；此书先分成三个部分，在《弗雷塞杂志》连载发表，后来又印成一卷。

但是在这之前，因为美国内战的爆发使得社会形势变得极其紧张。我对这场战争十分关注，并从开始就认为，这场战争不论结果怎样必然会是人类历史的一个转折点。我长久地怀着强烈的兴趣观察着针对美国奴隶制的争论，并在南北正式分裂的许多年前，我就明白在这种争论的整个阶段，奴隶主都一直怀有扩大奴隶制范围的野心，也就是处在金钱利益、支配欲以及争得阶级特权的阶级狂热性的共同驱使之下的野心。我的朋友凯恩斯教授在他那本著名的《奴隶的力量》一书中对此作了全面而彻底的论述。如果奴隶主取得了成功，那么他们的成功代表着邪恶势力的胜利，这将鼓励所有反对进步的人，并严重打击整个文明世界的进步之友的士气；成功的奴隶主们将用最恶劣和最反社会的人剥削人的制度，组建起恐怖的军事政权；而且将长久地破坏这个伟大的民主共和国的威望，从而必然给欧洲所有的特权阶级带来一种虚假的信心，这种信心也许只有经过战争和流血才会消失。另外从相反的方面看，如果北方的精神十分高涨，能在战争中取得胜利，而这种胜利来得不是太简单而快速的话，从人类的本性和数次革命的经验来看，我可以断定，如果这个胜利来临了，那么它可能就是彻底的。而大部分北方居民的思想意识原来还只停留在反对奴隶制度范围进一步扩大的程度上，由于他们忠于美国宪法，所以他们不支持联邦政府干预已经在各州形成规模的奴隶制度；可是一旦联邦宪法遭到武装反叛的破坏，他们的感情就开始转变，他们会下定决心永远消除这种罪恶的制度，愿意站在高尚的废奴主义者团体这边并与其共同奋斗。在废奴主义者中，加里森是勇敢和忠诚的提倡者，温德尔·菲利普斯是雄辩的演说家，约翰·布朗是殉难的志愿者。[①]在此之后，整个美国人的心灵将从压迫中解脱出来，不再会受到过去那种认为公然破坏宪法的自由原则就有必要向外国人道歉的思想的侵蚀；当社会处于停滞状态，并趋向于守旧的思想，这样的胜利会让全民的思想至少能暂时阻挡这种趋势，从而全民的思想将更加容易识别人民的制度中或风俗习惯中不好的东西。对奴隶制度抱有的相关希望已经成为现实，而其他方面的希望也在逐渐地实现。对于叛乱的成败可能产生的两种后果，我从开始就预感到了，当英国的上等和中等阶级以及那些自称为自由主义的人士几乎毫无例外地都变成了南方一派的盲目支持者时，可以想象我当时是怀着怎样的情感来思考这些现象的。在这种普遍

① 传说这位真正的英雄最后是被俘虏了，他只能接受绞刑。这句话中包含着机智、哲理和自我牺牲的精神，使人想到了托马斯·莫尔。

的盲目支持中，好像只有工人阶级和一些文学界与科学界的人士是罕见的例外。我之前从没有这样强烈地意识到，我们的当权阶级的思想进步得多么渺小，他们常常号称的自由主义思想的价值又是多么渺小，也只有欧洲大陆的自由党派人士没有犯下同样严重的错误。然而，那个迫使西印度群岛的种植园主解放黑奴的时代已经过去；紧接着的另一代没有受到多年的对奴隶制度的讨论和批判的熏陶，所以他们对奴隶制度的严重邪恶不怀有强烈的仇恨。英国人也已经习惯不关注发生在他们的岛国之外的世界的事情，他们根本不了解这场战争的意义，从而有的英国人在战争开始的前两年里完全不知道这是一场围绕奴隶制度的战争。

一些道德高尚以及肯定拥有公正开明思想的人士，认为战争是围绕关税而爆发的，或者认为是一场他们一向表示同情的民族争取独立的斗争。

我觉得站在抗议舆论界这种反常情况的少数人一边应是我承担的责任。我不是提出抗议的第一个人，这应该作为休斯先生和勒德洛先生的功绩而被铭记，他们在战争之初就发表了文章进行指责。然后就是布赖特先生，他发表了最激烈有力的演说以示抗议，后来还有许多做出类似贡献的杰出人士。应该是在1861年年底，爆发了美国军官在英国船只上扣留南方军信使的事件，就是此时我开始写文章加入他们的行列。哪怕是比较健忘的英国人可能也不会一下子彻底忘记，当时在英国掀起了一股准备跟美国开战的情感热潮，它持续了几个星期，而这个国家还真的进行了作战的准备。当时在这样的形势下，这个国家里肯定不可能传出任何支持美国解放奴隶事业的呼吁；另外，我对那些认为美国人当时的行动不恰当的人表示同意，从而认为英国有理由要求美国承认其行为的不合法性。当美国的协议书传来，战争的威胁也就此过去了。1861年1月我在《弗雷塞杂志》发表了一篇题为《美国的战争》的文章，这篇文章也是在我女儿的敦促和劝导下完成的。因为我们当时正准备去希腊和土耳其进行几个月的旅行，如果没有她的敦促，我可能要回国后才开始写。这篇文章的完成发表，能够鼓励那些正被狭隘的思想和舆论压得透不过气的自由派人士，也能够形成一个支持正义事业的思想核心；这个核心正逐渐发展，在北方获得可能的胜利之后会快速发展起来。我们旅行归来后，我在《威斯敏斯特评论》上发表了第二篇文章，用来评论凯恩斯教授的作品。英国的统治阶级想磨灭美国成为一个统一的国家的希望，并因而激起了美国人民长久的敌视情绪，现在也正因此遭受到很多不良的后果。英国的统治阶级应该对那些少数的人，也就是少数几个著名的作家和演说家的功劳心存感激；在美国人民陷入危难的时候，这些人坚定地选择了支持他们，这才稍微地缓解和转移了他们对大不列颠的敌视和仇恨，不至于太极端。

我承担和履行了这种责任后，在之后的两年里我的主要工作从政治转向了其他的一些方面。奥斯丁先生的遗作《法理学演讲集》的出版，让我有机会写文章寄予他应得的赞扬来表示怀念；此外，我在文章中也对法理学发表了一些看法，这个主题是在我曾经信奉边沁主义的时期就用心思考过的。但是，那两年里我完成的主要的作品是《威廉·汉密尔顿哲学的探讨》。他的《演讲集》在1860年和1861年间出版，我在1861年年底读到此书时就准备在《评论》上发表文章对其进行评论；但是我很快发现这个想法比较懒图省事儿，要达到公正的评论必须写出一本书才行。于是我思考着由我来动笔写这本书是否合适，思考过后觉得很有必要这样做。但他的《演讲集》却十分让我失望，我肯定在读这本书时对汉密尔顿先生不抱反对的意见。在读此书前，因为他对里德的有关评论的作品尚未完全出版，所以我对此一直没有研究过，但是我读过他的《哲学讨论》一书。虽然我知道，他研究精神哲学论据的整体方式和我所认可的方式不大一样，但他反对后期先验论的强有力的辩论和对一些重要原理极力主张，特别是对人类知识的相对性的坚持，让我在许多地方赞同他的观点，我觉得他的权威与声望对真正的心理学的发展有利的影响更多一些。他的《演讲集》和《里德论》却让我的这种期望完全破灭；甚至会由于对这两本书不好的印象，在读他的《哲学讨论》的时候也感觉差强人意。我发现他的意见和我相一致的地方都是在词句方面的，而在实质方面的却很少；我本来认为，他所认可的重要哲学原理，通过他在书中的解释而变成了没有多少意义或者毫无意义的东西，或者消失得不见踪影，而和这些原理相冲突的各种理论在他的作品中却到处存在。所以我对他的印象发生了很大转变，不再把他当成处于相互对立的两派哲学的中间位置，并对两派的原理都有所熟悉，能为两派提供争论的攻与守的有力武器的人；现在我觉得他只是两派中其中一个的支柱，在这个国家里，他在哲学界的崇高声誉可以让他成为一个主要的支柱，但我却认为他是两派中错误一派的支柱。

现在，直觉哲学派和经验联想哲学派之间的区别，不仅存在于抽象思辨的问题方面，而且在于实际后果的严重性。这个进步的时代是对实际问题的观点方面的最大差异的基础。求实的改革家不断地要求改革那些被广大人民怀着浓厚感情热烈支持的事物，或不断地对既成事实表面的必要性和不可更改性提出质疑。他们的论点中必定有一部分是要说明这些强烈的感情是如何产生的，以及既成的事实为什么会让人觉得好像是必需的和不可改变的。因此，他们的哲学观和反对以环境和联想来解释感情和道德事实的哲学观自然是相对立的。后者是以人性的最终因素来解释的；后者还坚决地倡导直觉真理，把它当成大自然和神的声音，认为它远远高于我们的理性的权威。我早已观察到一种大众的倾向，那就是把人性显著的差异归因于天生的和固有的，而不顾早已成为定论的证据。这种倾向已成为恰当而理性地研究重大社会问题的一个主要障碍，也成为阻挡人类进步的一个最大的绊脚石。这种倾向的根源来自直觉的形而上学，它通常以十九世纪对十八世纪的反动为特征。一般来讲，它很符合人类的惰性和保守的利益，除非从根本上对它进行抨击，否则它肯定会大大超过温和形式的直觉哲学，而不能被真正证明其自身合理的范围。这种并不经常以温和形式起作用的直觉哲学占据了欧洲的思想大半个世纪之久。我父亲的《心理分析》、我的《逻辑学体系》以及贝恩教授的优秀著作，都尝试着介绍另外一种更先进的哲学推理方式，后来获得了巨大成功；然而，我早已发现仅仅把这两种哲学进行对比是不够的，必须让双方真正地陷入争论，这就需要有争议的论述的作品，而这个时候进行这样的争论是非常有用的。想到汉密尔顿爵士的作品在当时负有盛名，是国内直觉哲学的重要堡垒，这个堡垒因为他崇高的声誉和个人多方面的优良品德以及智力上的天赋而变得更加坚固。因此我认为，对他最重要的理论进行彻底研究以及对促使他取得著名哲学家的地位的整体主张进行评价，可能会对哲学界做出真正的贡献。在我读了汉密尔顿的一个信徒（他是最富才华的一个）的作品之后，我更加坚定了这个决心，因为他的特殊理论竟然能够把一个我认为最不道德的宗教观点证明是合理的，按照他的理论，向神明顶礼膜拜是我们的责任。但关于这个神的道德属性，我可以肯定它是不可知的，它或许同我们用类似的名称从人类的角度谈论时所表示的道德属性是不同的。

随着我工作的不断深入，汉密尔顿的声誉遭受到了远远超出我起初预料的破坏。通过对他作品中的不同段落进行比较，我在其中发现大量十分出人意料的矛盾。然而，我的目的是准确地揭开事实的真相，在这方面我绝不会手软；我尽力要求自己以最谨慎、最公平的态度对待我批评的哲学家；我明白他背后有众多的信徒和崇拜者，如果我的批评中不小心含有了不公正的地方，他们肯定会站出来替他辩护。他们中也确实有许多人或多或少地煞费周折地来反驳我；他们针对我少量的疏忽大意和误解的地方进行反驳，但大部分在实质上没有重要意义。任何我所看到的反驳意见，只要是在我书的最新一版（现在是第三版）出版前提出来的，我都对之进行了更正，对剩下的无足轻重的批评没有做出回应。但从整体来看，我的这本书还是有一定的作用，它揭露了汉密尔顿爵士理论的不足之处，让他获得的过高的哲学声誉下降到了符合实际的范围内；我的书中的几处论述和两章关于物质观念和精神观念的阐释，或许能让心理学和形而上学领域中存在的一些争论变得更加明了。

在我完成了这本评论汉密尔顿的书后，我开始集中精力在一项有很多原因都让我不能推托的工作上，那就是论述和评价奥古斯特·孔德的理论。在英国，我对他的理论的介绍比任何人都要多，主要原因是我在《逻辑学体系》一书中论及他；在他还在法国是个默默无闻的作家时，在海峡的这一边的学者中就有了他的读者和仰慕者。在我的《逻辑学体系》写成和出版时，他几乎仍然默默无闻不被人知道和重视，因此当时针对他的弱点进行批评没有意义，而我的责任是尽可能地介绍他在哲学思想领域做出的重要贡献。然而到现在，情况已经变得完全不同，起码他已经变得被大多数人知晓，他理论的整体性质也已经得到广泛的传播；他已经成为它的对手心目中的当代思想界的巨匠之一。他较好部分的理论已经在很容易接受他的见解的有文化和受过良好教育的人心中生根发芽。在这些较好部分的光芒掩盖下，他后期的著作里存在着和增加了许多不好的部分，它们同样得到了广泛传播，在英国、法国和其他国家都有积极而又热忱的支持者，其中还不包括不少著名的人士。正因为这样，才需要有人去主动承担区分清楚孔德理论中的正确与错误的责任，而我觉得对此我个人负有特殊的义务。于是我写了两篇评论，在《威斯敏斯特评论》上连续刊载，然后把它印成一本小册子，名为《奥古斯特·孔德和实证主义》。

以上我所讲到的作品以及几篇发表在期刊上的我认为没有保存价值的论文，就是我在1859—1865年间完成的所有作品。1865年的上半年，我按照工人们经常对我提出的建议，把那些被认为是劳动阶级最喜爱的几本书，以廉价的“普通版”进行印刷发行，像《政治经济学原理》、《论自由》和《代议政治论》这几本书。我的这种做法让我损失了不少的经济利益，但我从来没想过从这种廉价书中获利；在和出版商确定了按照一般的规则对利润进行平分后，又在他们有利可得的前提下按照最低价格出售；为了进一步让书的售价降低，我放弃了我的这份金钱所得。感谢郎曼出版社的厚意，他们主动提出一定年限和印数的规定，在时间期满后把书的版权和铅印版权都还给我，承诺超过规定印数的书，获得的利润分给我一半。实际上书的印数（《政治经济学原理》印了一万册）有时会超过规定，普通版开始给我带来意料之外的收益，当然这还远不能填补少印“文库版”的利益损失。

我的外在生活叙述到此，开始转入另一个阶段；那就是由作家的幽静淡泊的生活转变为并不是我志趣所在的下院议员生活。1865年年初，威斯敏斯特的一些选民提议我参选议员，这种提议对我来说已经不是第一次了。十多年前，在我发表了对爱尔兰的土地问题的见解后，卢卡斯先生和达菲先生推荐我以爱尔兰一个受人民欢迎的政党的名义，代表爱尔兰的一个郡进入议会，他们本来是很容易能做到这一点的。但由于当时我在东印度公司任职，不能兼任议员，所以对此我甚至从没考虑。在我离开东印度公司以后，几位朋友有让我当上议会议员的想法，但这种想法实现的可能性太小。我很清楚，任何一个选举团体中的多数派或实力派都不会真正同意让一个拥有我这种思想的人当代表；我还清楚地知道，一个没有跟地方上建立良好的关系，又不愿主动充当党派喉舌的人，除非利用大量的金钱去疏通，不然基本没有机会当选。不论过去还是现在我坚持认为，一个候选人不应该为赢得竞选而花一分钱，而与候选人的选举没有特殊关系的正常合法开支应由国家支付或地方承担。为了让选民正确理解候选人的主张而赢得支持，每个候选人的支持者必须做的工作，应由不要求酬劳的代理机构来做，或从自愿捐款中列支。如果选举的团体成员或其他人愿意自己捐款，通过正规手段让他们认为能在议会中发挥作用的人选入议会，任何人都无权反对。但是，把选举的费用或其中一部分费用算在候选人头上是彻底错误的，因为这样做实际相当于用金钱买议席。对这样花钱的方式，就算往最好的方面去想，我们仍有充分的理由怀疑，那些出钱以赢得公众信任的人，除了为公众服务的目的之外，还想利用其地位达到其他目的；此外，出于另外一种最重要的考虑，选举费用如果由候选人承担，那些负担不起或不愿负担这笔巨额费用的人就不能被选入议会为其服务。对于一个独立的候选人，如果不使用这种卑劣的手段，进入议会的机会就很渺茫；只要他的钱不是直接地或间接地用于贿赂，就不一定认为他花钱肯定是道德上的错误。但他有一点必须证明，还得非常确定，与其他的事相比，他当议员能对国家做出更大的贡献。但是对我自己而言，我并不十分确定，我也一点儿不清楚，自己在担任下院议员上能否比做一个纯粹的作家更好地实现需要我努力的公众的目的。因此，我认为没有必要去争取议会的席位，更不愿意花钱去获得。

但是，当有一个选举人团体把我推荐出来，主动要求我做他们的候选人时，问题就大不相同了。如果向他们解释，在其了解了我的见解后，他们接受了我提出的可以诚心诚意服务的条件，而且还能坚持这个希望，那么这样的情况让人产生疑问，它是不是和选区的选民们请求选区的一个成员作为候选人，而他又没有什么合适的理由来拒绝的情况一样。所以我才要用一个候选人对选举人团体曾经提出的最明白的解释，来调查他们的意愿。在答复他们关于对我的提名建议时，我写了一封公开信，说明了我本人不愿当议员，而且我认为候选人既不应负责说服别人来拉选票，也不应负担任何的费用。我更进一步地声明，假如我当选了，也不会花费我的时间和精力来为他们谋取地方利益。在一般的政治方面的问题，我对他们的许多询问，坦诚彻底地把我的意见完全告诉他们；比如有关选举权的一个问题，我告诉他们，我坚信（因为我必须告诉他们，如果我当选，我一定会这样做），在同等条件下妇女和男子有同样的权利担任议会里的议员。这毫无疑问是第一次在英国选民面前提出这样的理论；在提出这个见解以后，我仍然当选，这个事实促进了支持妇女获得选举权的运动的开展，之后日益发展壮大。当时如果连我这样不管在口头上和实际行动上都对常规的竞选活动彻底鄙视的候选人（如果我能称为候选人的话）都能当选，那就确实是太不可思议的了。一位有名的文学界人士曾说过，即使是全能的上帝，在这样的竞选方案中也不可能当选。我严格遵守最初的原则，一不花费金钱，二不游说拉票，我个人也不参加任何竞选活动；我只是在提名前的大概一个星期，通过参加几次大众会议，来解释和说明我的原则立场以及对选举人行使其正当权利向我提出的问题做出回答，从而作为他们意向的选择依据。而我的回答和我的演讲同样坦率明白，只是在有关宗教的见解这个问题上，我一开始就宣称不做出回答，而这样做好像也获得了参会大众的允许。但是对于所有其他被问到的问题，我都坦率地给予回答，我的这种态度带来的好处明显多于我对所有问题都作答造成的害处。在这一点上我有一个非常显然的证明，在这里必须要特别提及。我在《议会改革观感》那本小册子中曾经非常直接地说到，工人阶级（虽然不同于其他几个国家的工人阶级）即使对说谎不耻，但一般还是说谎者。我的竞争对手把这句话印在标语牌上，还在主要由工人阶级参加的大会上当场交给我，并当面问我是否写过这几句话，还把这几句话印了出来。我马上做出了回答说

“是的”，话一出口，整个会场就响起了一阵热烈的喝彩声。显而易见，工人大众听够了向他们拉选票的人说出的推托和闪烁之词，所以当他们听到我的话不是推托之词，而是坦诚地公开承认也许会让他们不高兴的事情时，他们不但没有觉得受到侮辱，反而马上表示对我这个人表示信任和肯定。这件事在我所知道的那些最了解工人阶级的人们的经历中算得上是最令人惊奇的事例。我觉得，相对于其他优点，工人大众最欣赏的是完全的坦率，这种坦率压倒了他们心中强烈的厌恶，相反因没有足够的坦率造成的损失，其他任何优点也弥补不了。在上文说起的那件事发生后，第一个发言的工人（他是奥杰先生）说，工人阶级不排斥有人来告诉他们自己的错误，他们需要朋友，而不需要光说好话的人，并会对向他们指出他们身上必须纠正的错误的人表示感激，他这番话获得了参会工人们的热烈响应。

即使我没有竞选成功，我也没有理由后悔这样做；因为它给了我跟许多工人同胞接触的机会，不但让我获得了许多新的感受，还让我的政治主张得到了更广泛的传播，同时让很多地方的没有听说过我的人知道了我，从而增加了我的读者以及扩大了我作品可能的影响范围。然而非常让我和其他人意外的是，我以多出几百票的优势击败了保守党的竞选对手，正式被宣布当选议员，这必然会在很大程度上扩大我的著作对读者的影响。

我在议会讨论通过《改革法案》的三届会期里，担任下院议员。这段时间里，除了停会期间，我的主要工作肯定是议会工作。我在议会中发言的次数不是很多，有些是提前写好演讲稿发言，有些是即兴发言。我对发言场合的选择是随意的，因为我发言的主要目的并不是扩大我在议会的影响。我发表的针对格拉德斯先生的改革法案的一篇成功的演说，在议会产生了广泛影响；这之后我认为其他人能成功做好或者能完成的很好的事情，我就没有必要去干预。所以我一般只做其他人不大可能做的事情，从而我公开做的大部分事情是很多自由党人，即使是其中的优秀成员都和我持相反的意见或者缺乏兴趣的。在我的几次演讲中，最突出的是反对废除死刑的提议和支持恢复在中立国家的船只中没收敌国财产的权利的演讲，这与当时或现在可能依然被认为优秀的自由党人的见解相反。我坚持主张的妇女选举权利和“个人代表制度”，被当时的许多人当成我自己的空想；然而从我提出这些主张后，社会出现了很大的进步；特别是几乎整个国家对妇女选举权的要求所做出的反应，准确地证明了这些运动倡导的及时性，而且让本应由道德和社会责任承担的事情变成了我个人的成功的努力。此外，我作为一个大城市的成员必须尽到的责任是尝试为这个城市成立一个自治的市政府。但是下议院在这个问题上的十分明显的冷漠态度让我明白关于此在这个议会里是不可能得到任何帮助或支持。然而，在这个问题上我只是那些由议会外的人士构成的积极而又理性的组织的发言人，这个方案也是由他们提出的；他们为此做了所有的宣传工作，并拟订了方案。我只是把他们做好的方案提出来，并在议会允许这个主题的短时间讨论中尽力去支持这个讨论；在这之前，我还积极参与过艾尔顿先生主持的委员会工作，该委员会在1866年议会讨论期占据了大部分时间来讨论这个议案，以获得相关的证据。现在（1870年）这个问题占有的地位比当时重要得多，能够达到现在这样的成功，合理的原因在于那几年所做的准备工作，只是那些工作在当时没能收到显著的效果。因此，那些一方面关系着重大的私人利益；另一方面又只对公众有利的问题，都要经过一个同样的酝酿过程。

我在议会中能够做其他人做不了或不想做的事情，因为有这样的想法，在看到先进的自由主义面临猛烈的攻击，致使议会里的大多数进步的自由党人不愿遭受这种谴责时，我就觉得必须站出来为他们辩护。我在议会的第一次投票是支持爱尔兰议员提出的有利于爱尔兰的修正案，其中投赞成票的包括我在内只有五个英格兰和苏格兰议员，我之外的四个人是布赖特先生、麦克拉伦先生、T·B·波特先生和哈德菲尔德先生。我在议会发表的第二次演说①大部分是有关对“爱尔兰人身保护法”的暂停期限进行延长的

① 我的第一篇演说是回应洛克先生对布赖特先生关于《牛瘟法案》的发言的评论。我的这篇演说在当时被认为能帮助取消政府关于给予土地持有人第二次补偿的规定，因为他们已经从剩余的牛只的价格抬升中获得了对他们牛只损失的补偿。

法案，在这次的演说中，我对英国统治爱尔兰的方式进行谴责，我发表的评论还没超过当时英格兰大众舆论认可的公正范的限度；然而当时反对芬尼主义的势头正猛，只要是反对芬尼党人曾经抨击过的东西的评论都会被当成在为芬尼党人辩护；加上我在议会中本就是个不怎么受欢迎的人，以至我的部下一直友善地提醒我（我对他们的忠告也表示认同）暂时务必不能再发表演说，等到改革法案在进行第一次大型讨论时有了好时机再说。就在我闭口不发表演说的这段时间里，很多人变得骄傲起来，认为我已经放弃了斗争，不会再让他们感到烦恼。也许正是这种假象产生了相反的效果，他们对我过低的估计有助于我的关于改革法案发表的演说取得相当的成功。我在议会中的地位还从以下两件事情中得到进一步的提高：一件事是我在一篇演说中坚决主张我们在煤资源供应枯竭之前应尽责任还清国债；另一件事是在几个托利党的领导人引用我的作品中不利于我的几段话来质问我，并要求我解释另外的几段话，尤其是让我解释在《代议政治论》中的一段话，“从保守党的组建规律来看它是最愚蠢的政党”时，我以讥讽的语气进行了回应。他们想让这段话引起人们的注意，但这样做并没让他们得到半点儿好处，而且在此之前这段话并没有引起人们的注意，但经过他们反复地提起，“愚蠢的政党”这个称呼却被死死地扣在了他们头上。现在我再也不用担心没有人愿意听我的演讲，因为考虑得过多，我就把自己的演讲限定于那些特别需要我站出来说话进行帮助的场合，从而避免了过多地谈论事关重大的政党问题。除了针对爱尔兰问题和有关工人阶级的问题发表的演说外，我在议会中三届会期的最后两期中对重大问题的决定性辩论做出的全部贡献，就几乎只有一篇讨论迪斯雷利先生提出的改革法案的演说。

然而，回想起对刚刚说起的两个问题方面进行的努力，我还是感到十分满意。在有关工人阶级的问题上，我在评论格拉德斯通先生的《改革法案》的演讲中的主要论点，就是坚决支持工人们对选举权的要求。在这之后不久，拉塞尔勋爵的内阁辞职下台，托利党派组成的政府接任新内阁，然后就发生了工人阶级试图在海德公园聚众开会，被警察阻拦在门外，有群众拆毁了公园栏杆的事件。虽然比尔斯先生和其他几个工人阶级的领袖在事件发生时，在抗议下先行离开，但之后还是发生了冲突，并且许多无辜的人在冲突中遭受到警察的粗暴对待，这使工人的愤怒达到极点。他们表示下定决心要再次在海德公园集会，为实现这一目的，他们中的一些人有可能带上武器前来。针对这样的情况政府也做出了军事上的准备，十分严重的事件一触即发。我很确定地相信，我阻止了这次危机中许多不幸事件的发生。我用自己在议会中的地位帮助工人阶级说话，强烈地谴责政府的行为。我和其他几位激进派议员被邀请代表政府与改革同盟评议会的领导人进行协商，牵头说服他们放弃在海德公园集会的计划，并让他们改到其他的地方集会的任务就落到了我身上。当时我需要说服的不是比尔斯先生和迪克森上校，相反的是，他们已经很显然地在朝着和我相同的方向进行努力，对工人们施展他们的影响说服他们改变集会地点，只是他们还没成功。工人们不肯让步，他们坚决要执行原来的计划，以至于我被迫使出了最后一手。我告诉他们：既然注定要采取和军警发生冲突的行动，那么这种行动只有在两种条件下才是正确的，一种是事态已经严重到了需要革命的程度，一种是他们觉得已经具备了取得革命成功的能力。在很长时间的讨论之后，他们最终选择支持我的这个观点，然后我就可以告知沃波尔先生，工人们决定放弃在海德公园集会的计划。当时他听到这个消息后的无比欣慰以及对我的万分感谢的情景给我留下了永远深刻的印象。在工人们对我做出了这么大的让步之后，我觉得一定要满足他们的要求，去参加他们在农业大厅召开的大会，并在会上发表演讲；这是我参加的改革同盟会召开的唯一的一次会议。我一直婉拒成为这个同盟的会员，对此我公开宣称的理由是，我对他们的男子选举权和无记名投票的纲领持反对态度。我对他们采取无记名投票的方法坚决反对，虽然他们保证了并不是把妇女排除在选举权之外，我仍然不同意他们过度重视男子选举权的主张，因为，一个人若不能履行他马上能做的事情，而却宣称对某一原则的公开立场，那么他就该先彻底遵循这个原则。我之所以专门详细地讨论此事，是因为我在这件事情上的行为遭到了托利党人和托利党的自由派刊物的强烈抗议，当时及以后他们开始对我在公众生活的考验所表现出的过激与狂热不断指责。虽然我不明白他们盼望着我做些什么，但是，如果他们知道了我所做的事情已经尽可能地保护了他们，他们应当对我表示感谢。在那个特别的重要时刻，我不相信有其他人能做到我所做的事情。而且我相信，在当时的关头除了格拉德斯通先生和布赖特先生以外，没有人具有必要的影响力量来约束工人阶级，但是当时他们都没有办法站出来发挥作用，格拉德斯通先生是因为大家都深知的理由，而布赖特先生是因为当时不在城里。

一段时间之后，托利党政府提出了禁止工人群众在公园里集会的法案；对此我不但在议会发表演讲进行强烈的抗议，而且还联合许多进步的自由党人组成一个抗议团队，当时议会会期马上要结束了，我们就准备实行拖延议会讨论直至休会，从而导致该议案被搁置起来的策略，最终让这个法案无法出台。在此之后，再也没有人提及它。

关于爱尔兰的问题，我也觉得必须坚定地发表自己的意见。作为议会讨论的代表团成员之一，我带头联合其他成员说服德比勋爵赦免已经被判死刑的芬尼党的暴乱者伯克将军的生命。1868 年的会期里，托利党的领导人处理有关教会的问题态度十分积极，我所做的只是强烈附和他们的主张。但是在土地问题上却完全没有取得这样的进展，到现在人们对地主所有制的迷信仍然很少遭到挑战，特别是在议会里；从议会里针对土地问题上的解决方案的落后情况来看，1866 年拉塞尔政府所提出的十分温和的议案就是例证，但是那个议案仍然没能通过。我对这个议案发表了一连串十分小心谨慎的演说，我尝试着在演说中确定有关土地问题的一些原则，我的目的不在于激励我的支持者，而主要是为了安抚和劝说我的对手。而“议会改革”这个能引起人们广泛注意的话题阻碍了这个议案以及另一个由德比勋爵政府提出的具有类似性质的议案的通过；这两个议案都是在二读中就被停议而搁置起来。与此同时，爱尔兰人的不满情绪表现出的迹象越来越明显，对两国间彻底分离的要求的情势已经发展到了非常危险的程度；几乎所有人都能意识到，对于将爱尔兰继续留在不列颠王国内，依然还有机会，但是必须在这个国家的领土和社会关系中实行比之前所能想到的更加彻底的改革。我觉得恰当的时机已经到来，现在把我大脑中的全部构想说出来可能会有效果。结果我在1867年冬天写了一本名为《英格兰和爱尔兰》的小册子，在1868年议会会期开始前不久出版。这本小册子的主要特点是，一方面说明两国间的分离对英格兰和爱尔兰而言都不是最合适的；另一方面提出建议给予佃农永久的土地使用权用来解决土地问题，支付固定的地租，由国家经过一定的调查之后来确定地租的数量。

这本小册子除在爱尔兰之外，并不受其他人的欢迎，这本来在我的意料之中。但是，如果除了我建议的解决方法之外，没有任何其他的建议能够彻底地公平解决爱尔兰的问题，或者给爱尔兰人民提供一个让他们感到欣慰的良好前景，这时我提出的这个建议是绝对必要的。从另一方面来说，如果有一种折中办法值得尝试，我很明确地知晓，提出一种被称为程度极端的建议，并不会阻碍相反会促进一种能够相对温和进行实验的正确办法的出现。除非让不列颠的大众知道，可能会出现采取更加激烈措施的情况，或者可能会组成一个支持更加激烈措施的政党，否则如格拉德斯通先生提出的，对佃户做出了这么大让步的爱尔兰土地问题法案，政府根本不可能主动提出，或让它在议会中通过。是不列颠人的性格，或者说至少是符合不列颠人性格的中上层的阶级，诱使他们同意改革，而且必须让他们感觉到这个改革是一种恰到好处的折中路线。他们感觉每一条建议都是十分激烈的，除非他们听到了其他的存在的更加激烈的建议，这时他们才会自然地消除对前者的极其激烈的观点排斥感。这一点可以作为现在这个事情的证据，我提出的建议遭受非议，除了我提出的这条建议外，任何其他的有关爱尔兰土地改革计划的建议，相比之下都被认为是温和可行的。我敢如此声称，任何对我提出计划的非议，都是对我的计划的严重的错误理解。人们在讨论我的建议时，往往把它当成让国家掏钱尽可能地买进土地，成为全国土地的地主的提议；虽然事实上我的建议只是给每个地主提供一个办法供其选择，即在新的条款下他愿意卖出地产，而不是要求保留土地。但我能完全预料到，大多数地主宁可继续保持土地所有人的地位，也不愿成为政府的年金领取人；我也完全能预料到，本来政府是能够根据全额地租给予他们补偿，但是他们仍然愿意以比全额地租更优厚的条件，继续保持他们和佃农的现有关系。我的这点建议以及许多其他的说明，在1868年议会会期前期讨论马圭尔先生的决议的议案时，在一篇有关爱尔兰问题的演说中被全部提了出来。这次演说的修改稿以及我评论福蒂斯丘先生议案的演讲稿都已经在爱尔兰出版（不是由我自己出版，但经过了我的允许）。

在这几年里，我在议会中还必须承担起另外一项非常重要的公共事务的职责。发生在牙买加的暴乱，起初是由不公正的行为触发，然后因为狂暴和恐慌被夸大为一场有预谋的叛乱，最后成为政府动用军警暴力镇压以及所谓的军事法庭判决而夺走了成百上千无辜者生命的动机和借口；在短暂的暴动被镇压下去后，暴力事件还持续了几个星期；到处都有毁坏民众财物、像男子一样鞭打妇女的暴行，到处都出现了暴力镇压的野蛮行为。这些暴力的行为受到了英国一些一贯支持黑奴制度的同类人的维护和鼓励。关于此，在暴力行为开始时，因为对当局的暴力镇压置之不理，甚至没有出现任何的抗议行动，不列颠民族好像即将要遭受那种令人唾弃的耻辱；但如果这种暴行成了其他国家政府强制的工具，那么英国人对此深恶痛绝的态度还是无法形容的。但是不久后，随着愤怒情绪的上升，一个被称为牙买加委员会的志愿协会成立了，它在情势发展允许的范围内商议和采取措施，全国各地的支持者纷纷加入。当时我虽在国外，但当知道成立了这个委员会时，我就马上给它写信，要求加入，并且回国以后积极参加它的活动。除了有关公正对待黑人的问题，这里还有更加迫切、更加重要的需要立即给予考虑的事情，那就是不列颠的所有属地，可能最终还有大不列颠本身，是受法律还是受军事特许权的管辖？不列颠人民的生命和人格是否应该任由两三个既无知又粗暴野蛮的军官摆布？一个惶恐无措的总督或其他的官员可以根据自己的职权建立所谓的“军事法庭”？这些问题只有上诉法院才能决定，所以该委员会决定以这些问题提出申诉。他们的决定造成了委员会主席的更换，因为原主席查尔斯·巴克斯顿认为向刑事法庭起诉艾尔总督和他的主要官员并不是不行，但不够明智；然而在有很多人参加的委员会大会上他的意见遭到了驳斥，大会决定更换委员会主席。因此巴克斯顿先生退出了委员会，尽管他仍然在为这项事业出力。让人感到意外的是，我被提名并选为该委员会的主席。因此，在下院里代表这个委员会就成为我的责任，有时向政府提出疑问，有时接受个别议员向我提出的带有不同程度的挑衅的问题，特别是在1866年的会期里，我成为由巴克斯顿先生发起的重要辩论中的发言人，那一次我发表的演讲可能是我在议会中最好的演讲。[①]两年多的时间里，我们继续斗争着，通过每一种合法的途径，向刑事法庭提起申诉。我们的诉讼申请在英格兰一个托利党势力遍布最广的郡的法院没有被受理，但我们在伦敦的鲍街法院成功获得了诉讼申请，这让女王座下高等法院的大法官亚历山大·科伯恩爵士有了发布他著名训令的机会，根据法官解决此案权力范围内的职责，他的训令解决了有利于自由的法律问题。然而我们的成功也就仅限于此了，因为中央刑事法院的陪审团撤销了我们的诉讼申请，导致案件得不到受理。很显然，以英国官员对黑人和混血儿滥用职权的罪名向刑事法庭提起诉讼，不能得到英国中产阶级的支持。但是从我们自己所做的来说，我们挽回了国家的声誉，我们的行动显示无论如何国家里还有一些人决心使用法律提供的所有手段为受害者争取公理。我们已经让国家的最高刑事法官公开发表了权威性的声明，承认法律就是我们所维护的东西；我们已经对以后可能在诱惑下重犯罪行的人提出了郑重的警告，也许他们能逃脱刑事法庭的实际裁决，但是他们仍避免不了为了逃脱判决而遭受麻烦，付出代价。这就给了殖民地的总督和其他当权者足够的提醒让他们今后停止这种血腥的暴力镇压行为。

在这些诉讼进行期间，我收到了许多来自全国的几乎都是匿名的职责信，由于好奇和乐趣，我收藏了其中的几封作样本。这些信是国内的一些暴力人士支持牙买加残暴行为的证据，其中的内容五花八门，从粗俗的嘲

---

① 委员会中最积极的委员有这样几位：议员P·A·泰勒先生，他一直忠诚地以非常充沛的精力为坚持自由原则的事业而努力着；还有戈尔德温·史密斯先生、弗雷德里克·哈里森先生、斯莱克先生、查米罗夫佐先生、沙恩先生和协会的名誉秘书切森先生。

讽（有文字的也有图画的）到刺杀的恐吓。[①]在我积极参加的却没能引起公众关注的重要事件中，有两件事情特别值得一提，我联合另外几位独立的自由党人击败了 1866 年会期将要结束时提出的《引渡法案》。按这个法案所说，虽然政治犯公开引渡没有得到授权，但是假如政治避难者被外国政府指控又出现了肯定会导致暴乱的行动，这样他们就需要被引渡回他们所反叛的政府受那里的刑事法庭审判，就让不列颠政府成为外国专制政府报复他们的帮凶。这个议案的挫败还促使议会成立了一个“特别调查委员会”（我是其中一员）来审查引渡条约的全部内容，并且对此进行报告。最终当我离开议会之后，议会通过了《引渡法案》，其中有条约规定任何被要求引渡的人都有向英国法院公正地作陈述的机会，来阐述他们遭受的指控是否真正具有政治性。就这样，欧洲的自由事业避免了一场严重的灾难，我们的国家也避免了巨大的恶行。另一件值得一提的事是，我非常积极地参加了那场 1868 年会期关于迪斯雷利政府提出的《贿赂法案》的斗争，它是由一些自由党的进步人士坚持进行的。我和 W·D·克里斯蒂先生、普林律师和查德威克先生共同对此事进行了商议，他们对这个问题的细节做过比较细致的研究，我也表达了许多自己的思想。我们这样做的目的是针对该法案拟订修正案以及增补条款，从而让该法案能够真正有效地防止各种各样直接或间接的腐败行为；否则，我们有足够的理由担心，也许此《改革法案》的执行非但不能减少反而会增加腐败行为。我们的另一个意图是在法案中添加一些新的措施，来减少所谓选举的合法开支造成的不合理负担。在我们提出的许多修正案中，其中由福西特先生提出的一项是，规定用于支付选举监察人的费用不应由候选人负担，而该在地方税收中列支。另一个修正案是禁止设置领薪的检票员，限定每位候选人只能有一个支薪的代理人。第三个修正案是把防止和处罚贿赂行为的举措扩展到市级选举中。

---

① 有一个时期我曾计算过，每星期至少收到一封恐吓信。我注意到，在星期二早班邮件中寄来的恐吓信特别多。我料想发信人是趁着星期日空闲把信写好一起在星期一投邮的。搜集一星期中各天的犯罪证据也许很有意思。然而我们可以说，在艾洛兰星期日大概都是用作写各种有罪或无罪信件的时候。

我们都知道，市级的选举不但是议会选举中贿赂行为的预备学校，而且是贿赂行为频繁的庇护所。但是当保守党政府通过了他们法案中的主要条款（我为之投过赞成票和发过言）后，选举中的司法权就马上从下院移交给了法院，于是他们开始坚决地反对其他所有的改进建议，其中有一项最重要的提案（福西特先生提出的）在获得了实际上多数人的支持后，在后一阶段就被他们纠结其全党的力量来否决掉了。下院里的自由党人因为其内部许多成员的行为而声誉扫地，因为这些人不愿意以任何方式尝试着为保证人们诚实选举付出努力。他们在下院中占据着绝大多数席位，这本来就能够使全部的修正案得到通过，更何况他们能够提出更好提案。但这个时候会期即将结束，这些议员们都在着急准备即将到来的大选；虽然仍有几位议员（像罗伯特·安斯特鲁瑟爵士）在坚持本职工作令人敬佩，但是他们中的大部分人都把个人的选举利益置于国家事务之上，因为他们的竞选对手已经开始游说选区里的选民。许多自由党人还低调看待反贿赂立法，认为这个提案只会影响大众对无记名投票的注意力，在他们看来，无记名投票是一个足够的和唯一的补救办法，我预料这种想法在将来肯定会被证明是完全错误的。由于以上种种原因，虽然我们竭力地坚持我们的提案并斗争了几个晚上，但最终我们还是彻底失败了；而我原本还计划着给这种贿赂行为增加一些阻碍，但在新选举法实施后举行的第一次大选中，贿赂行为变得比以前更加猖獗。

在针对迪斯雷利的改革法案进行的一般辩论中，我只是作了上文提到的一次演讲，但是我利用这个讨论机会正式地向议会和全国大众提出了代议制政府中还需要实施的两项最重大的改革举措。其中一项是“个人代表制”，或者也可恰当地称之为“比例代表制”。我就黑尔先生提出的议案发表了一篇解释性和议论性的演说，在其中提出了此项措施请下院考虑；这之后，我积极地支持一项替代黑尔的提案却十分不完善的方案，这个方案被议会接受，并在少数选举区内实行。这个可怜的临时解决方案，除了能表明人们部分地承认弊端的存在之外，在对弊端的补救方面，发挥的作用很小，几乎没有可称赞之处。但即使如此，它还是和真正良好的改革措施一样，遭受了各种同样荒谬见解的攻击，所以我们需要以同样的原则给予维护；这个方案在少数的议会选区被采用，以及在之后的伦敦教育委员会的选举中采用的“累积投票制”的形式，也取得了良好的效果。这种形式把所有选举人的平等权利转变为按比例分配代表名额，把单纯的理论性讨论问题转变为实际性政治问题。如果没有这个方案的实施，那么就不可能收到如此迅速的效果。

对于我提出的个人代表制的主张，很难肯定它能产生相当大或明显的实际效果。但对于我提出的另一项动议，情况则完全不同，这是我针对改革法案提出的另一个修正案，它十分重要，也许是我担任议员期间履行的唯一真正重要的国家公共职责。这项动议要求剔除那些含有只有男子才有选举权的意思的语句，从而允许所有具有和男性选民同样资格的人，即全体妇女（如户主或其他妇女）都拥有选举权。在当选举权正大规模扩大化的时候，如果妇女提出不要求参加选举，那么我认为这可能就是要公开真正的这种权利的时候。妇女争取选举权的运动从1866年开始，当时我提交了一份上面有许多杰出女士签名要求选举权的申请书。但是很难肯定这个要求能在下院得到议员们几张稀疏的赞成票。然而让人吃惊的是，经过一次辩论，辩论中站在反对立场的演讲人明显表现得软弱无力，投票的结果是赞成这个动议的票数有七十三票，再加上对立政党协议不投票的议员和计票员，总数达到了八十多票，这让人很受鼓舞。更让人受鼓舞的是，投赞成票的人中有布赖特先生，很明显，这场辩论会影响了他的想法，因为之前他一直公开表示不同意这个提案。

我相信，所有我在下院活动中值得回忆的事情已经全部提到了。但即使把这些事情叙述得十分详细，仍会让人们感觉我在那段时期的工作时间安排的不够充分，特别是和别人通信占用的时间里。在我人选议会之前的很多年里，我不停地收到陌生人的来信，其中大部分来信称呼我为哲学家，在有关逻辑学或政治经济学的问题上，他们要么提出各种难题，要么是交流这些问题的看法。我认为，和所有著名的政治经济学家一样，我也收到了许多包含着种种肤浅理论和荒谬建议的来信，这些来信表达出人们一直努力尝试着以人为地改组货币的方法指出一条通向全民富裕和幸福的道路。当来信人的表达显示出了他足够的理解力，值得被加以纠正时，我会不辞劳苦地指明他们的错误，一直到后来因为来信数量不断增加，以致我不得不用简短的答复，而后停止了和这些人的通信。但是，我收到的来信中还有许多比上述信件更加值得被重视的，有些来信指出了我作品中遗漏的细节，因此我可以对其加以改正。随着我写作的主题越来越广泛，这类通信也自然地不断增加，尤其是形而上学性质题材的文章不断增加。但是当我成为议员后，开始收到私人的抱怨信件和与各种公共事务有关的任何能够想象的问题的信件，有些问题甚至和我的知识或专业毫不相关或相去甚远。但将这种负担增加给我的不是我在威斯敏斯特的选民，他们很显然地以十足的忠诚信守着和我同意竞选时的承诺。其实偶尔我还会收到几个天真青年的请求信，他们想让我帮助他们在政府中找个小差使；但这种情况不多，他们的请求不分状况，不论是哪个党派执政都会寄来这种信件，这足以表明了这些青年是多么单纯和幼稚。对于这些请求信我一贯的回复就是：向政府走后门违背了我当选议员的原则。但是，总的来看，我自己的选民比全国其他地方的人给我带来的麻烦要少得多。可是，平时增加的大量通信成为我沉重的负担。

我在议会任职期间，我的写作活动毫无例外地只能在休会期进行。此间除了上面提到的关于爱尔兰问题的小册子，我还写了一篇名为《论柏拉图》的文章，发表在《爱丁堡评论》上，后来收编在《论述与讨论》第三集中；另外承蒙安德鲁大学学生的厚意，我在幸运地担任该校校长时依照惯例发表了一篇演说。我的这篇演说表达出了我一生积累的许多思想和见解，涵盖了类属自由教育的各种学科，以及这些学科的功用与影响，还包括为让这些学科发挥出最有效果的影响应该使用的研究方法。为了证明古老的经典学科和新兴的科学学科同样具有崇高的教育价值，我采取了和大部分的宣传者的主张相比更加具有坚实基础的立场，并坚持认为常规的教育方法的愚蠢无能让这些学科被当作互相排斥而不是互相联系的东西；我认为这样的立场不但有助于促进在全国高等教育机构顺利开始的改革，而且能在最崇高的精神教育影响下传播比通常在我们这些受过高等教育的人身上发现的更公正的思想。

在这段时间里，我还开始了自己哲学方面的工作，这项工作在我离开议会后不久就完成了，同时也为了表示对父亲的纪念，我整理出版了他的《人类心理现象分析》一书，并在书中添加了注释，使这部优秀著作中的理论在科学性与思想性方面有了最新的改进。这是一项合作性的事业：心理学方面的注释由贝恩先生和我平均负责写作，哲学史方面偶尔出现的问题则由格罗特先生提供有价值的意见解决，而这本书在写作时因语言学知识的不足而存在的缺陷是由安德鲁·芬勒特博士加以补充的。因为此书在初版时正遇上形而上学思想的浪潮与经验和联想心理学针锋相对的情况，所以没有很快地取得它应有的成功；但这本书已经给许多人留下深刻的印象，并且经过这些受其影响的人的传播，非常有助于形成对“联想心理学”有利的气氛条件，这种学说让我们直至今天仍受其恩惠。这本书作为学习“经验形而上学”的教材非常合适；只需运用同一思想学派的最新研究成果对这本书稍稍加以修改和完善，它就能像现在这样，同贝恩先生的专著一起，成为分析心理学系统著作的典范。

1868年秋天，通过了《改革法案》的议会解散了，我在威斯敏斯特进行新的议员竞选中落败。我对此并不感到意外，我相信也不会让我的主要支持者感到意外，虽然他们在即将选举的那段日子里也曾抱有比之前更高的希望。如果我从没当选过，那就不需要什么解释；让人感到惊奇的是我首次当选了，或者说既然我已经在那时当选，那为何后来却又落选。但是我的竞选对手在第二次为击败我所做出的努力要远比第一次大得多。第一，因为托利党政府目前正在尽其全力为能继续执政而斗争，任何一个选区竞选的胜利对他们来说都至关重要；第二，所有支持托利党的人此次对我个人的反对情绪比上次竞选时更加高涨；当初竞选时许多对我有好感或者觉得无所谓的人，此次却强烈地反对我连任。因为我在讨论政治的文章中对他们表示我意识到了民主舆论的弱点，所以有些保守党人似乎一直觉得应该把我当成民主舆论的敌人；由于我能够看到保守党方面的问题，他们就断定我如他们那样，看不到其他方面的问题。但是，假如他们真正读过我的著作，就会知道，我在对所有我认为有足够依据的反对民主的论点给予充分重视之后，会坚决果断地支持民主的论点；同时还会建议民主的论点应该附带和它的原则相符合的一些制度，这些制度还要能剔除和民主相冲突的东西；关于民主的补救办法，一种主要的典型的制度就是比例代表制，对于这个建议保守党人中很少有人给我支持。一些托利党人似乎寄希望于我曾经对一定条件下的一人多选区复投票制表示支持这一点上。据推断，这个建议是迪斯雷利先生在为改革法案做准备时向下院提出的其中一个决议案（会议上没有通过这个建议，他也没有再次争取），他们的希望可能就是受了我写的关于这个问题的论文的影响。如果真是这样，那么他们忘记了我的这个支持还有附带的条件，就是复投票制的特权是基于教育程度而不是财产多少。不能以财产为依据；即便如此，我也只是在假定普选权能够实行的情况下才支持这个建议的；但是在当前这个改革法案规定的选举制度下，这种复投票权是完全不能被接受的。如果有人对这一点表示怀疑，他们只要看一下即使在法律规定了一人只能投一票的情况下，工人阶级在选举中所占的微不足道的票数就会明白。

现在的我比之前更让托利党人和许多保守党的自由派人士感到讨厌，而我在议会中所追求的事业从根本上没能得到自由党派人士的强力支持。我在上面已经谈到，在我出版的大部分作品中，讨论的问题都和大多数自由党人有着不同的意见或者是他们很少关心的问题，而且我所主张的政策很少有机会受到他们的重视，或被认为有很大价值，所以他们也很少把我当作宣传他们主张的发言人。另外，我所做的事情让很多人产生了个人偏见。很多人在所谓的迫害艾尔先生事件上表示十分愤怒，把他们惹得更加愤怒的是我为布雷德洛先生的竞选捐赠了一笔款项。因为我拒绝承担自己竞选的费用，我的全部竞选费用都是由他人承担，所以我感觉自己十分有责任对获得众望所归而又缺乏竞选基金的人给予捐赠。于是我基本上对所有的工人阶级的候选人给予了捐赠，其中就包括布雷德洛先生。他获得了工人阶级的支持；我听过他的演说，了解他是一位具有能力的人；在马尔萨斯主义和个人代表制这两个十分重要的问题上，他强烈反对民主党中盛行的观点，这证明了他不是一个迷惑人心的政客。他这种人既有工人阶级的民主感情，能够代表他们自主地判断政治问题，又有在众人的反对下坚持自己信念的勇气。我认为，议会里就是需要这样的人，而不应该因为他表达过反对宗教的见解（即使他曾毫无顾忌地发表过反对意见）就被排斥在议会之外。但是，如果我仅仅考虑自己能够第二次当选的利益，为他的竞选捐款，的确显得过于冲动；结果真的不出所料，我的这种行为被别人最大限度地利用（有公正的，也有不公正的）来鼓动我在威斯敏斯特的选民反对我。除了这些原因，再加上我的托利党的竞选对手那边不择手段地利用金钱和其他势力，而我这边却没有利用任何势力，最终导致了我在第一次竞选胜利后，第二次竞选的落败。在选举结果刚出来后，就有其他三四处选区（主要在外郡）邀请我做他们的候选人；然而即使有竞选成功的希望，即使不需要我承担费用，我也不得不承认回到普通的百姓生活带给我的轻松和快乐。我没有必要因为遭到选民的放弃而感到羞辱；即使会有这样的感觉，但当收到无数的来自社会各界和各地的人士的慰问信时，特别是收到了来自议会中和我合作习惯了的自由党议员的慰问时，这种感觉也早已烟消云散了。

从此之后，基本上没有再发生什么值得在这里叙述的事情。我重新开始了之前的写作生活，回到了欧洲南部开始享受田园生活，每年两次轮流在伦敦附近住上几星期或几个月。我为报社的期刊写了许多文章（主要发表在我的朋友莫利先生的《双周评论》上），还在公共大会上发表过几次演说，在几年前完成的《论妇女的从属地位》添加了一些内容进去后再次出版，并且也开始为将来写新的作品搜集素材。对于我将来的新作品，如果我能在有生之年写完的话，那么我就会有时间对此详细叙述。因此，这本自传自此告终。

论思想和讨论的自由

On Liberty

〔英〕 约翰·穆勒

第一章

引 言

本文的主题不是所谓的意志自由——非常不幸，意志自由与同被误称为哲学必然性的教义正好相反。本文所要讨论的是公民的或社会的自由，即社会所能合法地施与个人的权力的性质和限度。总的来说，这个问题很少被提出，几乎没有人会加以讨论，但在潜移默化中却深刻地影响着当代的一些实践问题之争，并且看来很快会被公认为未来至关重要的问题。它远非新鲜事物——在某种意义上，几乎从最遥远的时代以来，它就在将人类加以分类。在人类社会比较文明的现阶段，它在新的条件下展现着自己，并要求一个不同的、更为根本的处理方式。

在我们最早熟知的历史中，特别是在希腊、罗马和英国，自由和威权之争是其最为显著的特征。但是在旧时代，这个斗争是在臣民之间，或者是在臣民的某些阶层与政府之间进行的。那时候，自由意味着对政治统治者暴政的防御。统治者（希腊某些平民政府中的统治者除外）必然被视为处在与他们统治的百姓相敌对的位置。统治者中包括一位掌权的独裁者，或者一个掌权的部族或者世袭阶级，其权威由继承或者征服获得。任何情况下，其对权力之掌控皆不以被管理者高兴与否为意，而众人对其至高无上的地位不敢有所挑战，或许不愿有所争议，采取某种预防措施预防其权威的压迫性运用。其权力被视为必需，但也高度危险，因为会用来对付其国民的武器不亚于对付外敌。为了保护群体里面较弱小的成员不被无数秃鹰所捕食，有必要任命一个更强大的猛兽来压服他们。但是，比起任何一个较低级的捕食者，秃鹰之王对这一群体的觊觎之心只多不少，故而必须永远防范其尖喙和利爪。因此，爱国者的目的在于对统治者掌控臣民的权限加以限定，保障所谓的自由。谋取这种限定的方法有二：其一，通过获取对某些豁免权即所谓的政治自由或政治权利的认可。若统治者背弃了这种政治自由或权利，将被认为是对其义务的背弃，而如果他确实背弃了这一义务，那么特定的抵抗或大规模的叛乱将被认为是正当的。其二，通常是事后的权宜之计，即在宪法上建立一些制约机制，要求统治者在做出一些较为重要的举措时，必须经由被统治群体的同意，或者是被认为代表其利益的某种团体的首肯。在大多数欧洲国家，第一种统治权力的限制模式曾不得不或多或少加以执行，而第二种却未能达成。为了实现这一目标，或者为了更为完善，就演变成为各处爱好自由之士共同的主要目标。只要人类满足于与一个又一个敌人作战后，在得到保证能或多或少有效地遏制暴政的情况下，即使由一个主人统治，他们也会将自己的渴望超过这个界限。

然而，随着人类事务的发展，这样一个时代到来了：在人们心目中，管理他们的人是一种与他们利益相对的独立力量这一观念不再是一种必然。在他们看来，国家的各种官员如能成为他们能随心所欲地撤换的承租人或者代表要好得多，这样他们觉得自己就能拥有完全的安全感，政府权力永不会因为被滥用而对他们不利。逐渐地，通过选举产生非永久统治者的新需求成为平民政党——不管在哪里存在过这样的政党——所追求的重大目标，并在很大程度上取代了先前的限制掌权者权力的努力。让掌控的权力来自被掌控的人的定期的选择随着这一斗争持续进行。一些人开始认为，限制权力本身被看得太重要了。也许，那才是（也许看起来是这样的）可以用以反对那些其利益总是习惯性地与人民相对的统治者的一种资源。现在人民所想要的是统治者应该与人民同呼吸共命运；人民的利益和意愿应该就是国家的利益和意愿。国家不需要受到保护而免于统治者的意志所戕害，不用担心统治者对自己施行暴政。让掌权者有效地对国家负起责任，否则可由国家迅速免职，那样国家就不用怕把自己能够支配其用途的权力托付给他们了。他们的权力只是代表了国家的权力，只不过更为集中，而且运用起来方便。这种思想模式，或者说感情模式更贴切，普遍见于上一代的欧洲自由主义之中，而在其大陆的一支中显然仍占主导地位。那些允许对一个政府的所作所为有所限制的人，除了那种他们认为根本不应该存在的政府外，在大陆的政治思想家中鲜见。如今，我国一种类似的情感基调也许已经盛行起来了，如果一如既往地鼓励这种情感的话。

但是，在政治或者哲学理论中，正如在人群中一样，成功可能揭露出错误和缺点，而失败可能会使其隐藏起来。当平民政府只是一个梦想，或者存在于遥远的过去、人们只在书籍中读到时，人们则不必限制施与自己权力这一观念也许看起来是自明的公理。就像法国大革命一样，一些暂时性的反常情况也不一定会动摇那个观念，因为最糟糕的也不过是少数篡取者的所作所为，在任何情况下都不属于永久的平民政治体系的运作，而属于反对君主和贵族专治的一个突然的骚动性爆发。然而，随着时间的推移，一个民主共和国终于出现，开始占据地球表面的很大一部分，并被认为是国家群体里最有权力的成员之一。因为有巨大的现存事实可供监察，选举制以及责任制政府变成了监察和批评的目标。人们现在发现，诸如“自治政府”以及“人民赋予自己的权力”这样的字眼，表达不出事实的真实状态。行使权力的“人民”，同权力所加之其上的人民并不总是相同的。所说的“自治政府”，并不是每人管制自己的政府，而是每人都被所有其余人管制的政府。此外，人民的意志实际上是指人民中数量最多的或者最活跃的部分人的意志；亦即大多数，或者成功被认定为大多数的人。而结果就是，人民也许想要压制他们中的一部分。同样，需要采取预防措施来反对这种习气，正如反对其他对权力的滥用一样。因此，当掌权者通常需要对群体亦即最强大的党派负责时，限制政府在个人身上行使的权力丝毫不失其重要性。这种观点，因其不仅投合思想家的聪慧，而且同样投合欧洲社会重要阶层——民主与真实存在或假定的利害关系正好相反——的意向，树立起来已不复困难重重。在如今的政治思想中，“大多数人的暴政”总的来说包含在社会要求需提防的各种灾害之中。

如同其他的暴政一样，大多数人的可怕暴政，人们过去和现在都看到，主要通过公共权威机构的行为而起作用。但是深思的人们感知到，当社会本身便是暴君时——当社会作为整体而凌驾于单独构成它的个人时——它的暴政方式并不仅限于通过其政治机构而做出的措施。社会能够、且确实在执行自己的命令：如果它发布错的而非正确的指令，或者插手一些它根本不该插手的事务，那么它实行的是一种比许多种类的政治压迫更可怕的社会暴政，这是因为，虽然不常以极端的处罚作为后盾，但它留下了更少的逃避的方法，更深地渗透进生活的细节里，并束缚了灵魂本身。因此，针对地方官员暴政的防御远远不够。此外，还需要防御盛行的观点与情感的暴虐，防止社会通过民事处罚以外的方式进行处罚并将它自身的观点及行为作为行为准则强加给持不同意见的人的倾向；还需要防止下面的趋势，即社会束缚任何与其方式不相协调的个性发展，如果可能，阻止任何与其方式不相协调的个性的形成，并强迫所有人都对自己的模式亦步亦趋。集体意见对个人独立的正当干涉是有限度的。找出那个限度，并保持它不被侵蚀，同防御政治独裁一样，对于保持人类事务的一个良好状态，是必不可少的。

不过，虽然这个提议一般而言不会被质疑，但将此限制划在何处的这一现实问题，亦即怎样在个人独立和社会控制之间做出合适的调整，就是一个几乎所有尚未着手的事都以其为基础的问题了。对于任何人来说，使其存在有价值的一切，都取决于施行加诸在其他人行为上的约束。因此，某些行为的准则必须强制施行，首先是通过法律，而在许多不适合于法律操作的情况下则使用舆论的方式。这些准则应该是什么呢？这是人类事务中最基本的问题；但是如果我们排除一些最明显的情况，这就是在决定中取得进步最少的情况之一。没有哪两个时代，也几乎没有哪两个国家，在这个问题上做过相似的决定。一个时代或者国家的决定，对于另一个时代或国家来说是一件奇怪的事。然而任何一个时代以及国家的人民对这件事上产生的困难并不怀疑，正如他们对于全人类一致通过的题目不加怀疑一样。在他们中所获得的准则在他们看起来是不言而喻的、自我开脱的。这一几乎无处不见的错觉是习俗所产生的神奇影响的例子之一。正如谚语所说，习俗虽说是第二天性，但总被错认为是第一天性。习俗在阻止任何对于人类强加于另一个人的行为准则的担忧方面有着完全的效力，因为人们一般认为，在这个问题上，不必一定给出理由，不论是一个人对于另一个人，或者每个人对于他自己。人们习惯相信，并受到某些倾向于哲学家性格的人的鼓励去相信：在这种性质的问题上，他们感性是优于理性的，从而就使理性成为不必要。引导他们形成关于制约人类行为的观点的实际原则，是存在于每个人心中的感想，即认为应该要求每个人都要按照他以及与他有同感的人希望的那样去做事。事实上，没有人会承认他判断的标准是他自己的爱好，但是有关某些行为的问题上，一个没有理由作为根据的意见，只能算作某人的偏好。如果给出原因的时候仅仅只是在诉诸他人同样的喜好，那仍然不过是许多人的爱好而不是一个人的而已。然而，对于一个普通人来说，他自己通过这种方式得到支持的偏好对他在道德上、趣味上或者礼俗上所持有的观念来说，不仅仅是一个相当圆满的理由，一般来说也是一个他所有的唯一的理由。那些观念并没有被明确写到他的宗教信条中，即使在他的宗教信条里，指导他的也主要是他自己的解释。因此，人们在什么是值得赞赏的或者可责备的观点这个问题上是被各种各样的理由所左右的，这些理由影响着他们在这一点上的意愿。这些理由同那些规定他们自己在其他任何问题上的意愿的理由一样繁多。有时候这是他们的理性——有时又是他们的偏见或者迷信。通常是他们社交性的爱好，有时又是他们反社交性的爱好；有时是他们的嫉妒或忌心，傲慢或者轻蔑，但是大多数情况下则是他们自己的欲望或者担忧，亦即他们的合法或者不合法的切身利益。无论何处有一个占优势的阶级，那个国家的大部分的道德一定是从它的阶级利益以及它的阶级优越感中生发出来的。斯巴达人与赫劳特农奴之间的道德、殖民者与黑人之间的道德、王子与平民之间的道德、君主与臣民之间的道德、男人与女人之间的道德，大部分是那些阶级利益和阶级优越感的创造物。情操由此产生，并反过来在优越的阶级成员之间的关系里对道德情绪起作用。从另一方面来讲，一个以前优越的阶级丢失了它的优势，或者优势已不孚众望，那么得势的道德情操往往就会带有一种对优越感非常厌烦的意味。行为准则的另一个极重要的决定性原则，不仅在行为而且还在克己方面为法律或舆论所支持的，就是人类对于他们现世的掌权者或者神祇假定的好恶的奴性服从。这种奴性尽管本质自私，却不是伪善。它孕育出一种完全纯真的憎恶情操，使得人们烧死巫师和异教徒。在如此众多的更为基础的影响中，社会一般的和明显的利害，在指引道德情操方面当然起着一份而且是很大一份作用。然而，与其说是出于理性与社会利害自身，还不如说是出于从中滋养出来的爱憎之感。爱憎之感对社会利害很少或没有任何作用，但在树立各项道德方面则表现出很大的力量。

这么看来，实际上决定那些在法律或者舆论支持下要人们注意并遵守的行为准则的主要因素，其实就是社会的好恶，或是社会中一些有势力的那部分人的好恶。就这个情形而言，一般来讲，那些在思想和感情上走在社会前沿者从没在原则上进行攻击，尽管他们同一些细目有冲突。他们宁愿探讨什么是社会喜好的或厌恶的，却不去过问社会的好恶对个人来讲是否应成为法律。他们宁愿用自己所持有的某些异端的观点努力去改变人类的感想，却不把保卫自由、保障一切异端作为一般性的主张。只是在宗教信仰方面，零星可见个别人采取了有原则的较高立场，而且一贯地坚持下去。这一情况在很多方面都带来了启示意义，尤其在道德感觉之易误这一点上表现得最明显，就如神学家之相仇对于真诚的执迷者来说，在道德情绪上是最明白不过的一个例子。一般来讲，那些首先冲破被所谓的大一统教会束缚的人们，原来也会和教会一样，不允许宗教意见有歧义。但当冲突的热劲已过，各派都未取得完全胜利，而每一个教会或教派都只希望保持自己阵地时，少数派见自己没有变成多数派的机会，于是不得不向他们所无法改变的人们呼吁请求允许有分歧。于是仅仅在这个战场上，个人反对社会的权利才在有原则的广阔立场上被人们提出，而社会想对倡导者施用权威的要求也才受到公开的争议。那些为世界谋得它所享有的宗教自由的伟大作家们，大多数都认为良心的自由是一种无法取消的权利，都绝对否认一个人必须为他自己的宗教信仰向他人作交代。但是人类在他所真正关心的事情上是天然不能容忍的，以致宗教自由实际上很少得到实现，除非也算上因厌恶神学的争吵扰乱其宁静从而对宗教一点也不关心的情况。就算是在最为宽容的国度，几乎在所有宗教人士心中对于宽容的义务的承认还是暗含保留的。这一位在关于教会政府问题上会带着异议加以容忍，但在有关教条问题上却不然；另一位能宽容所有人，独独不能宽容一个天主教徒或一神教徒；还有一位，只对一切信仰神启的宗教人士加以宽容；还有少数的人把宽容稍微推进了一步，但是一旦碰到相信上帝和相信彼界时却不能通融。总而言之，凡是在多数之感真切强烈的地方，就不会看到要服从多数的主张会有减弱多少。

在英国，因为政治历史上的一些特殊情况，同欧洲大多数国家比起来，舆论束缚也许较重，但法律束缚则较轻。在这里，对于使用立法权或行政权直接干涉私人行为有很大的嫉恨。这种嫉恨与其说是来自对个人独立有何种正确的看法，倒不如说是因为人们还存在一种思想习惯，把政府看作代表与公众利益相反利益的机构。许多人都还没有学会去体会和认知政府的权力就是他们的权力，政府的意见就是他们的意见。一旦他们学会这样，个人的自由也许就会遭到来自政府方面的侵犯，正如它已经被舆论侵犯了一样。然而，就目前而言，这里正好有一种相当分量的情绪随时都会被引起，去反对任何想用法律在人们未曾习惯被法律控制的一些事情上面来对个人进行控制的企图。至于这个事情究竟是否应该在法律控制范围内，这种反对的情绪并未怎样加以审辩，因而这种情绪总体来讲是属于高度健康的，但是在特定的事例上也常常被误用，常常好像有很好的根据。事实上，我们并没有什么公认的原则，习惯性地用来判定政府的干涉恰当与否。人们对此的决定都是根据本人的抉择。有些人看到有什么好事需要做，或者什么灾祸要救，就怂恿政府去承担；另外一些人则情愿忍受任何数量的社会灾祸也不愿在人生各种利害中添加要听从政府控制这一项。在所有特定的事情上，人们自己选边站队，要么根据自己情操上的一般方向，要么对在想要政府来做的事上所感受到的利弊程度，要么看政府会不会像他们所喜欢的样子去做。如果他们一贯持有什么定见，认为哪些事情应该由政府去做，那是非常少有的。在我看来，由于没有准则或者原则，结果就是这边和那边同样都是错误的。人们不适当地祈求政府的干涉与对其干涉不适当地加以指责的概率大致相同。

本文的目的是力主一条极简单的原则，使得凡是属于社会用强制和控制方法对付个人的事，不论所用方法是法律惩罚方式下的物质力量或者是公众意见下的道德压力，都要绝对以它为准绳。这条原则即是：人们有权且有理通过个别或者集体方式对当中任何分子的行动自由进行干涉只能出于自我防卫的唯一目的，即文明群体中的任何成员能用一种权力反其意志而又不失为正当，唯一目的只有是要防止对其他人的危害。如果说为了那个人自己好，不论是物质的还是精神的，都不成为充足的理由。人们不能强迫一个人去做或者不做一件事，说是这对他比较好，因为这使他比较愉快，因为这在别人看来是聪明的或者是正当的；所有的这些理由，如果是为了向他规劝，或者是和他辩理，或者是对他说服，以至于向他恳求，那些都是好的；但只是不能借此对他实行强迫，或者说，如果他反着做的话便要使他遭受什么灾祸。要使强迫成为正当，对他加以吓阻的行为必须是要避免对他人产生祸害。任何人的行为，只有涉及他人的那部分才必须对社会负责。仅涉及本人那部分，他的独立权利是绝对的。对于自己的身心，个人就是最高的主权者。

也许不用多加说明，这个教义只能适用于能力已达成熟的人类。我们不是讨论小孩或者是尚未达到法定年龄的青年，对于尚且处于还需要被他人照管的人来说，对他们的行动必须加以防御，正如须防御外来的伤害一样。基于同样理由，对于那种其种族自身尚可视为未成年的社会中的一些落后状态，也可置之不论。在自发的进步过程中，早期的困难非常严重，以致在克服困难的手段方面竟然难容有选择的余地，因而如果遇到一个很有改善精神面貌的统治者，他就能有理由用任何便宜方略就能达到一个非此就不能达到的目的。在对付那些野蛮人的时候，专制政府就是一个合法的形式，只要目的是使他们有所改善，而所用的手段因为这个目的而显正当。就自由这条原则来说，在人类还没达到能用自由和对等的讨论而获得改善的阶段前是没什么用的。不到那种时候，人们只能服从一个阿喀霸或者一个查理曼，如果他们足够幸运，能找到那样一位大帝的话。但是，一旦到人类获得了这种能力并将其用来说服或者劝告或者引导他们去自行改善的时候（在这个时期，所有的国家早就到达，在这必须提到我们自己）强制的办法，不论出自直接的形式，还是对方不服气时加以严惩的形式，就不能再成为只是为了他们自己的好处而许可使用的手段，除了把保障他人安全为理由才能算是正当的。

应该说明的是，在这篇论文中，凡是那些能从抽象权利概念（脱离功利而独立的东西）中引申出来的有利于我论据的各点，我全都不用。诚然，在所有道德问题中，功利总是被我最后谈及的，但这里讲的功利必须是最广义的，必须是基于人作为不断进步的存在的永久利益。我的意见是，这些利益享有权威，可使得个人的自发行动屈从于外来的控制，当然只是在每个人涉及他人利益的那部分行动上。如果有人做了一件有害于他人的事，而且是很显然要对他处罚的事时，可以用法律惩戒他。如果法律不太合适时，可以用普遍的谴责来代替。还有很多积极性的对其他人有益的行动，需要强迫人们去做，也能算作是正当的：比如去法庭作证；又比如在一场共同的自卫斗争里，或者在为他所受到保护的整个社会利益所必需的任何联合工作当中，担负他的一份公平的任务；另外还有某些个别有益的行动，比如去拯救一个人的生命，保护一个被虐待却没有办法自卫的人，等等。总而言之，凡是明显属于一个人义务范围内的事他却未做时，要他对社会负责就是正当的。必须清楚的是，一个人不仅会因为他的行动祸害他人，也会因为他不行动而产生同样的结果。不论哪种情况下，他都不能为他所造成的伤害而合理开脱。诚然，在后一种情况下施行强制，比上前一种情况下需要更慎重。如果一个人做了祸害其他人的事情，就需要为此负责，这是规则。至于他不去制止祸害就需为此负责，比较说来就是例外了。虽然是例外，在许多足够明显和重大的事情上却足以证明它的正当性。在涉及一个人所有外涉关系的事情上，此人对于有利害关系的人在法理上来讲都应该是负责的，而且如果是必需的话，社会作为他们的保护者，也是应该负责的。不过也常常有些好的理由可以不对他苛以责任，但是那些理由必须是出自特殊的权宜之计：不外乎是事情本身就属于这一类，如果让社会凭借它有权采用的所有办法来对他控制，还不如听任他自己的考虑去处置，看起来似乎效果会更好；抑或是因为假若尝试加以控制，将会产生其他的祸害，比要防止的祸害更大。应当指明的是，既然有这些理由免除了事先的苛责，这个时候主事者本人就应该使自己的良心站进空着的裁判席，去保护其他人的那些没有外来保护的利益；要更加严格地裁判自己，因为这些事情不容许他在同胞的裁判面前有所交代。

但也有一种行动，对社会来讲，有别于个人的是，即使有利害关系，也只有一种间接的利害。这类行动范围，包括只影响到个人自己的全部个人生活和行为，或者若是影响到他人的话，也都是他们自愿未经蒙骗的同意和参加的。需要说明的是，我这里所说的只影响到自己，是指影响是直接和最初的，否则，属于影响到本人的都会通过本人而影响到其他人，也许不一定，所以，凡是根据这个不可知的事情而反对的话也必须予以考虑了。这么说来，这便是人类自由的适当领域。这个领域包括如下内容：第一，意识的内向境地要求最广义的良心的自由；思想和感情的自由；不论在实践或者思考、科学、道德或神学等一切题目上的意见和情操的绝对自由。谈到发表和刊登意见自由，因为它属个人涉及他人那部分行为，看起来像是归在了另外一个原则之下，但是又因为它和思想自由本身几乎同等重要，所依据的理由又大致相同，因而在实践上和思想自由不能分开。第二，这个原则还要求趣味和志趣的自由；要求有顺从自己性格而自我规划生活的自由；要有按自己所喜欢的去做也不会规避随之而来的后果的自由。这类自由，只要对我们同胞无害，就不应被妨碍，即使我们的行为被认为是愚蠢、荒谬或者错误的。第三，跟随个人自由而来的，在同样限度之内，还有个人间相互联合的自由；也就是说，人们有自由彼此联合，只要其目的无害于他人，参加联合的人都是成年人，也不是出于被迫或者受骗就行了。

任何一个社会，不论其政府形式怎么样，如果上述的自由整体来讲在那里不受尊重，就不算自由；无论在哪个社会，上述那些自由如果不是绝对的和不受限制的存在，就不能算作完全自由。唯一配得上叫自由的，是我们能按照自己的道路去追寻我们自己好处的自由，只要我们不对他人的这种自由加以剥夺，或者阻碍他们获取这种自由的努力。每个人都是自己身体的、智力的或者精神的健康的适当监护者。如果人们容忍彼此照自己所认为好的样子去生活，比强迫其余人照着自己认为好的样子去生活，所得到的要多得多。

这条教义绝非新奇，而且在某些人眼里还不言自明。然而，它却同现有意见和实践的一般趋势截然相反，这一点没有其他教义比它更甚。社会已尽其全力，试图迫使人们接受其何为个人的卓越的观点，尽力程度不亚于迫使人们接受其关于何为社会之优秀的观点。在古代，共和国认为自己有权使用公共权威去制约私人行为的每一部分，而古代哲学家则表示赞成，他们的根据是国家对每一个公民的全部体力和智力训练是深切关怀着的。一些处于被强敌包围的小共和国，经常处于被外来攻击或被内部叛乱推翻的危险，即使在短时间里，如果精力和自制有所松懈，也容易造成致命的损害，因此它们没办法等待自由产生健康的永久效果——在这样一些小共和国里，这种想法曾是可以被认可的。政治群体的力量在近代世界增大了，尤为重要的是，精神和世俗的权威分开了（这样就把对人们良心的指导权放置到另外一只不控制人们世俗事务的人的手里），此等情况极大地阻止了法律对私人生活细节的大量干涉。但是道德压迫的机器被用来反对与统治者在利己方面的分歧意见，甚至比反对社会事务还要卖力。宗教这一在形成道德情绪方面最为有力的因素，几乎永远不是被僧侣集团的野心控制着——它企图控制人类行为的每一个部门，而是被清教主义的精神控制着。即使某些反对旧时宗教最有力的近代革新者，在主张精神统治的权力方面，也不落后于一些教会和教派。特别是孔德的思想体系，在《论现实的政治》中所展示的目的，就是建立一种社会对个人的专制（虽然用道德的工具多于法律的工具），超过了古代哲学家中最严格的纪律主义者在其政治理想中所想到的任何东西。

除了思想家们个人的特殊学说外，世界上有一种日益增长的倾向，要把社会凌驾在个人之上的权力不适当地加以伸展，不仅要用到舆论的力量，也要用到立法的力量。既然世界发生的所有变化倾向于加强社会权力而削弱个人权力，可见这个侵蚀就不会自动消失，反而会愈演愈烈。不论是统治者或公民个人，都倾向于把自己的意见和意向作为行为规范强加给他人，而这一点得到了人性中某些最好或最坏的情绪的大力支持，以致几乎无法用任何事物对其加以约束，除非使其缺乏权力。然而，权力不是在减少，反倒是在增长，除非筑起一条道德信念的稳固堤防来反对这种灾祸：这样，在世界现在这个形势之下，我们只能看到它的增长了。

为了方便讨论，本文并未从一开始就进入总的论题，而只是在探讨该论题的一个分支。在这个分支上，所举的原则，即使不是全部也是在某一点上是为流行意见所承认的。思想自由便是这个分支，还有与此密不可分的言论自由和写作自由。这些自由，在所有宣扬宗教宽容和自由制度的国家里，已在很大程度上形成了政治道德的一部分，但它们所居于其上的哲学和实践的根据，对一般人而言，可能还不大熟悉，甚至很多率先提出观点的人，也并未如我们所期待的那样，对其有透彻的认识。一旦那些根据受到正确的理解，就不再只适用于这个总体的一个部分，而是有更广泛的应用；也就是说，对此予以彻底的考虑是对其他部分最好的导言。当然，我所要讲的东西对某些人来讲并不新奇。因而，这个关于三个世纪以来经常讨论的题目，我仍然有胆量再次讨论，对于此我只有希望他们原谅了。

第二章

论思想自由和讨论自由

人们希望，把“出版自由”作为反对腐败政府或者暴虐政府的保证之一，而且还需要继续保证，这样的时代已经成为过去。对于允许一个在利害上与人民不一致的立法机关或行政机关硬是把意见指示给人民而且规定哪种教义或者争论才允许人民听到的做法，现在我们可以假定的是，不再需要什么争论来加以反对。而且，这方面的问题已经被此前的作家多次胜利地加以推进，因而此地便没必要坚持继续讲了。直到今天，在英国，有关出版这项法律和都铎王朝一样富于奴性，但是，除了偶尔遇到某种恐慌以致大臣和法官因害怕引起叛乱而致的惊慌失措外，也没多大可能有实际执行起来反对政治讨论的危险；①一般来讲，凡是在立宪制的国家里都没必

① 正当我要写出这些话的时候，恰好出现了1858年的“政府检举出版条例”，那好像是对我所写的这些话的一个有力的对照。但是，对于公开讨论自由的这个有失恰当的干涉，并未使我改动本小节的一个字，也没有一点减弱我的信念：除了恐慌时期，用刑罚来对付政治讨论的时代在我国已经不复存在了。原因有二：第一，这个检举条例并没有得到坚持；第二，正当说来，这个检举也不是政治性检举。该条例中所说的罪行既不是对制度的批评，也不是对统治者行动和人格的批评，而是传播一种被认为是不道德的教养，即认为弑君是具有合法

要担心，政府——不论它是不是对人民完全负责——会经常尝试控制发表意见，除了它这样做是让自己作为代表对公众不再宽容的机关。因此，让我们假定政府和人民是完全步调一致的，从不考虑施加什么高压，除非符合它所认定的人民的心声。但我不愿承认的是人民运用这种压力的权力，不论是他们自己或者政府来运用。这个权力本身即是不合法的。并不是最好的政府比最坏的政府更有资格来运用它。迎合公众意见来使用它，较之违反公众意见来使用它，是同样有害的，或者更加有害。如果全人类都持一种意见，仅仅有一个人持相反的意见，这个时候，人们要令那个人沉默，并不比那个人（假设他有权的话）要令人类沉默更为正当。假如一个意见除了对自己之外，对别人来说是没有价值的就去阻碍享有它的话，这仅仅会对私人有所损害，那么关于它所损害的是少数人还是许多人就有一些区别。但是，使得一个意见不能发表的罪恶在于，它对整个人类来讲是一种掠夺，不仅掠夺现存的一代，对后代也是如此。对持不同意见的人的掠夺，比对支持那个意见的人更加严重。如果那个意见是正确的，那么他们就被掠夺了用错误换取真理的机会；如果那个意见是错误的，他们也会失去几乎同样大的利益，即真理和错误产生冲突后对真理更清楚的认识以及更生动的印象。

有必要对这两个假设另做一番考虑，让每个假设都有一个明显的分支

性质的教义。

如果本章的论据还有些真实性，那么，作为一个伦理信念来讲，任何教养，不论怎么不道德，都应该有最充分被信奉以及讨论的自由。因此，那条弑君的教义是否能被叫作不道德都同本章的论题根本无关，没必要在这里做进一步的考究。但是我也愿意作几点说明：一、这个问题自古以来就是一个公开的道德问题；二、一个公民私下杀了一个罪人——暴君把自己居于法律之上，所以法律惩罚不到且无法控制的罪人——在所有国家看来，在一些最好和最聪明的人看来，都认为那不属于罪行，反倒是一桩具有高尚道德的行为；三、无论对错，这行动总是不属于暗杀性质，而属于内战性质。既然是这样，在我看来，对于这个行动的煽动问题，在特定的案件里，恰好可以成为惩罚的对象，但是只有在显著行动随之而来并可以在行动和煽动之间找到可能的联系情况下才成。即便是这样，也只有被攻击的政府在进行自卫时把惩罚施于把颠覆作为目标的攻击才叫合法，如果由一个外国政府来干的话，那便是不合法了。

与其对应。我们永远不能确定，我们努力压制的意见乃是一个错误的意见。即使我们很确定，压制它仍然是一种罪恶。

第一点：尝试用权威来加以压制的那个意见有可能是正确的。想要压制它的人们当然会否认它的正确性，但那些人有可能是错误的。他们没有替全人类解决问题的权威，也没有可以把其他每个人都排除在评判的手段之外的权威。如果因为他们坚信一个意见是错误的从而拒绝倾听那个意见，这就是将他们的确定性与绝对的确定性混为一谈了。凡是对讨论的压制，都是在假定自己不可能错误的前提下。它的判罪可以被认为是根据了这个通常的论据，并不因其通常性而更糟。

在实际的判断中，人类可能会犯错这个事实远远没有在理论里经常得到承认的那么重要，这对于人类的良好判断力来说可谓不幸。即使每个人都深知自己有可能是错误的，但是很少人想到有必要对自己的可能错误性采取什么预防办法，也很少有人承认这样一个假定，即他们觉得十分确定的任何意见可能正是他们承认自己可能容易犯的错误之一。例如一些君主，或者其他习惯受到无限服从的人们，他们在所有事情上对自己都感到有这样十足的信心。有一些处境比较幸运的人，有的时候能够听到自己的意见被批判，即使错的时候，也并不完全不习惯被人纠正——这种人就是只对自己周围的人或者习惯服从的人共有的一些意见时才会给予同样的无限信赖。因为，如果一个人对自己的孤独判断缺乏信心，他就不免会带着一点都不怀疑的信托投靠在一般“世界”的不可能错误上面。对于每个人来讲，所谓的世界，就是指他所接触到的一部分，比如他的党、他的派、他的教会、他的社会阶级。至于如果有一个人认为所说的世界可广泛至他自己的国度或者自己的时代，那么，相比之下，他就可以被称作几近自由主义和胸怀宽广。这个人对于集体权威信仰的态度，绝不会因为他知道他的时代、其他国度、其他党、其他派、其他教会以及其他阶级过去甚至现在仍然抱有相反思想的这一事实而动摇。他把反对他人的异己世界的责任转交给了他自己的世界，但他却不知道在这无数世界中要选哪个作为信赖对象，所决定的因素仅仅是偶然的机遇，也不知道现在让他在伦敦成为一个牧师的某些原因，同样也会令他在北京成为一个佛教徒或孔教徒——然而这些他就不操心过问了。但是，有一点是不言而喻的，相比个人而言，时代并不是更不容易犯错：每个时代都曾经抱有很多被随后时代看作错误和荒谬的意见。由此可知，现如今流行的很多意见必然被未来的时代排斥，这是确定无疑的，正如一度曾流行的许多意见已被现代所排斥一样。

对于以上论据要提出的反驳，也许会采取以下形式。也就是说，在公共权威本着自己的判断和责任所做的其他事情，相对于禁止宣传错误这件事情上，并不见得更少地冒认了不可能的错误性。判断传给人们的原因正是为了可以被使用。难道可以因为判断会被使用错误就应该告诉人们完全不应该使用它吗？禁止他们认为是有害的事并不就是说完全没错误，却正是尽他所固有的义务要本着良心上的信念去行动，即使可能是错误的。如果我们因为自己的意见有可能是错误的就永远不根据自己的意愿行动，那么我们也必将无法顾及自己的一切利害，没法尽到自己的一切义务。一个能应用于一切行为的反驳，无法成为对任何行为圆满无缺的反驳。

要形成他们能形成的最真确的意见，这既是政府的义务也是个人的义务。要很仔细小心地形成那些意见，而且永远不要把它们强加给他人，除非自己十分肯定它们是正确的。但一旦到了他们非常肯定的时候（这样的推理者可能会说），如果不按照自己的意见去行动，而是任凭一些自己真正觉得对人类这种生活或其他生活的福利确实有危险的教义毫不制约地向外散布，那就不是良心问题，而是怯弱了。因为在过去不怎么开明的时代，有人曾经迫害过现在相信是正确的意见，人们便会说，让我们小心一点，不要犯同样的错误。但是政府以及国家也曾在其他事情上犯过错误，而那些事情却没有被否认为适用于运用权威的题目。它们曾经征收苛税，曾经进行过不正当的战争，难道我们应该因为这个原因就不收税并且在任何挑衅之下也不进行战争吗？人和政府都必须竭尽他们的能力去行动。世界上没有什么东西是绝对确定的，但是有些是对人类各种生活目的的充分保证。我们可以、同时也必须假设自己的意见的正确性，以便能指导自己的行为。然而当我们禁止坏人借着宣传我们认为是谬误和有害的意见而把社会引入邪途的时候，那便不算是假设了。

对于此反驳，我的回答是：这是假定过多了，对于一个意见，因为它在各种机会的辩论中没能被驳倒而假定它是正确的，这属于一回事；为了不允许对它反驳而假定它的正确性，又是另外一回事，两者间有很大的区别。我们可以为了行动的原因而假定一个意见的正确性，正是在于有反驳它的完全自由作为条件。何况也没其他条件，可以令一个具有各种能力的人享有使之正确的理性保证。

我们来把意见史或者人类生活里的普通行为想一下。试问，这个人或者那个人之所以没有比他们现在坏一些，其原因应该是什么呢？原因当然不应该归于人类理解中所固有的力量，因为，对于一桩不是不言而喻的事情来讲，九十九个人往往完全没能力，而只有一个人有能力做判断，而且那第一百个人的能力也只是比较而言的。原因就是，在过去的每个时代里，大多数杰出的人的主张，很多在现在看来都是错误的。他们也曾经做过或者赞成过很多现在没人会认为是正当的事情。但是从人类整体来讲，说到底是理性的意见和行为占优势，那么原因又在何处呢？如果真的有这种优势——当然必须存在的，不然的话，人类事务就将处于而且过去也一直处于接近绝望的状态——其原因在于人类心灵中的一种品质，那就是作为有智慧的或者有道德的人类中所有可贵事务的根源，即是人的错误的可改正性。凭借讨论和经验，人能纠正他的错误。不单单是经验，还须有讨论，用以指明怎么样去解释经验。错误的意见和所做的事会渐渐地屈服于事实和论证，但是要令事实和论证对人心产生任何影响，就必须把它们提到前面来。然而事实这个东西，如果没有诠释来陈其意，是很少能够讲出自己的道理的。这么说来，人类的判断的全部力量和价值就靠着一个性质，就是它错的时候也可以被纠正。它之所以值得信赖，也仅仅在于纠正手段常常被掌握在手中的时候。如果有一个人，他的判断是真正值得信任的，试问这种情况是怎么形成的呢？原因就在于他真诚地对待了对他的意见和行为的批评，因为他已经习惯了去倾听所有能说出来反对他的言语，从中吸取有益的东西，同时对自己，偶尔也对他人，解释那些虚妄的东西里的虚妄性。他之所以这样做，是因为他深深感到，一个人能够接近完全了解一个题目唯一的途径就是倾听持各种不同意见的人们的说法，而且研究各种不同心性的人对它的观察方式。一个人如果想要变得聪明，除此以外别无他法。就人类智慧而言，要变成聪明，除此之外也没其他方式。保持一种稳定的习惯要凭借同他人的意见进行校正，从而使自己的意见能够得到改正和完善，只要不在付诸实践中造成迟疑，便是能对那意见寄托正当信赖的唯一稳固基础。总而言之，一个人既然知道了所有能说出来反对他的话，而又站在了反对一切反驳者的地位之上——很明白自己是寻求反驳和质疑却不是躲避它们，也很清楚自己没挡住可以从任何方面投到这个题目上来的任何光亮——这个时候他便有权利认为自己的判断比那些有过类似经历的任何人或者任何群体的判断要好一些。

就算是人类中最聪明的也就是那些最有资格信任自己判断的人，他们所看到的为了信赖他们的判断所必有的依据，也应该在少数智者和多数愚人所构成的公众面前去审核。这要求并不算过分。被认为是教会中最不宽容的天主教会，在授封圣徒时甚至还容许而且耐心倾听一个“魔鬼的申辩”。由此可见，对于最神圣的人，不到魔鬼对他的所有攻讦都弄清楚而且权衡之后，也不能够许之以身后的荣誉。即使是牛顿的哲学，如果没有被允许质疑的话，人类对它的正确性也不会像现在那么感到有完全的保证。我们的一些最有根据的信条，并没什么可以依靠的保护，只有一份对全世界的长期有效的邀请，请大家来证明那些信条是无根据的。如果这个挑战没有被接受，抑或被接受了但所做的尝试失败了，我们距离确定性仍然很遥远，不过我们可以算尽了人类理智现状所能达的最大努力，我们没忽略掉什么能让真理有机会达到我们身边的东西。如果把登记表保持敞开的状态，我们希望，如果还有更加好的真理，人类心灵能够找到它、接受它。然而与此同时，我们也可仰仗我们如今所能获得的这样一条接近真理的路途——这就是一个可能会犯错误的人所能获得的确定性的数量，而且也是获得这种确定性的唯一方式。

奇怪的是，人们既然已经承认自由讨论的论据的合理性，却又反对把这些论据“推向极致”。他们没有看到的一点是，除非某种理由能够在某种极端的情况下有效果，否则这些理由不会在任何情况下有效。同样奇怪的是，他们既然承认对所有一切可能存在疑问的事物应该有自由讨论的空间，但是又禁止对某个特定的原则或者教义进行质疑。这是因为在他们眼中，那一原则或者教义是非常确定的，或者说是他们很确定其确定性。而就是在这样的情况下他们还妄称自己没有犯“无错论”的错误。对于任何一个命题，假设任何一个人只要获得许可就会否定它，但是却又未获得许可，这时假如我们贸然地将这个命题定义为“确定”，则就等于是把我们自己连同那些同意我们意见的人都假设成为对于确定性的裁判者，而且是那种不善于倾听其他意见的裁判者。

在今天这个被描写为“缺乏信仰而惧怕怀疑”的时代，人们与其说认为对自己意见的肯定是正确的，不如说他们不知道没有意见该怎么办——人们主张一种意见应该免受公众攻击，其依据与其说是该意见的准确性，还不如说是它对社会的重要性。人们断言，某些信条对社会是如此的有用——且不说是必不可少——所以政府有义务支持他们，就像政府有义务保护社会任何其他利益一样。在这样一种必要并且直接列于政府义务范围内的情况面前，人们还固执己见地说，就是某种在程度上达不到“无错”的东西也足以使政府有权甚至也足以迫令政府在人类一般意见的支持下，依照政府自己的意愿行动。人们还时常讨论争辩，当然更时常思考，只有坏人才想要削弱那些有益的信条。人们认为，去约束坏人，禁止那些只有坏人才会想要做的事，是绝对不会有任何错误的。这种思维模式认为，将对束缚问题的讨论正当化，不在于教义的真实性而在于有用性。他们因此沾沾自喜，自以为逃脱了对“不可能错误”意见裁判者的责任。他们如此迎合自己，却没有看到那其实仅仅是把对于“不可能错误性”的假设由一点转移到另一点而已。一个意见本身的有用性其实也是一个问题：它同该意见本身一样同样值得争辩，且同样可以讨论，而且可以要求和意见本身一样多的讨论。要想判定一个意见是有害的，或者说判定其为错误的，这都需要一个“不可能犯错误的”对意见的裁判者，除非那些被宣判的意见有充分为自己辩护的机会。再者，我们也不能说，虽然不许让一个离经叛道者主张其意见的真实性，但可以让他主张其意见的实用性或者无害性。一个意见的真实性，正是其实用性的一部分。假如我们想要知道想要相信某一命题是否可取时，我们可以做到完全不考虑它的真实性吗？在一个最好的人而非坏人的意见看来，没有一个与真理相对立的信条能是真正有用的。假如当这种人否认了某条人们告诉他是有用的但是他自己却认为那是错误的某项教义而被人们谴责为亵渎者时，试问你能够阻止他据理辩解？其实，凡是那些站在已被公认的意见这一边的人，都从来没有放弃过利用这种辩解的一切可能性。你会发现，他们在处理实用性问题时并不像是能够将它完全从真实性问题上抽离出来。恰恰相反，最主要的是，正是因为他们的教义是所谓的“真理”，所以对于它的认识和信仰才会被坚持认为必不可少。在有关实用性问题的讨论上，假如一个论据是如此重要，但是却只能用于这一方而不能用于另一方，那么就不可能有所谓的公平讨论出现。并且，从事实来看，当法律或者公众的情绪不允许对一个意见的真实性有所争议的时候，它们对于否认那个意见的有用性这一问题也会变得较难接受。他们所能接受的极限就是把那个意见的绝对必要性或者拒绝它的真正罪过减弱一些。

为了更加充分地表明，我们已经通过自己的判断辨别了某些意见，从而拒绝听到这些意见以致造成了某种伤害，我想假如把这些讨论限制在某种具体的事情上还是可取的。而我所选定的又是一些于我自己最无利的事情，也就是说，在那些事情上，无论是在其真实性问题或者实用性问题的辩论记录上，反对意见自由的论据都被认为是最有力的。就把那些被质疑的意见定为对上帝以及对另一种未来的状态的信仰，或者定义为任何一个一般的已被公认的道德方面的教义吧。要在这样一种背景的战场上作战，实际上就等于是给予了不公平的敌方一种莫大的优势，因为他们无疑会说(而许多对不公正的现状不持期望的人则会在心里说)：难道你还不认为这些教义足够准确从而应该在法律保护之下采取吗？难道你要说信仰上帝也被称作是那类意见之一，而一旦确信你就要将他们都称作犯了“不可能错误性”的错误吗？但是你们必须容忍我陈述一点，那就是并不是确信一个教义（不论它是什么教义）就应该假设他冒认了“不可能错误性”。而我所谓的冒认“不可能错误性”是指在不允许其倾听对立方陈述不同意见时就让他们替他人做出如此重大的决定。即使将这种冒认放在我最庄严、最坚定信念这一边，我也会不折不扣地谴责它、非难它。任何一个人的劝说，无论是怎样的积极有力，不仅谈到一个意见的错误性，而且说到它的有害后果——不仅说到它的有害后果，而且说到它的（姑且让我采用一下我完全谴责的词语）不道德和不虔诚。但是，只要他在从事追求其私密的判断时——虽然也有国人或世人的公众评判为其撑腰——在人们听到对那种意见的辩护中间起阻碍作用，他就是冒认了不可能错误性。对于这种冒认，我们远远不能因为其所针对的意见被称为不道德或者不敬神就减少反对或者认为危险性较小，这乃是有关一切其他意见而且是最重要、最致命的一点。正是在这所谓的不道德或不敬神的场合上，一代人犯了引起后代惊诧和恐怖的可怕错误。正是从此类事件中，我们才得以看到历史上一些难忘的事例，那时有力的法律武器竟然被用来铲除最好的人和最高尚的教义，在惩罚人方面竟然获得了令人愤慨的成功。虽然有些教义保存了下来，用以（仿佛讽刺似的）保护那些对它们或对它们公认的解释持有异议之人，以防他们做出同样的行为。

向人们怎么提醒下面这件事都不过分。从前有过一个名叫苏格拉底的人，他和他那个时代的法律权威以及公众意见之间发生了令人难忘的冲突。此人出生在一个富有个人伟大性的时代和国度里。这个人被那些最了解他以及他的时代的人当作最有道德的人，从而将他的事迹留传给了我们。而我们又知道，他是继他以后的所有道德教师的领袖和原型。柏拉图崇高的灵感和亚里士多德有见地的功利主义——“配成健全色调的两位宗匠”，这是道德哲学和一切其他哲学的两个泉眼——都是同样以他为总源的。这位众所周知的有史以来一切杰出思想家的宗师——他的声誉到两千多年后还在继续增长，一直压倒全部其余为其祖国增光生辉的人的名字——但经过一个法庭的裁判，竟然以不敬神和不道德的罪名被其国人处死。所谓不敬神，是说他否认其国家所信奉的神祇；真的，控诉他的人就直斥他根本不信仰任何神祇（参阅“谢罪”篇）。所谓不道德，是指就他的教义和教导来看，说他是一个“败坏青年的人”。在这些诉状面前，一切证据都可以相信，于是法官确认为他有罪，于是就把这样一个在人类史上或许值得上称为最好的人当作罪犯来处死了。

我再举另一个司法罪恶的事例。这件事即使是在继苏格拉底被处死事件之后来提都不会让人觉得是毫无看点的，这就是一千八百多年以前发生在加尔瓦雷身上的事。只要看到过他的生活或者是听到过他谈话的人，记忆中对他的印象都是极好的，都觉得他的道德是极为高尚的，以至于在此后的十八个世纪他都被信奉为万能上帝的化身。但是，就是这么一个极为高尚的人竟然被卑劣地处死了。是被当作什么人处死的呢？竟然是被当作一个亵渎神明的人！人们不仅是把曾经加惠于他们的人误解了，而且误认他为与他的为人恰恰相反的人，把他当作不敬神的怪物对待。正是由于那时人们对待加尔瓦雷的方式，他们才被今天的我们认为是不敬神的怪物。今天，人类对于那两件令人遗憾事情的处理方式，特别是对二者中后者的反感，又使得他们对于当时不详的主演者的评论陷入极端的不公平。全面来看，那些主演者都实在并非是完全的坏人——而且恰恰相反，他们或许并不比普通人更坏。他们具有充分的，或多或少在某些方面还超过充分这个程度的他们所处时代和人民所具有的宗教的、道德的和爱国的情感：他们这一类人，在任何时代（包括我们现在处的时代）都是有一切机会可以完全不受谴责而且受人尊敬的过完一生的人。那位大牧师，当他撕裂自己的袍服，发出那些在当时的国人一切观念之下已经足以构成最严重罪行的控词的时候，他的恐惧和愤怒也完全可能是出于真诚，就像今天普通虔诚可敬的人在宗教和道德情操方面的真诚一样。同样，多数在今天对他的行为感到震栗的人，假如生活在他的时代并且也同样生为犹太人，也必然会采取如他曾经所采取的行动。有些正统基督教徒总是容易想，凡是投石击死第一批殉教者的人，都必然是比自己坏的人，但是他们应当记住，那些迫害者之中正有一个是圣保罗呢。

让我们再来追加一个例子。假如从陷入错误者本人的智慧和道德来衡量这个错误给人留下印象的程度，那么可以说这一事例最引人注目。假如曾经有过这么一个人，他既拥有权力，还可以自居为所处时代最好和最开明的人，那么这个人就非马卡斯·奥吕亚斯大帝（Emperor Marcus Aurelius）莫属了。作为整个文明世界的专制君王，他一生中不仅保存了毫无污点的公正，而且还保有从斯多噶学派教养中学到的、仍然值得期待的、最柔和的心地。假使确实要说他有什么缺点的话，我们只能说他略显放纵了。至于他的著作，那可是古人心目中最高的道德产品，与基督教最具特征的教义只存在着难以分辨的差别（假如这儿还存在着什么差别）。但就是这样一个人，这样一个在除开教条主义以外的一切意义上比以往几乎任何一个基督教主教都更好的基督徒，竟然迫害了基督教。他处于人类之前一切成就的巅峰，拥有一种开阔的、无束缚的智慧，具有可以引导自己在其道德作品中体现基督教理想的品格，可是他竟然没有看到基督教对这个世界——一个他已经深深投入他职能所在的世界——是一件好事而非坏事。他知道当时的社会处于一种非常糟糕的状态。但是尽管现状如此，他还是看到，或者说他仍然希望看到，这个世界是靠着相信和崇敬那些已经公认的神性维持在一起而且免于变得更糟的。作为人类的统治者，他相信自己的职责就在于不让社会四分五裂。但他却看不到，假如社会现存的纽带一经解除，又怎样才能够形成新的纽带把社会重新编结起来。新的宗教则是公然以解散那些纽带为宗旨，因而除非他的义务是接受那个宗教，否则扑灭那个宗教就变成他的职责所在了。鉴于基督教的神学在他看来既不是真理也不是源于神旨，那种钉死在十字架上的上帝的怪异历史在他想来是全然不能接受，这样一个全部建立在他所完全不能相信的基础上的思想体系根本就不可能让他预见到，即使在经过一切削弱之后基督教仍被证明还是那样受人尊崇。于是这位最彬彬有礼而又最可亲的哲学家兼统治者，在一种庄严的义务感之下，竟批准了对基督教的迫害。在我看来，这件事乃是全部人类历史中最富悲剧性的事件之一。我一想到，假如基督教的信仰是在马卡斯·奥吕亚斯大帝而不是在君士坦丁（Constantine）的庇护之下成为帝国的宗教，那么现在世界上的基督教不知早已发展成为怎样一种大不相同的东西，我思想上便感到痛苦。但是应当指出的一点是，在马卡斯·奥吕亚斯大帝看来，而且他也那样做了，那就是凡是能够为惩罚反基督教的教义提供的辩解，没有一条不适用于惩罚基督教的传播。假若我们否认这一点，便对他有失公允，而且与实际亦不相符合。没有一个基督徒相信无神论为谬误并倾向于社会的解体，能比马卡斯·奥吕亚斯之相信基督教更为匪夷所思地坚定了。他在当时所有人之中，还应该可以被认为是最能理解基督教的人呢。这样看来，我便要劝告所有那些赞成通过惩罚来传播意见的人，除非他自命不凡地认为自己是一个比马卡斯·奥吕亚斯大帝还要聪明、还要好的人——比他更能精通他所处时代的智慧，在当时的逻辑领悟力上比他更为睿智，比他更加热衷于寻求真理，而且在寻得真理之后又能比他更一心笃守——那么他就该从他所谓的自己和民众所犯的双重的不可能错误性的假设中清醒过来，须知那正是伟大的安徒尼拿斯（Antoninus）的所作所为而得到如此不幸的结果。

宗教自由的敌人们也意识到，假若不找到一些什么论据来把马卡斯·安徒尼拿斯的行为说成正当，那么对于那些使用惩罚的办法来限制漠视宗教意见的行为，我们就不可能为其辩护。而且假如他们在被施加极大压力的情况下，也可能会承认上述的结果。于是他们就随着约翰逊博士一道说：迫害基督教的人是对的，是正义的；迫害是对真理的一个严酷的考验，这个考验是真理注定应当通过而且最后总会胜利通过的，因为法律的严惩到最后也是无力反对真理的，尽管有时候恶意的错误反而会产生有益的效果。这是替宗教上的不宽容进行辩护的这种形式应引起足够的注意，而不应被忽略。

因为迫害不能对真理造成任何伤害，所以就将迫害真理认为是情有可原。对于所宣称的这种理论，我们固然不能控诉它，说它故意对新真理的接受怀有敌意。但是那样对待加惠于人类的人，以至于使整个人类都有负于他们的人，我们实在不能称之为宽厚。要知道，去发现一些与这世界有深切关联而且是以往未被发现的事物，向世界证明它在某些重要的有关世俗和精神利益问题上曾有所误解，这乃是一个人力所能及地对其同胞最重大的服务，在某些特定情况下，可以说这一服务和早期的基督徒及以后的改革者的贡献同样重大，这在与约翰逊博士想法相同的人看来，也会相信这是所能赠予人类最宝贵的礼物。可是这个学说竟认为，做出这样极佳成效来的创造者，所应得的回报竟然是以身殉道，给予他们的报酬却应是被当作最恶的罪人来对待，而这还不算人类应该服麻捧灰以示悲悼的令人愤慨震惊的错误和不幸，却算作是正常的事情并可证明是正当的一种状态。依照这个学说，凡是提出一条新真理来的人都应当像并且已经像站在洛克里人（Locrians）立法会议中那样，要建议一条新法律时，提议人的脖颈上必须先被套上一条绳索，群众大会听取他的陈述理由之后并不现场采纳，而是立刻收紧套绳，把他勒死。凡是替这样对待创造者的办法辩护的人，我们不敢想象他对那个益处的评价会有多高。而我相信，持有这种看法的人必是认为新真理或许曾是一度是可取的，只是因为现在我们已经有了足够的真理所以才放弃了新真理。

至于说那个经过口口相传而成为老生常谈的关于真理永远会战胜迫害的格言，则是一个乐观的谎言，实际上所有的历史经验都反驳了这一观点。历史上有很多迫害行为压倒真理的事例。即使真理不是永远被压灭，也会导致真理倒退若干个世纪。仅仅拿有关宗教的意见来说吧：路德时期以前，宗教改革就爆发过至少二十次，而且都以被镇压下去为结束。勃吕西亚的阿诺德（Arnold of Brescia）被镇压下去了，多尔契诺（Fra Dolcino）被镇压下去了，萨旺那罗拉（Savonarola）被镇压下去了，阿尔拜儒之徒（Albigeois）被镇压下去了，佛奥杜之徒（Vaudois）被镇压下去了，乐拉之徒（Lollards）被镇压下去了，胡斯之徒（Hussites）被镇压下去了。即使在路德时期以后，只要什么地方坚持搞迫害，迫害就总是会成功。在西班牙、在意大利、在东西佛兰德（Flanders）以及在奥地利帝国，新教主义早就已经被根绝了。若是玛丽女王（Queen Mary）还活着，抑或是伊丽莎白女王（Queen Elizabeth）去世，英国也很有可能早已变成那样了。迫害一直以来都是成功的，但要除开那些异端者已经成为过强的党派以至于无法做到有效迫害的地方。没有一个明智的人会怀疑，基督教曾有很大可能会在罗马帝国被消灭殆尽。它之所以能够得到传播并且成为主导力量，乃是因为多次迫害都只是间或发生，仅仅持续一个很短的时间，而且其间隔有很长的几乎未经打扰的宣传时间。由此可见，假若真理只因其为真理便具有什么内在的力量，能够抵抗错误，能够战胜监牢和火刑柱，这只是一种空洞的感伤情怀而已。我们要知道人们对于真理的热情，往往并不比其对于错误的热情多，而且只要一旦运用了充足的法律手段或者是仅仅动用社会的惩罚，都会取得制止这二者宣传的普遍性成功。其实真理所享有的真正优越之处乃在这里：一个意见只要是真实的，它的火焰就算会被一次再次或甚至多次地扑灭下去，但是在岁月的进程中总会不断有人把它重新发现出来，直到某一次它的重现恰值情况有利，而且得以逃过迫害，直至它崭露头角，并且能够抵制住随后再想压制住它的一切企图。

人们或许会这么说，我们现在已经不把提倡新意见的人处死了；我们不像我们的先祖那样会杀戮先知，我们甚至还为他们建造坟墓呢。真的，我们已经不再处死那些异端者了。现代人所能忍受的对于即使是最可憎的意见的惩罚的程度，也不足以毁灭那些意见。但是，我们还是先不要拍自己马屁认为我们现在已经洗掉了法律迫害的污点了。对于意见的惩罚，或者至少对于发表意见的惩罚，还仍然凭借法律而存在着。至于这些惩罚的执行，即使在现在时代里，要想使人们能够完全不相信将来有一天它会完全复兴起来，也不是一无例证。1857 年，在康沃尔（Cornwall）郡的夏季巡回裁判庭中，就有一个不幸的人。[①]据说在一切生活关系方面都是无可指摘的，只因为说了、在门上写了一些触犯基督教的话，就被判决坐二十一个月的牢。在那一个月之内，在旧百雷（Old Bailey），又有两个人分别在两个场合被拒绝担当陪审员，[②]而且其中一人受到法官和律师之一的严重侮

---

① 这人是托玛斯普雷（Thomas Pooley），于 1857 年 7 月 31 日受到波德明巡回裁判庭（Bodmin Assizes）判处。12 月，他得到皇室的特赦。

② 这人是呼里约克（George Jacob Holyoake），事件发生于 1857 年 8 月 17 日。另一人是楚勒夫（Edward Truelove），事件发生于 1857 年 7 月。

辱，只因为他们诚实地表明自己没有什么神学信仰。同时还有第三个，一个外国人，也因为同样原因被拒绝对一个窃贼进行控诉。这种对于报怨求偿的拒绝，源于法律上的一条教义，即那些不宣称相信一个神（任何一个神就足够了）和相信彼界的人，一概不能被准许到法庭做证。这就相当于宣布了这样的人为法律之外的人，被排除在法庭的保护之外。也就等于说，人们不仅可以对他们进行掠夺或攻击而不受处罚，只要没有其他人而只有他们自己或怀有同类意见的人在场；人们也可以对任何人进行掠夺或攻击而不受处罚，假如只有依靠他们自己来证明这事实的话。这条教义又以一个假设为根据，即任何不相信彼界的人，其誓言是毫无价值的。这个命题显示着，那些赞成它的人对于历史相当无知（因为历史上真实的情况是，各个时代都有很大一部分的无信仰者乃是著名的正直且享有荣誉的人）。有多少以道德和成就而在世界享盛名的人都是众所周知的无信仰者，至少是其熟人们所深知的无信仰者。任何一个人只要稍微理会到这一概念，那他就再也不会主张这一命题了。再说，这条规律又是自杀性的，它取消掉了自己的基础。在凡是无神论者必定是说谎者这一假定之下，它准许了所有愿意说谎的无神论者来提供证词，而拒绝的仅仅是那些敢冒不韪宁愿公开坦诚自己信奉一条人所痛恶的信条而不愿肯定任何一点虚假之事的人们。实行这样一条自我判决为悖谬的与其所设目的的规律，只能视其为仇恨的标志、迫害行为的遗骸，同时也是迫害行为本身，而且还具有这样一个特点，即遭受迫害的资格正是清楚地被证明为不应遭受迫害。并且，这条规律以及它所暗含的理论对于有信仰者的侮辱并不亚于对于无信仰者的侮辱。因为，倘若那些不相信彼界的人必然要说谎，那么势必要说，凡是相信彼界的人只有避免说谎，如果他们真的是避免了，也只是因为怕下地狱。我们暂且不去伤害这条规律的创作者和教唆者，暂且不说他们所形成的基督道德的概念是源自他们自己的意识罢了。

不错，这些情况只是迫害行为的陈迹和残余，可以不将其视为意欲实行迫害的标志。英国人心理往往存在一种优柔虚弱的状态。当他们自己不再坏到渴望实行一条坏原则时却反常地以主张那条原则为乐，上述残余情况正可作为这种心理状态的一个范例。但不幸的是，在公众的心理状态下，对于停顿已近一代之久的更坏形式之下的法律迫害能否继续停顿下去这一情况并没有什么保证。在现在这个年代，日常事物平静的表面经常被那些复活旧罪恶的尝试所搅动，正如为倡导新益处的尝试所搅动一样。目前被人夸夸其谈的宗教复兴，在心胸狭隘而无文化的人们心中至少同样也是迷信的复活。凡是人民情感中还存在有不宽容思想的强烈而经久的潜移默化的影响的地方——这是任何时候都盘踞在我国中等阶级之中的——只需要费一点点力就能煽动他们去积极迫害那些他们从来不将其视为迫害的正当对象的人们。①

这是人们对于否认他们所重视的信仰的人所持的观点和所珍惜的感受。在过去很长一段时间，合法惩罚的主要害处就在于它增加了社会的诋毁。这是一种真正有效的诋毁，其效力竟使得在英国，在社会戒律之下，在法律惩罚的危险之下，敢于发表意见的人比在其他国家还要少得多。对于除了经济情况使其不用依赖于他人的善意之外的一切人，在发表意见的问题上，舆论是像法律一样有效力的。人们可以被投置在监狱之内，同样也可以被排拒在赚取面包的办法之外。那些生计已经无忧也无须向有权势者、或向团体、或向公众求得帮助的人，在公开发表自己的意见方面当然不怕

---

① 近来，有一种激动的迫害情绪得到大量灌输，并与印度兵叛变事件中我国民族性格最坏部分的普遍开展结合起来。从这里我们可以得到很多的警示。对于狂热的人们和大言不惭的人们从教堂讲坛上发出的各种诽语就不值得去理会了。福音派首脑们在管治印度人和回教徒问题上也当作一条原则宣称说，任何一个不讲授《圣经》的学校将不得受公款资助，其后果必然是，任何非真正的或假冒的基督徒也将不得授予公职。据报告，一位副国务大臣于1857年11月12日向选民发表演讲时曾说："不列颠政府宽容他们的信仰"（不列颠亿万臣民的信仰），"宽容他们所称为宗教的迷信，这已对阻滞不列颠声誉的上升产生了影响，已对阻碍基督教的健康成长产生了影响……宽容是我国宗教自由的巨大基石；但不要让他们滥用宽容这一贵重的字眼。根据他的理解，所谓宽容，即在崇拜同一基础的基督徒之中，大家都有完全的崇拜自由；即对同一区间有共同信仰的基督徒中各个不同宗派的宽容。"我请大家注意这一事实：一个被认为适合在自由党政权下在我国政府中担任高级官职的人竟会主张这样一条教义，即凡是不相信基督为神的人概应划到宽容的界线之外。试问，看到这般愚钝的表现之后，谁还能沉溺于错觉，以为宗教迫害之事已经一去不复返了呢？

什么，只是会被人想来不好谈论其不好而已，而这些根本不需要什么了不起的英雄性格就使他们能够承受。关于这种人，是没有什么诉诸怜悯的心情替他们辩解的。但是，虽然我们已不像从前所习惯的那样把许多灾祸加于和我们思想不同的人，可是也许会以我们现在对待他们的办法，对我们自己带同样多的灾祸。苏格拉底确实是被处死了，但苏格拉底的哲学则还是如此流行，光辉照遍整个知识的长空。基督徒是被投饲狮子了，但基督教会却长成一棵枝叶繁茂的伟岸大树，大大高出那些较老而较少生气的生长物，并将其窒息在它的阴影之下。我们现在仅仅有点儿社会的不宽容，这既杀不死一个人，也不拔除什么意见，但是这却诱导人们把意见遮掩起来，或者避免积极努力去传播意见。在我们这里，以每十年或每一代人来看，异端意见极少取得新的阵地，甚至还丢失了原来的阵地。它们从来不曾传布得遥远而广泛，而只是在一些深思勤学者的狭小圈子里暗暗燃烧着。它们在那些人中间发源开端，却从未以其或真或假的光亮照到人类的一般事务。这样，就形成了一种事态，有些人觉得很满意，因为这里没有对什么人罚款、把什么人监禁的不愉快过程，就把一切得势的意见维持在外表上未遭扰乱，而同时对那些溺于思想痼疾的异议者来说，也并未绝对制止他们运用理性。这在保持知识界中的宁静、保持其中一切事务都仍旧一贯地进行方面，倒不失为一个便利的方案。但是在知识方面，这种平静所付出的代价，却是牺牲掉人类心灵中的全部道德的勇敢性。在这样一种事态下，有一大部分最积极、最好钻研的知识分子都觉得最好把真正的原则以及信念的根据保藏在自己心里，而在公开演讲中则把自己的结论尽量配合于他们内心所弃绝的前提下——这是决不能产生出那种一度装饰过知识界的开朗无畏的人物以及合乎逻辑而贯彻始终的知识分子的。在这种事态之下，只能找到这样一类人，不是滥调的应声虫，就是真理的应时货，他们在一切重大题目上的论证都是为听众着想，而不是自己真正信服的东西。还有一些人两者都不选，而把其思想和兴趣局限在一些说来不致触犯到原则领域以内的事务上，即局限在一些细小的实际问题上——这些事务，只要人类心灵得到加强和扩大，自己就会矫正，但也非到那时才能自我矫正。

在那时，那些足以加强和扩大人们心灵以及对于最高问题的自由而勇敢的思想的事物就被放弃了。

凡认为异端者的这种缄默不算灾害的人首先应当思量一下，这样缄默的结果是使异端意见永远得不到公平透彻的讨论。而一些经不起讨论的异端意见，虽然会被遏制不得散布，却不会就此消失。由于禁止一切不归结于正统结论的探讨，败坏最甚的还不是异端者的心灵，最大的损害乃在那些并非异端者。由于害怕异端之称，他们的整个精神发展被限制了。世界上有一大群大有前途的知识分子和秉性怯弱的人物被弄到了不敢追随任何勇敢的、有生气的和独立的思想的结果，否则就要把自己带到被认为不信教或不道德的境地——请问谁能计算出这世界受到何等的损失？

在他们当中，我们偶尔会看到一些非常尽职尽责且具有深刻理解能力的人。这些人以他不能压制的智力花费了一生的精力从事于矫揉造作的世故，耗尽其具有独创性的资源企图来调节良心和理解性的激励性、正确性和正统说法的关系。或许这种做法最后还不能成功。要知道，作为一个思想家，其首要任务就是紧紧跟随他的智力，不论它会导致什么样的结论。认识不到这一点，就不能成为一个伟大的思想家。仅仅是抓住那些没有通过自己思考的所谓正确观点，要比一个由于研究学习、准备工作，通过自己的思考而犯下了一些错误的人收获得更少。并不单单是或主要是为了成为伟大思想家才需要思想自由。相反的，一件不可避免的事情是普通人只需具有能力达到相应的思想境界即可。在一种思想禁锢的常规氛围中，曾经有过并还会有更伟大的个人思想家，但是在这种氛围里，以前没有、将来也不会有一种智力活跃的人民。任何国民若一时接近成为那样一种人，那是因为对异端思想的恐惧暂时停止了。只要那里还存在着一概不得争论的决定，只要那里认为能够占据人心的最大问题的讨论已告停止，我们就不能希望看到已经造就了一段卓越历史的精神活动达到惯常的高度。当争论避开这些足以燃起问题的重大题目时，人民的心灵就永不会从基础上被唤醒。而给予的推动力也永远不会把那些甚至最普通智力的人提升到思想动物的状态。此种状态有三个历史时期为例。第一个时期是紧接着宗教改革之后欧洲的境况。另一个是在十八世纪后半期的思考运动中仅限于欧洲大陆和较有素质教养的阶级层面。第三个时期持续的时间更短，就是德国在歌德和费希特时期的知识方面的一个转折点。这三个时期在他们的发展特点的观点的过程中有很大差异。但是在所有三个时期，在权威的枷锁被粉碎这一点上是一样的。那时，旧的精神专制已被推翻，而新的制度还未被设定。正是由那三个时期所给予的推动力才使欧洲成为今天的模样，无论在人心方面或者在制度方面出现的每一步提高，都可分别清楚地溯踪于三者中的一个或另一个。但若干时间以来，一些现象表明，所有三个时期的推动力已用到了极点。我们若不再度力主精神自由，我们就不能期待新的进步。

现在让我们过渡到论证的第二部分，不再假定任何公认的意见都会是错的，而暂且让我们假定它们都是正确的观点，当它们的真实性没有被公开自由地讨论时，考察一下这些观点被实施的态度及价值。对于一种有自己的强烈意见又不愿承认自己的观点有错误的可能性的人，要是这个观点没有经过充分、频繁和无畏的讨论，那么即使它得到主张，也只是作为死的教条而不是作为活的真理——一旦想到这一点，这类人也将为它所动了。

有一层阶级的人（幸好不像从前那么多了）觉得，要是有人对于他们所认为正确的观点只要无怀疑地表示赞同，尽管不知道相关知识背景，也不能替它在最肤浅的反驳面前作一番可维持的辩护，那也就足够了。这样的人，只要一旦能够领到权威方面教给他们的信条，便自然而然会想到，如果还允许对这信条的来由产生疑问，那就没有好处而只有害处了。这样的人得势时，会使得人们几乎不可能通过聪明而有所考虑的方式去排斥一个公认的意见，虽然仍不免粗鲁无知地将之排斥。这是因为，要完全杜绝讨论是不大可能的。而当它达到时，没有坚定信念做基础的信条是很容易让路的。然而即使放弃这个可能性就假定正确意见存于心中，但是作为一个具有成见、一个脱离论证的信条、一个反对论证的证据而存于心中，这也不是一个理性动物主持真理时所应采取的办法。这不是去认识真理，那样被掌握的真理，更多的是一种迷信，偶然贴在了宣告真理的字面上而已。

如果说应该培养人类的智力与判断力（至少新教徒们不能否认这点），那么有什么事情是比那些因与自身息息相关而需要对其持有意见的事情更适合用来锻炼个人的这些能力呢？如果对于培养理解力来说，某个事情比另一个事情更适合用来锻炼，那肯定是学习自己意见的根据了。在一些必须以正确为前提才能相信的事情上，人们无论相信什么，至少都应该能够在共同的反驳面前辩护。但是有些人会说："教给他们自己意见的根据就可以了。"这并不意味着没有争论的意见就一定是模仿的。就像学习几何的人一样，他们并不仅仅要记住定理，同时也要理解，并学会举一反三。如果因为他们从没有听到过有人否认并试图反驳几何学的定理就说他们对于其根据是无知的，这未免太荒唐了。毫无疑问，如果只说到数学这个科目，肯定是毫无错误可言的，那样的说法也是适合的。数学中定理的理论依据的特殊之处就是所有论据都是在一方，没有反驳，更没有对反驳的答复。但是在每一个不同的题目上都可能存在不同的意见，而真理就存在于两种相互冲突的理据之间的较量而产生的平衡之中。即使是在自然哲学当中，对于同一事实也可能有不同的解释，例如，地心说取代了日心说，燃素论取代了氧气论，这就表明为什么另一种学说不能成为真理——直到其被证明，并且我们知道它是怎么被证明的，我们才能够说真正理解了我们所持意见的根据。再转到一些更复杂的事情上，如道德、宗教、政治、社会关系、生活事务等，每一个有所争执的意见的论据当中，有四分之三都需用于去除一些对不同意见有利的现象。古代有一位第二大演说家曾有记载说，对于敌方的事情，他即使没有比研究自己的事情更认真，至少也以同样认真的程度来加以研究。西塞罗把这种办法叫作在公开辩论时取得成功的手段，这正是所有为了获得真理而搞研究的人们所需要效仿的。一个人在一件事情上如果只了解他自己的一方，那么其实它没有真正了解这件事。他的理由也许很好，可能没有人能够反驳他。但如果他同样也不能反驳对方，对其了解又少，那他便没有任何根据可以选择任一种意见。此时对于他来说，合理的立场应该是停止判断，他若不这样做，就会屈服于权威，或是像一般情况一样，倾向于自己的情感那一方。更进一步说，一个人应该听取对手的观点。若是他只听取自己的老师的转述，其中必然夹杂着他们提供的可以作为辩驳的论据，这也是不够的。这不是对待论据的公正方式，也不会使自己真正受到感触。他必须能够从真正相信那些论据、真正为其辩护并为其竭尽一切努力的人们那里听取论据；必须通过最真实、最有说服力的形式来真正认识它；必须感受到在了解正确见解过程中必然会遇到并且要解决的难题所带来的全部压力，否则他就永远不能真正掌握解决那些难题的真理。有百分之九十九的所谓受过教育的人都是处于这种情况，甚至是那些可以对自己的意见进行滔滔不绝辩护的人也是如此。他们的结论可能是正确的，但就他们所知道的来说可能就是错误的了。他们从来没有把自己放入与自身思想不同的人们的精神境地，去设身处地地想一想那些人会说些什么。所以，如果就对本意理解来说，他们并不了解自己所信奉的教义。一个教义的某些部分足以用来对其余部分作解释，并将其解释正确，然而他们并不知道这些。他们也不知道有些考虑可以说明两个表面似乎相冲突的事实其实是可以融合的，也可以表明应该如何在两个看起来都很有说服力的理由之间进行取舍。总而言之，所有可以扭转局势、可以决定一个全面理解者的判断的那些真理对于他们来说都是陌生的。如果想要真正了解那些真理，就只有那些兼顾双方并且尽力以最清晰的视角来观察双方的理据的人才能做到。所以，要想在有关道德和人类的题目上获得真正的理解，这就是一条基本的规则，就算在一些重要的真理上没有反对者，我们也要想象出一些反对者，并给他们提供故意持反对意见的人所能想出的最有技巧的和最有利的论据。

为了减弱上述那些考虑的力量，那些反对自由讨论的人可能会说，对于那些哲学家和神学家们所说的用来支持或者反对其意见的所有道理，人们一般没必要去了解，而且也无须要求普通人能够揭露一个机智的反对者的所有虚伪的阐述与谬论，只要有一些人无论在什么时候都能够应对谬论，从而使那些误导人们的言论都遭到批驳，这就足够了。他们可能还会说，有一些头脑简单的人，既然已经教给了他们那些被反复传授过的很明显的真理根据，剩下的就可以交给权威人士了；他们既然意识到自己没有能力也没有天赋去解决提出来的所有问题，那么在确保有专业训练过的人能够回答这些问题之后他们就大可以去休息了。

针对这个观点，对于那些最容易在理解伴有信仰的真理上感到满足的人，我姑且给予他们所要求的最大程度的让步，但即使是这样，关于自由讨论的争辩也并未有所减弱。就是因为这种说法承认了人类应当有一个理性的保证：所有的反驳都已经得到了令人满意的答复。而如果要做到这点，不把需要答复的反驳说出来，他们又怎么能得到答复呢？如果反驳者连表明态度的机会都没有，又怎么能知道答复是否令人满意呢？即使公众不需要熟知它们，将要解决这些难题的哲学家和神学家们也是有必要去了解它们的，并且是以其最令人困惑的形式。只有这些难题被自由地陈述出来并被置于所容许的最有利的光亮之下时，哲学家还有神学者们才能够解决它们。天主教有它自己的办法来处理这令人棘手的问题。它把人分为两类，一类是得到允许能够以信念来接受教义，另一类则是通过信任来接受教义。当然，这两类人在接受教义方面都没有任何选择，但是教士们，至少是能够予以充分信任的教士们，为了答复反对者的论辩，则得到允许并受到奖励去熟习那些反对者的论据，因此有可能会读到异教的著作。而那些普通人，除非得到特别许可，否则很难有机会读到这些书。这条规定就承认了其他宗教的知识对于传教士来说是有益的，但同时它也发现了可以不让世上其他人也知道这个与此一致的办法：就是给予教内精英比一般大众更多的精神教化（虽然不是更多的精神自由）。天主教通过这个方法成功地获取了其宗旨所要求的精神方面的优越性，虽然无自由的教化永远不会造就一颗宽广而又自由的心灵，但却能造就出一位可以在民事审判中就一个原因进行辩护的聪明的律师。但是在宣称信奉新教的国家里，这种办法是被否定的，因为新教主张（至少在理论上主张），选择一个宗教信仰的责任必须由每个人自己承担，不能将责任推卸到传教士身上。除此之外，在当下世界，要想将学者们读的著作对不学者封锁起来，实际上是不可能的。如果想要人类的宣教者认知他们应该知道的一切，这一切也就应该在自由的条件下创作、出版，并且没有任何束缚。

然而，在收到的群众意见都是真实的情况下，若缺乏自由讨论的危害只限于使人们不知道那些意见的根据，那么可以说这还只是知识上的，还不是道德层面的危害，而且就意见对于品性的影响这一点来说，这并未有损意见的价值。但事实上，在缺乏讨论的情况下，不但意见的根据被忘掉了，就连它的的意义本身也常常被遗忘了。在这种情况下，表述意义的词句就不能揭示什么观念，或者说只揭示原来的一小部分而已。没有了鲜明的概念和真实的信仰，取而代之的只是一些生搬硬套的语句，如果说还有什么意义遗留下来的，也只是一些外壳和表皮，其本质已经流失了。人类的历史中有许多这种被事实填据的伟大篇章，要对其加以研究和思考是不嫌过于认真的。

几乎所有道德教条和宗教信条的经历都论证了这一点。这些教义和信条对于它的创始人以及众子弟来说原本是充满意义和生命力的，而且只要在与其他宗教信条的争斗中能够继续保持优势，人们仍会觉得它意义重大，可能还会有更加充分的觉悟。然而到最后，它不是继续盛行从而成为普遍的观点，就是停止进步，只停留在原地，不再进行更广泛的传播。当这两种情况中任一种显而易见的时候，关于这个问题的争论就变得松弛下来，然后逐渐平息。这种教义已经有了它自己的地位，即使不算是已经被大众所接受的观点，至少也算是那些得到认可的教派或诸部门的观点之一。那些主张这种观点的人们也只是接受了它而并没有采纳它，而这些观点之间的转变现在已成为了例外，因此在宣称者的思想中就没有什么地位。而此时，他们已经不像刚开始那样时刻保持着警惕，要么面向世界进行自我辩解，要么说服世界上其他人。他们已经进入一种默许妥协的状态，既不听取一些来自反对者的可以帮助他们改进的论据，也不用有利的论据对反对者给予回击（如果存在这种反对者）。通常从这时起就标志着这种教义活力的衰退了。我们经常听到宣教者悲叹，说要使信徒在心中对那些名义上认可的真理保持一种生动的理解，从而能够深入情感产生真正的支配行为实在太难了。当一个信条还在为其存在而奋斗的时候，没有人会抱怨这种困难：即使是较弱的斗士们也知道他们在为什么而战斗，以及这种教义与其他教义之间的差别；在每个信条存在的那段时间，有不少人的思想都体现了这种信条的基本原则。他们仔细考虑过这些原则的重要含义，也体验了这些原则对人们品性方面的影响，这也是这个信条的信仰在一个已经被彻底灌输的心灵中应该产生的影响。但是，当这个信条变成了承袭，而且人们不是主动而是被动地接受它，也就是说，当心灵在遇到信条所提出的问题时不再像最初那样具有生命力，就会有一种逐步前进的趋势把这些已经被公式化的信条之外的所有都除去，或者给予它一种呆板的同意，好像接受它是出于信任，所以就没必要在意识中体现它，或者通过亲身经验来考验它，直到它几乎与人类内心生活完全脱离联系。于是就出现了世上经常发生从而变得普遍的事情：信条存在于人心之外，它的作用就是使人心僵化从而抵制人们天性中更高部分的影响，并且只表现在不容许任何鲜活的信念进入人心，而它自身除了站岗坚守，使人心空虚之外，也没有什么别的作用。

对于这种本来在实质上最能使人心产生共鸣的教义，然而却不能通过人们的想象、情感或是理解得到体现，反而成为死信条的情况所能达到的程度可以通过大多数基督教徒信奉的基督教教义的方式进行例证。这里我所说的基督教，是指所有教会和教派所描述、在《新约》中所包含的那些格言和戒条。对于所有自称是基督教徒的人们来说，这些都被视为神圣，并且被看作法则予以接受。然而实际上，一千个基督教徒中也没有一个是真正以这些法则为准则来约束或是考验自己的。他们真正拿来参照的标准则是自己所属的民族、阶级或是宗教职业当中的习俗。于是他们一方面有一套道德箴言，并且相信这是绝对可靠的智慧赐予自己作为管制的规则；另一方面，他们又有一套在日常生活中判断与实践的准则，其中一部分与某些箴言在某种程度上相符合，而另一部分就不那么符合，甚至与某些箴言直接对立，但就整体而言，却是对于基督教信条与世俗生活中的民众利益和意见的让步。对于前一套准则，他予以敬意，而对于后一套准则，他予以真正的忠诚。所有的基督教徒都相信，上帝所赐福的是那些贫穷的、谦卑的，以及受世人凌辱的人。他们相信，富人想要进入天国比骆驼穿过针眼还要难；他们相信，他们不应判决，否则他们就会受到判决；他们相信，他们不应指神发誓，他们应该爱邻如己；如果有人拿走了他们的斗篷，那么应该连自己的大衣也送给他；他们相信，他们不应担忧明天；他们相信，如果想要变得完美，就应散尽自己的钱财给穷人。然而，在说相信这些的时候，他们并不是真诚的。他们的确相信这些，就像人们相信自己常常听到的赞美却从不讨论一样。但是就一个鲜活的信仰对行为的约束来说，他们仅仅是相信那些通常对他们本身起到作用的教义。那些教义若是在其完整的情况下，被他们用来攻击敌人是非常有用的，而且若是有人做出了他们认为值得赞扬的事，如果有可能，他们也会把那些教义提出来作为理由。但是若有人提醒，那些箴言要求他们做自己连想都没有想过的无数事情，那他将一无所获，并且只能被划入那些极不受欢迎却想超越别人的人群之中。只能说，这些教义在普通的信徒心里没有立足之地，并没有形成一种力量。他们只是对那些教义的声音有一种习惯性的敬意，但并没有从文字延伸到从所指事物中获得的感受，也不能够迫使他们的心灵去吸收，从而使它们符合公式。只要一涉及行为的时候，他们就会去找甲先生，或者乙先生，来指导他们应该服从教义到什么程度。

但是我们可以确信，对于早期的基督教徒来说，事情远非如此。假如事情曾是这样，那么基督教永远不会从一个默默无闻的、受鄙视的西伯来人的教派扩展成为罗马帝国的国教了。但他们的敌人说到“看看这些基督教徒们是怎样彼此互爱的啊”（现在大概不会有人这样评价）的时候，他们确实是对自己的信条有着之前从未有过的极其生动的感受。也许主要就是因为这个原因，现在基督教在扩张领域方面很少有进展，而且在十八世纪之后还是仅限于欧洲人以及欧洲人后裔的范围。现在即使是对于那些比一般人更认真、更理解教义的严格的教徒来说，对他们的心灵比较有影响的也只是喀尔文、诺克斯或是其他在性格上与他们相近的人所讲的东西。而基督教的那些格言，在他们心中只是无所谓地并存着，其产生的效果就如同聆听一些亲切温和的话语所带来的效果一样。为什么某一教派标志性的教义比其他所有公认教派所共有的教义更能保持生命力，为什么宣传后种教义的人们在保持其生命力时会遭受更多的苦难，对于这些，无疑有很多理由可以解释，但是有一点我们可以很确定，凡是独特的教义都会遭受更多的质疑，都需要经常在公开的反驳者面前为自己辩护。一旦没有了反驳者，无论是宣教者，还是教徒，就都失去了警惕性，放松了下来。

一般来说，对于所有传统的教义，如有关生活忧患、生活知识以及道德或宗教方面的教义，上述道理同样也适用。所有语言和文献中都充满了关于生活的一般评论，这些评论既评论了什么是生活，也评论了在生活中应怎么做人，这些评论是每个人都知道，并且不断重复着或是默许了，同时当作自明之理予以接受的，然而大多数人却是在经历这些（通常是痛苦的经历）之后，并且是已经成为现实之时才第一次真正领悟其中的意义。人们经常在遭受某种不可预料的灾祸之后才想到自己所熟悉的谚语或常谈，而如果他们能够早点像事后那样参悟其中的真谛，就可以免于这些灾祸。对于这种情况，除了缺乏讨论之外，还有许多原因：有许多真理如果没有亲身经历就无法理解其真谛。如果一个人经常耳濡目染一些真正懂得这种真理的人对它的争辩，那么他也会对这种真理有更多的理解，并且印象更深刻。人类一个致命的错误习惯就是一旦事物没有疑问就停止思考，而他们所犯的错误中一半都是由于这个原因。当代一位作家有句话说得很好：“既定意见的沉睡。”

这话是什么意思？人们可能会问：难道分歧是获得真正知识的不可或缺的条件吗？难道为了使所有人能够认知真理就需要有一部分人来坚持错误吗？难道某个信念一旦被大众接受就会失去真实性与生命力吗？难道对于某个提议来说，除非人们还有质疑否则就不能彻底理解感悟吗？难道说只要人类一致接受了某个真理它就会消亡吗？人类迄今为止一直认为提高智力的最高目标与最好结果就是在接受所有重要真理时能够越来越团结。难道说只是存在于还没有达到其目标的时候吗？难道说征服的果实会随着胜利的结束而销毁吗？

我敢肯定并非如此。随着人类的进步，不再有争议或是质疑的教义数目会不断增加，人类的幸福康乐几乎是由已经达到无可争辩程度的真理的数量和质量来衡量。在许多问题上的争辩一个接着一个地停止下来，这是意见统一过程中的必经阶段。当意见正确时，这种统一过程是有益的，然而若是意见错误时，这就是既危险又有害了。因此，虽然意见分歧界限的缩小对于两方面来说都是不可避免同时也是不可或缺的，但我们不能就因此必须得出结论说它的所有结果都一定是有益的。一条真理在聪明而生动的领悟方面丢掉的就像是在向反对者进行解释和辩护时所提供的非常重要的一个助力一样，虽然与这条真理所取得的普遍认可比起来不足以压倒后者，但也是一种牵制。所以当这种助力不复存在时，我承认我宁愿看到人类中的宣教者努力找出一个替代物，想尽办法使这些问题的困难之处呈现在学者们面前，就像是被一个持异议而又急于寻求转变的拥护者所压制一样。

然而人们不但没有为了这个目的去寻求办法，就连他们之前曾有过的办法也丢掉了。柏拉图对话录里曾雄伟例证过的苏格拉底式辩证法，就是我所说的办法。他们本质上是一种关于哲学和生活中一些重大问题的负面讨论，有非常完善的技巧作为指导，目的在于说服那种只采纳公认意见的一些陈词滥调的人，使他意识到自己并没有真正懂其含义，同时也让他知道自己还没有掌握对自己信奉的教义的确切意义。这样子，在他意识到自己的无知之后，就可以踏上通往某个坚定的信念之路，并使其信仰建立在对教义本身以及其论据都有透彻理解的基础之上。中世纪的学院论战与此也有某些相似之处。他们旨在确保使学生懂得自己的意见，以及（必然相关联的）懂得与之相反的意见，这样既能加强前者的根据，又能提供驳倒后者的依据。这种辩论固然有着不可救药的缺点，他所依靠的前提来自权威而不是理性；并且作为对心灵的训练，它们在每一方面都比不上能够构成所谓“苏格拉底之毒”这种智力的强有力的辩证法。但是就对于现代人思想贡献来说，它也和后者一样，远远超过一般人所愿意承认的程度，而现代教育的模式中却没有任何东西能够替代二者之中任何一个的位置，哪怕是在最低程度上。一个仅从教师或者书本取得所有指示的人，即使逃脱了会使自己满足于死记硬背的诱惑所带来的困扰，也不会有自制力去兼听双方，因此即使是思想家们也不会在了解两方面的前提下取得成就，所以每个人都认为在为自己的见解辩护时最薄弱的部分就是他打算用来答复对手的东西。现在很流行的就是贬抑负面的逻辑。它只是指出理论中的弱点或是错误，却并不建立正面的真理。这种负面批判用来作为最后结果的确站不住脚，但是若作为一种获取名副其实的正面知识或信念的手段，就再合适不过了。人们重新有系统地受到这种训练后才会再度涌现很多大思想家，并且在除开数学和物理部门以外的任何推测部门才会有高智力的人才出现。在其他方面，没有任何人的意见可以称得上是知识，除了他在与对手的争论中被逼迫或者主动经历的精神活动。因而，在缺少它时才知道它不可或缺。它又如此难以创造出来，在它主动出现之时竟然毫不犹豫地丢弃它，没有比这更糟糕的事了。要是有人怀疑我们大家都接受的意见，或者他们在法令允许的前提下表示自己的怀疑，那么我们应该感谢他们，是他们让我们敞开胸怀去聆听，我们要为这些感到高兴。他们代替我们做到了我们应该要做的——如果我们对自己认知中的确信以及生命力仍然不相信的话——而且更加耗费心力、劳力的事情。

上述这些讲的仍然是使这些不同意见成为有益的一些主要原因，而且还将继续下去，直到人类在知识发展的历程中进入一个新的阶段，而这在现在看来距离目标还太远。而现在还有其中一个原因要讲一下。迄今为止，我们只考虑过两种可能性：一种是可能公认意见是错误的，那么自然而然其他的意见就是真的了。另一种是如果公认意见是正确的，那么它与其对立的错误的意见之间的冲突就会有利于我们对真理的深刻理解与深刻感受。但是还有一种比这两种都更常见的情况：有两种相互冲突的教义，他们并不是一个为真，一个为假，而是共同存在与真理之中。既然公认意见仅仅体现真理的一部分，那么就需要有不相容的意见来体现剩余的那部分真理。在非感官所能触及的主题上，流行的意见往往是正确的，但也只是少数时候，而且从来都不会是全部的真理。他们只是真理的一部分，有时是大部分，有时是小部分，但却总是被夸张，歪曲，并被其他一些应当相互制约的意见从真理中分离出来。另一方面，异教的意见一般总是被压制或是被忽视的真理，若是它们突然摆脱掉束缚他们的镣铐，那么要么是向包含在共同意见中的真理寻求调和，要么就是把它置于敌对的位置然后以类似的排他性自立为全部的真理。后一种是迄今为止最为常见的，因为在人类的思维方面，片面性永远占统治地位，而多面性却是例外。因此，即使是在意见的循环运转中，通常也是一部分真理占主导，而另一部分则不占优势。甚至是在发展过程中，本应是累加，但大部分却只是用一个片面的真理去代替另一个；而需要改进之处主要就是这里，新的真理片段比他所替代的部分更为需要，更能顺应时代的要求。即使是建立在真实的基础之上的盛行意见，也会具有片面的性质，因此凡是在某种程度上体现了被共同意见所遗漏的部分真理的意见，不论其中的真理混杂了多少错误与混乱，我们都应当珍视它们。没有哪个清醒的人类事务判决者会因为那些人忽略了某些我们看到的真理而感到愤慨。相反，他会这样想：既然流行的真理是片面的，而非流行真理也具有片面性，那么主张流行真理就比在其他情况下主张非流行真理更为可取；而且通常这样是最有活力的，也最有可能迫使人们对那些主张者号称是完整的而实则却仅仅是残缺的智慧引起注意。

因此，就像是在十八世纪，当几乎所有受过教育的人以及他们引导的未受过教育的人全都热衷于赞叹所谓的文明，赞叹近代科学、文学、哲学领域中的各项奇迹的时候，当他们大大过高估计了现代人与古人的区别，却又自我安慰说这些全都对他们自己有利的时候，卢梭的悖论便像炸弹一样，在一堆紧密相连的片面意见之中爆发了，使其变得混乱，并迫使其基础原理在加入新的元素之后重新整合，归纳出了更好的意见，起到了令人震撼的有益效果。那些主流的思维并非与卢梭的想法相差极远。相反，他们的思想极为接近，其中包含更多的真理，同时也是极少的谬论。尽管如此，在卢梭的教义中有相当多的主流思想所缺少的真理，那些真理都顺应潮流，而当这股潮流慢慢消退之后，剩下的就是留下的珍品。生活朴素之崇高价值、虚伪社会之伪善消耗精力，这些都表现在卢梭的教化心灵之中。即使是在现在，也需要更多的主张以及事实加以力证，它们仍然时不时地对后来产生一定的影响。在这一方面，语言已经失去了表达能力。

从政治方面看，那依然是老生常谈。一个政党的秩序和稳定性，另一个政党的进步性及改革，这两方面在政治生涯中的平衡制度都是极其重要的因素，直到这一个或者那一个政党扩大他们精神上的控制力，明辨哪些应该保留、哪些适宜放弃，以维持一个政党的秩序和进步的共同发展。每一种思维方式都源于另一种方式的不足以及强烈的不赞同，并且保持在理智及头脑的限制之中。从民主政体到上层阶级政体，从财富到平等，从合作到竞争，从奢侈到节俭，从社会到个人，从自由到义务，两方的思维方式都相互对立，除非都表达了平等自由，并且都凭借同样的才能和精力得到实施以及辩护，否则它们都没有机会获得同等的主张。一方得到肯定，就意味着另一方必会失意。在现实生活中涉及重大问题时，真理大多数时候是对反面的协调和结合，但人们往往没办法以足够宽广以及公正的心胸去对正确的事物做出判断，那么就只能通过发生在敌对双方在相对立的旗帜下进行艰苦的斗争。在列举任何一个重大问题时，如果双方之一的主张优于另一方，那么，它不只要容忍，而且必须鼓励和支持对方，要在某个时间或者地点成为不占优势的一方。以为在那段时间里，另一方的想法代表着被忽视的利益和人民小康生活中极易得不到利益的一面。我认为，在这样的国家，对于大多数的话题的不同意见不会有不容许之处。我举这些例子就是为了展示，这些已被证实、已被传扬的实例，表明了这些事实的大众性。那就是说，在人民现在的头脑中，只有不同意见才能让真理全方位得到展示。当有人在一些问题上发现明显的相同时，那时候即使所有人都认为此正确，也可能有些人总认为他们自己要听到的是有价值的，如若不然，缄默会使真理成为谬论。

有人对此并不同意，他们会反对说："有些公认的原则，特别是那些涉及最高、最重要问题的公认原则，绝不仅仅是半真理性的。例如，基督教的道德就是道德方面的绝对真理，要是某个人传授一种与其不同的道德，那他就是完全错误的。这就是实践中最重要的事情，没有比用它去测验格言是否具有大众性更合适的了。但是在说明基督教道德到底是什么之前，先确认它是指什么，这样会更好。如果它是指《新约》中的道德，那我就很好奇那些从这本书中得出这种认识的人们为什么会认为这本书具有一套完整的道德体系。在福音书中就总是引用先前存在的道德，并在某些特定的事项中限制自己的戒条，而在有关道德方面就用更广泛、更高级的道德来进行改正。而它的表达形式又最宽泛，基本不可能根据文字来解释，与其说它具有立法的精确性，还不如说是具有诗篇或修辞中的感染性。要想从其中总结出一套道德教义，如果不参照《旧约》是不可能完成的，也就是说，还要从一个精心制作的在许多方面都很野蛮并且本来也就是为野蛮人而设的道德体系中借鉴、参考。对于这种以犹太教的方式解释主的教义并进行填充的做法，圣保罗曾公开表示过敌视。同时他也曾假定过一种先前存在的道德，就是希腊人和罗马人的道德。而他给予基督教的建议在很大程度上来说是对那种道德的一种调整，甚至达到了公然认可奴隶制的程度。现在所谓的基督教，实际上应该称为神学的道德。它并不是嫉妒本人或是他的教徒们的成果，而是在很久远以后，由头五个世纪中的天主教会逐步建立起来的。等传到近代人以及新教徒的时候，他们虽然没有含蓄地予以采纳，但其实更改的也并不多，远不如期待的那样。说实在的，大多数人仅仅是把中世纪时期增添的那部分删掉，然后每个教派又把适应本教派性质以及发展趋势的新东西加进去。

如果有人站出来否定这种道德及其早期的宣教者给人们带来的实惠，我应该是第一个，而且我会毫不犹豫地指出：它在许多重要事情的方面是不完备的，是片面的，如果没有某些不被这种道德准则认可的观念和情绪曾对欧洲人的生活和性格品质有过积极的影响，人类事务就会处于比现在还要糟糕的境地。基督教道德（暂时称它为此）具备复古运动的所有特性，其大部分是对异教信仰的一种抗议。与其说它的理想是积极的，不如说是消极的；与其说是主动的，不如说是被动的；与其说是崇高的，不如说是幼稚的；与其说是推崇至善，不如说是竭力戒恶。总而言之，在它的戒律中，“你不该”过度压制“你应该”而占主导地位。它害怕纵欲，所以推崇禁欲主义，并逐步进行修正使其在后来成为合法。它提出天堂的希望和地狱的威胁是作为有道德地生活的恰当动机。在这里，它远远落后于古代圣贤，这是其内涵中赋予人类道德一种本质上自私的品性，因为这把每个人的责任感和同胞们的利益分离开来，除非是关系到他们自身的利益，否则，就无法考量他们。而它本质上又是一种被动服从的教义。它对人们的谆谆教诲，使他们屈服顺从已经建立起来的一切权威，当然也不是说要他们连教派里所禁止的事情也要积极服从，但是对于加到我们身上的任何冤屈都不能反抗，更不用说反叛了。说到对国家的义务，当最好的异教国家已经把道德方面的这一义务的地位提高至比重失衡，甚至侵害到个人的正当自由时，在纯粹的基督教的道德标准中，义务这一大块却几乎没有得到注意以及确认。如果说对群众负有义务这一概念在近代道德中得到过一点点认可，那也是从希腊、罗马那里引进的，而不是出自基督教。同样，在私人生活道德方面，如果还存在任何所谓的恢宏气度、高尚节操、个人尊严，甚至是荣誉感，那么这些都纯粹来源于人类本身，而不是我们所接受的宗教教育部分。在一个只以服从为唯一价值的道德标准之下，这些品质是绝不可能存在的。

我相信，我也可以证明，所有基督教的语录都是有必要的；我相信，这些语录和一个完善的教义所需要的那些都是可以融合的；我相信，所有道德标准里面优秀的东西都可以录入基督教的语录里，并且不会对其有所触犯，就如同那些曾经试图从中归纳出一些实质性的行为准则的人不曾对它有所触犯一样。但是，跟这个一点也不矛盾的是，我也相信基督在他本人的教义和信条中，包含着并且只包含着真理的一部分；还有着许多构成最高道德的必要基本元素存在于那些其他的事物当中，没有出现也没有想过出现在基督教创始人有记录的讲话中。在后来的以高谈阔论为根基建立的伦理体系中，更是完全被抛到一边。正是这样的情况，我认为应该坚持并试图找到在基督教教条中的完整的规则来作为我们的指导，况且对于教义的作者来说，打算让这些规则得以实施，但是只有一部分是可以作为规则的，那么这种做法无疑是很大的错误。我也相信，这种狭隘的理论学说正在逐步变成一种严重的实际罪恶，极大地削弱了道德培训和道德教导的价值。然而这种价值是多少聪明人在今天渴望得到提高的。我非常担心仅仅凭借宗教模型来塑造人的内心和情感，反而摒弃那些一直以来和基督教伦理并存并且相互补充的俗世标准（找不到更好的名字来称呼），接受它的一些精神，再灌输一些自己的精神在里面，最终将会产生，或者说现在已经产生了，低劣卑贱并且充满着奴性思维的品格，服从于它自己所认为的“最高意志”，但是却不能够上升到或者说不能感受到“最高善”的概念。我相信一定会有另外一种不是仅仅从基督教体系延伸出来的伦理来与基督教的伦理共存，这样才能有人类道德的再生；我也相信基督教体系也不可能是这个规则的例外，那也就是说：在一个并不完美的人类状态下，真理的利益需要多元化的观点。在否定基督教不包含的真理的时候，也没有必要完全忽视它包含的真理。如果产生这样的偏见，那么这就是一种罪恶；我们应当视之为一种我们为了得到难以计数的好处时应该付出的代价。只是部分真理，却当作全部真理对待，并且排除其他真理，这种做法也是应该反对的。

但如果这个反击的动力又使得抗议者也失其公正，那么，这个片面性，如同那个片面性，都是可悲叹的，但必须给予宽容。如果基督徒要教导非教徒对于基督教应该公正，那么他们自己对待不信教这件事就应该公正。凡是对于以文字记载的历史有最普通认识的人都知道，在最高尚、最宝贵的道德教训中，有很大一部分不仅是那些不知道基督教信条的人的作品，而且也是那些虽然知道它但排斥了它的人的作品。对于这个事实，我们若闭眼不看，那是对真理没有什么帮助的。

我也不想硬说，只要无限制地使用发表一切意见的自由就可以将宗教上或哲学上宗派主义的祸害终止。凡是那些有着狭隘容量的人对一个真理认真起来时，必定会竭力主张它，反复灌输它，甚至是通过许多办法来将其付诸行动，好似世界上不存在其他真理，或者不论如何也无一条真理能够制约或规限那第一条真理。我承认，一切意见要变成宗派性这一趋势，是不会因为开展一些即使是最自由的讨论而获得挽救，反而往往会因为这样而增高和加剧，因为那个应当被看到但没有被看到的真理会因其出自那些被视为反对者的口中而受到更加猛烈的排斥。但是要知道，这种意见冲突所起的有益效果是不会发生在情绪过激的偏袒者身上，而是发生在那些比较冷静、比较超然的旁观者身上。可怕的祸患不是在部分真理之间的猛烈冲突，而是在部分真理上的平静熄灭。这也就是说，当人们还处于被迫兼听双方的时候，希望总是存在的；一旦人们只倾注于一方的时候，错误就会硬化为偏见，而真理本身也会因此被夸大变成谬误，且不再具有真理的效用。我们知道，在面对真理的问题上，只有一方辩护人，以人类的精神特质来讲，很难从中做出明智的判断。除非有关真理各个部分的问题都能找到辩护人，同时又能让人们听到他们的辩护，否则，我们是没有机会获得真理的。

从这四点根据上，我们已经认识到意见自由和发表意见自由对于人类精神福祉的必要性了（人类一切其他福祉都是有赖于精神福祉的）。现在再把这四点根据简明扼要地重述一下。

第一点，如果有任何一个意见被迫缄默下去，据我们确知，那个意见也可能是正确的。否认了这一点，就是在假定我们自己是不可能错误的。

第二点，尽管这个被迫缄默的意见是一个错误，它也可能，并且通常总是包含有部分真理；另一方面，任何题目上的普遍意见（亦是得势意见）也难得是或者从不是全部真理。既然如此，只有通过敌对意见的冲突才能够使得所遗真理有机会得到补足。

第三点，即使公认的意见不仅是真理而且是全部真理，除非让它去遭受而且实际遭受到猛烈而认真的抨击，否则，对于多数接受者来说，抱持这个意见就像是抱持一个偏见一样，而且对它的理性根据很少有领会或感认。

第四点，公认意见本身也将处于丧失或减弱并且失去它对品性和行为的重大作用的危险中，这是因为教条变成了仅仅形式上所宣称的东西，对于至善是无效果的。它不仅妨碍着去寻求根据，而且阻碍着任何真实的、真诚的信念从理性或个人的亲身经验中生长出来。

在撇开意见自由这个题目之前，还须注意有人提及的这样一种情况：一切意见应当许其自由发表，但条件是方式上必须有节制，不要超越公平讨论的界限。关于怎样规定不应把所设想的这些界限摆在哪里这一问题，是有许多话可讲的。因为，如果说测验的方法是在看对于那些意见受到攻击的人是否有所触犯，那么，我想经验会替我们验明这一点，任何时候，只要攻击是有力而动听的时候，都可算是有了触犯；这就是说，每个反对者只要在这题目上表现了任何强烈情感，将对方逼得很紧，使得对方感到很难回答，那么，在对方看来他就是一个无节制的反对者。这一点，虽然从实践观点来看是一个重要的考虑，但在一种更加基本的反对意见面前就不算什么了。毫无疑问，主张一个意见（即使这个意见是真实的）的方式是非常惹人反感的，并且可能理所当然地招致严厉谴责。但是，这一类最主要的一些触犯在于那种除非借着偶然自欺这个借口，便不可能把论断弄成是某些妥帖的错误做法。其中最严重的是似是而非的论证、压制事实或论据、错陈案件的各项因素或者歪曲反对方的意见。尽管如此，所有的这些事情，甚至在最大程度上，却是那些不被认为而且在许多其他方面也不应被认为无知或无能的人们在完全良好的自信中连续不断地做出来的。因此，以恰当的根据从良心上把这种错误的表述鉴定为在道德上应受谴责的事是极不可能的。

至于法律，更是不能擅自行动去干涉这种论战上的错误行为。至于一般所谓无节制的讨论则指的是谩骂、讥刺、人身攻击以及诸如此类的事。关于这一点，可以说，谴责时若曾同等地提议双方都停止使用这些武器，那就值得给予更多的同情了。然而人们却是只在对待得势意见时才限制使用它们。当使用它们去对待不得势的意见的时候，则不仅不见一般的不赞成，而且还可能让使用它们的人获得所谓真挚的热情和正义的愤怒等类的称誉。

但是从这些武器的使用中无论招来什么样的祸害，最大的祸害总是在当它们用来对待防卫较弱的一方的时候；无论怎样不公平的便宜会从这种主张意见的方式中找出来，这样的便宜总是差不多独归公认意见那一方。在这一类触犯中，论战者所能犯的最坏的一种乃是将那些持相反意见的人诋毁为坏的和不道德的人。对于这样一种诽谤，那些持不流行的意见的人们是特别突出而易受攻击的，因为他们一般总是少数，又没有势力，而且除他们自己以外就没有人会过多地关心要看见他们受到公正的对待。但是，如果有人要用这件武器去攻击一个得势的意见，从事情的性质上来看，这是用不得的：一方面是因为他们不能自身确保安全地来使用它，另一方面，即使他们能够，这样做除了会使自己的论据萎退外，不会有什么作用。一般情况下，那些与公认意见相反的意见如果想要获得一听，就只有使用经过研究的中和谦逊的语言和小心地避免对人的一些不必要的触犯——即使是很小的触犯，也很难不丧失阵地。而得势意见这一方若使用没有分寸的辱骂，那就真的能够制止人们宣说相反的意见，打消人们去倾听宣说相反意见的念头。因此，为了真理和正义的利益，限制辱骂性语言的使用实比限制其他武器的使用重要得多；而假如说实施限制还存在选择的话，那么，举例来说，挫折对于不信教的触犯性的攻击就比挫折对于宗教的触犯性的攻击更需要。然而，很显然的是，法律和权威对限制哪一方总是不相干的。至于意见，则应该在每一个审判中根据个别案件的情况来决定其裁断。总而言之，对于每一个人，无论他将自己摆在辩论的哪一方，只要在他的辩护方式中或是缺乏公正或是表现出情绪上的恶意——执迷和不宽容，那就要予以谴责，但是却不可以根据他在问题上所选定的方面来推断出那些败德，即使所选定的方面是与我们自己意见相反的方面。而另一方面，对于每一个人，也无论他持什么意见，只要他能够冷静地去看，也能够诚实地来说他的反对者和他们的意见真正是什么，既不会夸大那些能够损害他们信用的东西，也不会掩藏那些可以为他们辩护或者看来是可以为他们辩护的东西，那就要予以应得的尊敬，这就是公众讨论的真正的道德。假如说还常常有人违反它的话，那么我却乐于想到的是已经有很多争辩家在很大程度上注意去遵守它，而且还有更多的人从良心上朝着这方面努力。

第三章

论个性为人类福祉的因素之一

人类不但应当可以自由地去形成自己的意见，而且应当毫无保留地发表这些意见，理由如前章所述。如果这种自由得不到承认，或者人们因顾及禁令而不加以力争，那么，人的智性与德性两个方面将会产生有害后果，这也在前章阐述。我们接下来要明确的是，人们是否可以不因上述理由而做到按自己的意见行事并在生活中付诸实施；是否只要他们承担自己的风险，那么为难旁人就不应施加物质或精神上的阻碍。这句话中最后附加的部分当然是必不可少的。没有人会硬说行动应该和意见一样自由。恰好相反，如果表达意见演变成了对某些恶劣行径的公然煽动，那么这样的所谓意见也该失去其自由表达的特权。例如有这样的一种意见，说粮商就是穷人挨饿的罪魁祸首，或者说私有财产属于一种掠夺，如果仅是通过报纸流传也就没有什么大碍，但如果是通过面对一大群聚在粮商门前的愤激群众以口头方式来宣讲或者以散发标语的方式来宣传，那就可以绳之以法。无论何种行为，只要没有正当理由而贻害他人，就理该受到人们的反感或必要的积极干涉，尤其是在非常重要的情形下，这种做法是绝对必需的。个人的自由必须有所限制，不该成为他人的妨碍。但是，倘若他不插手他人事务，而只是在涉及自身的事情上按照自己的意向和判断而行动，那么，那些可以证明个人意见应有自由的理由，也同样可以说明他应该得到允许把自己的想法付诸实践，且代价自负。人非圣贤，孰能无过，人类的大部分真理不完全正确，达成统一意见也是奢望，除非全面充分地对比过相左的意见。在人类拥有比今天更强的认识真理的能力之前，意见的分歧并非坏事，反而是好事——所有这些原则都适用于人的行为方式，而不是仅仅适用于人的意见。正如我们常说，人无完人，有意见分歧不足为奇，人有不同的生活体验也不过分。只要不对他人构成伤害，各种性格都应容许自由发挥；只要有人认为值得一试，不同生活方式的价值都应得到实践的验证。总之，在无关他人的事上，个性最好得到尊重。哪里以他人的传统习俗而非个人性格为行为准则，哪里就缺少人类幸福的主要成分，因为这种成分也是个人和社会进步的一个颇为重要的成分。

在坚持这一原则时所要面临的最大困难，并不在于人们知道实现既定目标的手段，而在于人们通常不关心目标本身。假若人们都认为个性的自由发展是福祉的首要要素之一，它不仅是与所谓文明、教化、教育、文化等一切东西并列的一个因素，而且本身又是所有那些东西的一个必要部分和必要条件，那么，自由就不会有被低估的危险，调整个人自由和社会约束之间的界限也就没有太大的困难。但是，糟糕的是普通的思维模式几乎意识不到自发个性的内在价值，或者自发个性本身就该得到尊重。正如人们安于现状一样，大多数人只满足于人类现有的手段（就是他们自己造就了人类的今天），他们无法理解为何那些手段并不适用于每个人，甚至在大多数道德改革家和社会改革家的眼里，自发性这一东西根本不属于他们的理想，嫉妒的眼光反而把它看成是惹是生非与离经叛道的障碍，妨碍着人们接受这些改革家们自认为对人类最好的办法。

极少的德国人能理解以学者和政治家著称的洪堡（Wilhelm Von Humboldt）的思想内涵。此人在一篇论文里写道，“人的目的，或说通过永恒不变的常理所指令的目的而并非通过模糊短暂的欲望所揭示的目的，是要使自身各个方面的能力获得最高度和最协调的发展，从而达成一个完整而连贯的整体”；因此，这个“每个人必须不断努力，特别是那些志在影响同胞的人所必须永远注视的目标，就是能力和发展的个性”必备两样东西——“自由和各种境地”，两者结合就会生成“个人的活力和广泛的多样性”，而这些东西又结合成所谓的“原创性”。①

然而，人们很少习惯像洪堡所讲的那种教义，而且也许会为因发现个性有如此崇高的价值而感到诧异，但是，我们必须想到的是：这个问题还只是程度上的区别。没人会认为无所作为而彼此照抄就是行为中的美德。没人会主张人们就不该在生活方式和关乎自身的行为举止上显露出自己的任何判断或独特的性格。另一方面，如果说人们就该这样生活，正如来到这个世界之前对世界浑然无知，经验也没有告诉人们一种生活方式或行为就应优于另一种，如果硬要这么说，那就很荒谬了。无人否认，人在年轻时期就该受到这样的教育和训练，让他们知道并受益于这个人类经验已经认定的结果。但是要知道，当一个人的能力到了已臻成熟的阶段，就要按照他自己的方式去运用和解释已有的经验，这是人的特权，也是人的正当的条件。对于记录下来的经验中有哪一部分可以恰当地运用于其自身的情况和适合于自己的性格，这就要由他本人去发掘。其他人的传统和习俗，在某种程度上，只能证明他们的经验对他们有什么作用，这样的推定有权要求他遵从。但是问题在于：首先，他们的经验也许太狭窄，或者他们也许没有将它解释正确；其次，也许他们对经验的解释是正确的，但却不适合他。造就习俗是为了适应习俗的要求和培养合乎习俗的性格，但他的情况或性格或许并不合乎习俗。再次，即使习俗既是好习俗又适合于他，但如果他遵从习俗仅仅是因为那是习俗，那就不会对他有所教益，或开发出他的任何潜质，而这些潜质又是人类特有的天赋。人类的官能，如觉察力、判断力、辨别感、智力活动甚至道德取向等，只有做选择的时候才会得到运用。那些因习俗而照章办事的人是不会做任何选择的。因而他辨别和追求最好事物的能力就得不到锻炼。如同肌肉的力量一样，聪明才智和辨别

① 参见：洪堡著《政府的范围与义务》，德文本第 11~13 页。

是非的能力也只有使用了才会得到提高。而一个人做一件事若仅仅是因为其他人做了那件事，正如相信一件事仅仅是因为其他人相信了那件事，那么，他的官能就没有得到锻炼。因此，如果一个人的意见不是以自己的判断为依据，那么他的推理能力就不会得到加强，而轻易采纳他人意见反而削弱了自己的思考能力。那么同样地，如果一个行为的产生不是源于自己的感情和性格（在个人喜好和他人利益无关的情况下），结果就是使自己变得感情迟钝、性格懒惰，而不是活跃并富有活力。

那些让世界或者他自己所处的那部分世界来为自己选定生活道路的人，除了需要猿人般的模仿力，无须其他任何能力。但那些要由自己选定生活道路的人就会调动他的一切能力。他必须运用观察力去看，运用推理和判断力去预测，运用动力去搜集为做决定之用的各种资料，然后运用思辨力去做出决定。一旦做出决定，就必须运用毅力和自制力去坚持自己已深思熟虑的决定。他需要和运用的这些能力，与他的行为相匹配，因为他的行为是根据自己的判断和情感而做出的。也有可能他不具备那些能力，有人指引他走上正道并趋利避害。但是作为人，他的相对价值又在何处呢？真正重要之处不仅在于人做了什么，还在于做了这件事的是哪种人。人类善用生命来完善和美化工作，在这些工作中，居于第一重要地位的无疑是人本身。假设有一种具有人形的自动机器可以用来修建房屋、种植玉米、走上战场、审理案子、建立教堂、念经祈祷，那么即便现在男男女女居住在比较文明的世界里，他们一定是大自然能够和将要生产的饥肠辘辘的行尸走肉，因为要是换成这样的机器人，那将是一笔不小的损失。人性不是机器，不可能依照模型铸造出来，并预设程序让他完成预定的工作。人性应该像树，需要各方面的生长发育，跟随内心动力的趋势生长发育，这些内在动力使人充满生机。

大家可能会认同这一点：人们运用自身的理解力是可取的；明智地遵循习俗，或者偶尔偏离习俗，也比盲目地、单纯机械般地附从要好。在某种程度上，人们承认，我们对事物的理解应该是我们自己的，但是，人们不愿承认我们的欲望和冲动也同样应该是我们自己的，或不愿承认拥有自己的冲动甚至带有力量的冲动就是危险和陷阱。可是，与信赖和约束一样，欲望和冲动都是完人应该具有的，只是没有达到适当的平衡时，强烈的冲动才具有危险性。比如，失衡表现在一些目标和意向发展强劲，而本该与之并存的东西却相对微弱和不活跃时。人们之所以做出恶劣的行径，并不是因为他们的欲望强烈，而是因为他们的良心薄弱。强烈的欲望和是非观薄弱之间并无天然的联系。他们之间的天然联系是另外一副模样。当说某人的欲望和情感比另一个人更强烈、更多样时，意思只是在说他更具有人性的那些特点，因此他或许会干更多的祸害之事，但也肯定能做更多的好事。所谓强烈的冲动不过是精力的别称。当然精力也可能被导向坏的用途，但是精力旺盛的人也许总能比无精打采的人做出更多的好事。感情自然的人培养出的感情也总是最强烈的。个人冲动之所以生动有力，是因为它同样易受影响，这种特质也是崇尚美德、严于律己的根源。正是通过培养这些品德，社会才能尽其义务并且保护其利益，而不是因为不知怎样造就英雄就连造就英雄的材料也摒弃掉。有性格的人应该这样：有自己的欲望和冲动，但这些欲望和冲动是其本性的表现，自身的调教使本性得到发展和修正。没有自己的欲望和冲动的人就没有性格，与毫无性格的蒸汽机无异。人的冲动如果既是自己的也是强烈的，还受到强烈意志的支配，那么他的性格就很有活力。只要认为对欲望和冲动的个性特点不应该加以鼓励让其自由发挥，必定会认为社会不需要强有力的人性，必定会认为社会包含富有个性的人不见得是好事，人们普遍精力旺盛也不是好事。

在早期的社会形态下，欲望和冲动等力量可能或者的确远远地走在了当时社会具有的规范力和约束力的前面。曾经有个时期，自发性和个性的成分过多，社会法则和它进行了艰苦的斗争。当时的困难在于引导身心强壮的人遵循抑制自己冲动的规矩。为了克服这个困难，法律和纪律（就像教皇与皇帝之间的斗争）拥有凌驾于整个人类之上的权力，宣称它是为了控制人类的全部生活以便能够管理人的性格——社会还没有找到其他足以限制那种性格的手段。但是现在，社会已经对个性掌控自如了，危及人性发展的并不是个人的冲动和偏好过多，而是其不足。过去，地位和个人禀赋都很有优势的人热衷于习惯性地违法抗命，为此，需要管理好他们的激情，使人们在自家领地享有安全感。而今时过境迁，在我们的时代里，从社会的最高层到最低层，每个人都像生活在敌意的、可怕的监控的眼皮之下。不仅在涉及他人的事情上，而且也在仅仅与己相关的事情上，一个人或者一个家庭之间不问问他们自己——我择取了什么？什么适合我的性格和气质？或者，什么能够让我身上最好和最崇高的品质得到公平的发挥，并使它生长、茂盛起来？他们会问自己的是：什么适合我的地位？与我地位相当、经济情况相同的人都在做什么？或者（甚至更糟），地位和境况比我好的人都在做什么？我的意思不是说，在对比了合乎习俗的行为和适合个人意向的行为后他们选择了前者；他们不会有个人意向，只有随大流的想法。由此看来，心灵屈服于枷锁的束缚，甚至在做以找乐子为目的的事情上，他们最先想到的也是投众合时。他们喜欢处在人群之中，只在一些习以为常的事情之中做出自己的选择。如同远离犯罪一样，他们竭力避免独特的喜好和古怪的行为。如果不按照个性发展，长此以往，不随循自身本性的结局就是没有本性可以随循。他们作为人应有的能力枯萎凋零了，无力拥有强烈的愿望或与生俱来的快乐，一般也不会具有本该属于自己生发的意见或情感。人性变成这样，到底是好事还是坏事呢？

加尔文学派的理论，的确就是持这样的观点。根据那个学说的说法，人的大罪之一就是自我意志。一切人类力所能及的善行都包括在服从二字之中，你没有选择。为此，你必须照着做，别无他法，“凡是非义务的都是罪恶”。既然人性本恶，人只有扼杀人性才能获得救赎。对秉持这种人性理念的人来说，摧毁人类任何官能、能力和敏感等根本算不上是罪恶，人无须具备任何能力，只需要臣服于上帝的旨意。如果人运用他的任何一项官能，为了更有效地执行假想意志而非其他目的，那还是没有这些官能为好。这就是加尔文主义的理论，有许多不认为自己是加尔文主义者的人也主张这个理论，不过采取的是一种温和的形式。其温和之处在于，对那些所断言的上帝意志给予较少禁欲性的解释；主张上帝的意志也应该让人类满足他们自己的一些意向；不过并不是按照他们自己所择取的方式，而是遵循服从。也就是说，要遵循由权威为他们指定的途径。事情的必要条件既是如此，因此，对所有人而言都没有区别。

目前，针对这种狭隘的人生论以及深受其压抑、古板的性格的影响，兴起了一个强烈的倾向，它以某种隐秘的形式存在着。无疑，许多人诚心诚意地认为，经过这般夹磨和打压的人类正是造物主的设计。正如许多人所想，树木被修剪树梢、打造成动物形状，会比大自然原本给予的模样更漂亮。但是，假若宗教的任何一个信条坚信人是由一种善物造就，那么，与这个信条更一致的想法就是，这个善物赋予了人类一切官能，要让它们得到培养和开发，而不是要铲除和消耗它们。也应该相信，这个善物乐意看到它所创造的人类一步一步接近体现在他们身上的最佳构想，乐意看到他们日益增长的理解能力、行动能力或享受能力。还有一种不同于加尔文主义的人类优异性，认为人类之所以被授予其自身的本性并不仅仅是为了遭受否定，而是为了其他目的。还存在一种希腊型的自我发展的理想，柏拉图的和基督教的自我管制的理想与它融合在一起，但是并没有取而代之。我以为，做一个约翰·诺克斯（John Knox）可能是比做一个阿尔西必蒂（Alcibiades）要好一些，但做一个帕吕克里斯（Pericles）则比这两个都好。当然，这个帕吕克里斯，如果在这些日子里曾有过这个人的话，也不会拥有约翰诺克斯所拥有的一切好处。

不是要把自身一切具有个性的东西都打磨成一个样子，而是要在他人权利和利益容许的限度之内培养和发扬个性，人类才能成为会思考的高尚美丽之物。由于这样的做法涉及做事的人的性格，正是在做的过程中，人的生活也变得丰富多彩、生机勃勃，给高尚的思想和升华的情感提供更加充足的养分，增强每个人和整个民族的纽带，使这样的民族无限美好、值得成为它的一分子。伴随着个性的发展，每个人对于自己更有价值，因此，对于他人也更有价值。他的存在使生命更加充实，个体拥有更多活力，由个体组成的集体也才会有更强的生命力。

为了阻止人性较强的那种人侵犯他人权利，必要的压制不能摒弃。但是，即使从人类发展的观点来看，这也是对所失的厚偿。个人因无法满足伤害他人的意向而失去的发展手段，主要是以他人的发展为代价而取得的。而且，就是对他自身来讲，他的得失相抵，因为他的自私得到限制，所以他的社会属性就得到了更好的发展。为他人着想而严格遵守正义的规则，就会发展成以他人利益为目标的情感和能力。但是，如果限制自己，不是因为会影响他人利益而是仅仅担心别人会不高兴，这样就不会发展有价值的东西，只会产生抵制限制的性格力量。如果有人默许了这种情况，那就会使全部本性变得迟钝与模棱两可。要想给每个人的本性公平发展的机会，最主要的是允许不同的人过不同的生活。在任何时代里，从这种自由被发挥的程度就可知那个时代是否值得后代铭记。只要人的个性在专制制度下还有生存之处，专制制度就产生不了什么最坏结果。反之，凡是压抑、毁灭人的个性的都是专制，不管它的称谓是什么，也不管它声称是执行上帝的意志还是执行人的命令。

前文已经说明个性与发展是一回事，也说明了只有通过培养个性才产生出或者才能够产生出健全的（发展得很好的）人类。为此，我现在就可以这样来结束这个论证了：个性发展使人类自身近乎完美，人间事务还有什么可多说的，还有什么比这更好的呢？说到对于好事的妨碍，难道还会有比妨碍这事更坏的事可说吗？然而，无疑的是，这些考虑还不足以去说服那些最需要说服的人，还有必要进一步说明已经发展了的人对于尚未发展的人有着某些作用。要对那些不渴望拥有自由也不想让自己受惠于自由的人们指出，因容许他人利用自由且不加阻碍，他们也许会以某种不难理解的方式得到好处。

第一点，我想提示一下，他们可能从发展了的人那里学到些东西。任何人也不会否认，在人类事务中，原创性是个有价值的因素。人不仅要发现新的真理，指出过去的真理在何时已不是真理，而且还要在人类生活中开创新的做法，并做出拥有更开明的行为、更好的品位和感悟的榜样。无论是谁，只要不相信这个世界在任何方面和做法上都已完美，就不能够很好地反驳这一点。事实上，并不是每个人都能够同样地得到这种惠益。同全世界相比，少数人的生活体验如被他人采用，都可能改进现行的既定做法。但是这些少数人正如地上的盐，如果没有他们，人类生活将变成一池死水。不仅是因为他们引进了原来不曾有过的新生事物，而且还是因为他们保持了现有事物的活力。如果没有新的事情要做，人类智慧不就没有存在的必要了吗？做旧事的人之所以应该忘却为何做那些事，为何行事方式像牛而不像人，这是否就是其原因呢？最佳信念和做法中仅有一个向机械化退化的强大的趋势；如果没有这样一些人不断用其创作的原创性来防止那些信条和做法赖以存在的根基仅仅变成传统，那么如此死板的东西就无法抵挡任何来自有活力的东西带来的微小冲击，我们就没有理由说为何文明不该消失殆尽，就像文明在拜占庭帝国（Byzantine Empire）消亡一样。事实上，天才是而且可能永远都是少数的人群；但是为了留住他们，必须保持他们生长的土壤。天才只能在自由的空气里才能自由呼吸。天才，顾名思义，比任何人有更多个性，因此，要适应社会给他们提供的少量的模子，比起其他人，天才这方面的能力较弱，不可能不受到痛苦的压抑，社会提供固定的模子是为了减少麻烦，以免社会成员形成他们自己的个性。如果他们因为胆怯而被迫同意受制于那些模子，任其迫于压力无法伸展的个性得不到发展，那么社会也不会因有他们的天赋而变好了多少。如果他们性格强硬，冲破了身上的枷锁，他们就变成社会的一个标志，标志着这个社会要把他们打压成平庸的人而没有成功，社会就要严肃地警告般地斥之为“野人”、“怪物”等类似的人，就像有人会埋怨尼加拉（Niagara）河，怪它不像荷兰的运河那样规矩地在两岸间平静流淌。

我如此坚持强调天才的重要性，坚持让它在思想和实践上都得到自由舒展的必要性，我深知无人在理论上会否认这一立场，但我也清楚地知道几乎每个人都在实践上对之彻底地漠不关心。如果天才能够使人作出一首动人的好诗或者画出一幅好画，那人们会认为它是好东西。但是一说到它的真义，即思想上和行动上的原创性，虽然无人否认那是值得赞美的东西，但是几乎每个人心里都会认为，没有它，我们也能做得很好。不幸的是，这一点因为太自然了而无法引起人们的好奇。不具备原创性的心灵是无法感受原创性的用处的。他们无法看到原创性能为他们做些什么——他们怎么能看到呢？如果他们能够看到它会为他们做些什么，那它也就不能称之为原创性了。原创性为他们效劳的第一件事，则是打开他们的视野；视野一旦被打开，他们就将会有机会成为有原创性的人了。与此同时，人们要记住，任何一件事都是有某一个人第一次做出来的；还要记住，现在存在的一切美好事物都是原创性所结的果实；既然这样，那就请大家都以足够谦虚的态度来相信，这里依然还剩有一些事情需要由原创性来完成；还请大家也以足够谦虚的态度来劝诫自己，自己愈少地意识到缺乏原创性就愈多地需要原创性。

说句清醒的真话，对真实的或设想的精神优异性，无论怎样宣称崇敬它甚至实际予以崇敬，但是现在全世界有一种倾向，即给予人类平凡的事物以至上的权利。在远古历史里，在中世纪间，以及以逐渐减弱的程度在由封建社会到当前时代的漫长过渡中，个人本身就是一种势力。如果他具备显著的才智或者拥有崇高的社会地位，那他就是一种可观的势力。现在，个人却消失在人群之中。政治上，如果还要说公众意见现在统治着世界，那么也几乎无足轻重。唯一配得上这个名称的势力，则是群众的势力，或者是那些充当群众意见喉舌的政府的势力。这一点，在私人生活方面的道德关系及社会关系与在公众事务中的关系一样真实。那些挟民意来行使自己意见者并非总是同一类公众：美国所谓的公众只是全体白人，英国则主要是中等阶级。但是，他们却永远是一类人的，也就是说，永远都是平凡普通的人。更奇怪的事，现在，群众并不从教会或国家的贵人、也不从公认的领袖或者书本中获得意见。他们由与自己类似的人代替自己思考，而那些人借一时的冲动，通过报纸向他们发言或以他们的名义发言。我并不是在埋怨这一切。我也并不断言，按照一般的规律，任何较好的事物都可以和当前这种人心低下的状态相容并存，但这并不妨碍对平凡人进行的统治变成平庸的政府。无论在政治行动或者在其孕育的意见、品质及心灵状态方面，没有一个代表民主或多数贵族的政府曾经超越或者能够超越平凡，除非最高层统治集团中的多数人接受一个或少数比自己具有更高天赋和更高教养的人的指导（在他们的黄金时期总是如此）。一切聪明事物或高贵事物的发端必然是出自某些个人，而且是出自某一个人。一般人的名誉和光荣就在于他能够跟随那个发端，从内心对那些聪明和高贵的事物起反应，睁大双眼看着它们。我绝不是在吹捧那种“英雄崇拜”，推崇具备强势的天才统治世界使其不顾自身发展规律而只是听从自己命令的能力。他能要求的仅仅就是指明道路的自由。如果迫使他人走上那条道路，那不仅与他人一切的自由和发展相矛盾，而且足以使这个强者自身腐化。然而，那些到处都存在的普通群众的意见已经或正在变成支配势力，极力平衡、矫正这个趋势，最后成为处在更高境界的人们越来越明显的个性。正是在这种环境中，那种特别应鼓励突出的个人去做出与众不同的行动，而不应该去吓唬他。在别的时候，他们这样做是没有益处的，除非他们的做法不同于群众甚至好于群众。在当今时代，仅仅是不敢苟同的一个例子，仅仅是拒绝向习俗屈膝的一个行动，这本身就是一个贡献。正是因为意见的专制使偏离常规成为众矢之的，所以，人们就更该不拘泥于常规。只要是在性格力量充足的时候和地方，不合常规也就是充足；一个社会拥有的不合常规的行为的数量一般总是和它所含有的天才、精神力量和道德勇气的数量成正比。

前文我已经讲到，要尽可能地把最自由的发展余地留给不合习俗的事物，以便有的事物随时可能会宜于转成习俗。这一点很重要。但是，特立独行和蔑视习俗之所以值得鼓励，还不仅仅是因为它们能够给更好的行动方式以及更加值得普遍采纳的习俗提供了机会，让它们有可能脱颖而出；而且也不是说只有那些具有确定的精神优异性的人才可以正当要求以他们自己的方式来过他们的生活。没有理由说，人类的一切存在应当建立于某一种或少数几种模型之上。如果一个人拥有一些基本常识和经验，那他自己规划其存在的方式是最好的，不是因为这一方式本身就是最好的，而是因为这是他自己的方式。人类不像绵羊，即使是羊，也不是全部都一样而无从辨别。一个人不能强求一件外衣合身或一双靴子合脚，除非是量身定做的，或者，除非是有满满一仓库的货物来供他挑选，给他一个合适的生活比给他一件合适的外衣更容易呢，或者说，人们在整个物质和精神的构造上的相似度会比其在脚形上的相似度更多些呢？人们具有多种多样的品位，仅凭这一点就足以解释为何不要试图按照一个模子来塑造他们了。但是，不同的人需要不同的条件来发扬他们的精神。不同的人不能健康地生存在同一道德氛围中，如同各种各样的植物不能够健康地生存在同一物质的空气和气候之中一样。同样的事物，可以帮助一个人培养其更高的本性，但却会成为另一个人的阻碍。同一种生活方式，对于一个人来说是一个健康的令人兴奋的活动，能够使其所有行动和享受官能发挥正常，然而，对于另一个人来说则是一种扰乱心意的负担，能够停歇或破坏一切内心生活。这些就是人类快乐源泉、承受痛苦以及在不同物质和道德在对他们的考验方面存在的不同之处。所以，除非人类生活方式也有相应的多元选择，否则，他们既不能获得快乐的公平分配，也无法在精神、道德和审美三个方面成长到他们的本性所能够达到的高度。这样说来，就公众情绪而言，为什么仅仅容忍那些受人支持、施加于他人的嗜好和生活方式呢？当然，没有什么地方（除非在某些僧院组织中）会完全否认嗜好存在分歧：例如，一个人不会因为喜欢或者不喜欢，像划船、抽烟、音乐、体操、下棋、玩牌、学习等活动而受到什么责备，这是因为喜欢和不喜欢这些活动的人都数量众多，没有一方可以压倒另一方。但是那些被指控成为“尽人之所不为”或“尽人之所为”的男人或女人——在女人中尤为多——仍然是众所贬义的话题，其程度正如他或她犯了某种严重的道德过失一样。人们需要拥有一个称号，或者拥有品位上的某种标志，或者拥有他人在对于品位的看法上的某种标志，才能够稍稍恣意于为所欲为而不至于损害对自己的评价。对于稍有恣意，我重复一句，因为无论是谁，如果让其多有一点那种恣意，就会遭受到比轻蔑的言辞更严重的危险——他们处境危险，可能被判定有精神错乱的行为，被剥夺财产并交给他们的亲属。

近年来，任何人都可被法庭裁断为不适合处理自己的事务，因此，在他死前将他对自己财产的安排处置搁置一边，只要有足够的钱来支付诉于财产本身的诉讼费用就行。在这类案件上做证既是可鄙的又是可怕的。对他日常生活中的一切微小细节都要加以探查，通过最低级的感觉官能和描述官能，无论发现什么，只要是与绝对陈规不尽相同的现象，就会被作为精神错乱的证据提到陪审官面前，而且通常都是有效的，因为与证人相比，虽然陪审员庸俗无知的程度差得有限，但裁判官极度缺乏对人性和人生的认识。英国律师的无知至今仍使我们惊讶。这些审判长篇大论地陈述俗人对于人类自由的意见和情感状态，审判长和陪审员根本不认为个性有何价值，根本不会尊重个人在无关紧要的事上按照自己的判断和意向行事的权利，甚至也不能想到一个人在精神健全的状态下会渴望这样的自由。从前人们主张烧死无神论者的时候，慈悲的人常常提议将他们关进疯人院。如果今日我们看到有类似事件发生，实施行动的人还会为自己欢呼，因为他们在处置那些不幸的人时所采用的是如此人道和基督教的方式而不是宗教迫害，心中暗自满意那些人受到了应有的惩罚，凡此种种也就不足为怪了。

当前公众意见有这样一种倾向，居然是针对任何个性零容忍的明显流露。普通的人类不仅智力平平，而且意向温和。他们没有足够强烈的偏好或愿望促使自己决意去做任何不平常的事，结果，他们也不能理解那些有这种偏好或愿望的人，并把这种人划归为野性难驯和不知节制的一类，而这一类人又是他们向来所鄙视的。现在，除了这个普遍的事实之外，我们只需再设想一下，一项旨在改善道德水准的强劲运动开始了，这显然是我们所必须盼望的。在这些日子里，这样的运动的确开始了，已经确实在加强规范行为，而且在不鼓励越轨放纵行为方面见效显著。同时，在外边还有一种慈悲为怀的精神。为了实施这种精神，没有什么会比改善我们同胞的道德和智识更有吸引力了。正是这个时代的这些趋势才导致公众比以前多数时期更倾向于指定行为的普遍规律，并试图使每个人都遵守这个被认可的标准。这个标准，无论是明说还是暗示，都要求人们不要对任何事物有强烈的欲望。理想的性格就是没有任何突出的性格，就是要通过压制这一办法，像中国妇女的裹脚那样，残害人性中每个显著突出的部分，要把这个明显的异类修理得与凡夫俗子一样。

理想通常把可取的事物一半排除在外，目前嘉奖的标准产生出对那另一半进行低劣的模仿。这个嘉奖标准发挥作用的结果是微弱的情感和微弱的精力，而不是在有力的理性指导下的旺盛精力和良心意志掌控下的强烈情感，因此，这就能够保持表面上那种符合规律而实质上没有任何意志或理性的力量。如今，在这个国家，除了花在生意上的精力依然可观，精力几乎没有什么宣泄的出路。经过使用之后所剩下的一点精力，则是花费在某种日常爱好上。这个嗜好也许是有用的甚至是慈善性的，但总只是一件事，而且一般还是一件成不了什么大器的事。英国的伟大在于一切都与集体相关：个人如此渺小，我们看似能成就大事，是因为我们习惯于联合起来。正因如此，我们的道德和宗教的慈善家对这种情况感到相当满足。但是要知道，是另一类人而非这一类人成就了英国的辉煌，也将需要他们来阻止英国的衰落。

专制的习俗在任何地方都是人类进步的绊脚石，这是因为它与那种企图达成优于习俗的事情处于不断冲突之中。根据情况来看，那种要胜过习俗的趋向，可以叫作自由精神，或者叫作进步精神或趋好精神。进步精神并不总是等同于自由精神，因为进步精神会企图将进步的事物强加给不情愿的人们。而自由精神，只要是能抵抗这种企图，就会与那些反对进步的人局部地和暂时地联合起来。但是，进步唯一不变的、永久的源泉还是自由，因为有了自由，有多少个人就有多少个独立的进步中心。但是，无论前进的原则是在爱好自由还是在爱好进步的形态之下，它与习俗统治总是处于敌对状态，至少包含有要从那个束缚中解放出来的意思。这两者之间的斗争构成人类历史的焦点。正当说来，世界的大部分是没有历史的，因为习俗专制还是完整的，这就是整个东方的情况。在那里，习俗是所有事情最后的取断之处。所谓公正的、对的，即意味着符合习俗。以习俗为论据，除非是那些沉醉于权力的暴君，没有人还会想到反抗。而我们看到了结果，那些国族必定曾经一度拥有过原创性。他们并不是一出场就在一片人口众多而富有文化修养又精通多种生活艺术的国土上。所有这一切都是他们自己创造出来的，并且在当时使其成为世界上最伟大和最有势力的国族。但是，他们现在却变成了什么样了呢？

他们现在却成为另外一些民族的臣民或依附者了。在前者的祖先已经拥有了壮丽的宫殿和雄伟的庙宇时，另一些民族的祖先却还在丛林中求生，不过在那里，习俗和自由进步对他们只实施了各自为政的部分统治。由此看来，一个民族会在某段时期前进一段，然后停止下来。那是在什么时候停止下来的呢？答案是它不再拥有个性之时。如果类似的变化会降临到欧洲各个国家，那将不会是同样的局面。这些国族所遭受的习俗专制的威胁不会正好处于静止状态。在这里，习俗专制所宣布禁止的乃是独异性，它并不会排斥变易（变化），只要大家一起变易。例如，我们已经抛弃了祖先的固定服装，虽然每个人还必须穿得与其他人一样，但风格时尚则可以一年有一两次变易。这样我们就可注意到，当有变易的时候，它也是为变易而变易的，而不是出于任何美观或方便的观念，因为同一美观或方便的观念不会在同一时刻打动全世界，而在另一个时刻又会被全世界同时抛弃。但我们是既能前进又能变易的：我们不断做出新的机械发明，并一直保留到有更好的发明将其取代。我们渴望在政治、教育甚至道德方面也有所改进，虽然在最后一点上我们所谓改进的观念主要在于劝说或强制其他人要像我们自己一样好。我们反对的不是前进，相反，我们还谄谀说自己是史无前例的进步的人民。我们向反对宣战的是个性：假如我们已经使自己成为一个模样，我们会认为那才是创造出了奇迹，可是我们忘记了，人与人的不同之处才是最能引起彼此注意的，因为这能够使他们既注意到自己这一类人的不完善，又注意到对方那一类人的优越性，或者还注意到如果两者的优势结合在一起，则可能产生比自身更好的事物。我们要以中国为前车之鉴——那个国族是一个富有才能并且在某些方面甚至也富有智慧的国族。正因为恰逢一个难得的机会，中国在早期就具有一套特别好的习俗，这在某种范围内也就是一些即使最开明的欧洲人在一定限制下也必须尊称为圣人和智者的人所创造的成绩。他们还有值得注视的一点，就在于拥有一套极其精良的工具，可以将其用来尽可能地把他们所拥有的最好智慧深深地印于群体里的每一个人的心灵上，并且保证凡是最能与此智慧相称的人将会获得有荣誉、有权力的职位。无疑的是，做到这个地步的人民已经发现了人类进步的奥秘，使自己稳稳地站在世界的前列。但相反的是，他们已经静止不动了，几千年来他们就这样原地踏步。而如果他们还会有所改进的话，那必须依靠外国人。令人没有想到的是，他们成功地做成了英国慈善家们孜孜以求的事情——使所有人都变得如出一辙，所有人都用相同的信条和规矩支配自己的思想和行为，这就是他们的成果。是什么使得欧洲的国族大家庭成了人类前进而不是停滞的一部分呢？这并不是因为这些国族内的任何优异美德——如果存在的话，也是作为结果而不是作为原因而存在——而是因为他们显著的多元性格和教养。个人之间、阶级之间、国家之间，都极不相似：他们已经闯出了各式各样的路径，每一条都是通向某种有价值的东西。尽管对于那些行进在不同路径上的人们来说，他们在每个时期都曾彼此互相不包容，而且每个人都想，如果能够迫使其他人都走上自己的道路才是一件极好的事，但他们为阻挠彼此的发展所付出的努力很少取得持久的成功，最终，每个人都随时隐忍地接受了其他人所提供的好处。根据我的判断，欧洲之所以能够获得前进和多面的发展，完全是受惠于路径的繁多。但是，欧洲拥有的这些惠益已经大大减少，它正朝那种要使所有的人都成为一样的中国理想断然前进着。托克韦尔（M. doTocqueville）在他最后一部重要著作中曾评论到，当代的法国人甚至比上一代法国人在很大程度上更加彼此相像了。由我看来，这样评论英国人只会有过之而无不及。正如洪堡在前文所引的一段文字中指出，作为人类发展的必要条件，自由和境地的多样化是导致人与人各不相同不可或缺的两样东西，但后者在这个国度里正逐日减少。不同阶级和个人所处的环境、铸造其性格的氛围也正日益趋于同化。从前，不同的阶层、不同的邻居、不同的行业和职业，可以说是生活在不同的世界里，然而现在则是在很大程度上生活在相同的世界里。相对来讲，他们现在读相同的东西，听相同的东西，看相同的东西，去相同的地方，所抱有的希望和恐惧都指向相同的对象，享有相同的权利和自由，甚至连主张拥有那些东西的手段都相同。尽管保存着的地位上的区别还很大，但如果与那些已经消失了的东西相比就算不了什么。这种同化依然在继续着。时代中的一切政治变化都在促进同化，因为所有这些变化都趋向把低的提高而把高的降低。教育的每一步推广都促进着同化，因为教育把人们带至共同的影响之下，并让他们接触到一般的事实和情操。交通工具方面的改善也促进着同化，因为这使处于远地的居民有了亲密接触，而且又引起一股易地移居的急流。商业和制造业的增加也都促进着同化，因为它可以把舒适环境的益处更为广泛地推广，把野心追求的一切目标，甚至是最高的目标，都开放给普遍竞争，因而向上爬的欲望就不再只是一个特定阶级的性格，而是所有阶级的性格。在将人类普遍同化这一方面还有一个甚至比所有那些因素都更有力的动力，那就是公众意见已在我国和其他的自由国度里确立了完全的优势。当社会上各种不同的、能够让人们筑堡自守而忽视大众意见的高地渐渐地变成平地，当实际的政治家们心中肯定知道了公众有一个意志所以抗拒公众意志的观念却越来越消失殆尽，那种对不随波逐流的社会性支持就再也没有了，也就是说，那种自身都反对数量至上、热衷于保护与公众意见和趋向相左的意见和意向的社会，其实际力量就再也没有了。

所有上述原因合在一起，就形成了一大群与个性为敌的势力，而这势力是如此之大以至于不容易看出个性是怎样保住它的根据地。个性要保住它的根据地将会越来越困难，除非我们能够做到让公众中有头脑的一部分人感到个性的价值，让他们看到不千篇一律的诸多好处，即便不是在好的方面不同，甚至或许在他们看来有些是在坏的方面也不同。倘若对个性的权利还要进行主张的话，那现在正是时候，因为完成那种强行同化还有很多未尽事宜。只有在早期阶段才能成功抵抗侵袭。那个要使所有的人都像我们自己的要求是要靠饲养它的东西来生长的。如果抵抗一直要等到生活已经几乎被磨成同一个类型之后才进行，那么一切偏离那个类型的生活将最终被认为是不敬神的、不道德的甚至是怪异的和违反本性的。当人类在经过一段时间不习惯于看到歧异以后，他们很快就无法想象歧异是怎么一回事了。

第四章

论社会驾驭个人的权威的限度

这样看来，个人主宰自己的事情以什么为正当的权限呢？社会的权威发端于哪里呢？有多少人类生活应当被归结为个性，又有多少应当被归结为社会呢？

如果它们都有更为特别地关涉自己的方面，那就将获得自己应得的一份。个人主要关心的那部分生活应当属于个性，而与社会相关的那部分生活则应当属于社会。

虽然社会并非建立在一种契约上面，虽然发明一种契约旨在从中演绎出社会义务也不会达到什么好的目的，但既然每个人都受着社会的保护，那对于社会，每个人也就应该有一种报答；既然每个人事实上都生活在社会中，那对于其余的每个人也就必须遵守某种行为准绳。这是绝对必要的。这种行为，首先在于互不损害彼此的利益，互不损害彼此或在法律条款中应当被视为权利的某些相当确定的利益；其次在于每个人都要在为了保卫社会或其成员免受损害和妨碍所付出的劳动和牺牲中承担属于他自己的一份（要在某种公正原则下规定出来）。对于这些条件，如果有人企图拒绝给予履行，那社会是有理由不惜一切代价去强制其履行。社会可以做的事情并非仅此一件。一个人的有些行动可能会伤害他人，或是对他人的福利缺乏应有的考虑，但是又没有达到违犯其任何既得权利的程度。在这个时候，冒犯者虽然不会受到法律的制裁，但应当受到舆论的惩罚。总之，只要当一个人的行为的任何部分会对其他人的利益产生有害影响的时候，社会对它就有了裁判权，对于一般福利是否将因为对此有所干涉而获得增进的这一问题，则会进行公开讨论。但是当一个人的行为并不影响自己以外的任何人的利益，或者只要他们不愿意就不必影响到他们的时候（这里所说有关的人都指成年并具有一般理解力的人），那就根本没有考虑任何这类问题的余地。在所有这类事情上，每个人应当享有实施行动和承担其后果的法律上的和社会上的完全自由。

对于这个教义，如果有人认为它是一种自私的冷漠，认为生活中人们彼此之间的行为没有关系，硬说每个人就不应该去关心其他人的善行或福祉，除非是牵涉到自己的利害，那就是一个很大的误解。毫无疑义，那种为他人谋福利的无私付出是需要大大增加而绝不是任何减少。但是，无私的慈善能够找到其他的工具去促使人们获得好处，而不需要使用鞭子或板子，无论这个鞭子或板子是字面意义上的还是比喻含义上的。我最不会低估个人道德，在重要性上，个人道德仅仅次于，如果还能够说是次于，社会道德。教育的任务也要同等地培养二者。但即使是教育，也要借辩服和劝服以及强制这三种办法，而对于那些已经过了教育时期的人来说，个人道德的教诲只能够借用前一种办法来进行，只能靠灌输的方法。人类彼此之间应当相互帮助来辨别好与坏，应当相互鼓励来选取前者而避开后者。他们还应当永远彼此激励，使他们各自的较高官能获得更多的运用，使他们各自的情感和志趣指向更加聪明的而不是愚蠢的、升华的而不是堕落的目标和计划。但是，无论是一个人还是很多人，都无权对另一个成年人说，不可以用他的一生去做对他自己有利的事情，而这事是他选定要去做的。一个人对自己的福祉关切最深。除了在一些私人联系很强的事情上以外，任何他人对他的福祉所怀有的关切，与他自己所怀有的关切相比起来，都是微不足道的。相对于他对自己的关切，社会对于作为个人的他所怀有的关切（除了对于他对其他人的行为之外）是零零散散的，而且完全是间接的。而他本人关于自己的情感和境况，最普通的男人或女人也都会有各自认识的方法，而且远远超过了任何其他人所能有的。社会对只关乎自己个人的事情进行干预、想推翻自身的判断和意图，这样的干涉必须以一般的臆断为根据，可是这种臆断可能完全错误，而且即使正确，有些人也可能用错地方，但他们不比仅从局外看问题的人更了解具体情况。因此，在这类人类事务中，个性就有了发挥作用的场所。在人们彼此相对的行为中，一般规律应当得到遵守很有必要，以便人们可以知道他们必须作怎样的期待。但是在每个人只涉及自己的事情中，他的个人自发性有权得到自由发挥。一切有助于他做判断的考虑，一切要增强他意志的劝勉，尽可能由其他人提供给他，甚至强行塞给他。然而，他自己才是最后的裁决者。要知道，一个人因不听劝告和警告而可能犯的一切错误远远不及一种罪恶，即他允许别人强迫自己去做别人视为对他有好处的事情。

我的意思并不是说，无论某个人在个人方面的品质或缺陷如何，其他人对他的感观都不应该受此影响，既不可能也不可取。如果他在能促成自己好处的品质方面有杰出的地方，那在这点上就因如此接近人类本性的完善理想而成为理所当然的赞美对象。如果他在那些品质方面有严重缺陷，随之相应地，他人就会产生一种与赞美相反的情绪。一个人会显露出某种程度的愚蠢与某种程度的所谓趣味的低下和堕落（尽管这样措辞并非不易惹人反感），虽然这不能够成为其他人加害于他的正当借口，但是也可能会使他成为让人厌恶的对象，或者甚至在极端情形下成为被人鄙视的对象：如果一个人不具有相当强的相反品质，他是不能够怀有这些感观的。虽然没有做过对不起什么人的事，但他也会做到让我们不得不判定并感到他是一个傻瓜或者是一个次等的人物。又因为这个判定和感观是他所愿意避免的，所以事先给他警告让他不要再制造出他已经容易遭受其他不愉快的事情，这样也算是帮助了他。如果这种有益的效劳能超越当前一般的客气观念而表现得更自由，如果一个人能诚实地向另一个人指出他看到的对方的缺点却不被认为是无礼或冒失，那将是好事。我们也有权利以各种各样的方式把自己对某人不好的感觉表达出来，既不会压抑他的个性，也能运用我们的个性。例如，我们并不是一定要与他合群，我们也有权利避免与他合群（虽然不必炫耀这种躲避），因为我们有权利选择与我们最能合群者。我们也有权利，并且可能也是我们的义务，去警告其他人也要这样做。如果我们认为他的榜样或谈话可能会对那些和他结交者产生有害的结果，我们可以在一些随意但有益的效劳方面，优先选择其他人而不选择他为对象，那种专为帮助他改善自己的效劳不在此列。在这些不同方式之下，一个因某些只与自身直接相关的缺点的人可能从其他人手里遭受到极其严酷的惩罚，但是这些惩罚仅仅是作为那些缺点本身的自然的和也可说自发的后果，而不是因为有谁为了惩罚的缘故而有目的地施罚于他。一个表现鲁莽、刚愎、自高自大的人，不能够在适中的生活资料下生活，不能抑制自己免于有害的放纵，牺牲情感上和智慧上的快乐从而追求兽性的快乐——这样的人只能指望被其他人看低，只能指望人们对他有较少的良好感觉，但对于这点来说他是没有权利抱怨的，除非他凭借其特别优越的社会关系去赢取他们的好感，从而拥有获取他们有益效劳的资格而不被他自身的缺点所影响。

在这里，我所争论的一点是，一个人如果只是在涉及自己的利益而并不影响到相关者利益的这部分行为和性格上而使他人对自己有感觉不佳的判定，那他应该遭受的唯一后果仅仅是与那种判定密不可分的一些不公。至于是否对他人有损害的行动，则需要区别对待。侵蚀他人的权利，用自己的权利不合理地将任何损失或伤害施予他人，以虚伪性或两面性的手段对付他人，不公平地或者不厚道地仗势欺人，甚至自私地不愿去保护他人免受伤害——所有这些都正是道德谴责的对象，严重时也可成为道德报复和道德惩罚的对象。并且不仅这些行动是如此，就连导致这些行动的性情正也是不道德的，也应当是人们不赞同的东西，会导致人们憎恶。性情的残忍、狠毒和乖张——这些是所有情绪中最反社会性和最惹人憎恶的东西——妒忌、虚伪和不诚实，因无充分的原因而性情暴怒，与刺激不相称的愤慨，喜欢压在他人头上，多占分外便宜的欲望（希腊人叫作“伤廉”），那种借压低他人来取得满足的自傲，那种以“我”及与“我”相关的东西重于一切、自私的打算来决定一切可疑问题的唯我主义，所有这一切乃是道德上的邪恶，并且构成了一个恶劣的、令人憎恶的道德性格。这与前面所举的只与自身相关的那些缺点是不一样的。那些缺点准确来说不能算是不道德，并且无论达到怎样高度也不会构成恶毒。它们可能算是某种程度的愚蠢或者缺乏个人尊严和自重的证据，之所以成为道德谴责的对象，也只有在个人因不知自爱而背弃对他人义务之时。所谓对己的义务，就是说不是对社会负有责任，除非情况使得它同时也成为对他人的义务。这个名词除了有自慎这一意义之外，如果还有什么更多意义，那就是指自重或自我发展。任何人都没有向同胞交代这些的责任，因为这些都不是为他人之故而必须由本人负责向其交代之事。

一个人在自慎或自尊方面有着缺点，当然会招致他人感观方面的损失，与他因对其他人权利有所触犯而应当遭受到的谴责之间的区分并非仅仅是名义上的。无论他是在我们想到我们有权力还是没有权力控制他的事情上使得我们不高兴，这都会极大地影响我们在情感上和行为上对待他的方式。如果他使得我们不高兴，我们可以表达我们的厌恶，我们也可以远离他正如远离一个我们所讨厌的东西一样。但是我们却不会因此就感到负有使命，即要将他的生活弄得不舒服。我们会思考到，他已经承担或者将要承担由他的过失所带来的全部惩罚。如果他因处置失当而破坏了自己的生活，我们不会为了那样的原因而渴望更进一步去破坏它。我们会不愿再去惩罚他，而是会通过向他指示他该怎样避免或者补救他的行为带给他的灾祸来努力减轻对他的惩罚。在我们面前他可能是悯怜的对象，可能是不喜欢的对象，但不会成为愤怒或愤慨的对象。我们不会把他当作社会的一个敌人来对待。我们会想我们有理由可以对他做到的最坏程度则是随他自己去，如果我们不想借着为他指明利害关系来好意干涉的话。如果无论他是个人还是集体地违犯了那种为保护其同胞所必需的规律，那就不可相提并论了。这个时候，他的行动的罪恶后果是不会落在他自己身上，而是落在其他人身上。而社会，作为其全体成员的保护者，就必须对他施以报复，就必须为了明白惩罚的目的而使其遭受痛苦，还必须注意使这惩罚达到足够严厉的程度。

总之，在这一件事情上，他是我们法庭前的一个犯人，我们不仅受有使命要坐下来对他审判，而且还要在这种或那种情形下执行我们自己的判决书。而在其他的事情上，我们则没有职责去使他遭受任何痛苦，除非在我们行使规定自己事务的自由时，而这个自由也是他所同样享有的，偶然随之而来的一些使他感到痛苦的事情之外。

这里指出的在一个人生活中只涉及自己的部分与涉及他人的那部分之间的区分，有很多人会拒绝承认。他们会问：对其他成员来说，社会中一个成员的行为，无论哪一部分，怎能是漠不关心的事呢？没有一个人是一个完全孤立的存在。对他来说，如果做了任何严重或永久有害于自己的事，其祸害就不可能不波及其左右亲人，并往往远及亲人以外的人。如果他毁坏了他的财产，那他就损害了那些直接或间接赖它资助的人，并且通常也必在或大或小的数量上减少了群体的总资源。如果他毁伤了自己的身体或精神的官能，那他就不仅把灾祸带给所有依靠他获得某一部分快乐的人，而且也使他自己丧失了为同胞服劳役的资格，或许还在他们的好感或善心上成为一个负担。倘若这样的行为频频发生，几乎没有任何的罪行会比其更多地减少善的总量。最后一点，人们还会说，纵使一个人的邪恶或愚蠢没有直接伤到他人，但他的榜样作用也是有害的，即使只为那些看到或知晓其自身行为会导致迷失的人考虑，他也应该强制他们控制自己。

即使还有一些不当行为的后果是被邪恶或是无思想的个体所困，难道社会就应该放任那些显然不适合领导自己的人吗？如果大家公认对于儿童和未成年人应违背他们而加以保护的话，对于已成年却无能力实现自我管理的人，社会不是应该同等地加以保护吗？如果赌博、酗酒、随地大小便、游手好闲和不讲清洁与许多或者大多数法律所禁止的行为同样有害于幸福或是大大妨碍进步，试问，为什么法律在切实可行而又社会便利的条件下不试图将它们也一并取缔呢？作为法律中无法避免的不足之处的一种补充手段，舆论至少应该组成一支强有力的警察队伍来反对这些恶习，并严厉地惩罚那些被查出有恶意行为的人。可以这么说，这里没有所谓的限制个性或是阻止生活中的原始新体验，只有要禁止从世界诞生之日至今都被遣责的试图做的事情，只有要禁止经验已表明对任何人的个性发展无用或是不合适的事情。必须要经过一段时间和一定经验后，一种道德上的明辨的真理才被视为建立起来了，并且人们只是渴望阻止一代又一代后人在先辈曾坠落的悬崖上同样丢了性命。

我完全承认，一个人对自己造成的伤害可能会由于他周围的人对他的同情或是利益关系而严重影响他们，也会在较小的程度上对整个社会造成影响。当一个人因此而违背了对于任何一个人或者许多人的明确而又可指定的责任时，这种情况就被放在利己主义这一类之外，并且也有责任在道德的不认同面前接受质问。举个例子，如果一个人过度放纵或挥霍无度而变得无法偿还债务，或者是因为同样的原因而无力承担现有家庭的道德责任和让家人受到教育，他应当受到谴责，也应当受到正当的处罚，但要惩罚他在家庭责任上的缺口和对债主的义务，而不是他的挥霍。如果这笔属于他们的专属款项由于转向了一项最谨慎的投资而打了水漂，那在道德层面上同样应该受责。乔治·巴恩威尔为他的夫人谋财而杀害了叔叔的性命，但他如果是为了在伤害中有所成就而这么做，同样也会受到绞刑。此外，一个人不断因其恶习而使全家人陷入痛苦之中，他应当因其冷酷无情和忘恩负义而受到指责，尽管这可能是一些并不引起邪恶的习惯。如果他让与他一起的生活者或是和他有私人关系而依靠他享乐的人痛苦，他同样可能会受到谴责。不论是谁，既不是受迫于某些更重要的任务，又在个人择取方面也并无说得过去的正当理由，而给予他人的利益和情感以其应得的考虑，他就不会被道德原谅。但这只是由于有失考虑，而不是追究有失考虑的原因，更不是追究只关本人自身的可能遥远的导因。同样，当一个人从只关乎自身的利己主义出发，而让自己忘记对公众应尽的某种明确的分内职责，那他就犯了一个社会罪行。没有一个人应该因酗酒而受到惩罚，但一名军人或一名警察应该为其在当班时醉酒而受罚。无论怎样，简单来说，事情到了对于个人或大众有确定的损害或存在确定的损害的风险时，就要被放在自由范围之外而纳入道德或法律的范围内了。

但是一个人的行为既没有违反对于公众的任何特定责任，也没有对除任何自己以外的个人产生可以察觉到的伤害，正如我们所说，这种行为产生的对社会的损害可以视情况而定。这种不便在人类更大的自由利益面前是能够接受的。如果成年人因其不能正确照顾自己而被惩罚，我宁愿说这是他们自己的原因，而不愿在伪装下说是要阻止他们破坏自己的能力而不能为社会谋福利。这种社会利益并不是假装自已有权去要求的。但是如此论证这一点我却不能苟同，就好像说社会除了等待弱势成员做出一些荒谬的事之后施以法律或道德的惩罚外，便无法把这些人带到具有合理表现的普通标准里去。社会在人类存在的早期中拥有绝对权力来支配他们：有很长的一整段儿童时期和青年时期来尝试社会能否使他们在生活中有能力做出合理行为的时间。现在的一代，既是锻炼未来一代人的师傅，又是整个环境的主人。如果这一代人可悲地缺乏善良和智慧，就不能让将来一代人既聪明又善良，而最好的努力也不外是在一些个案上获得成功，但还能很好地让正在崛起的一代从整体上变得和它一样好，并且略优于它本身。如果社会让它为数可观的成员长大后仅仅还是孩子，没有能力对遥远动机起到合理考虑的话，社会将自食其果。社会不仅要被一切教育力量武装，而且要被一种大众意见所接受的至上的优势权威所武装，这种权威总是在操纵着不配进行自我判断的人们。并且，社会受到一种自然惩罚的助力，它是那些害怕遭受损失或是鄙视这种力量强加于他们的人所无法阻挡的。让社会不必再假装它需要只在关乎个人的事情上有发号施令并强制人们服从的权力，这一点从公平和政策的一切原则来看，决定权在于为之承担后果的个人。正如查尔斯二世掌权时，清教徒在道德方面的那种偏执引起粗野盛行。所谓的有必要保护社会远离邪恶或者自我放纵的人以给别人树立反面教材。确实，反面教材会产生毒害作用，尤其是做了对他人有错而这个人本身没有罪的这种反面教材。我们现在所说的行为是指对他人无过错而假定对自己产生巨大危害的行为。我看不出他们怎么能相信这种想法，怎么能相信除了整个事是利大于弊的想法。如果表现出错误的行为，那么也就表现出一旦对那种行为进行公正的谴责便可假设在所有或大多数的事情上会有随之而来的痛苦和丧失体面的后果。

但是在一切讨论中最有力地反对公众干涉纯私人行为的就是公众参与干涉，大部分是做了错误的干涉，干涉错了地方。关于社会道德问题，在对他人的责任问题上，公众的观点是，过分压制多数人的观点尽管是错误的，但似乎通常是对的，因为在这类问题上他们只需按自己的利益去判断。这种行为模式如果实行起来将会在一定程度上影响到他们自己。但是在只关乎个人自身行为的问题上，如果把一个类似的大多数人的意见作为一项法律强加给少数人，对错各居一半，因为在这类事情上，公众所持的意见最好也就是某些人关于他们是祸是福的意见。通常甚至是公众完全漠不关心的，忽略他们所非难的人的快乐或是便利。他们考虑的只是自己的喜好。很多人把他们自己所厌恶的行为视为对他们的一种伤害，并为之愤怒，好像这种行为对他们是一种情感上的凌辱。作为一个宗教盲信者，当他被控诉无视他人的宗教情感时，都知道他会反驳说是因为他人坚持了自己可恶的信仰和追求无视他的宗教情感。但一个坚持自己情感意见的人和另一个因为别人坚持自己的意见而愤怒的情感的人，这两者之间完全无相似之处，这无异于窃贼想偷走一个钱包而物主想保有此钱包的这两种想法。一个人的品位差不多和他的观念和金钱一样，都是特别关心涉及自己的事情。任何人可以很容易地想象到一个理想的社会——在一切不确定的事情上留给个人一个自由与选择的安静空间，并且只要求他们摒除那些已经受普遍经验谴责的模式。但你在哪里看过公众在审查制度上划分过这样一个限度呢，或者什么时候公众又操心过普遍经验呢？在公众干涉个人行为的时候很少想到别的东西，而只想到和他自己不同的做法和想法是穷凶极恶的而已。而且这种判断标准，被薄薄地改装后，被十分之九的道德家和思辨作家当作宗教和哲学的命令施与全人类。这些人教我们：事情因为它是对的，所以它是对的，因为我们觉得它就是那样。他们告诉我们要在我们的脑海和内心里搜寻束缚我们自己和其他人的行为法则。可怜的公众可以做的能有什么呢，只是应用这些教诲而已。如果他们与这些教诲意见一致，那么就是把他们自己对善恶的情感在义务的层面上加于世界之上。

这里指出的并不仅仅是存在于理论中的邪恶。我不是在写一篇在现有的道德情感中有偏差的文章，而是分量那么重的一个题目无法用附带插入说明来论述，又不能用例证法来讨论。然而例子是必要的，它们是用来表明我所主张的原则具有严肃而实际的重要用处，并且我不是在建构一种阻挡假设中罪恶的屏障。这也不难以用丰富的实例来验证，扩展到所谓道德警察的外延，直到侵占无可置疑的个人合法自由，这是整个人类最普遍的倾向之一。

接下来谈更加靠近我们国家的一件事：多数西班牙人认为，如果除了依照天主教徒的膜拜方式之外的其他方式敬拜那个最高存在——上帝，那就是对他最高程度的不尊敬和冒犯，而且在西班牙的国土上也没有其他的公开膜拜是合法的。

整个欧洲南部的人都把教士的已婚行为看作对宗教教义的背叛，而且是淫荡不堪、不堪入目、粗野、令人嫌恶的。那么新教徒们对于这种完全真诚的情感以及被这种情感控制着去反对非天主教徒又是怎么看待的呢？如果人类有在无关他人兴趣的事情上干涉他人的自由，那么又是根据什么原则来排除这类事情而不陷于自相矛盾的可能中呢？谁又能因为人们想要压制他们认为在上帝和人的眼里是败坏风气的事情而责备他们呢？

在禁止被认为是私人的不道德的事情方面，没有更好的例子能够证实那样做是为了压制某些人眼中所谓的邪恶，除非我们愿意采取被害者的逻辑，愿意说我们可以迫害他人，因为我们是正确的，而他们不可以迫害我们，因为他们是错误的。我们必须意识到不能承认一条运用到我们身上就会引起不公的原则。

前面的例子或许会得到许多人的反对，尽管是强词夺理地反对，那些都是来源于我们中不大可能之事。在这个国度，舆论还不至于要强行实施食肉的戒律，也还不至于要干涉人们根据自己的信条或者意向或者是否有所信仰而结婚或者不结婚。然而，接下来的这个干涉自由的例子，决不能说我们已经度过了危险期，不论清教徒在什么地方有足够强大的势力，比如说在新英格兰或者是共和国时期的大不列颠，他们都曾努力，而且已经获得了可观的胜利，他们都会取缔一切公共的甚至是私人的娱乐活动，特别是音乐、舞蹈、戏剧、公共游戏或者是其他以消遣为目的的聚会。在这个国家，仍然有大部分的人，以他们的道德观和宗教观来看，这些聚会是理应受到谴责的，而这些人都主要来自在当今社会和政治环境中掌握主要势力的中层阶级，而且这些人不是不可能有朝一日在议会中间占据多数。那么群体中的剩余部分怎么会愿意让自己喜欢的娱乐活动被一批更加严厉的加尔文主义者和监理会教徒所谓的宗教教义和道德情操所限制呢。难道他们不会以相当坚定的态度让那些近神的社会成员管好他们自己吗？这句话恰好会被那些遇见任何声称不许人享有他所认为的不对的快乐的政府和公众的人所说出来。但是，如果这个原则一旦被承认，那就没有人能够合理地反对它在国内由于大多数人或者其他优势力量所造就的影响，如果类似于早期的英格兰定居者所信仰的宗教信仰竟然能够像所谓的没落宗教那样夺回它失去的领地，那么我们就准备好接受如他们所理解的那种基督国家的信念吧！

再想象一件可能会发生的事情吧，或许它比刚刚的更容易实现。近代世界中有一种强烈的趋势倾向于社会的民主建设，不论是否有民主制度。可以肯定地说，在这个趋势实现得最完备，也就是社会和政府都已大部分民主化的国家，美国，大多数人依然有着一种情绪，那就是对那种过着自己曾想象过的铺张生活的人的一种否定感，这种情绪就像是一条关于费用开支的法律在积极地起着作用，而在这个国家的大部分地区，对那些拥有大笔收入的人来说，要绞尽脑汁去想一个能花掉钱而不引起公愤的方法确实很难。虽然上述这些说法对于现在的事实来说有些夸大其词，但是，他们所陈述的事态不仅是可想的、可能的，也会是在民主情绪下认定公众所有权而否定私人用钱方式的那种观念的结果。我们还可以进一步了解社会主义者的观点。在大多数人眼中，拥有大量财产或者不劳而获这种观念则不受大众青睐。

一些原则上与它们有相同的意见的人已经在技工阶层得到了广泛肯定，并且对那些服从那个阶级意志的人，即本阶级成员，产生了重大影响。众所周知，那些在工厂分支机构中占有很大比重的一般工人认为自己应当取得与优秀工人相当的报酬。任何人，不论是计件还是其他方式，都不应该因为技术高或者辛勤劳动而取得多于那些没有技术的其他工人的报酬。而且，他们雇用并使用了道德警察，间或变成了物质警察力量，来阻止技术工人拿到高工资，阻止雇主向他们发放高工资，阻止人们通过有用的服务来获得更多的报酬。如果公众还有什么对个人事务的管辖权的话，我真看不懂那些人还有错，或者说看不懂某个人为何因基于个人特殊工种提出的要求而受到责备。

然而，不需要再去细论那些假设之事了。在今天，就有一些对于私生活进行侵犯的例子，而且有的还非常严重；他们还提出来一些观点，主张公众不仅拥有无限权利，不但要通过法律去禁止非法的事情，而且不要漏掉它认为是错误的事情，禁止一切认为是无辜的事情。

在防止酗酒与滥饮的名义下，某个英国殖民地甚至大半个合众国都被法律禁止使用任何发酵类饮料，出于医学目的除外。实际上，正如他们所设想的那样，禁止出售酒类就是为了禁止使用。尽管在一些使用过这条法律的州中，这条法律已经失去了效力，但仍有人努力发动并且还有许多自诩为慈善家的人以颇大的热情予以推进，要在我们的国家也鼓弄出一条同样的法律。为此目的而成立的组织，或者叫他们自己所称呼的“联盟”，已经通过向公众透露一些信件而获得了一些名声，就是国务卿与政治家和公众的通信。然而，销售发酵类的饮料却是交易，而交易就是属于社会行动。但是，这里抱怨的不是卖者的自由，而是侵犯了买者和消费者的自由。因为国家有意让他无法得到酒，也就是禁止他饮酒。然而，国务卿却说“我的公民，不论何时受到其他社会行为的侵犯时，都有权利限制它”，所谓的“社会权利”就是如此定义的。

“如果有任何事情侵犯了我的社会权利，那么出售烈性饮料无疑包括在内。首先它摧毁了我安全第一的权利，因为它不断制造和促进社会混乱；其次它也侵犯了我的平等权，因为它从制造贫困中榨取利益，而这些贫困则需要用我的税收来接济；第三它还妨碍了我的道德和智力自由发展的权利，因为它在我的前进道路上布满了艰险，削弱了社会力量，败坏了社会道德，而这社会正是我有权与其互助和交往的社会。”关于“社会权利”的理论，以前与之相似的理论大概还没有能够在语言上面表达得如此清楚，也就是每个人都有绝对的社会权利，其他人必须和他所做的每个方面一模一样。不论是谁，哪怕只要是在最小的细节上面出现失误，也算是侵犯了我的社会权利，而我就有权利从立法机关处获得权利来解除不平衡。如此怪异的原则实在是比任何一件单一的干涉自由的行动要危险得多。每一桩破坏自由的行动都被视为正当。它不承认有权利要求任何自由，暗地里持有永无自由意见的除外。如果一旦有任何我认为有害的意见出自任何人之口，那么就侵犯了联盟所赋予我的一切“社会权利”，这个教义赋予全人类每一个人都要以自己的快乐标准去规定他人在道德上的、智力上的甚至是躯体上的完善。

另一个重要的干涉个人合法自由的，不仅仅只是带有威胁，而是已经被长久实行并取得重要成果的例子就是例行安息日制度的立法。毫无疑问，只要生活事务允许，一周休业一天，不失为一种高度有益的习俗，虽然除犹太人外还未把它当作宗教义务来束缚任何人，并且，如果不在工人阶级身上得到共鸣，这一习俗就得不到遵守。因此，一些人一旦工作就要求别人跟他工作一样，不允许这种情况也是对的。法律为保证每人也遵守这一习俗，就规定较大的工业活动在特定的日子里停工一天。但是，这个理由是以他人关心每个人是否遵守这一习俗为依据，但要应用于个人可以使用其自由时间的自选职业则万万不可。至于要用法律来限制娱乐，哪怕是从最小的程度上来限制，也是不可行的。可以肯定的是，一些人的娱乐活动是其他人一天的工作，但是，大多数人的娱乐，不是说对他们有用的修正，而是也就值得少数人为其劳动，只要这个职业是只有选择和只有放弃的话。工人想，如果全部都在星期天工作，那么七天的工作却只能得到六天的工资，这完全是正确的。但是随着大量的雇佣关系的停止，那些为他人享乐而仍然需要工作的人们就应该得到按比例增加的报酬。假如他们宁愿休假也不愿意领取补贴的话，他们也不是有义务去从事这些职业。如果要找到进一步的补救办法，那么可以根据风俗习惯为那些工作在特殊阶层的人在一周之内找到一天时间休息。因此，唯一的为星期日禁止娱乐活动而辩护的根据，只能说那是宗教上的错误，而这个立法动机则是无论怎么样干涉和抗议都是不嫌认真的。还有一点待证明的是，要对在我们人类看来并无伤害而假定对全能上帝有所触犯的事情施以报复，乃是社会或其任何一个成员及其上级所持的一个使命。认定每个人都有义务使他人信仰宗教，正是一切宗教迫害由来的基础，一旦承认了，那就说明宗教迫害的合法性了。有人一再试图在周日停止火车旅行，在周末阻止博物馆开放，等等。这些事情的迸发并没有体现宗教迫害的残酷性，但所揭示的心理状态则与宗教迫害在原则上是一致的。这就是不容许他人做他们的宗教所不许可的事情。

我不禁还要在这些轻视人类自由的事例之外加述一种言论，这就是我国的所有杂志书籍每当感觉到要去注意摩罗门主义可注意的东西时迸发出来的。大多数事例都出乎意料却又符合教义的事实就是一直明言直陈的新启示和建立在上面的一个宗教。而结果却是赤裸裸地欺骗，哪怕连宗教的创始人都没有什么优秀品质来足以树立“威望”作为支撑，却被成百上千的人信仰。还在一个在有报纸、铁路以及电报的时代的社会上打下了基础。这里我们更关注的是这个宗教，像其他更好一些的宗教一样，也有殉教者。它的创教者为了他的教义被暴民们处死了，它的后继者也因为同样的无法无天的暴力而丢掉了性命。他们被整体性地驱逐，被驱逐出远离他们成长的国度。然而现在，他们已经被骗进了荒漠中的不毛之地，而这个国家的许多人却还在公然叫嚣着有必要派遣一支远征军去收拾他们，只是不太方便，然后强迫他们与其他人把意见归于一致。摩罗门教主义之所以激起这种由冲破宗教宽容的普通约束而迸发出来的强烈反感，主要是因为它在主要的条约中认可了一夫多妻制。这种制度虽然被某些教徒以及某些国家的人所允许，但在使用英语的人和自认为是基督徒的人中实践这制度会引来不能被压制的深恶痛绝。对于摩罗门的制度没有人比我有更深的不解，不仅还有其他原因，也因为它与自由的原则相去甚远。它是对自由原则的直接性破坏，仅仅是把群体中一半的人的锁链弄紧弄牢，再把另一半人从相对于前面一半人的相互义务中解救出来。然而我们必须牢记的是，这种关系和其他婚姻制度的形式一样，是关于深受这个制度的苦难的女人的事。不论事实会变得多么令人惊讶，在世上的普遍观念和习俗中都可以对其解释，即教导女性把结婚看成必需的，把女性成为人妻当成理所当然。没有要求其他国家承认这种结合，也没有要求在摩罗门教的意见方面部分人民遵守本国法律的义务。但是，当这些倡导者已经在他人的情操面前做出了超出他们能够承受的让步，当他们离开了不能被他们的教义所约束的国度，在地球上某个遥远的角落安顿下自己之后，就很难再看出是暴虐原则而不是其他原则阻止其在他们所欢喜的法律下在那种地方居住下去，只要他们同意不侵略其他国家，而且允许与他们的方法不同的人离开时的绝对自由。最近有一位作家，一位在某些方面有名声的作家，不要十字军而用文明军去对付一夫多妻制的社会，从而终结在他看来是在文明中退化的脚步。我也有同感，但是我不明白哪一个社会群体有任何权利去强迫别人进行文明化。只要在坏法律下的受害者一直不向别的群体乞求帮助，我就一直无法承认与他们完全无关的人应当插手进来，应当只因远在数千里之外的无关的人们认为它们是诽谤，就要求把与该群体直接有关的人看来都感到满意的事态予以结束，让他们表示认可。而且只要自己高兴，还要派遣传教士去反对他们，让他们运用公平的方法去反对相同的教义在本国人中的进展。如果是在野蛮世界，文明就能胜之野蛮一筹。而在野蛮已经被征服之后，反倒害怕野蛮会反过来征服文明是毫无必要的。一个文明能如此见折于自己已经征服的对手，那必会使他本身也变得如此堕落。无论是他任命的牧师还是其他任何人，都没有能力或者意愿去自找麻烦或为其挺身而出。如果真是这样，那么这种文明越早接到停止前进的通知越好。继续下去，只会从坏走到更坏，被野蛮人破坏殆尽，然后再生，像西方的帝国一样。

第五章

教义应用

上述原则，在被惯用于各种政府部门和道德伦理之前，必须得到更普遍的认可，即将其视为细节讨论的基础，才有创造效益之可能。针对细节上出现的问题，我打算进行些许观察，设计此些观察皆是为阐释之前的原则，而非就其细节问题刨根究底。与其说我提出教义之应用，且不如说我只提供教义之样本。这一方面可使该文所述的全部教义的两大格言之意义和限制更为清楚明了，且若逢考虑何条教义更适用而疑虑不已之时，可助人判断维持他们之间的平衡。

首先，格言之一，若那些一言一行只关系到个人利益，则每个个体不应因其对社会负责。若他人只为自身受益而视其为必要之事，那社会能理所当然地对其行为表现出喜好或者非难的唯一标准，即是给予建议、教导、劝诫和回避。然后，格言之二，若对他人不利的行为，个人则需负责，并且需要承受社会或者法律的惩治，若社会亦视这些惩罚为保护自身的必需之物。

第一，此事绝不可假设，因为单是损害他人利益或具损害他人利益之可能，便可成为社会干预这一行为的有效辩护，因此，它总是能够为社会的干预辩护。在很多情况下，个人若在追求合法目标的过程中，难以避免地——也正因如此——又是合法合理地，对他人造成伤痛或损失，或将别人亦有充分理由希望获得的好处半路拦截。此种个体之间的利益冲突往往源于社会制度之不完善、不健全，且只要社会制度存在一日，此冲突便是不可避免的。当然，有些冲突在任何制度下都是不可避免之事。无论谁，只要能够胜任那人浮于事的职业，或在那充满竞争的考试中取胜；或者，无论谁，在任意一场两个人皆渴望取胜的竞争中赢得对手；那他便从他人的失败损失中，在努力付诸一炬中，在失望沮丧中受益得惠。然而，人们普遍认为，此种行为更利于全人类之普遍利益，人类不应因追求个人目标可能带来的后果而知难而退。换句话，于那些失败的竞争者而言，无论从法律还是道德层面，社会皆不认可他们免除这份痛苦的权利。而且，只有当个人运用多种成功的手段，且这些手段都与社会允许的普遍利益相悖而驰，即在欺骗、背叛和强迫之时，社会才感知到人们号召其对某些行为进行干涉。

此外，贸易即为一种社会行为。一个人一旦开始向公众出售某种商品，他便定会影响他人利益，甚至社会普遍利益。因此，他的行为原则上就踏入了社会的管辖范畴。因此，有人曾坚持，在任何重要的情况下，政府都有职责修订价格，规范生产制造程序。然而，经历长期斗争之后，人们如今又有了新的认识：只有赋予生产者和销售者完全的自由，且赋予购买者可以随处得到供应商品的同样的自由，才可使商品不仅价格便宜且质量上等。这便是所谓的自由贸易之教义，这教义的依据虽与本文所述个人自由原则不尽相同，但其却同等坚实。对于贸易的限制，或对有贸易目的之生产的限制，确实可称其为种种约束。而且，一切约束，既然可以作为约束，那必定是罪恶祸害之事。但我们此处所提及的约束，只可对社会有能力去约束的那部分行为产生影响，只有当约束并未真正产生其所预期要产生的影响之时，才能称其为错误。自由贸易教义并不含个人自由之原则，因此，个人自由原则也无关该教义限制的多数问题。例如，公共控制有权利阻止由假冒伪劣品带来的欺诈的程度是几何，为保护那处于危险岗位的工人，雇主能做卫生预防或安排的程度又是几何，这些问题皆与自由之事宜息息相关，假若其他条件不变，相比对人们控制监管，让人们自我管理似乎不失为良策。而且，若为某些目的而对人们合理约束，原则上看也无可挑剔。另一方面，关于贸易干涉的问题本质上亦为自由问题，例如，缅因州的法律就已有所体现。该州规定不得向中国输入鸦片，同时对于贩卖毒药亦限制重重。这些情况，总之，其干涉的目的都是使一些特殊商品的获得变得不可实现或难上加难。这些限制遭疑不断，并非其损害了生产者或销售者的自由权利，而是侵犯了购买者的自由。

在这些例子中，贩卖毒药，带来了一个新的问题。约束行为既然可视为管辖职能，那约束如何才能适度？而且，为了防止犯罪行为，或意外事故而合理地侵犯自由，那何种程度又称得上是合理侵犯呢？在罪犯实施犯罪行为之前预防犯罪，是政府毫无异议的职能之一，同样，事后查明真相和予以惩治也是政府职能。然而，比起惩治功能，政府的防御功能远易被滥用而伤及自由之权利。因为，几乎任何一部分人类的合法的自由行为，都会认可其被表述为，或被公正地表述为，增加了各种形式甚至不法行为的便利。然而，若政府当局，甚至是私人，目睹了任何显而易见的犯罪行为预备实施，他们并非定要坐视不管直至让犯罪形成，他们也可予以干预。若购买或使用毒药而只为杀人犯罪，而并无他用，则对毒药生产和销售的禁止便是合情合理的。然而，人们有可能因无辜或其他实用目的购买毒药，则限制就不能只顾彼处，而不顾他处强加实施。而且，只有能够防止意外事故的政府机构，才可称得上是合格部门。若一名公共职员或其他任何一人，正目睹到有人要穿越那已确知危险之桥梁，而又不能及时警告劝阻，他也许会抓住那人，将其扯回，而这并未真正侵犯那人的自由权利；因为自由在于去做自己渴望之事，而那人并不愿掉落水中。然而，当一事仍尚未确定，只知晓其有蒙受损害之危险，除却当事人本人，无人可判断其是否足以招致风险，因此此种情况下，（除非当事人仍为孩童，或已精神错乱，或处于兴奋不已或思考机能完全被占据的状态）我想，人们只应对他警示其危险之处，而非强行阻止其自身发现。同样的考虑，也适用于毒药的贩卖一事，以此考虑，我们便能在规定的可能模式中决定使用哪种方案，或判断它是否坚持了自由原则。例如，用标签标明药物的危险特征，这便为一种不违背自由的预防措施：因为购买者不愿在不知情的情况下拥有一件有毒之物。然而，若无论何事都要求医护人员开具证明，有时会使得购买毒药难于上青天，而且要去获得合法使用之契约往往花费较多。我能想到的唯一模式，若用边沁的语言表述最为恰当，即“预设证据”，此模式可使犯罪行为面临诸多困难，又可顾及那些想将毒药用作他法的人的自由权利毫无伤害。就社会契约来说，人人皆熟知此条款。当社会契约一旦成立，其作为法律的施行条件，则需要奉行确切的形式，诸如签字署名，目击者的证明等；为避免后续争执，应有证据证明此社会契约的确已被实施，无任何情况可证明其法律上的无效性，这种行为是惯常而正当的。其结果使虚假契约蒙受巨大障碍，或者，制定此契约的情况——如果真的可能的话——会对其有效性蒙受损害。相似的预防措施，也适用于作为犯罪工具的物品的管理上。例如，这可能要求销售者登记下交易的具体时间，购买者的名字和地址，所卖之物的精确数量和质量，同时，应询问购买者购买所需之物的目的，并记录下其回复。若药品并无处方之时，则需第三方在场，以证明买主购买之事实，以防事后此物品用于犯罪时有证据去认定。总体来说，如此规章对于获取物品并无重大障碍，但也有其不能忽视的问题，即在毫无侦查之下，会有使用不当的情况发生。

通过事先预防而避免犯罪行为，这是社会固有之权利，它表明我的格言具有显著的局限性，即单纯只顾自身利益的不当行为不能适当地被预防措施或惩治方式干涉。例如，通常情况下，从立法干预角度来看，酗酒并非可恰当干预之事，但我将对其法律干涉之事视为完全合法之事。因为，若因有人曾在酒精作用下对他人有暴力行为而定罪，这应被判定到一特殊的法律约束之下，这一约束应只针对他个人而言。则事后他就明白，若是处于酗酒状态下，则应被处罚；若是该种情况下他又犯下其他罪过，则针对其他罪过的惩治应该加倍。让自己恣纵酗酒，又对别人产生伤害，这对别人而言就是犯罪。于是，除了正接受公正援助的人之外，或除其处于违约之下，懒惰若无专横暴政强制，是无法成为法律惩治的对象的。但若从懒惰或可避免事由角度看来，一个人一旦没有履行好自己对他人的职责，例如，若除却强制劳动，并无他法可去强制一个人赡养子女的义务，则这并非暴政专制。

并且，还有很多行为，只对当事人自身造成了直接损害，则不应被视为法律禁止之事。但是，一旦是以公众名义而为之，则便成为对良好风气的一种侵犯，因此，这行为就应归为伤害他人之类，当然应被明令禁止。此种行为皆为对礼仪之侵犯。对于此行为，我们没有必要仔细推究，更确切说，他们也只与我们的主题间接相关，因为假若许多行为自身便应受责难，则这和反对公众同样强烈，而并非假定如此。

还有另一与前文规定的原则一致的问题有待解决。若是个人行为有过失之处，导致恶果完全作用其自身，出于自由权利之顾虑，社会难以对其加以阻止或惩治；且个人有自由权利去做之事，那他人能否有同等自由权利去劝阻或教唆？这个问题也很难解决。若一个人引诱另一人做了一件好事，此种情况，严格而言，则非只关自身之事。向任何人建议或提供诱因的行为即为社会行为，此种行为与会影响他人的普通行为一样，皆在社会可控范围之内。但若对第一想法反思、纠正后便可知，此类情况严格来说并非在个人自由的定义范围内，但个人自由原则又是基于这些原因，那么这些原因便可用于此类情况中。若在只涉及自己的任何情况下，人们要按照自认为最佳的方式去行动，并自行承担后果，那么他们就要平等且自由地询问，做何事才适宜；他们就要平等自由地交换看法，提出建议，接纳意见。因他人建议而做出的行为，必定为允许之行为。只有当教唆者因此而收益得惠，或教唆者以教唆他人谋生、获取金钱利益，并被社会和国家视为罪恶时，这种行为即有待商榷。的确，如此便产生一个新的难题，即一群来自不同阶级的人，他们的利益与所谓的公共福利相抵触，而这些人的生活方式正是基于反对公共福利，则应不应该去干涉这样的问题呢？举例而言，人们应当包容淫秽和赌博；但这是否就意味着人们就可以自由地选择当个皮条客或开个赌场呢？这只是其中之一，此类情况存在于两个原则之间的底线上，一时之间也搞不清楚它究竟更应归属两者中的哪一类。双方的支持者各执一词。持容忍之见的一方或许会说，事实上，把任何一种行为当成一种职业和谋生方式，或因此获利，并不代表该罪犯行为可以被社会认可；这种行为要么以前被允许，那么就应该一直被允许，或者以前是禁止的，那么就应该一直被禁止；如果至今为止我们一直拥护的原则是正确的，社会，之所以为社会，在只关系到这个人的事情上，没有权利决定是非对错；社会只能劝阻，一个人应该享有劝说的权利，正如另一人享有劝阻的权利。而持反对意见一方又或许会说，虽然社会公众，或者是国家，出于镇压或惩罚的目的，没有权利断定仅仅影响个人利益的事或行为是好是坏，但他们完全有权利进行假定。若他们认定此事或该行为是恶劣的，那么它到底是好是坏至少应该是个有争议的问题；若此问题悬而未决，公众或国家试图避开教唆和教唆者的影响就不能算错误的行为，这是因为，教唆涉及利害关系，且教唆者亦绝非公正之辈——因其与其中一方有直接个人利益关系，而这一方被国家视为错误一方，且众所周知，此人促进此事仅为个人目的。有人或会极力主张，对各事物理清顺序之后，人们再按照自己意愿选举，无论选明智还是愚蠢，极力避免落入那只为个人目的而有所喜好之人之阴谋里，这样便没有任何损失，亦不会牺牲善举善意。所以（可以这样说），即使关于不合法游戏的法令是绝无合法合理而言——即使人们应该有自由地在自己家或别人家赌博，或者在任一他们自己首肯的，仅对成员和访客开放的见面地赌博的权利——然而公共赌博场所仍应该被禁止。事实是，禁止令从未有实效，无论给予警察多大的权力，赌场仍总是以其他形式存在；但它们不得不在一定程度上低调行事，这样一来除了想赌博的人，其他人都对它们一无所知；这样一来，社会就不会着眼于它们。这些讨论，是十分具有力量的。我不会贸然断定，当原则认为（而且必须认为）从犯可以无罪释放时，这些言论足为惩罚从犯这种反常道德的辩护；又或者是对皮条客进行罚款或监禁，而放走通奸者，处罚赌场老板，放走赌徒。然而，在类似的情况下，应该尽量少地干预普通的买和卖。几乎每一个买进或卖出的物品都可能被过度使用，而卖方出于利益考虑，鼓励这种过度使用；但这并不能证明任何问题，比如说从缅因州法律的角度看，就是这样；因为喝了酒的商人阶级，即使对滥用物品很感兴趣，还是不可避免地需要物品的合理使用。然而，这些商人对无节制滥用的兴趣的确是罪恶的，证明国家加强约束和增强保障是正确的选择，但此行为也只因其是正当理由才不算侵害了合法的自由。

更进一步的问题是，在允许的情况下，政府是否应该仍旧间接阻止被视为是有悖于行为人最大利益的行为；举例来说，是否应采取一些手段，使喝酒变得更昂贵，或用限制售卖场所数量的手段，使买酒更难。这和其他很多实际问题一样，需要区别对待。对酒精性饮料征税仅仅就是为了增加购买的难度，这种手段只是与禁酒相比有一点儿不同；而且仅在禁酒是有理可循的情况下才可如此言之。对于那些购买能力达不到提高后的价格的人们来说，每一点价钱的提高都是禁酒令；而对于那些付得起钱的人来说，那就是为满足自己特别喜好的一点惩罚。在履行了对国家和其他个人的合法的、道德的义务之后，选择什么样的娱乐方式，怎样花自己的收入是他们自己的事情，是应该由自己决定的。乍一看，这些想法似乎是在谴责将酒精性饮料作为特殊对象纳入税收，以此获益的做法。但要记住，税收是绝不可避免的财政手段之一；在多数国家，这种税收的很大一部分有必要是间接的；因此，国家不得不加强对一些物品消费的惩罚力度，而这些惩罚只对买不起的一些人有禁止令的作用。所以，国家有责任从税收重任的角度考虑，哪些商品是消费者最不需要的；此外，国家还应该适量地、有偏好地挑出国家认为有绝对损害的物品。如此一来，酒精性饮料的税收对于创造出大量的收益这一点来说（假设国家需要这项税收所能创造出来的一切收益），不仅是可采纳的手段，而且应该被批准。

至于是否应该开放本是专有特权的售卖，这个问题根据禁酒是出于什么目的，而作不同的回答。一切公开场合皆需警察进行约束，特别是这种地方，因为反抗社会的行为最易从此处而始。因此，限制只向熟知人士或行为受人尊重人士售卖是正确的行为（至少限制现场购买）；鉴于开放时间可能是公共监督的要求，应制定相关规定，若店主在经营过程中，有多次共谋或失误的失职行为，或该地成为捏造和准备违抗法律行为的地方，就要撤销其营业执照。原则上，其他任何限制我都认为是无理的。比如，限制啤酒店和酒精店的数量，以此达到快速增加购买难度和消除诱惑的目的，不仅造成了对所有人的不便（因为有些人会过度使用设备），而且这种做法仅适用于处于一种状态的社会，这个社会里劳动阶级被公然地当作小孩儿或野蛮人，且一直被教育要约束自己，这样他们就会为了未来的自由而选择服从。此原则在任何自由国度都不是用来公开地统治劳动阶级的；任何给自由测值定数的人都不会将自己附着于被如此统治的人们，除非是所有努力都用来教育他们寻求自由，以自由人的方式统治他们，而且事实证明，他们只能被当作小孩儿来统治。那可供替换的赤裸裸的声明表示，若认为需要考虑在内的所有情况都已经过努力，这是荒谬不已的。这仅仅因为，该国家的社会公共机构之间存在大量矛盾，物品很容易进入专横系统下隶属的行业，或者叫作世袭政府，然而公共机构的普遍自由又限制了作为道德教育的任何真正有效的禁止令的必要数量。

本文前面指出，在只考虑个人的情况下，个人的自由指的是与之相关的任何个人的自由，他们之间有共同的协定，即一视同仁，而且仅在他们自己身上适用。只要所有人的意志保持统一不变，这个问题就不难；但既然人的意志可能改变，通常来说，他们有必要与对方达成协定，即使在只牵扯到他们自身的情况下；那么达成一致之后，根据惯例，双方就应遵守协定。但是，可能每个国家的法律中，惯例是有一些例外的。若协定有损第三方利益，那么协定人可以不遵守该协定，并且若协定对自身有害，那么这也是解除协定的充分理由。比如，在我国或其他文明国度里，若一个人协定将自己当作奴隶售卖，或允许自己被当作奴隶售卖，无论是从法律还是舆论角度，该协定都是无效的。这样做就限制了他自己自愿将其命运丢弃的权利，所以理由是很明显的，在这个极端的例子中显而易见。不干涉一个人自愿行为的原因是考虑到他的自由权利，除非是涉及其他人。他自愿的选择说明，他所选择的是他想要的，或者对他来说至少是可忍受的，总的来说，他的善是为自己可以一个人的方式去追寻自由做准备。但将自己当作奴隶售卖是放弃自身自由的做法；如此做法意味着他放弃了未来的自由。就他个人来说，他就失去了可以放弃自己的理由。他不再自由；从此以后，他就处于无法自己单独决定的位置上，而他能够做的就是自愿继续处在这种情况下。自由原则不要求他应该自由地选择被囚禁。并不是"自由"使他远离了自己的自由。这个特殊情况下，这些原因的力量是多么明显，显然这些原因适用于更广阔的范围；然而由于生存需求，他们到处被设了限制。而且，这并非要求我们放弃自由，而是要求我们认同这种说法，屈从其他限制。尽管自由原则要求所有只与行为人相关的行动自由无约束，要求那些彼此紧密相连的人在与第三方毫无关联的事情中，让彼此都接触合约的束缚。即便是没有自愿地接触束缚，就有可能没有合约，除了那些涉及金钱与金钱价值的合约外，其中人们可以大胆地说没有人有撤回所说的话的自由的权利。在我援引过的一篇佳作中，威廉·冯·洪堡爵士坚信涉及个人关系与服务的合约绝不应在有限的时间内具有法律约束力。与此同时，他认为在这些合约中，最为重要的婚姻合约具有一种特性：倘若夫妻双方的感情在婚姻中不能保持和谐，夫妻双方就会很沮丧，因此婚姻中只需要夫妻任意一方表示愿意离婚。这个话题太重要且太复杂，因而不能敷衍地谈论一下，我提及这个话题只因说明的需要。如果洪堡爵士的论文的精确性与普遍性未能使他在这一点上不讨论前提就表明结论而自我满足，毫无疑问他会认识到这个问题不能基于像束缚自己一样的过于简单的理由就做出决定。一个人通过明确的承诺抑或是身体力行，鼓励另一个人回应自己继续某种特定的行为方式以建立期望值与运算，把人生计划的任何部分下注在上述假设上，因此自己就会对后者产生一系列新的道德义务，这种现象尽管可能会受到驳斥，但却不可忽略。更进一步，倘若合约双方的关系会给其他人产生影响，将第三方置于特殊的位置，正如婚姻创造了第三方的例子一样，那么合约双方就对第三方都负有义务，第三方的实现以及实现的方式将会受到原始合约方关系延续或破坏的极大影响。我并非承认这就意味着这些义务会进一步要求为了相关方的幸福而不惜一切代价履行合约，但这些义务在这个问题上是不可缺少的因素。正如洪堡所认为的一样，即便在使各方自身解脱合约的法律自由上，这些义务不应有特别之处（我也认为他们不应有太多不同之处），但必然在道德自由上会与众不同。在决定采取措施且这些措施可能会影响重要的利益有关方之前，人必定要将所有这些情况考虑在内；倘若他不能合理地考虑这些利益有关方，就要在道德上为犯下的错误负责。我发表了这些明显的言论，为了更好地阐释说明普适的自由原则，不是为了特殊问题的需要；相反，特殊问题经常得到讨论，例如，似乎儿童的利益就是一切，而成人的利益则一文不值。

我已经观察到，由于没有任何受到认可的普遍原理，自由经常在理应受到限制的地方得到了允许，在理应得到允许的地方反而受到了限制。案例之一就是在现代欧洲，自由的情绪就很强烈，这就是一个在我看来自由情绪完全不合时宜的例证。人应该能自由地去做自己喜欢做的事情，但他不应该代替他人将他人的事当作自己的事，自由地去做喜欢做的事。尽管国家尊重每个人的自由，但国家注定要对运用任何权力保持警觉性地控制，因为权力会允许他去控制其他人。例如，家庭关系对人类幸福的直接影响比所有其他因素的总影响更为重要，这种义务基本上完全为人们所忽略。丈夫对妻子的专制力在此无须详细叙述，因为要完全消除邪恶，只需要妻子拥有同等的权利，且应像所有其他人一样以同样的方式受到法律保护，而且还因为在这个问题上，旧有的不公正体制的捍卫者不能请求自由，而是公然地保护权利。正是在儿童的案例中滥用的自由概念是国家履行职责的真正障碍。人们基本上都会认为一个人的孩子理应是自己真实意义上而非理论上的一部分，因而绝对、唯一的控制儿童对法律进行最小干涉的观点是嫉妒性的。更为严重的是任何干涉个人行动自由的行为，相比自由而言，大部分人类更加重视权力。例如，想想教育的案例吧。国家理应要求推动本国公民的教育并把它提高到一定的标准，难道这不是几乎不证自明的公理吗？然而又是谁不敢承认与维护这一真理？基本上不会有人会真正否认父母（或者如法律与惯例所述的父亲）被赋予的最为神圣的一个职责就是教育孩子，在将一个婴儿带到这个世界上后，给予孩子合适的教育让其在生活中对他人、对自己都能扮演好自己应有的角色。但尽管人们一致认为教育是父亲的责任，但在这个国家很少有人会愿意听到强迫父亲去履行这一责任。人们没有要求父亲做出任何努力或牺牲给孩子提供教育，而是当教育免费时，父亲来选择是否接受。将孩子生下来却不能有效地保证既给孩子提供食物又给予教育与思维的训练，这对不幸的后代也对整个社会的一种道德犯罪，但这种观点尚未得到认可。倘若父亲未能履行这种义务，国家就理应督导父亲尽可能地履行义务。

一旦实行全民教育的职责得到承认，国家应该教什么、怎么教的难题就能得以解决，而如今这一话题已转变为教派与政党的唯一战场，导致本应用于教育的时间与人力浪费在对教育的争论之中。倘若政府能下定决心为每个儿童提供良好的教育，就给自己省了不少麻烦。通过帮助贫苦阶层的孩子支付学费来获取自我满足，给那些没有任何人为其付款的孩子支付所有的学费。对国民教育的理性反对不适用于国家教育的强化，但适用于国家主动承担去指导教育，而这完全是两回事。有人认为整个或者绝大部分的国民教育理应由国家掌管，对于这一点我与所有人一样都不以为然。所有关于性格的个性与观点、思维模式的多样性的言论都涉及教育的多样性，后者的重要性也同样不言而喻。普通的国民教育只是一种器械，将每个人都塑造成彼此相同的人。由于国民教育塑造学生的模具取悦了政府中的主导权力，无论是君王、神父、贵族阶级还是绝大多数的同时代人，这些会依国民教育的高效程度与成功度而变化，因此国民教育实现了对思想的专制统治，由于自然倾向又导致了对身体的专制统治。如果由国家建立与控制的教育倘若存在的话，理应只是作为众多相互竞争的实验中的一种，且这种教育开展的目的乃是为了身教与激励，以使其他的教育臻于卓越。除非真的当整个社会因处于非常落后的状态不能或不会给自身提供合适的教育体制时，除非政府承担这种任务；那么作为两大恶中的小恶，政府会独自承担起学校与大学的事务，正如在一个国家内进行的规模适合的更大工业生产的私营企业不存在的时候，政府就承担起开设合资公司的职责。但通常来说，倘若国家拥有足够数量的合格的人能在政府赞助下保证供给，这些人就能够且愿意在自愿的原则下提供同等良好的教育，保证义务教育法提供的酬劳且国家会资助那些无力支付费用的人。

执行义务教育法的工具只有公共考试，考试会涉及所有儿童且会在这些儿童早年的时候就开始。因此可能就要决定一个每个儿童都必须接受检验的年龄，以便确定其是否能阅读。若这个孩子不能阅读，孩子的父亲就要受到适当的处罚，如果有必要的话要出卖苦力在外当雇工，除非孩子父亲有足够的求得宽恕的理由。除此之外，孩子还有可能要由父亲出资去上学。每年考试都会更新一次，考试的范围会逐步扩大，目的是让国民获取甚至最少记忆量的一般性知识时享受真正意义上的免费。除此之外，对所有科目都应该设置自愿参加的考试，任何达到一定熟练程度的人都可以得到一张证书。为了防止国家通过这些不合理地安排对舆论施加影响，通过考试甚至是更高级别的考试所需的知识（除了工具性的知识譬如语言及使用）理应仅限于事实与实证科学。宗教、政治学与其他有争议性的学科的考试不应围绕观点的真理性或谬论性，而应围绕人们持有各种观点的这种事实，理由、作者、学派与教派。在这种体制下，年青一代在所有存在争议的事实上所处的情况会比现在更为糟糕。他们就会像现在一样被培养成牧师或者异见人士，国家只关心这些年青一代应该成为受过教育的牧师或受过教育的异见人士。倘若孩子的父母让他们在接受其他教育的相同学校接受宗教教育，就没有任何事情可以阻碍。国家对公民在有争议话题上的结论上所有抱有偏见的举动都是邪恶的，但国家会主动提出以合理的方式证实，一个具备必要的知识从而对任何给定话题做出结论的人都值得被倾听。哲学系的学生更能接受关于洛克与康德的考验，无论他赞成两者中的任何一位抑或是对两者都不赞成，且我们不能以基督教的证据去反对检验一位无神论者，只要未要求他公开表示对洛克与康德的信仰。然而，我认为对更为高深的知识的检验理应纯粹自愿。倘若允许政府宣称以资质不够将任何人排除在很多职业之外，甚至是教师职业，那我们就给予了政府过于危险的权力。与洪堡一样，我认为应该给那些愿意接受考试且通过考试的人授予学位或者其他公共的科学或职业资格证书。但除公共舆论对他们的证词更加重视之外，这些证书不应让他们比竞争者占据优势。

不只在教育事务中误解的自由观念会阻碍父母认识自身的道德义务，执行法律义务，对于前者通常有最好的理由，且在很多情况下后者亦是如此。人的出生这一事实本身就是一种在人的一生中最负责任的行为。要承担这种责任即赐予生命（这一生命可能是一种诅咒抑或是一种赐福）是对那个生命的犯罪，除非要赐予的这个生命起码能有一半的机会过上不错的生活。在一个人口过于密集或是很有可能会发生这种情况的国家，大量的生育导致竞争加剧从而使得人们劳动的报酬减少，这是对所有那些依靠出卖苦力获得报酬的人一种严重的冒犯。欧洲大陆很多国家的法律规定，倘若男女双方不能养家糊口，就禁止结婚，这些法律并不逾越国家的合法权利。无论这些法律是否为权宜之计（这个问题主要取决于当地的情况与感受），人们不会将其视为对自由的侵害而加以反对。这些法律是国家对禁止一种有害行为的干涉，这种会伤害他人的行为，理应成为谴责与社会污点的话题，即便无人认为加大法律惩罚是权宜之计。然而，当下的自由观念在只与自身有关的事情上极容易倾向侵犯个人自由，当他们放纵的结果会导致后代生活痛苦与堕落的时候，这会排斥那些限制自身爱好的尝试，他们的行为会在各个方面影响旁人的多方面的恶行。当我们比较人类对自由令人奇怪的尊敬与令人奇怪的缺乏尊敬，我们大概会想到人类有一种必不可少的伤害他人权利，且没有任何权利是在不给他人带来痛苦的情况下来愉悦自己。

我在最后准备了很多关于政府干涉的问题，尽管与这篇论文的主题联系紧密，但从严格意义上讲不属于文章的主题。在一些案例中反对政府干涉的理由并非围绕自由原则，问题不是限制个人的行动，而是协助个人的行动；有人问政府是否应该做或者促使他人做一些有利于自身的事情，而不是交由个人自己去做或者自愿合作。

在不涉及侵犯自由的情况下，对政府干涉的反对意见可以分为三类。

第一类是对要做的事情个人比国家做得更好的情况。一般来说，只有那些个人感兴趣的事情最适合办公事或者决定怎样办以及由谁来办。这一原则谴责干涉法律与政府官员，尽管这曾经在普通的工业流程中很普遍。但这部分的话题政治经济学家已充分阐述过，与本文中的各个原则关联不大。

第二类的反对意见与我们的主题关系更为紧密。很多情况下，尽管一般来说个人做某种特别的事情不如政府官员好，但由个人而不是政府去做这件事会更可取，因为这是个人接受思想教育的途径——一种强化活跃的思维能力、训练判断能力与熟悉要对待的话题的方式。这是陪审团审判(在非政治性的案例中)、自由与大众欢迎的当地与市级机构以及经营通过自愿结盟的工业与慈善企业所做出的主要但并非唯一的推荐。这些都与自由无关，且与上述话题只有间接联系，但却是发展的问题。将这些事情强调为国民教育的组成部分是与现在不同的场合。事实上，作为对公民的特殊训练，自由民族政治教育的实用性部分将人们带出个人与家庭自私性狭隘的圈子，让他们习惯理解共同利益，管理共同利害关系，习惯于从公共或半公共的立场行动，且通过团结而非分化彼此的目标来指导人们的行为。没有这些习惯与权力，自由的宪法既无法发挥作用也无法得以保存，从一些国家政治自由不断转变的性质中就可见一斑，在这些国家政治自由并非基于局部自由的充分基础。本地区经营的纯本地企业的管理以及那些自愿联合投资的大型工业企业，由于各种优势得到进一步推荐，在本文中将这些优势定义为发展的独特性与行动模式的多样性。政府的经营无论在哪儿都基本上一样。相反，由于个人与自愿的联盟才有了各种各样的实验与无限多样化的经验。国家所能做的就是让自身成为一个经验的中心仓库、活跃的流通者与传播者，这些经验来自众多试验。国家的任务就是促使每个实验者通过他人的实验而获益，而非只认可自己的实验。

第三类且最有力的限制政府干涉的理由是政府不必要地增加自身的权力，这是巨大的恶行。在政府已有的功能上再增加功能会导致其对希望与恐惧的影响广泛扩散，将公众中或是希望掌管政府的政党中活跃的、有野心的人转变成对政府的阿谀奉承之辈。倘若公路、铁路、银行、保险公司、大型合资公司、大学与公益慈善机构都是政府的分支机构，倘若市政公司与地方委员会（所有的工作都移交给它们）成为中央管理部门，所有这些不同企业的员工都由政府委任并支付薪酬，员工指望通过政府可以加薪；并非所有的出版自由与立法机构的普通宪法能让这个或者其他所有国家自由，除非只有名义上的自由。更加邪恶的是，管理机器建设得越是高效与科学，政府越娴熟地获得能安排工作的人手。在英国，近来有人提议从事政府民事服务的工作人员理应通过竞聘考试来选取，给这些岗位招聘到最聪明、受过最好教育的人，与此同时有人对这一提案有很多的支持与反对的声音。反对者强烈坚持的一个观点是国家的固定公务员的职业并不具有足够的薪酬与名望前景以吸引最高端的人才，这些高端人才通常都能在公司与其他公共机构寻找到更诱人的职业。倘若这一观点为支持的朋友所用，作为对所面临的主要困难的对策，人们不会感到惊讶。令人大为惊讶的是困难来自反对者。反对的意见是提议的体制的安全阀。确实，若国家的所有高端人才都被吸收进入政府部门服务，会导致上述结果的提议很有可能引起不安。如果要求有条理的和谐或具有综合性观点的社会中所有事务都由政府掌管，而政府职务都由最能干的人担任，国家中所有扩展的文化与训练过的智慧都会集中在众多的官僚机构中，纯粹投机的人除外，而整个社会的其他人的所有事情都只找这些官僚机构办，因为群众要做的所有事情都要得到政府的指示与命令。成为官僚机构的一员且得到一步步晋升是人们雄心抱负的唯一目标。在这种政体下，不仅外界不符合条件、缺少实践经验的公众会批评或遏制官僚体制的运作模式，即便是专制的事故或普通机构的正常工作都会偶尔向政府首脑提议一位或数位有改革意愿的统治者，但是违背官僚体制利益的改革无法实施。上述就是苏联帝国的悲观状况，有足够观察机会的人都能知晓。相对于官僚机构而言，沙皇自身毫无权力，即他可以送任何一个人到西伯利亚，但如果没有官僚机构或者违背官僚机构的意志他就无法管理。沙皇的每个法令官僚机构都有隐性否决权，只需克制自身不去执行即可。在文明更加发达、更具起义精神的国家，公众习惯于期望国家为他们做好每件事，至少自己什么都不用做，且不需询问政府要他们做什么，甚至怎么做。他们想当然地认为政府理应为所有降临在他们身上的不幸负责，一旦不幸超过他们的忍耐，就会起义反对政府，这就是所谓的革命。于是其他人不管是否有国家的合法权威，登上宝座，对官僚群体发号施令，所有一切都如同往昔；官僚体制没变，没有任何人能够取代他们的位置。

在一个习惯于处理自己事务的民族中展现了一种极为不同的景观。在法国，大部分人都服过兵役，很多人至少都有士官的军衔，每次人民暴动中都有若干人能一马当先，临时制订一种尚可的行动计划。法国人在军事事务中是如此，美国人在各种民事事务中亦然；倘若没有政府来管，美国的任何一个团体都能临时组建一个政府，以足够的智慧、秩序与果断处理各种各样的公共事务。这是每一个自由民族都应做到的，一个能够做到这样的民族必定会得到自由；这样的民族绝不会因为任何人或者任何团体就能抓住且控制中央管理机构让自己受到奴役。没有官僚群体希望造就这样一个做出或者经历他们不喜欢事情的民族。但倘若所有事情都是通过官僚群体做的，人们根本就做不了官僚群体真正反对的任何事情。这些国家的宪法就是将国家的经验与实际能力组织成一个有纪律的团体，目的就是统治剩下的人。这种组织越是完善，越能成功地吸引、亲自教育来自各行各业身怀绝技的人，越能完整地联结包括官僚群体成员在内的所有人。因为一方面管理者是组织与纪律的奴隶，另一方面被管理者是管理者的奴隶。中国的官员与最卑微的农夫一样都是专制政体（指中国古代封建社会）的工具与仆役。耶稣会会士是社团中身份最卑微的奴隶，尽管社团本身就是为成员的集体权力与地位而存在。

同时，人们不应该忘记，将国家的所有主要人才吸收到政府机构中，这迟早对机构本身的精神活动与进步都是致命的。尽管这些都是联系在一起的，但管理一个与其他所有体制毫无差别的体制必定要按照固定的规则大步前进。这种固定规则就是官方机构不断受到陷入慵懒常规的诱惑，或者说如果他们时常厌恶那种老马推车的作风又猝然陷入这个团体的某位领导成员所偶然幻想出来的没有经过完全验证且不成熟的见解里面。唯一能遏制这些联系紧密却表面上对立的趋势的方法、唯一能提高本身水平能力的动力乃是对这个团体之外有同等能力的人才的警示性的批评负责。因此，要在政府之外保有某些手段来形成这种能力，并提供对重大实际事务做出正确判断所必需的机会和经验，这是不可或缺的。倘若我们要永久拥有做事娴熟高效的官员机构——最为重要的是一个能创造进步且愿意接受进步的机构；倘若我们不想让我们的官僚政治沦为腐儒政治，这个机构就绝对不能垄断所有组成与培养人类政府所需的人才。

政府管理艺术中最为困难且最为复杂的问题之一是确定邪恶的程度，这种邪恶对人类自由与进步的开始至关重要，人类开始在得到认可的首领下占据着关于社会力量的集体应用的福利，扫除阻碍社会健康的障碍，获得集中的权力与智慧的大部分优势，这种集中的权力与智慧可以在不将大部分一般活动转变成通过政府渠道的情况下获得。在很大程度上，这是一个细节性的问题，在这个问题中我们必须要考虑到众多不同的情况，不能制定绝对的规则。但我认为安全赖以存在、要考虑的理想、检验用以克服困难时计划的标准所坚持的实际原则可以这样表述：权力的最大限度的扩撒与效率相一致；信息的最大限度的集中与传播都是从中心开始。因此，在市政管理中，正如新英格兰各州一样，所有最合适留给直接相关的人的事务在各个不同的官员之间会有微小的分工，这些官员又是由当地部门选取的。但除此之外，在每一个当地事务部门，都有一个中央监管部门，这个中央监管部门构成中央政府的一个分支。这个监管机构会像一个焦点一样，集中各类信息与经验，这些信息与经验来自所有当地公共事务部门的日常行为、所有在国外做的相似的事情以及政治科学的一般原则。中央机关理应对所发生的事情享有知情权，且它的特殊义务就是让其他人也能共享到在一个地方获取的消息。摆脱了本地人由于地位上升与全面的观察范围所带来的琐碎的偏见与狭隘的观点，政府的建议自然而然地就具有很大的权威性。但我认为，作为一个固定的机构，中央政府的实际权力也只限于敦促当地官员遵守为指导他们而制定的法律。在所有不是按照一般规则而规定的事情中，这些官员理应根据自己对选民的责任做出自己的判断。倘若违反法规，官员应该负法律责任，且应由立法部门制定这些法规。中央管理部门只需监管法规的实施，倘若法规未得到合理实施，要根据案件的性质向地方法院上诉以执行法律，或向选民上诉以撤销未根据法律精神执法的官员职务。上述就是一般概念上的中央监管，济贫法委员会计划在全国范围内控制贫民救济税的管理者。为了改掉不仅深刻影响本地人而且影响整个社区的事件时管理不善等根深蒂固的习惯，不论委员会超过这个限度运用任何权力，在特殊情况下都是正确且必要的，由于本地人没有道德权利让自己因为管理不善成为贫穷的源头，并且这种贫穷必定会传染到其他本地人身上，损害整个相邻社会的道德与物质状况。济贫法委员会拥有的行政强制与次级立法的权力（由于在这一议题上的观点的状态，他们却很少运用）只在监管当地人利益时会完全不相称，尽管在涉及一级国家利益时完全无可非议。但一个针对所有本地人的信息与教育的中央机关在所有管理部门中都是具有同等价值的。对于这类不会阻碍反而会帮助、促进个人努力与发展的活动，政府举行再多也不为过。当政府是用自己的活动取代个人与团体的活动而非引起个人与团体的活动时，争执就开始了；在不是告知、建议或偶尔贬斥的情况下，政府让个人与团体在束缚下工作，或是命令他们让开，政府取代他们完成工作。从长远来看，国家的价值就是组成国家的所有个人的价值。倘若国家将个人心智发展与提升的利益放在像在商业经营中稍多一些管理技能这样次要的位置，或是实践所给予的些许技能；倘若国家为了让本国的百姓成为受到自身控制的温顺工具以获取利益，让百姓失去光彩、无足轻重，迟早会发现小人物无以成就大事业。政府为了完善机械而牺牲一切，到头来一无所获，缺少至关重要的权力以使机器能更加顺利运行，而政府宁愿摒弃这种权力。

人性

Characteristics

〔苏格兰〕 托马斯·卡莱尔

主编序言

托马斯·卡莱尔，1795年4月出生于苏格兰南部的艾克雷夫城。他的父亲，是一个属于脱离了苏格兰市民教会组织的、虔诚严肃的加尔文教徒；他是一个石匠，是一个具有严厉而又正直的性格和激烈演讲天赋的男人。托马斯·卡莱尔先在家里接受教育，然后去了乡村学校，接着又在安南郡的语法学校学习；1809年，他走路到了一百英里外的爱丁堡，进入爱丁堡大学学习，为了将来能进入政府部门工作做准备。他在大学里修读完艺术课程后，被任命为安南郡的数学引座员，两年后又在柯克迪郡担任此职，在这儿他和爱德华·欧文建立了密切友谊。但是，他讨厌教书，当他放弃了传统的观念，不再总想着讲道时，他回到了爱丁堡，继续学习酒吧课程，在此期间，他靠着做私人家教和编写百科全书养活自己。1819—1822年，这些年是他人生中最悲惨的日子；这时他遭受着胃病的折磨，宗教的混乱让他的信仰被撕裂，他对自己的前景没有良好的展望，也没有正当的职业，他能获得的唯一安慰就是家里人的关心。也是在这时，他因为学习德语认识和了解了歌德，这在他获得精神平静的斗争和挣扎中提供了很大帮助。

在欧文的帮助下，他得到了一份给查尔斯和阿瑟·布勒当家庭教师的工作；这份工作的薪水让他能够给他的家庭带来很大的物质帮助。这份工作他做了两年，在此期间，他翻译了勒让德的《几何学》以及歌德的《威廉·麦斯特》，还写成了《席勒的生活》一书。他和布勒的友好关系让他有机会去伦敦，并在巴黎待了一段时间；因此在他的《回忆录》中，我们能够通过他描述的时尚和文学的社团，获得对他产生不怎么喜欢的印象的图景。

现在的卡莱尔退休后住在他父亲的房子附近的农场里，过着平静的生活，主要从事翻译工作。1826 年他和简柏丽·威尔士小姐结婚；他是通过欧文认识这位小姐的，她聪慧、漂亮，是哈丁顿一名医生的女儿。威尔士小姐继承了约翰·诺克斯的一半血统，还继承了一半吉普赛人的血统，据说来自威廉姆·华莱士，而且她的外貌气质也能显示出她的这一半血统。有很多男士向她献殷勤，但卡莱尔对她的求爱极其特别，就好像不是个好兆头一样。

在他们婚后的家庭关系中，出现了许多不愉快的争吵和矛盾，对此，卡莱尔对自己的责备比任何人对他的责备都多。然而，有争议说他们的婚姻生活带给了他们双方所能在婚后生活中得到的最大满足。卡莱尔对自己的工作和事业的热衷追求，无疑会导致他在妻子身上的忽视和痛苦；但是，很明显，在他妻子过世之后，他在自己的作品中表达出的悔过之情被别人用来作为反对他的评判证据。

在他婚后的前十八个月中，卡莱尔住在爱丁堡，在那儿他们夫妇与这个城市里最卓越的学者团体为伍，他还与弗朗西斯·杰弗里建立了良好友谊。杰弗里接受了卡莱尔为期刊《爱丁堡回忆》所写的文章；这些文章的出名让卡莱尔获得了许多其他期刊的征稿邀请。卡莱尔为此刊的前两期写的文章是关于里希特和德国文学的，他的这些文章和关于此的一些翻译以及后期作品得到了公众的认可，使他成为英国的德国文学先锋学者，同时也让他获得了歌德本人的良好认可。

尽管获得了这些成功，卡莱尔的家庭经济状况依然没有得到好转，为了节省开支，他和家人搬到了克雷干帕托的农场生活，这个农场是属于他妻子的。在这里他们生活了六年多，在这个偏僻的地方，偶尔会有客人拜访他们，其中比较出名的就是杰弗里和爱默生。

正是在这个农场里，他完成了《裁缝的哲学》一书，还写了更多越来越不怎么受欢迎的德语文章。1831年为了去伦敦访问，他不得不向杰弗里借路费，这次访问让他和一些出版商和编辑建立了新的关系。在爱丁堡的四个月里，他开阔了认识事物的视野。但是，最终孤独和缺钱迫使他去了伦敦，在那儿，1834年，他和家人在切尔西市的切恩街的一栋房子里定居下来，并在那里度过了余生。

在伦敦生活早年时期的卡莱尔，最有意义的事件就是他和约翰·斯图尔特·穆勒建立了深厚的友谊。促成他们友谊的原因是卡莱尔承担了穆勒的《法国革命史》的编写工作，这本书于1837年出版。同时，他成功地通过连续四场的活力四射的演讲，得到了他所需的资金，最后一篇就是他最著名的名为《英雄和英雄崇拜》的演讲。这样就使他从为满足生活基本需要而备受压力的状况中解脱出来；随着人们对他的《法国革命》一书中的精粹智慧的不断认可，逐渐开启了他的幸运和财富之门。他拥有了很多好友，其中有约翰·斯特林，卡莱尔后来在他的作品中对斯特林的人生的描写充满着赞美和崇拜；还有莫里斯、洛克哈特、米伦兹以及后来的霍顿勋爵和巴林斯都是他的好友；还经常有年轻的拜访者找到他家里来。爱默生把他的作品介绍到了美国，使他名利双收。那时的他已经成为伦敦知识界比较出名的人物。

1839年在他的《人民宪章主义》中，他的政治观念已经具有一定的雏形。虽然有人曾经怀疑过他的政治倾向，但是现在也变得很明白了，就是他从未被归入任何已建立的现有政党。他的《过去和现在》一书，把中世纪修道士的生活和现代生活进行了鲜明对比，也进一步强调了他与英国的托利党和自由激进党是分离的。在他的这些较短的作品问世的同时，他还在努力地撰写下一部伟大著作——《奥利弗·克伦威尔的生平和书信集》；这本书在1845年出版，从根本上奠定了他在书信集写作方面作为领军人物之一的地位。

一两年后他主要从事政治性的写作，尽管他的大部分此类作品一度具有强势的风格，但是最终却收效甚微，于是他转而投身于另一项伟大的写作任务中，就是《腓特烈大帝的一生》一书，直到1865年此书出版，他把这些年里的主要精力都花费在了这本书的写作上。这本书使他的影响力从国内扩大到了欧洲大陆。就在这一年，他被选为爱丁堡大学的荣誉校长。第二年，他发表了著名的爱丁堡就职演说，演说阐释了这个荣耀职位的应尽职责。在受到热情接待后，他去了英国南部旅行，在旅行途中，在敦夫里斯郡他得知了他妻子去世的消息。他妻子被安葬在哈丁顿的教会大修道院里；他在墓碑上留下的碑文显示出了她的去世给他造成的沉重打击。碑文上是这样写的：在她好好活着的时候，她内心拥有比一般人更多的悲伤，但是她也拥有着坚忍不拔的性格和敏锐的洞察力以及一颗珍贵的赤诚之心。四十年的婚姻里她是她丈夫真正挚爱的伴侣，她不知疲倦地用行动和话语向他传递着任何其他人都不能做到的鼓励，让他知道不管他做了什么或者想做什么都是值得的。她于1866年4月21日在伦敦去世，她从他身边突然地离去，就好像他的生活从此失去了光明一样。

而且，事实上，从此他的生活真的失去了光明。自此之后他变成了一个颓废的男人。他重新修订了他已有的作品，写了一本自己的《回忆录》，但是再也没有写出其他新的作品。虽然现在的他是他的专业领域里的带头人，周围有很多的朋友和追随者；在国内外他也都获得了很高的声誉。但是他一直生活在忧郁中，而且程度不断加深直至最后。他于1881年2月4日去世，被安葬在艾克雷夫城的旧修道院里。

本卷书中卡莱尔写的《特性》一书简单扼要地叙述了他最基本的一些思想；他的关于《沃尔特·斯科特勋爵》的评论展示出了他的优点和缺点；也包含了他除对人类生活和行为的许多特征的整体概括之外，在文学评论方面从美学思考角度对道德的掌控。他的《就职演说》一文在名义上的主题是《关于读书》，实际上是以简短的语言概括他个人的求知历程，从真正的卡莱尔的学习方式转移到了宗教、道德、历史和其他各种各样的话题上。这篇文章的写作风格异常简单和坦率，非常恰当地适用于当时的场合；他的另外两篇论文更加真实地表现出他习惯的表达方式——经常用唐突的、夸张的手法，有时还风格奇异；但是，用他自己的话来描述他的《法国革命论》一书，那就是来自一个鲜活的男人内心的直接而充满激情的表述。

这种表达的风格事实上正是作者自身典型的特征。他在自己的历史故事写作方面做出的不懈努力，他对自己政治信仰的满怀激情，以及他在道德和宗教信仰说教方面的深深的诚挚之心，这些和他能准确地表达出自己思想的冲动结合在一起，促使他在追求真理的道路上能够打破一切常规，从而使他的语言表达更有影响力和更加犀利，让他的作品在英国文学史上绽放出独特的光芒。在自我矛盾这一点上，他表现出自己思想的复杂和不一致性，内心极其真诚但又喜欢夸大其词，表述语气极重，甚至可以说是残酷和暴力，但内心却十分温柔。无论是从激进主义到保守主义，还是从保守主义到激进主义，卡莱尔从来没有成为其中任何一派的成员，但他却对他生活的那个世纪产生了最令人振奋和最有效的影响。对他的性格和绯闻产生的争议之音从来没有消失过，但是凡是读过他的作品的人都会发现这个男人在用自己的一腔热血不断地追求和探索着。

查尔斯·艾略特

“健康的人意识不到自己的健康，只能意识到自己的疾病。”这是医师的格言，比起它本身代表的意思，它的适用范围更广泛。我们可以说，比起仅仅用在有形的治疗学方面，它还适用于道德、智力、政治、诗歌领域；这句话无论在什么情况下，或者是无论何种形状，它的力量在实际工作中都被认为是重要的，当然在这方面，还要取决于它的力量发挥对了还是错了。

在身体方面，举例来说，就像所有的医生一致赞同的那样，完全健康的第一个条件是每一个器官无形地、无声地执行它自己本身的功能。如果让任意一个器官宣告自己的独立存在，夸张点说，是为了快乐而不是痛苦，那么身体就已经产生了一个不幸的“错误的感觉中枢”，而在这里，我们就可以断定身体已经产生了错乱。理想的健康身体，是身体的各个器官的共同活动看起来就像是一个整体；而且，能显示出来的不是每个器官自己的功能，而是它们共同完成的功能。如果一个修道院的厨师总管夸张地说他的消化系统高度有序，饮食哲学家的确可能相信，但是消化功能真正强大的乡野村夫会回答说“就他而言，他根本不知道自己有消化系统”。事实上，身体系统的整体性、一致性常常是无声的，或者低声的；只有它不一致的时候才会大声地表现出来。只有生命的各种元素能够得到恰当的调节，生命本身就会像调试好的谐音的弦乐器，能发出优美和谐的音调。生命活动，从它的神秘源泉流动开来，像天籁般的和谐音乐——它也会像地球上其他的音乐，只因为它是完整的、持续的，没有中断，毫无瑕疵，就可能逃过人们的耳朵无声地活动着。因此，在某些语言中，引用表达完整性的术语来表示健康的状态：当我们感觉到自己就像所希望的那样，我们就能说我们是完整的。

没有哪些平凡的人会害怕被永久地赋予“不知道自己有系统”的那种幸福；然而，我们大多数人回忆起自己年轻的时候，可能会记起那个身体轻快、飘浮而透明、灵活而自由的时节；那时的身体还没有变成灵魂的牢笼，而是将它用以表达情感的媒介和工具，身体就像是思想的创造物，听从它的命令和指挥。我们那时不在意自己拥有四肢，我们只是自然地举起、投掷和跳跃；通过我们的眼睛和耳朵，各种感官渠道，可以清晰而畅通地感受到所有外来的信息，也可以从内部发出清晰的胜利之声。我们如同站在大自然的中心，尽情地给予和接受，和大自然和谐相处，但我们不是像维吉尔的农夫那样，“我们太快乐了，因为不知道自己拥有着幸福”。在那个年代，“健康和疾病”就好像是外来的传统，和我们无关。我们的整个存在就是一个整体，整个人就如同一个合并而完整的意志。如果把人类生命划分为休息或无往不胜的劳作的话，我们的生命将继续是：一段纯粹的、永久的、不被注意的音乐；一束美丽的白光，照亮了所有的东西，但是它自己却隐藏着，甚至就是因为它那洁白的亮光十分完美，而没有什么不规则的阻碍能打破它而产生色彩。探究的开始就是“疾病”：所有的科学真理，如果我们仔细去想，都起源于对一些错误的事的感觉，它就这样产生了，然后将只能继续：被分割、肢解以及作为对部分错误的治愈。因此，就如古语所说，“知识之树起源于罪恶之根，结出的却是善良和邪恶的果实。”如果亚当继续留在伊甸园，这里可能就不会产生解剖学和玄学。

但是，哎，正如哲学家所说的那样：“生命起源于罪恶，是负载着苦难的活动；是来源于激情的行动！”记忆中关于自由和天堂般的无意的第一个情形已经逐渐消退成一个理想而诗意的梦。我们现在对很多的事情都太过在意：对于知识，这种精神错乱的征兆，我们必须尽最大的努力去让它恢复一点秩序。生命活动，在少数情况下，或短暂的时间里，是一曲天籁般的和谐旋律；而在大多数时间里，它是罐子被打碎的震动和爆裂时发出的刺耳声，对于这些声音，我们再怎么不愿意，都无法不去注意。不过，这也是大自然赋予我们身上的愿望。在她所有重要的行动中，一个明显的意图和努力就是，我们要像那个消化功能强大的乡下人一样变得不那么在意，“不在意我们有着消化系统”。事实上，大自然的所有重要行动强调的是一种手段，而不是一个结果。我们被赐予生命不仅仅是为了活着，还为了一个远大的外部目标；它不是体现在过程上、手段上，而是在于结果。大自然，在它所有的作为中，习惯了根据它的洞察力和决断力来给予人类信任。在人类本身的无限领域中，只有其中的一小部分是有意地通过深思熟虑来控制的；人类所能谋划的，不，他所能知道和理解的，本质上是机械的、小部分的；而大部分的东西在某种或其他意义上来说，是永远具有重大意义的；它本身是神秘的，只有它的表面部分是能被理解的。但是，大自然，像一个善良的母亲，似乎在竭力把她的那种神秘都隐藏起来；它让我们靠在它那美丽博大的怀抱里休息，仿佛那里是我们安全的家。在这深不见底、广阔无边的环境里，所有的人类事物胆怯地、快乐地漂浮着，她让我们在这里行走和建造，就好像是在那儿支撑着我们的一层胶片（任何带刺的东西都容易把它撕碎，任何一下枪击都能让它燃烧起来），不是胶片而是一个坚固的岩石地基。大自然让我们在面对永远围绕在身旁的不可避免的死亡时，能忘记自己会经历从出生到死亡的过程；能让我们对自己的生命，进行严格的规划，让它包含着浩瀚和永恒；也能让我们进行简单的设想，用简单的工具去做散工赚取工资。大自然实在是巧妙，它是人类所有最高艺术的母亲，这些艺术只是远远地模仿着它，“它从无限中赋予着有限的形体”；“它总能在恰当的地方，无形地而不是有形地指引人们走在奇妙的路上！”在它所有的工作中，尤其是在它最神圣的工作中，它把生命中存有的黑暗基础仁慈地隐藏了起来；也是在生命中，对于可怕地伸向死亡和黑暗地带的根部和内在的循环，大自然不让它们显示自己的存在，只让带有绿叶和花朵的茎秆部分，沐浴在明媚的阳光下，展示自己并快乐成长。

但是，对于那些我们必须论证其答案的事情，如果我们不冒险探讨它们深奥的一面，或者不去太急切地问为什么和怎么样，在很大程度上，我们不去重复地问这一问题，就让我们满足于进一步地，仅仅用一种历史的方法，去探讨这个健康医师的那句格言在其他领域所发挥的作用。对于人的灵魂（精神活动），我们会发现她的活动和人身体的活动道理基本一样；不仅如此，唯心论者大声地询问，难道把人类整体划分为物质与精神两部分的二元论本身不是一种病态的征兆吗？正如，也许，你们那惊人的唯物论，说人类的本质是物质的，也因此，至少，人类重新成为一个整体时，就是重大疾病发作的时候，也是恢复健康的开始。但是，忽略这些，我们带着足够的信心可以观察到，这种真正强大的思想，我们会把它称作一种智慧、一种美德，或者在其他任何方面，它绝不是一种刻意去显示其力量的思想；我们在这里能看到，健康的标志之前是一种无意的东西。在我们的内心世界，如同我们的外在世界，只有那些机械的东西才是可见的、刻意的，而不是那些有生气和活力的东西。关于我们的思想，我们或许可以说，只有我们思想表面的那部分才会通过言语清晰地表达出来；在这些讨论和有意识的交谈下面一层，是人类沉思冥想的区域；在这片寂静、神秘而深沉的区域，隐藏着我们主要的精神力量；在这个层面，如果能够创造出一些东西，而不是简单地制造和交流，那么人类的活动才能延续。制造是可理解的，但不重要，而创造是伟大的，也很难被理解。因此，讨论家和论证家——我们可能把他们排名为真正思想家中等级最低的，因为我们知道他们已经做了什么以及怎样去做的；而艺术家——我们认为他们是等级最高的真正思想家，因为我们不知道他们做了什么以及怎样去做的。如果一定要他们去说的话，他们会说这是一种灵感，换一种说法，他们会把他们的成就称为上帝给予的礼物。

但是总的来说，“天才本身就是一种神秘”；关于这个古老的真理，我们拥有各个方面常规的证据就可以证明。一方面，莎士比亚毫无来由地写成了《哈姆雷特》和《暴风雨》，他不明白这有什么让人惊奇的；而再说到弥尔顿，他很在意自己的创作能力，因此它的作品相对莎翁就要差一点。另一方面，那些名声和影响力都很大的作品肯定是我们不常看见和听到的，当它们以一种学术报告、初次演讲、评论文章的形式出现时，好像这个或其他羽翼丰满的鹅生产了的鹅蛋一样，有着很高的价值，它们应该是它们一类作品中的典范；却会让人好奇着为什么所有的平凡人都不觉得惊奇！

这也是真够蠢的了，一个大学导师居然会对沃尔特·山迪——一个虽然没有读过亚里士多德，却能很有技巧地辩论的人——感到惊讶：他甚至不知道任何辩证工具的名字，但仍能进行完美的辩论。难道只有最优秀的解剖学家，才能在沙德勒之井刻出最好的雕像？还是只有充分了解了自己屈肌长短的拳击手才能打出漂亮的比赛？但事实上，不管是拥有更高境界的诗人，还是这里的演讲者和询问者，他们自身真正的力量是无意的。真正的健康的理解，我们应该说，不是逻辑性的、辩证的，而是发自本能的；理解的最终结果不是为了证明和找到原因，而是去了解和相信。有关逻辑学，它的局限性，使用和滥用，这里有太多要说的和检验的；然而，这里我们要主要关注的一个事实是，一个具有逻辑性和洞察力的人，一个推断者和发现者，甚至求知者，是完全可以区分开的——真的，很大程度上，他们都是单独的。而在实际问题中，例如，难道一个有逻辑性的人很难成功这一事实不是已经众所周知了吗？这些人被生意人称为系统化的人，是理论者和舞文弄墨者；他们主要的智慧力量已经处于休眠或灭绝的状态，而他的全部力量都是机械的、刻意的：对于这一类人，将会看到，他们一旦面对现实世界的无限复杂性，他们有限而紧凑的关于世界的定理就会显得很贫乏；除非他们能抛掉一切，并且成为一个新的创造物，否则他们注定被淘汰。不仅如此，对单纯的逻辑推断而言，那些人中最无用的，一般来说，就是那些用辩证法武装自己的战士，即使让他们从头到脚用三段论的论据作为盔甲武装自己，让他们完美地掌握逻辑辩论法，这对他们的作用也很小！想一下旧的经院哲学派，以及他们对真理的朝圣之行，他们真心诚意地坚持，孜孜不倦地探索，带着伟大而自然的活力，却仍无所进展，除了用一种滑稽可笑的功劳去抵消另一种之外，他们什么也没取得。他们总是在原地踌躇，打转，还摆出各种姿势；他们最多也就是在那里带点兴奋地打转，像总在那里旋转陀钵的苦行僧，从哪儿开始，还从哪儿结束。对于这些系统的制造者，逻辑卡片式堡垒的建造者，他们就是这样，也将永远这样下去，他们这一类人中总会有一些剩下的人，在每个时代，就如我们这个时代，会生存下来，进行建造。逻辑是好的，但这并不是最好的。那个不能被反驳的博士，用他一系列的归纳法，他的推论、二刀论法和其他巧妙的逻辑图表和装置，会为你们画出一幅美丽的占星图，并且讲着一些合理的事情；尽管如此，你被偷走了的珠宝，你想让他帮你找回来，是不可能的。我们经常通过卢瑟、拿破仑、歌德一些如晴天霹雳般的惊人措辞，能看到事情四分五裂之后暴露出自身秘密的难度；然而，那些不可辩驳的人，利用他们所有的逻辑工具，去剖析、研究，最终发现各个方面对他们都太难了，无从下手。

同样的，在演讲者和雄辩家之间的差异中，正如事实上自然之物在各个方面相对于人工之物的优越性一样，我们发现了一个类似的例证。演说者带着他所有的能力去说服他人，他并不在意自己是怎么做到的；而雄辩家却可以证明并说出其中的道理：前者处于一种健康的任意状态，就好像“对自己的系统无感觉”；后者则是严格恪守养生法的美德和饮食学的规则，感觉“自己的系统属于高效状态”。因此这句话就树立在那里，以各种智慧的形式，不管是针对真理的追寻，还是其中的一些分支；它是诗歌艺术、雄辩术以及深度洞察力的基础；它是一种自然任意的事物，总带着恰当的行为特点，“健康时不知道健康的重要性，只有生病了才知道”。所以那句批评家的老格言，对他的那些野心勃勃的信徒而言也许晦涩难懂，但其中却可能包含着一个适用于我们所有人最基本的真理，甚至比在文学方面更加的适用。“每当你写出看起来特别优秀的句子时，一定把它完全删除。”用类似的方式，以更加温和的措辞，从更广泛的目的意义来说，一个活着的思想家曾教过我们：“错误的我们才会总是去在意，却从不在意正确的。”

但如果这对于逻辑推断和有智慧的人来说是一种法则，它也更加适用于人的行为，以及其中显示出的精神力量，我们称之为道德。“不要让你的左手知道你的右手在做什么”：不要在心里嘀咕，你的行为有多大的价值！因为那样做的时候你的行为已经没有价值了。一个优秀的人是能坚持不断实施善行的人；对他而言，行善就是他的天职，不需要过多的惊讶，不需要任何的评论；但他就在那里，如同做理所当然的事情，仿佛除了这样就别无选择。自省，从另一个方面说，是一种绝对的疾病的象征，不管它是不是康复的标志。一种不健康的道德会让一个人在贫乏和焦虑中内耗至贫乏和空虚；或者，更糟糕的，让一个人高估自己而自我膨胀，傲慢而虚荣：无论哪种方式，都是一种利己主义；而且这是一种对我们身后做过的事情无益的回顾和衡量：相反，我们唯一需要关心的是继续向前走，走出更多的路。在人类生活的任何领域，然后是在道德领域，如果是作为人心最深处、最重要的东西的话，它最好是整体性的、无意的东西，上述例子就是对此的证明。让我们怀有自由而合理的意志，把它作为最神圣的东西，让这种意志达到真正自由，让我们如同敬重神一样去遵照她的意愿，把这当作她的权利和成就：“最好的服从是无声的。”这也许就是那句格言所要表达的意思，像通常一样，清晰地表达着，但也只有一半的真理：要说我们问心无愧，就是要表达一个谬误；假如我们不曾犯罪，我们哪里来的良心？如果没有失败，同样没有针对胜利的凯旋之歌。

完全的健康，这真的是，一种理想的、不可能达到的状态；然而也是我们现实的状态所要为之努力的目标；我们越靠近这个目标，就会越完美。而且，在我们的现实世界中，劳动如果常常被证明是无效的，那么从各方面讲光明将由黑暗代替，那么理想的道德本性将被篡改，这样的话，到目前为止，现实的世界将会完全不同了。一般来说，每个人都无法逃避这样的一个事实，凡是了解自己能力的人都不会付出太多努力来提高这种能力。首先来说，公众对这种情况的承认，表明了其程度已经达到了相当严重的地步，这个人的身体已经病了。然而，根据常规的判断，那种过多地、抽象地谈论美德的人，已经开始受到怀疑。如果聪明点儿想，哪里有伟大的说教，那里却只会有小小的施舍。再一次，从一个更广泛的标准看，那个英雄主义的年代并不是道德哲学的年代。美德，当它以哲理自居，就成为刻意的，是病态的，并开始走向衰败。自然的人们习以为常的普遍传播的一种勇敢的侠义精神，整体开始缩水，把自己高调地宣扬成为一种缩水的干瘪荣誉。人类的礼让和思想的高贵却缩水成了拘泥形式的礼貌，忽略了更重大的法律事实，“不对肉进行征税”。“只是对薄荷和茴香征收小部分的税。”善良，本身就是一种规则，而现在必须诉求于那句格言了，必须从惩罚中寻求力量。自由意志不再像以前那样，依靠它神圣的权力自然地统治着人们的思想，而开始像一个纯粹的世俗统治者，要依靠权力，通过惩罚与奖励来统治；或者更甚，我们可以说，到目前可能是这样，自由意志已经退位并撤回到了黑暗中；而一种幽灵般的如同梦魇的主观意志篡夺了王位。因为现在来看，整个人类内心的那股神秘的天生的冲劲儿和灵感，以及从各方面对无限的世界的感官分享，正在被一种有限的方言，吹毛求疵地质疑着，虽然这些质疑必须要被回答，但是答案却只有沉默——这些天生而自然的东西已经被认为是非现实存在的，而只有外在的、机械的、刻意的东西才被承认：关于意志力，我们除了把它作为野心的同义词，再也听不到其他声音；关于“动机”，没有了自发的原动力，有不如没有好。

所以同样，当各种疾病达到了几乎麻痹的状态，我们便开始被多愁善感所统治。那种伟大，那种有益的东西，那种在任何情况下都值得人欣赏的高尚感情的本性，行善的奢望；宽容，友爱，无私，奉献以及所有神赐的美德，到处在高调地被宣扬着，被强行刻意地进行着说教，通过言语和写作，通过散文和诗歌；索奇尼派教徒在到处宣扬着“仁慈的美德”，把真理作为臂章刻在身上；最后却让人很不满意，效果甚微或没有效果。如果人有了四肢就能正常地行走的话，那么为什么需要那么多动作方面的演示呢？所有凡人中最无用的就是多愁善感的人。就算我们可以认为他们是真诚的，没有故意要欺骗我们，或者最初没有欺骗他们自己，但他们身上有着什么优点呢？他们难道不像躺在那里处于长年绝望的病人吗？难道不是那种卧病在床，一病不起的虚弱的人吗？他们的美德可以很肯定地说，从其中的每个细胞都成了一种刻意的美德；他们的美德都是病态的，就好像是玻璃制成的，经不起震动和触摸；它们在使用中，没有任何效果；最多也就是需要不断地被宣扬和美化，让自己能够继续存在。在整个过程的最后阶段，美德如果成了这样的话，那么它也就没有了实际意义，也就不存在了，或者成了一种单纯的回忆；那么这个时候我们就处于一个充满诡辩家的时代，他们高声地宣扬美德存在着，不断地去证明它的存在，而且还进行机械而刻意的解释——就如同直到人死了以后，才用分析仪器和显示仪器对其进行治疗和分析。

因此真正的道德天赋，就像真正的智力天赋，实际上只是它本身发展的一个低级阶段，“它本身一直都是一个秘密”。健康的道德本性，一心向善，很自然地乐在其中；而不健康的道德本性是刻意向善，被迫在其中装作快乐；或者说，不健康的、刻意的道德本性，一旦发现行善没有结果，就会马上转身离开，带着蔑视而放弃行善。主动与刻意，自然与无意之间有意思的关系，（其中从我们生活的各个方面的小部分来说，前者会向后者转移）也许会引起我们对心理学和生理学问题的深度思考。这个话题，就不属于我们这里要讨论的范畴了。如果事实本身已经清楚地显示，自然本性对我们是这样的示意；是这样睿智地创造并引导着我们，那么这就足够了。我们也许现在能说，从我们愿意的某个方面去看待一个个体的存在，或者从最高境界的精神层面去看待它，或者仅仅是从较低层次的动物行为方面去看待，他赖以存在的伟大而重要的能量，在处于最佳的状态时，是无形的，是无意的、自然的。这又应验了我们那句古老的格言：“健康的人看不到自己的健康，只看到自己的病痛。”

为了了解人类，我们除了必须了解一个个体的人，了解他的行为、兴趣外，还要把他和生活周遭的环境，和生活在一起的伙伴们联系起来观察。而就是在社会中，一个人可以第一时间认识到自己是什么样的；也是在社会中一个人可以第一次变成他能够变成的样子。社会赋予了一个人一个全新的精神世界，那么他以前的精神世界也会变得空前活跃。社会是一个人的本性产生和成长的适宜环境；那些独居的个体，他们自身仅仅是一小部分，他们会继续永远地自我封闭，本性不健康地成长，就像半死不活一样。“已经差不多了，”一个思想家说，这比单纯地立即公开宣告更有意义，“在我的观点里，我的信念被第二个人赞同和采用的那一瞬间，它们的力量变得空前强大，它们被前所未有地肯定了。”这个，即使是以最简单的形式出现，也是所谓的联合；对单纯的认识活动而言，这种灵魂与灵魂的联合和共享实在是太奇妙了！在其他更高级的活动方面，这个奇迹仍然更加清楚地被证明了；正如作为我们存在的一部分被称为道德的活动，所有灵魂的沟通和共享也是道德活动的一种，在这方面，比如说智力的共享（从认识活动方面说）本身就是一个例证。但是对于严格意义上所谓的道德，也是在社会中，也许我们大多数人都会说，道德产生了；至少在这里，它从各个方面都是以一种全新的形式出现，就如生命的成长，在不断自我发展。对于一个人自身的责任，对于在他身上最高的责任，成为道德法律的第一条；而后在这第一条上，又添加了第二条，那就是一个人对于邻居的责任；就在这里，第一条道德法律的真正意义也正呈现出它真正的重要性。人与人之间开始联系在一起；心灵之间开始交流；一个神秘的、不可思议的、深不可测的人类的联合开始建立；人类生活，从各个方面来讲，已经变成是一个整体，很神圣。人类思想的火花，开始产生，或者说天赐的灵感产生于一个人类个体的思想中，这唤醒了另一个体中有类似表达的想法，然后又相继连环式地唤醒了成千上万人思想中的灵感，很多人的所有的灵感之火花同时迸发在一起，成为一簇光芒闪烁的火焰；这些想法挨个儿传递，互相影响，就像给彼此加上了新燃料一样，能够产生无数新思想的光芒，以及散发出无穷的热量，去把想法转变为现实。就这样慢慢地，我们就会有一个思想的常规储存和累积，然后再转化为一种永久的思想财富；就这样，不管是以开始的吟游诗人大脑记忆的形式，还是用如尼文或象形文字刻在石头上的形式，或者是以手写的或印刷的书本形式，文学产生了，并且开始发挥它奇妙的作用。然后政治也形成了，弱者顺从强者；弱者主动带着忠诚顺从强者，从而能够让自己获得指引和保护。或者说，从我们自然本性的角度，愚昧的人听从于睿智的人；因为这样的话，即使人们是在最野蛮的社会团体中，也不会完全屈服于纯粹的暴力，而总是顺从于具有伟大道德的人；因此对于要尊重的人所用的普遍称呼，从最原始的族长，到印第安人的酋长，下至英国人的爵士，这些称呼都暗示着我们要尊重的这个人是我们的上级。最后，作为一种人类组织的整体基石和顶级形式的宗教，崛起了。一个孤独的人虔诚的冥想，掠过他自己的灵魂，就像来自未知大陆短暂的爱与敬畏的声音，当他与其他弟兄共同分享这个福音的时候，这份冥想就获得了肯定与坚持。“一开始两三个人以神的名义聚到一起，”然后就像书上记载的那样，“神在他们中间出现并祝福、保佑着他们。”然后最初的祭祀出现了，团体的膜拜形成了，打开了人间通往天堂的道路。在那里，只有通过那雅各布的天梯，来自天堂的信使才会把喜讯和美得无法形容的礼物带给人们。这就是所谓的社会，由许多人类个体联合形成的一个新的集合体，它是联系人类之间的一种极为重要的纽带；也是人类在这个地球上最伟大、最重要的成就；在这个社会里，也凭借这个社会的力量，人类所有其他的成就与尝试找到了它们的舞台，并有了它们的价值。社会很形象地被认为是我们人类存在的永久奇迹；也是一个超自然的真实存在区域，可以说又是一种包含一切的生活。在其中，我们最初的个体生活变得是以前两倍、三倍的精彩，然后人类身上拥有的无穷无尽的任何抽象的东西，都具体化出来，并变得明显，可以起作用。

说社会被赋予了生命，绝不是一个隐喻，而是由语言所能提供的这些不完美的表达方法能够说出的一个事实。仔细地审视，这个神秘的人类联合体，自然带给人类最高级的作品，在这里，人类的意志力扮演着一个不可或缺但又如此微不足道的角色，而其中小部分刻意的机械的意志在神秘地不可抵挡地从随意的有活力的意志中衍生出来，就像来自灵魂的躯壳——它是真的相当重要，并且它具有显著的生命特征。同样，我们可以说社会也有它的兴衰时期，有着青年、成年、老年、死亡和新生等阶段；在其中任何一个阶段，我们人类可能无时无刻不在我们栖息的地方探索着它，并生活着；在这个时期这个地方，人类无论是合作还是竞争、是作为健康的还是残弱的成员，无论让我们悲与喜，我们都组成了社会生活的一部分。最近，什么是社会的实际状况？这个问题很不幸地变得相当重要，没有一个人对这个问题不感兴趣；但是对大多数有思想的人来讲，他们对问题的正确答案更感兴趣，这就是现在事情的状态，正确的答案似乎才是唯一需要的。同时，正确的答案，更确切地说，完整的基本的答案和解决方案，常常要求被找出来，但从来在任何地方都找不到；就其本质而言，这确实是不可能的；但任何对此可靠而接近的猜测不是毫无价值的。我们说那最微弱的光，它即便只是对黑暗更精确地确认，也是接近光明的第一步，光明最终将会降临。

我们对此一旦理解了，如果我们再去审视那句古老的格言在这里的作用，它看起来就不会毫无根据。这句格言在人类身体里体现，正如动物身体里一样，正确行为的表现是无意的。和自然的状态相比较，这的确是那句短语“人为的社会状态”实际上所表达的意思，表明了一些相对低级的东西。因为在所有重要的事物中，人们把它们区分为了人为的和自然的两种；根据一些模糊的感觉或者对真理的那种情感，我们在此坚持：人为的事物是机械的、刻意的；而自然的事物是无意的、有活力的；因此，虽然我们拥有人为创作的诗篇，但只对自然的诗篇给予奖励；同样，我们有人为的道德，人为的智慧，还有这个人为的社会。人为的社会清楚地了解着自身的结构、内部的运作；不是通过观察和了解，而是通过外在地对其既定目标的完成来做到的，这个目标是由一个社会的幸福构成。每个社会，每种政体，都有它的一套精神原则；它是一种思想的化身，是尝试性的，或多或少是完整的。整个社会努力的方向，风俗特性，它的法律，政治以及整个运作过程（我们跳过无数缺乏深度的累赘，看一眼那些孟德斯鸠主义者，能部分地破译它）是被一种思想指引着，自然地被它推动着，正如各种动作是来自动作的生命源泉一样。这个思想，可能会受到一个人或者一个阶层的人的热爱，可能是一个教条、一种制度，甚至在更远的古代，是一块土地，但这种热爱是一种忠诚；其中包含着一些宗教的、神圣的、十分宽广的特点；它可以恰当地成为一个国家的灵魂、生命，像其他生命形式一样神秘，并像它们一样秘密地运行着，在超越那些有意义的事物之外的深处。

所以，《共和国政府论》并不是在罗马帝国强盛的时期写成的：当德瑟伊带着那些愿意为祖国捐躯的人们冲向罗马的敌国时，宣扬的爱国主义的必要性在哪里？当我们把爱国主义当成荣耀时，它的功效已经从最初的全盛情况时减弱了。只要国体还在继续正确地运行，它不用担心涉及分裂的问题。当一个极好的关于服从的思想永久地激励所有人时，为什么还要去教育公民顺从国家？为什么还要如此赞美它或者单独地去认可它？忠心，就像爱国主义，只是一种形式，直到它开始衰退才会被颂扬；当“为君王而死”已经不是骑士的习惯时，骑士圣普吕才首先成为恰好值得尊敬的人。因为如果国家神秘的意义深入人心的话，成为理所当然的样子，就如同每个人的生活被第二层高级的生活围绕着，那么这个国家如何自省呢？这个国家必须要走出自我的世界，通过实际运转来展现自我。此外，如果必然性是完美的，没有引起刻意的探查的话，那么自然的无限性也是完美的，没有任何刻意的限制；因此，没有极限也没有界限，是不可以被人为地推测的。除了以音乐的形式、诗歌的语言表达之外，不能以更多的形式被谈及。

在那个时代，社会是健康的代名词，回响在每个人的心底。人类在其中不是没有受到真正意义上足够的痛苦，也不是没有各个方面的困惑和困难，因为这些就是人类的使命。他的唯一的、最高的幸福感便来自辛苦的劳作，并且他知道所做这一切的意义何在。他的自由不在于轻松和闲适，而在于团结在一起成功的劳动，这种劳动会立即变为邪恶之事或战胜邪恶之事。不仅如此，常常仅仅看着这些古老时代表面的混乱，历史学家就已经告诉我们这是由于其内部矛盾紊乱造成的；而且在古老的共和政体或者封建君主政体中，我们只看到了困惑而混乱的采石场，没看到强健的劳动者，或者他们正在建造的宏伟大厦。

在那样的时代里，如果社会有着自身的困难，它也有着克服困难的力量；如果社会中有着大量毫无价值的伤痛，带来了阻碍，也不会缺乏一个结实的臂膀，靠着不屈不挠的意志将其推向一边。社会不是带着抱怨向前发展的，也不会停下来审视自身的发展状态，不会说，我发展得有多好！或者，哎，我发展得多么糟糕！也就是说，不管是发展到极坏或极好的地步，任其改变。一个国家和社会也不会感觉到自己“成为邻近国家的嫉妒对象”，或因为这个缘故变得值得嫉妒。从言语的多重意义上说，社会是我们称作的整体。其中的人类个体自身也是一个整体，是完整的集合体；他们能够与同伴联合，成为一个更大的整体中的一员。对所有人类来说，终其一生，都被一个伟大的思想指引着。因此，他所有的努力都会朝着一个方向，无处不是一个整体。意见和行动还没有分离，可是前者却可以衍生出后者，或者说尝试着付诸行动。就如同石蜡在还没有变硬之前，邮票才能贴上去一样。思想和思想的表达也是一种和谐的状态；因此，我们有了诗歌，而不是推断。文学，有着其粗鲁的话语，却仍是一首英雄之歌，可能也是一首虔诚的赞美诗。

宗教无处不在，哲学隐藏在它下面，并且温和地包含其中。在这里，如同处在所有的生命中心，藏着真正的健康和完整。只是在后来的年代，宗教才必然地分裂为不同的哲学观；因此，对于思维重要的联合性正在丢失，语言和行为上的分歧和相互抵制在所有的行政区中越来越盛行。因为，如果诗人、牧师或者任何被命名为任何头衔的受到启发的思想家，他们是活力和幸福的标志的话，那么同样地，逻辑学家或者没受到激发的思想家，则是弊病或者可能的腐朽和衰退的标志。于是，不用去谈其他的例子，它们中的一个就更靠近我们——当希伯来书中的预言时代很快结束时，然后就是辩论时代的开始。于是古老的神权政体，带着它的怀疑主义和形式主义，带着它里面医生和教徒们无谓的争吵，发出了他的灵魂即将飞离的信号，他的身体本身，将得到自然的分解，“它身体先前的力量仍在工作，不过是按照相反的顺序”，逐渐走向最后的消亡过程。

我们对这个问题进行探究，可能会深入到数不清的其他分支方面；不管它在任何领域，以新的形状出现，我们都可以发现关于它同样的真理，这个真理就是我们在这里不是特别完整地声明、公开；它就是，对全世界的人来说，在他们自然本性的所有表现和行为中，包括外表的和内心的，个人的和社会的，那种完美的、伟大的行为本身是神秘的，自身不被了解的。任何一种了解自身的行为，已经有点，或多或少变得不完美了。或者在其他方面，无意识属于相当纯粹的生活；有意识的是生命和死亡之间关于疾病的混杂和斗争；无意的生活属于一种纯粹未掺杂质的生活；刻意的生活属于一种病变的掺杂的生活，是生与死相冲突的生活；无意是一种创造的标志；刻意顶多也就是制造的标志。神秘的意义如此之深地蕴含在我们的存在中。那么古代人也许会把沉默奉为神；因为它是所有神性、无限性以及超自然的伟大的必然元素，也曾经是所有这一切在其中开始和结束的水源和海洋的必然元素。同样也有诗人吟颂“赞美夜晚”的诗歌；好像夜晚比白天要高贵；好像白天仅仅是短暂分散在广阔夜晚中心的小片色彩绚丽的面纱，只会不断变化并对我们隐藏着它那完全透明的永恒深渊。因此同样地，人们不正在对沉默进行叙说和歌唱吗？就好像它是所有和谐之物宏大的缩影和完整的汇总；对于死亡，凡人所说的死亡，恰好是生命的开始。在这样的比喻下，除了在那些没有针对这些无形的事物谈及的比喻中，人们努力去表达一个伟大的真理——一个真理，在我们这个时代，尽可能几乎也许是可能的，但被大多数人遗忘；不过却持续到永远都是真实的，永远是最重要的；而且它将来会有一天，在新的比喻下，重新被带回到一切的中心。

但事实上，从一个较低的意义上来说，最初级的思想仍然会从处于神秘地位的伟大思想那里获得一些暗示。如果古人把沉默奉为神，它在现代的我们中间还会继续是一个政府工作人员。而且，对所有平庸之辈而言，不管是任何类型的，沉默的神秘感的影响是众所周知的；到处可看见一些卡里奥斯特罗之辈，甚至在最近的时代，把它当作值得注意的事物；甚至连那些拥有雄心壮志，但并没有什么天赋的愚钝之人，有时也会在“沉默的天赋”中发现一些可被利用的东西。或者再一次，从事物的反面来看，难道我们没有看见，在人类对完全刻意的和机械的事物的普遍理解中，有着一种特别的不信任和蔑视吗？因为任何能够完全被看穿的事物都有着不重要的特点，因此任何自称是伟大的事，却能够完全被看穿，被众所周知是错误的、失败的。你们的“理论家”拥有的邪恶名声，“一纸宪章”公认的无用性，以及所有此类对象，都是关于此的一个例子。对于总是被重复着的经历，也许在这些经历的背后有着更深层次的本能的东西，这些东西教会了人们很多东西。这些经历让人们预先就知道刺眼的事物一般都是无价值的、空荡的。任何一个能够站在屋顶称赞自己的人，也只适合做一个沿街叫卖者，或者对那些必须买他东西的那部分人有点用处；但对于任何更深层次的用处，还是要持续地保持沉默才行。我们也可以看到，与此相反的命题是怎么展开的；那些无关紧要的、空洞的东西是怎样地通常地刺眼。它们怎样地在经过鼓吹的方式之后，甚至是因为空洞才变得刺眼。某种新奇的晚餐散暖器在第一个冬天就被畅销至国外乃至全世界；而印刷机的使用在最初的三个世纪，并不是很好；而教区选举法案的通过，比基督教的全面普及，在人类中制造出了更多的沸腾和充满希望的期盼。一次又一次，我们说，那些伟大的、创造性的和持久的事物本身永远是一个秘密；只有渺小的、空洞的和短暂的事物才会暴露得很明显。

如果我们现在从一个实际的医学角度，通过同样有关无意的测试，来检查我们所处这个时代的状况，以及人们在其中的生活，我们所得出诊断结果绝不是一种奉承。我们这个时代的社会状态，在它所有可能的状态中，没有一个是一种无意的状态：它是这样一个特别的时代，在这里，针对没被感觉到的事物以及人类存在的随意范围进行的各种方式的探究，已经占据了它们的地位，正如事实那样，并且占领了整个思想领域。例如，关于最近的一两代人，我们听到的所有这些关于时代的改善、时代的精神、偏见的毁灭、物种的进化、智力的进步，难道不就是一种不健康的、刻意的自我感觉、自我调查的状态吗？不也就是更加糟糕的健康问题的前导和预言吗？智力确实在进步，如果可能的话是在以双倍的速度进步着，是让人满意的；尽管如此，为什么她每跨出一步都要回头看，并且哭喊着，你们看到我跨出了多大一步吧！这样一种智力的进步显然是一种不健康的状态；这被骑师称为“只动而不行”。或者在最好的情况下，如果我们仔细检查，它如同一个痛风病人的行进，医生们让他走在一个由人工加热到熔点的金属地面上，鼓励着他前行，所以他被迫地行进，怀着怨恨的心理在行进——到不了任何地方。智力不是在昨天第一次被唤醒的；而是从诺亚的洪荒时代就开始一直向后前行着，而且，她取得的最大进步，就是在古代，当时她不在意自己的进步。在那同样的"黑暗时代"，智力（比喻意义或字面意义）能够发明玻璃，而现在她却有足够多的麻烦把玻璃磨成眼镜。在这个坚实的地球上，智力不仅建立了教堂，还建立了教会，也建立了宗教，宗教的势力不断扩大和蔓延，取得了和天一样高的地位。现在智力所能做的就是扣紧教堂大门的螺栓，这样就不会有白袈裟的撕裂，没有施舍箱的抢劫。她还同样地建立了参议院，这在此类别中算是极好的；现在她几乎把所有的精神努力都用来清除参议院的害虫，并且让参议院的屋顶防漏。

但事实是，通过智力，如同通过多数其他的东西，我们现在只是从第一个或自我感知的鼓吹阶段，到第二个或痛苦的阶段：从这些常常自我宣称的声明"我们的系统处于高效状态"中，我们现在，按照自然的顺序，得出了一种悲伤的信念，就是事实和我们宣称的是完全相反的。因此，从政府的问题上举例，紧跟着"无价的宪法"时代之后出现的是一种改革法案；在赞美德拉莫斯之后是对边沁主义的责难。无论如何，对社会契约，选举权，人权，财产权，法典编撰，机构设置，宪法修订的论述，这些难道不是我们多年叹息的东西吗？又或者做一个更广泛的调查，认为这些有关人类，人类思想，人类的探究的论述，更不用提基督教信仰的证据、诗歌理论、对邪恶起源的思考，这些论述于上个世纪在人类身上已经累积到了一个可怕的程度。自从时间初始，我们从没听到或者读到，有关具有如此强烈的自我意识的社会。在这样的社会中，我们和宇宙，和我们同伴的整体关系已经成为一种刻意的探究和疑问，没有什么会自愿地继续，并沉默地完成其功能；而是所有的事物必须被探究，人类世界的整体运作都要被剖析和研究。唉，解剖学的研究，它可能需要医学上的辅助。直到最后确实成了这样，除了需要同样的医学辅助，利用它的技术和工具来剖析的东西，能够留下来让我们做非常有力的想象和希望的东西已经很少了。这个整体社会的生命现在必须依靠药物来维持：一批又一批的医生带着他们的秘方出现了，带着有关合作性社会、普遍选举权、村舍和母牛系统，人口抑制，无记名投票表决等方面的秘方。社会这种消化不良的症状达到了如此的程度，正如实际上那种长期折磨人的内部疼痛，或者有时疯狂的间歇性剧痛，以及所有社会在其他方面的经历都被悲哀地显示出来了。

我们远远不能够像一些不明智的人做的那样，把疾病本身归咎于有了疾病后那种不幸的感觉。百科全书的编撰人没有制造出法国的麻烦，但是法国的麻烦却造就出了百科全书的编撰人，以及许多其他的东西。自我意识（刻意），只是一种疾病的征兆，不仅如此，它也可以作为朝向痊愈的尝试。我们没有带着特殊的责难和好奇记录着这样一个事实，这个社会应该有了自我意识，从各方面对疼痛和刺痛进行抱怨，因为它已经遭受了足够多的磨难。拿破仑仅仅是个职业的安慰者，当他的参谋官两次被炮弹打中下马，四肢几乎一半都被炸没了，他告诉这个受伤的下属"你们听信的太多了！"

从外在的方面看，也就是说关于这个社会躯体（表面）的疾病，不是我们这里坚持要说的。只有那些掌控着这个社会躯体运行的人，才可能带着或者不带希望，去解读和为之悲哀。财富在大量地积累；而贫穷也在足量地积累着，单独地堆积在那儿导致社会不能正常运行；两者刚好截然相反，就好像是磁铁的正负两极，永远不能沟通。当无知和饥饿引起的无限存在的混乱在那里强烈地翻腾时，在它黑暗的狂怒中，在神的脚下，这个下等世界的神高高地坐在他闪闪发光的宝座上，虽然没有鲁斯神开心，但还是那样慵懒和无力。我们当中有多少人会被比喻成一座白色的坟墓，表面上充满了权威和力量，但内部充满了绝望恐惧和死人的骨头。铁铸的公路让那些马车在上面快速地通行着，把这个坚固的大地的各处都连接了起来；码头和港湾，以及停靠在旁边无数华丽的船队，好似被驯服了的海洋，让它顺从地成为我们货物运输的承载者。劳动者无数强健的臂膀和坚固的金属器具，征服了各个地方，从高山山顶到山底矿洞以及大海深处，在不知疲倦地为人类服务着，然而人类仍然没有被服务。他征服了整个地球，作为他的居所和财产，然而却从这征服中得不到任何好处。

悲观地看，在这个文明的最高阶段，十分之九的人不得不在最低端像野蛮人或者动物那样为饥荒而争斗着。国家是富裕的，从各个方面都在不断繁荣发展，这样的例子不胜列举。但是那些国家的人民却是贫穷的，不管是外在还是内在，比任何时候都更需要维持生计之物，需要信念、知识、金钱和食物。在人类的勤勉中，从来没有完全摆脱过这条规则，“所以你做得不对”，这在勤勉中必须被摆脱，或者完全扼杀在萌芽中；而人类现在又被加上了这沉重的累赘，人类就只有喘息和咆哮，漫无目的地挣扎，就像一个最后处于精神错乱的人。因而，变化或者说变化不可避免的途径，到处都出现了。在一个国家里，我们已经看到了围绕着所有事情爆发出来的狂热激流；一个政府接替一个政府进行轮换着，就像一个垂死的大脑的幻觉。在另一个国家，我们现在甚至可以看到，在最疯狂的政府更替中，受统治的农民被这样指导着：上一个月辛勤地种植小麦，然后下个月就辛勤地把它们给烧掉。因此，对于社会，如果不依靠它本性的不朽，它的死亡不是一种新生的话，可能就如在我们这些人的眼中出现的，变得虚弱但无法分解，甚至到现在还在那最后的挣扎中翻滚。我们必须承认，这个社会已经足够虚弱，出现了足够的疾病，一整套的疾病。其中，他最开心的是没有作为一个医生被要求开出处方——其中，然而，制定出的一小条政策，就是通过一种被了解或被想起的唯一方法，召集这个共和国中的最睿智的人，把他们聚集在一起，用整个国家的灵魂来咨询他们疾病的解决方法；这条政策，除了后期烦琐的经验，其他似乎也是完全毫无疑问的。

但除此之外，让我们再一起看一下社会内部，它精神方面的状况，看看在这里它自身呈现出什么样的面貌和前景。因为毕竟是在这里，社会作为一个整体的秘密与起源才会被找到。这个社会躯体（表面）上的错乱正是它精神方面错乱的反映和投影。只要它的心脏在健康持续地跳动，其他全部的疾病都只是表面的、短暂的。错误的行为正是错误的推断所产出的恶果。让这个社会的精神自由和强大起来，这就是说，让真实、正确、向上的法则来激励这个社会上的成员。那么，那些混乱就不能在它的实践中累积；每一种混乱都将迅速地被查询到，在它出现的时候将之修复。但是很可惜，我们现在社会的精神层面仍然比现实方面的状况更为虚弱。检查一下人类的内心世界，检查人们的任何一种社会关系和行为，这里也会发现，几乎所有的人好像都生病了，变得刻意，他们之间充满了冲突和互相破坏的挣扎。在这里没有任何一种东西，会以一种健康、完整的力量从内心向外表现出来。任何东西都虚弱地、残废地躺在那里，它的力量转而向内，痛苦地“聆听着自身”。

从我们最高的精神活动——宗教说起，我们也许会问，现在宗教消逝到哪里去了？对于教会和它们的建立我们在这儿不作任何发言；对于无信仰的人们的不幸福的领域，以及对于无数思想盲目的人是怎样有“不与上帝同存在世上”的思想我们也不作发言；然而，我们会问“同样的宗教，它们的本质是什么”，从事情最公平的一面讲，难道这个问题仍然继续存留在少数被呼唤和呼唤自己的人心中，尤其是那些修道士、尼姑吗？它是一种正常合理、至关重要的、没有意识的宗教吗？那会提前自然地在工作中甚至是在传道圣言过程中显露出来吗？很不幸，答案是：不会。代替英勇的烈士行为和有灵感的令人心旷神怡的雄辩的是宗教，凭什么宗教它自己被带回我们的内心，在那儿生存统治？我们做了“关于证据的论述”和最小结果的努力来使类似宗教的事物的存在变得有可能。最热情的基督教福音派教徒是不会宣讲福音的，但只是一直描述它应该和可能被怎样讲道，方法就是唤醒神圣的信仰之火，就像通过令人害怕的传染病，这并不是他们的努力；而是最多去描述信仰怎样显示和起作用的，并科学地把真正的信仰与错误区分开来。宗教信仰和其他所有的事物一样，是有自我意识的、能聆听自己的；它变得越来越缺少创造力了，越来越呆板，这是至关重要的一点。作为一个整体考虑，最近时代的基督教已经持续地被消散入形而上学（玄学）中了，面临着消失的威胁，就像一些小河流沦为贫瘠的沙漠。

文学有它根深蒂固、广泛传播的弊病，为什么这么说呢？文学是宗教的一个分支，并总是具有宗教的特性。然而，在我们这个时代，它仅仅只是仍然显示着一个不成熟的分支；一些人却认为总有一天它会成为主干。如今，除开文学的隐蔽的和不好的范围——不考虑那些惊人的；不考虑诽谤的夸奖吹捧统计资料；不考虑诽谤、谎话、憎恶和其他偏激的蠢话的动乱的秘密和所有拥有完美的渲染的文献“仇恨的母亲巴比伦罪恶之都”，每个行为都用酒的邪恶来使世界沉醉——忘记所有的这些吧，让我们仅仅只向更好的地方看起；向此类能够具有一些追求真理的目的、语调像音乐一样的文学看齐。若是它未被诗化，那就让其保持诗化。在其余的特征中，这不还是不够明显：那它自己了解吗？自然地热爱这个客体正处于走火入魔的状态，我们可以把灵感叫作什么呢？它几乎停止出现在文学里了。哪个歌声优美的歌唱家会忘记他在唱着优美的旋律呢？

我们没有大爱，但热爱大爱。因此在每件事情里都有不可避免的错误——种种矫揉造作和娱乐消遣。举个例子，细想现代文学中罪恶已经被换名为利人利己的这种特性。在我们老一辈的作家作品中，是没有用写景的油画来渲染作品的目的的，也没有含蓄表达自然的雄伟，有的仅仅是一颗对它的不变的热爱之心，一个永恒的与它共享的处所。视野搜索和很多与其同类的东西首先决定性地融入《维特的悲伤》的动作中，它的精彩的表演的确可能在很多观念中被视为那些已经慢慢变得流行的文学的祖先；关于什么精神和趋势这个关注点，它仍然提供了最有益的图像；因为在它的插图中作者满脑子都是其他地方，除了它自己的国家，是否它已经完全沦为陈词滥调了。直到最近时代，是否任何崇拜自然的人都会完全意识到他正在用自身的名义崇拜着某样事物；是否会自言自语说：来，让我们来做一个描述！当每一个微小的鞭策者拔出他的铅笔坚持要对你描画一个情景的时候那是相当无法忍受的；为此当你领悟到诸如“波动的轮廓”、“湖面镜”、“岬尾”或者爱好出现在任何书里的片刻，你会胆怯地加速阅读，并且害怕作者的波动会诱惑你不跳过细节。

拒绝不是文学在病态的自我意识阶段公开的事实，它的确非常贴近我们，那就是回顾的流行！斯大林对一个读者的愿望——“把自己对想象的驾驭能力给予作者，并能愉悦地接受他知道的不能驾驭的原因，因此也不会在意”，这个愿望现在可能会引导他走一段漫长的过程。的确，给我们的读者最好的课程，首要的是快乐，非常有限的一课是关于为什么的相同的认知；许多Kames和Bossu已经是没有足够的有效的努力来教导我们了：直到最后这些都是建立在他们的交易上的；现在你的评论者只不过是一个尝味道的人；谁去尝、说，通过像他拥有的如此味觉，如此舌头的证据，是好还是坏呢？是否因为这样法国人就携带着那些低级生物在他们的阿尔及利亚的冒险旅途上，让它们为他们尝井水，确定对他们是否有毒？只需要蔑视我们自己的这些行为就够了，凭什么我们有我们的生活！仅仅只有我们必须注意这些事。在想到浑身弥漫着怪异的活力上，像拜伦这样的人认为评论家和诗人是相同的。在最后的莱比锡博览会上展现了这一审查评语。不久将会发现所有文学已经成为无穷的自我淹没的回顾。此外，在伦敦路，我们不必做任何事，仅仅是看着其他人无所事事。文学也是如此，像一件患病的东西，过多地听从自身。

依旧是这种不健康的症状表现，让我们看一看，我们的理念，对性质的思辨。不，已如上述，暗示仅仅存在的必然性和哲学是一个恶魔，人类被派遣到这里劳作而不是询问。这是很久以前写的，人的终结，是行动，不是一个思想，在完美的状态，都认为是照片和鼓舞人心的象征作用；哲学，除了诗歌和宗教，什么也没有。然而，这个不完美的状态，可以避免吗？可以免除吗？人站在自然的中心，他的部分时间被永恒包围，他的一掌空间被无限环绕。他如何能忍住不问自己：我是谁？我从哪里来？又要去到哪里？除了小部分的暗示，和那种誓言与保证——如母亲安慰她焦急的好奇的孩子一样。他应该找寻此类疑问的答案吗？疾病的形而上学，相应地，是一种长久（存在）的。在各个年龄，这些关于死亡与不朽，邪恶的起源，自由与必然的问题，一定在新形式下，重新审视过它们的外观，偶尔必须试图为自己塑造一些重复的宇宙定理，并且永远适用：为什么定理的无限可以在有限内完成？整个物种的人类，和我们整个生活和历史，只不过是一个漂浮物在无限的海洋的所有，也是那个海洋里不解的一部分，分担它无限的倾向。这一方式并且通过它深深膨胀的潮汐和大洋流；其中有一点机会是什么？我们应该竭力探讨它的意义，确定来处与去处，一个不确定的定位。因此永远在幕后徘徊。我们有把握单独行动吗？——合理怀疑是必不可少的。行为工程上的无穷无尽的材料使得行动以时尚为确定性和现实，只有在画布上的黑暗，这是人的存在方式。五颜六色的图画能描绘生活本身并且发光吗？因此，如果我们悠久的形而上学体系就如同创世纪的书一样古老，它是一种慢性病，就如我们所说的并且不断在我们身上出现的。在最大限度内，它有一个康复，一个新疾病复发的阶段。这些总是彼此相续，正如生命生生不息是自然规律一样。复发期或恢复期，我们也可以命名那武断的或推定的元物理学；当人们建设性地想出一个理论并宣称它是真正的宇宙定律时，这时内心就会得到暂时的满足。第二阶段或复发阶段可以被称为是怀疑或纠问式的形而上学。当思想扩大其视觉领域，现有的定理不再回答宇宙现象。不再产生欺诈，但一定会被粉碎，并确定新的目标在无尽的王国里寻求否定。所有的神学和神圣，在一定程度上，属于第一类；在他们 rhonism，从哲学家到休姆和无数的门徒休姆，我们有足够的情况下。对于前者，到目前为止它能暂时解除疑惑，竞技场上的运动，可能会好一些；事实上在这种情况下，它拥有的是诗而不是玄学，可称为灵感而非投机。后者玄学更适合，一个纯粹的思想，无杂质，虽然偶尔不免邪恶。事实上，如果我们详细研究它，没有比这更徒劳的努力，它的形而上学适当的试炼：引出的信念的否定。如何引出？仅仅通过测试和拒绝那些不对的，我们所能获取的知识是什么？物理猜测，因为它开始在没有或虚无，所以它必须结束在虚无、循环和必须循环的无尽旋涡中。创造，淹没自身。我们的存在是由光明与黑暗组成，光停留在黑暗中并且平衡它；到处是二元论，平衡；我们内心存在着一个永久的矛盾：我为了逃避自己的影子，应该位于何处？好好思考这个问题，形而上学就是一种试图超越实际想法的思想，如同把一个东西死死地围住并完好地封起来。换句话说，就是完完全全明白自己的大脑在想什么。然而这无论是对于最聪明的人也好，还是对于最愚笨的人也好，都是无望的挣扎。好比试图通过自己肌肉的力量和运动的技巧，让最强壮的运动员双手环抱自己的身体，然后举起自己；或者像游过海峡的爱尔兰圣人一样，用牙齿叼着自己的头游完全程。诸如此类的“伟绩”是从古至今从没被效仿过的。

这是一个形而上学的时代，更确切地说，是一个充满怀疑质询的时代。我们把这认作是不可置疑，必然存在的不幸之事。说起原因，是因为自由活动的场地被长时间限制了，因此怀疑者的质询变得越来越多，令人困惑的事也越来越多。这样的思想导致人们不仅不去行动，还产生了无穷的混乱、自我吞噬，产生畸形的东西，空想和无尽的幻觉。有益的思索以前是这样的：人们该做什么事，这些事该被怎么做？但是对我们来说能看见的东西并不多。对于一些人来说，所有的哲学都是针对天堂的一切提出的一些棘手的、挑剔的、有敌意的问题。而生活在地面的人会问道：为什么我们会生活在这里呢？如今发生的事情就是那些曾经的价值观和事实的真实性遭到了质疑。人们说：我们把自己辛勤的汗水徒劳地花费在工作上而没有好好地探求自己想要的到底是什么。所以既然这样，我们是否需要工作呢？

怀疑，就像所说的那样，曾经作为我们世界的后台，现在成了中景甚至前景。其实无论在哪一个时代，没有一张反映生命的公平的图片能被画下来。黑暗一直围绕着我们，使我们迷惑，让我们陷于黑暗之中。然而，就算我们怀疑，人类的确是存在的啊！如果我们只知道提出疑问而不去工作，如果我们行动的能力停止了而只剩下质疑的询问能够发挥作用。在现在这个时代，或许就像所有的时代那样，是对人类最残酷的时代。因此无论谁俯视着这个世界，如果比较过去和现在，就会发现当今的现实条件只是众多悲剧中的一个而已，人类背负着深重的不幸。在人类生活的时代中没有一个我们可以称之为快乐的时代，也没有一个时代可以被这么称为。那些关于天堂的美梦，梦想着那儿有一大片的乐土，乐土上流淌着醇香的酒之河，木头上放着烤好的食物。这些都是梦而已，并且是一个不可能实现的梦。痛苦、矛盾、过错，这些才是永久存在的，甚至可以说是地球上不可缺少的部分。劳动难道不是人类的遗产吗？劳动现在带给人们的是痛苦而不是快乐吗？辛勤的劳动是对人类愚昧幻想的快乐的阻碍。但是没有劳动就没有愉悦，没有休息和我们可以想象的其他一切东西。因此，我们称为“艰辛”的东西，在人类存在的同时也必然会存在。艰辛，用最明智的方法来解释它，艰辛可以说是从人类自由意志中出现的黑暗和混乱的物质。而这种物质恰恰鞭笞人类去创造秩序和文明并用其来压制它。每次痛苦都催促着我们去劳动，只有用无尽的劳动才能换来福音。如果人类在岁月中经历了很多，在他的一生中，内在的精神能够支撑他，让他能经受得起外在的压力。阻碍和困难一直存在，但信念也应该是这样。通过坚定的信念，人类可以移动一座大山。当一个人拥有坚定的信念时，即使他的身体正做着苦力，他的脊背因遭受很多而感到疼痛，他的内心却是平静的、被拯救的。因为在最黑暗的时刻总有一束光能够指引他。如果他奋斗并遭受了很多，他会认为这是应该经历的！他知道为什么自己需要遭受、需要拼搏，因为信念给了他内心的平静，在困难面前他总有一股力量。但是，真正悲惨的现状摆在眼前：困难依旧存在，信念却丢失了。因此伤痛不能通过劳动来起到缓解的作用。我们需要劳动，也需要意志。信念给了我们力量，开导我们去奋斗、去忍受。拥有信念，我们敢做任何事并挑战一切，因而带给生命无限的快乐。然而，人类的不幸总是这样：人类认为自己被世界主宰的强大的坏力碾碎，知道现实并不是神明，只是机械般死板的偶像罢了。

现在特殊的灾难已经降临于我们的时代。信念和意志几乎快从世界上消失了。在这广袤世界中正在成长的年轻人不再去追寻能解决他们疑问的有力的理论。时代曾经是这样：当年轻人问起自己“人类是什么”、“人类的责任是什么”的时候，答案已经写给他们了。但是现在，当把过时的全盘初步计划放到现实中执行时却证明了它自身是错误的；母教会在最大程度上变成一个过时的后妈，它曾经的经验教训被忽视掉了；或者说被摒弃了，被轻蔑地否认了。对于年轻人的勇猛和行为欲望的冲动没有理想的骑士精神去召唤他们的英雄主义，也没规定什么样才是英雄。旧的理想的男子汉气概已经过时了，而这种新的气概我们还没有见到，我们在黑暗中追寻它，这个人抓到的是这种幻影，另一个人却是其他影子；不管是少年维特式的性格、拜伦主义的风格，甚至是布鲁梅尔主义，每种主义都有它的追寻者。关于沉思冥想和爱的智慧，还没有哪个修道院现在对其打开了它宗教的门帘；一个思考者，必须运用其所有的感官，让其思想如无家可归似的徘徊，经常漫无目的地游荡，常常去仰望对他来说已经死掉了的天堂，或者去俯瞰像个聋子一样的大地。为了公认的人类事业的神圣价值而采取的行动，在古老的日子里，是容易进行的，是自愿的；思考的行为是有益于身心的，因为它本身被归类作为行动的后勤支撑；那些不能被这样归类的思考的欣慰随着自然死亡的顺序而消失，或者被忽视。忠诚仍然是以服从为神圣，可使统治变得高尚；仍然有一些值得去忠于的事情：比如就像上帝般的站立在男人的兴趣和事业中的呈现出了许多象征意义的事情。有限覆盖在无限之上；永恒穿越了时间的局限；男人的生活被天堂的神圣之光包围和笼罩着，甚至他的居所也映衬在蔚蓝色的拱顶之下。

这些新的日子里变化多大啊！也许真的像传说的那样，神明撤离了大地；或者是他被即将开始的新纪元掀起的大面积旋风迷住了双眼，其中，很少有人能够明白他的离去。这不是神性，而是一种残酷的必然性的低贱的周期循环掌控着所有事情；致使这个时代的年轻人受到了颓废和软弱的束缚，或者会激怒他们引起他们的反抗。但是他们勇敢的英雄行为变得软弱无力，现在对他们来说什么是值得去做的还是个疑问。曾经在他激情澎湃的时候，他内心的全部本性都在为了大胆地行动而咆哮着，在他能为之行动的旗号的带动下，他无所畏惧；但这种自由行动的过程、性质和条件都是不可发现的。在他行动经过的每个路口，质疑声像风暴一样落在他身上；最终导致他青春时不可战胜的能量浪费在了对自己的怀疑和自杀式的过度挑剔上；而当他热情地质问命运为何不公时，却得不到任何答复。

对男人们来说，他们惯有旧的饥渴感原则（这就像按日领薪的贫穷的苦工每天只能领到十八便士不够糊口而饥饿，或者像野心勃勃的创业者根本不满足于这点儿小钱那种饥饿）被填充的存在而感到满足，这种情况是糟糕的，但不是最糟的。这些男人有一个目标，但也不过如此；然而，当他们的双手不再任何绝望地忙碌着时，他们能够带着足够的真正怒气朝着这个目标前进；不高兴是赐予他们的更高级的本能；他们的抗争是认为的而不是机械的活动；对他们来说宇宙不是一个大商店，或者至少不是一个想象的集市，而是一个神秘的庙宇和判决厅。对于这些男人，有两条合适的路供他们去走。较低层的但可被预计的阶层的人们，思想被疲惫不堪的如上帝般神圣的象征占据着；他们相当愚蠢，相当痛苦地在神圣与伪善之间不断地整理探索和来回转换。数量较多的中间阶层的人们以否定一切作为结束，他们的理论就是没有理论，认为除了快乐本身是快乐的这个事实之外世界上没有什么事情是确定的；因此他们想弄明白是什么抹去了他们能获得的那点儿快乐，他们在努力挣扎，尽量获得自足。在这里没有说到的阶层中，只有第二高贵的那个阶层，他们不会说“是的”，他们敢说“不”；但是他们感到在这个“不”当中，他们如同居住在生命不能持续，平静也不会眷顾他们的坟墓中一样。

在很大程度上，这些男人的命运是艰难的；他们变得越高贵，命运就越艰难。在朦胧的预言中，他们内心关于“世界的神圣想法”在不断彷徨地纠结着，但是关于此的答案永远是无处可见的，也不会被揭示。他们不得不获得崇拜自己的意识，或者他们不崇拜任何人地活着。因为上帝的神圣从世界上消失了；于是他们在痛苦的灵魂的强烈驱使下，开始像奇迹的创造者一样，务必使这种神圣重现当世。这个要创造的奇迹是他们必须完成的使命，否则他们就会死不瞑目；这些人不是在我们的国家创造完成这个奇迹，我们的国家对此还一无所知。他们盯紧了那个拜伦，用悦耳动听的旋律“诅咒着他的每天”；因为他错把产生于大地的人的激情和欲望当成了天赐的自由意志；他没有按照上天指导的原则，就匆匆地涌进了盘旋在那疯狂大旋涡之上的自然之光的乱舞中，并且最终落在了那个混乱的旋涡里。他们听到了谢莉给大地添加的含混不清的哀叹声；就像一个被遗弃的婴儿的无休止的模糊的哀号和悲泣。一个叫弗里德西奇·施莱尔格尔的尊贵的人，在这种可怕的孤独中呆若木鸡，这种孤独就像一个无声的战场，于是他就突然地回到了原来的天主主义，就像一个孩子想要回到已经被他杀死的母亲的怀抱，紧紧地依偎着在那里。在较低阶层的地区，有多少贫穷的哈兹里特像在燃烧的沙漠中的不幸者一样，必须在上帝不成熟的土地上徘徊；他满怀激情地挖井寻水，结果找到的只是一捧干燥的流沙；他一直相信他追求的真理，但却只是在无休止的诡辩中挣扎，和虚幻的幽灵做绝望的争斗，最后死得一无所值。

如果想让这种思想更加有条理，那么这种否定一切的快乐就会戛然而止；现在的问题不是去否定一切，而是去确定和执行。曾经在消灭错误过程中，出现过一种鼓舞性的启示；但现在破坏的天性已经完成了它的工作，没有什么是可以被破坏的了。过时的思想的厄运早已被宣告了，是不可改变的。陈旧的思想已经消失，但是，唉，新的思想还没有站稳其脚跟；时间依然处于新旧交替的过渡期。男人依靠着变革之火的光芒，在堕落的城市之声中行走；此刻，黑暗在黎明到来之前正笼罩着大地。即使是虔诚的声音也只能宣称：斗争依旧在夜晚的第十二个小时持续着，黑暗之鸟的翅膀依然张开着，幽灵仍在骚动，死者还在行走，大地还如同一个活的噩梦——啊，永恒的上帝，请给大地带来破晓吧！

鉴于在我们新纪元即将来临的世界，在现在这样的环境里，现实和精神的存在，我们能否想象世界正在“聆听自己”，像处于疼痛之中的生物一样正无处不在地从内到外地挣扎和翻滚？不，这不仅仅应该是世界组织的不健康的活动，还应该是整个宇宙出现病态的征兆，抑或还是它重新恢复正常和自愈的征兆和唯一途径呢？这或者是大自然的努力，正用它有效的力量排除外来的阻碍，使自己重新成为一个整体呢？在实践中，但仍然更多是在作为实践的先驱和样板的理论中，冲突和混乱是肯定有的；要拼命地为此付出许多。一种思想在它能再次被肯定成为神的训诫之前，必须经过怀疑和检测。无数的“人类哲学”的形成，在一种激励性的赞歌和人类的信仰能够重新聚合在一起之前，都是在无边的喧哗中被争论着，必须经过互相的争斗。

一种真正的如《圣经》般的人类语言的混乱从这种震耳欲聋的喧嚣中产生，我们在这里可选择两种语言的声音；要么是作为赞扬或谴责的对象，要么是作为一种标示，标志着混乱达到什么地步，或是在它缓和过程中有什么预期。

施莱格尔在德累斯顿做的演讲和霍普先生在伦敦发表的文章是欧洲股

市最新的言论。尽管外面的世界破碎分散，按着内心的想法他们之间保持着一个更大的差异。从许多角度来看，他们确实如此对立但也许又是类似的他们代表着我们现在整个思想体系的两个极端。据说在他们之间包含了所有间接提到的来自法国、德国和英国晚期的玄学思想，已经鼓动并征服了我们。关于物质和形式，这两部作品的关系是足够重大的。

首先说他们类似的特征，让我们不带感情地谈论一个无关同意的看法，两部作品的作者已经离开这个世界的事实。他们都完成了他们的探索，解决了所有疑问。当我们听着这讲出来的心声时，他们已经永远地沉默了。但是基本的是，所有相似点存在于这样很值得被记录的环境中。在这样的环境中，这些思想体系是教条的或建设性的。这种方式的每一个都是一种创始，一种将人类世界的非凡文明再一次带到理论体系之下的努力。在这两种情况下都存在整体明确的法则。他们努力寻求一个明确的结果。他们的目标不是提问而是证实。特别是当我们想到所有表现出来的集中的力量时，这个就在这样的作品中形成了新的特色。

在所有其他方面，这儿存在最无法化解的反抗。一种明显的反对，比如这样也许会引起对比，在那儿有较少的比较的意见。如果施莱格尔的作品是精神主义的巅峰，那么霍普的则是物质主义的巅峰。对一种方面来说，所有物质带着它所有由时代精神产生的处在骚乱情况下发生的事以及表现出来的情况消失变成了现象和陆上的生命。在其他方面，物质被提取精华，升华成了一些神学的表象。一方认为空间和时间仅仅是人类思想的形式，没有外形的存在及真实性；另一方则认为，空间和时间是“不停地创造”，是一种引力在我们身上的影响。这是他们在尊重主旨方面的不同。它在礼貌、天赋、成功以及所有表面的特征方面所受的尊重居然是出乎意料的显著。因此，如果我们不得不钦佩施莱格尔语言的力量，期望着我们表示出巨大的震惊，那么几乎可以这么说，这是表达力强的语言文字的需要。对于施莱格尔来说，他的哲学演讲是顺从的、聪明的、精确的，就像是及时救了场的天才。他的名字是如此的清晰、明确和鲜明，以至于他们几乎全部（有时是一起）成为给他的事物：期望着没有哲学演讲；但是之后却有痛苦的、让人疑惑的、结结巴巴的、吃力进行的演讲；或者语言，用一种让人容易遗忘的方式咕哝、发牢骚、拖长声调，说出来的也不是准备要说的话；如此那种几乎不明智的言论，在无止境的卷绕中整体都变成了不可读的东西。我们经常会问，就如那个疯狂的小学生向他的哲学家庭教师所做的，“但是优点是流体还是气体呢”？如果德累斯顿城的施莱格尔能够为这样的演讲找到观众的事实会刺激到我们的敌人，那么另一个事实——拥有强大的力量，在英语思想以及它的同源语上很有技巧的人就能够写出《人类的起源和发展》，这会让我们更痛苦地想起英格兰现在没有语言用于深思的责备。在所有文明国家中，英格兰算计的最多，却深思的最少。

提及对施格莱尔的书的职责，这并不是我们的目的。在这个可能性如此受限制的时代里，我们应该会因交流它的重要性的最微弱的意象而感到绝望。对大多数读者来说，确实，在德国人之间它不仅在别处发表了演讲，而且可能永远坐落在了未知的地方。我们指出就如极具争议的文献《时间和人性》，我们也会推荐。而且，对所有非常认真的思想者来说，作品值得他们最好地赞誉，值得全面地深思。在那种情况下，如果未表现出果断决然的认知，这就是生活极大的谜。至于施莱格尔他自己，他的角色，在精神文明上，我们可以声称没有全面或者最终的理解。但这还不足以让我们用钦佩和遗憾的态度来看待他。也绝不用严厉蔑视的谴责。我们必须带着最清晰的追求说，他成为“叛徒”的强烈抗议就像是其他的喊叫，一种既没有裁判委员会也没有证据或审判的判断。这些公正的、在这本书本身里未对剩余部分说任何话的读者，会在这些事物上发现有崇高的、有远见的、坚决的精神财富的痕迹，它们是奥地利养老金？花贝母和奥地利，而这个发现和极其正确的事实仅仅是显而易见的事。让我们对一个人的令人恐慌的秘密充满敬仰之情；不要不敬地冲入一个神圣的地方！是不是那些死去的小孩，就像我们已经说过的，被发现在一个大屠杀的现场吸吮他死去的妈妈的奶水就不同于一个催人泪下的景象呢？当我们看到施莱格尔这最后的作品时我们会瞬间产生一种令人惋惜的庄严的感觉，孜孜不倦的探求者会突然中止他所做的事情；尽管他还没有发觉这些迹象，尽管很多具有象征性，以“但、但是”结束。这是来自施莱格尔笔下最后的一个字，大约在晚间十一点的时候他写下它，接着病人停止了呼吸。在早晨，他的生命一致地、永世地与宇宙融合了。就如我们所想的那样，他已不存在。

我们仍然可以企图从霍普先生的新书《起源》中获得更少的苛求。的确，在任何环境下，对于它的批评现在是不可能再有的了。如此的表达方式仅仅只能回应那些嘲笑的唏嘘声，那些嘲笑声听起来就像透过墓穴发出的，空洞而令人厌恶。这种骇人的异常现象，所有的科学现象都堆积在一起，所有的单纯清白的原则向一边堆积起来或者由于需要完全地被废除；第一个现象被描绘成一个圈子，没有特殊现象而仅仅放射性的万有引力移向它的中心，因此形成了宇宙。在其中所有，宇宙中所有的物体，就如凉凉的黄瓜重力都能使它带着它的爱而飞向双翼天使，在地球的中心重力或多或少有直接的反作用，除了感到悲伤和羞愧我们能说什么呢？是不是那本可能起源于英国的任何一个地方呢？事实上它就是一个普通的团块而已，是概念、奇想和观察报告的附聚物，它们就躺在一个英国绅士的大脑里。作为一个有着不平凡的思考能力的英国绅士，在他的学校、在他的领域被人引导着塑造出这些事物来，所有的这些东西都被扔进一个坩埚里，如果它们不熔化或者连接在一起，又或者是有局限性的、忍耐性的、多元化的，现在就会在坩埚里黏合、无组织地、无法形容地翻江倒海，从而成为一个世界奇迹。我们必然把整件事情命名为忧郁，充满长远持续的、诚挚的、崇高的思想或想法。而不是对深奥的地方仅仅一瞥……忠诚大胆地对真理追求的努力，这些努力没有实现价值，但是或许在本世纪被一个写过荒谬的书的思想者做到了。这是一个可耻的失败，然而，现在不需要再掩盖损毁它，因为现在它已经消逝了。所以，让我们在对《安纳斯塔修斯一世》的作者——那位英勇的光的追寻者，虽然不是在光明的带来者的爱和悲哀的敬畏中，让他被埋葬并且被渐渐忘却。

对我们来说，冲突在这两件作品，和数不清的相似的引进的作品，以及在这个时期一般的所有关于思想与行动的作品中的吵闹的纷争，已不再使我们迷惑。在这时候，不开心的人也会开心起来，在这所有的变革里，是上帝而不是恶魔创造了世界的这个理解已经根深蒂固地植入了我们人类的心里，恶魔怎么可能会生生不息地发展下去呢？那些邪恶消逝后美好不就会降临了吗？世界没有善良的存在确实可能但这只会是短暂的。带着深深的忧伤之情，我们站在那个不祥的夜晚，同样强烈的、不可摧毁的是我们对光明终将降临的信念。不仅如此，我们环顾四周，东方已经出现黎明的第一丝曙光，这是一个开始，当时间到了，光明就会充满了天际，白昼就到了。人类向着巅峰发展做出的进一步的努力不仅是对真理的预示，也会被人挖掘发现，写入书籍中，是为了昭示追求真理的人不断前进。

实际情况下，每个伟大的进步都是一样的，都清楚地表明我们在进步。对于上帝的意愿以及他对我们最后的决定，我们不可能知道或者说基本不可能。人类来自黑暗中，也只有以黑暗为归宿。我们周围的事物甚至我们自己，在我们的脚下和手中到处都充满了神秘感。尽管如此，许多东西都已经或者终将让每个生物至少我们人类明白：这个完美的人——我们的上帝将要向某个地方去。

存在于这个时空的事物都在运动与变化，由时空创造，并受时空的影响。这个道理可能要花一段时间才能理解，但在许多地方，这是正确的，就像实验科学，这项发现是陈旧的，但在其他许多领域它完全属于当下。在过去的时候，有着永恒信条以及永久形式的政府以及相关部门利用摧毁性的暴力来充分地尝试把握当下，并且向一项神秘的普罗维登斯说出了这个行动，也通过了重重的障碍。那个时候你应该来见证这个，再说也不远，这彻彻底底疯狂的尝试对于他自己来说可以使这个既充满魅力的又令人惊骇的事情发扬下去，这可以称为生死消长。这里的人，每个单身的人的目的和任务就是轮流当着学徒和工作者，也就是说可以是学者、教师、研究者。天生他就是有学习、模仿、假装的能力，也有清楚自己做事的道理的认知。难道我们没有生活在这无限大的世界中？最亲近的关系已经被最近的调查改进了，而最远的关系难道已经化成碎片消失不见了吗？你可以从一个曾经不学无术的人成为为数不多的学者，所以，他没有什么好去发现、去纠正，你曾经建立了全球化理论，它是完整的、不可被超越的，同时也是需要用心才能理解的，那时，他的精神是错乱的，我们现在所称为“MA”的这个种类已经中止，不存在了。但是上帝对我们比我们对我们自己还要宽容几分，也禁止了这类自杀行为，正如燃索被氧气点燃、托密勒的圆周论、开普勒的椭圆论。因此异地教屈服于天主教，君主的暴政，代表政府的封建制却仍在继续。实践的完善好比一个观点的完善，总是能进入到从未进入过的地方。事实上，用席勒的话来说“成功的总是那么一个人”。悲伤的是，我们根本不知道我们所处的环境条件。变化是全球化的，也是不可避免的，绝对怀疑主义会掉入无边无际的黑暗中，留给我们的是漫无目的甚至绝望的前进，或者是在毁灭性的死亡还没有将我们淹没的时候尽管发泄我们的情绪。确实，我们已经看到了许多这样的事，也看到了许多这样的人。不然不会撑到现在。过去的崇拜者的（过去的心是纯净的，在记忆的星光笼罩下，其余的人也会感到悲伤，也会是神圣的吗？）悲伤并没有离去，正如一个人完全丧失了自己，这真正的过去却并没有成为过去，没有事情是值得让过去成为过去的，没有人能意识到自己曾经死过这一客观真相，但是在这儿，不论意识与否，生命以及工作通过了无止境的变化，如果所有的事情都能用德语的方言来表达，那我们就可以很容易地辨别，以及在时间的元素中，为了我们而存在着，因此有了死亡数和易变性，在时间在不朽的休眠中伟大的、卓越的人在来世有他基本的主旨，在时间的覆盖下，来世向我们透露了这个，因此在所有的诗集中，做礼拜、艺术、社会以一个形式逐渐变成另一个，没有一个落下。但是这却只是表面现象而已，就好像只是身体在变老衰退，最后死亡，在烦人的身体里实际上还有灵魂，那是不朽的，可以重新化身成人，而且，现在仍活在过去里。因此对于变化，已经没有什么事情是更糟糕的，没有什么是超越自然而存在的，相反它存在于我们命运和生命的本质中。今天不再是昨天，我们自己在改变，如果他们一直都这么成功，那我们要怎样才能使我们的思想和行动一直保持一致呢？确实，变化是痛苦的，却也是必要的，如果记忆有它自己的价值，那也就有希望。不，如果我们仔细看，精神错乱的是什么呢？这巨大的变化的必要性对它自己的罪行来说，却不是简简单单的资源的增长。老的方法已不再适用，那老的保险箱也将不再继续为这新的财富所用了吗？也就是说，在我们日常生活中，我们的古典奴隶政治体制已经成为碎片不复存在，也使所有欧洲的人因为这改变的后怕而感到困惑不已，甚至用于古代的不断增长的社会资源已经不能被充分利用了吗？蒸汽机的无限力量将这一大堆的问题都处理掉了。我们经济的贫困没有使我们做一些粗俗的事情，我们疯狂的心情是因为新世纪的到来，也是一个真正的增长，人口的增长，暴力行为的增长，在我们这样一个星球里，增长的事物中什么是最珍贵的呢？当然，这个古代的管理方法将不再适用，但不屈不挠的百万人中，充满了如年老的撒克逊的活力以及激情，却被限制在西方的小角落里。还有一个令人窒息的地方就是在加尔各答的黑洞里。整个肥沃的无人烟的土地需要耕作，并哭诉着，来耕作我吧，来让我有点儿收获吧，困难不是存在于自然中，而是在欺骗中。欧洲的加尔各答黑洞没有城墙，只有空气和白纸，也就是说，对于怀疑主义本身，存在许多和它自身相背离的观点。它是什么？它是酸果福佑的增长，是知识与智慧。一种水果太过于酸了将不会拥有它原来的那种最本质上的酸味了吗？

事实上，正如我们所说并且悼念的对于形而上学的盛行，它没有一些所谓的实用之处，形而上学的思辨，如果说有一种必要的缺陷，那这个缺陷就是好的先行者。形而上学主义必须把它自己完全释放出来，并把所有的杂质都烧尽，然后相反的思想将变得纯净、健康。我们正在与生活的法则痛苦地斗争着，处在外界，表面的范围包括有意识的思维和无意识的机械性的思维。或许会因内心的禁锢而脱离现实，那便是一种深邃的谜与奇迹。受自然强大的力量的影响，深深地脱离社会现实并超过了曾经处在表面上的无意识的范围，它还能富于创新地驻足在这里。从那个神秘的宗教，单一的个体，所有的奇迹，所有的诗歌韵文、宗教里，社会制度已经产生了。正如奇迹，更加伟大、更加深刻，却机械地留在那里，并对水的精神念念不忘，最终将形成它自己的观点，就如同从最深处呼吸一样。

对于现代主义的形而上学，众所周知，和它以前所宣扬的有所不同，如果它的产生毫无依据，并且他们已经推翻了原来的肯定，这就是一个疾病去除另一个疾病的过程。怀疑的火焰，正如上面所提到的，已经消耗尽了所的怀疑。最后真相为人们所知，并反驳停留在表面上那些显而易见的谎言。英国和德国的形而主义者，对于末端思维的理解过程，他们在这里并不是我们顺便提到的那样，但是只是针对德国的形而主义者。在法国或者英国，自从有狄德罗和休姆的那天起，领略所有的形而主义的思想纹理，探索形而主义的真谛，只要这里有任何的思想，我们都不会看到形而主义思想，但是在这里面或多或少有一些无效的争论。在休姆的绝对怀疑主义和狄德罗的唯物主义里，包含逻辑，可以说是，既是在突出彰显它自己，也是在推翻它自己。纵观现在的运动员，如果用以前的标准来衡量，他们将不会有所提高，更不会激发他们身体的潜能，他或许会将自己定位在一个很低的位置上，然后在以一个自由者的姿态站起来。这个服务就是德国的形而上学为人类思想所做的贡献。思维的第二种疾病是彻底废除了它自身和前者。绝对怀疑主义和唯物主义，他们自己在欧洲文化中必不可少的现象已经消失了；一个宗教的信仰因科学思维再次成为可能和必然的；而且这个单词 Frev-thinker 不再意味着的 Denie 或 Caviller，但有信仰的人、有准备的人会选择相信吗？不仅如此，在具有较高文学的德国，已经有谎言，他可以读取它，开始一个新的神似的启示。迄今，世界质量未确定，但是为了认可而在那里等候，并且一定要发现那合适的时间什么时候到来，这个年龄段的也并非完全没有先知。

爱登堡就职演说

Inaugural Address At Edinburgh

〔苏格兰〕 托马斯·卡莱尔

1866年4月2日
当时被选为爱登堡大学的校长

先生们，我已接受了大家推举我担任本校校长一职的委任，我将履行我的职责，来感谢大家对我的厚爱。我必须承认，你们对我的热情是十分美好的，然而，我觉得自己有点儿受之有愧了。这对所有人来说都是一种强烈的荣誉感，正如我像你们这个年纪的时候对一个获得此荣誉的名人尊敬一样，即使是到现在，我还保留着这种感受。我只能和你们一起期望这份荣誉会持续到永远，带着这个崇高的愿望，来尊敬那些你们认为值得尊敬的人；也希望你们在选择支持对象方面会变得越来越明智和眼光独到；因为我很清楚地知道，随着时间的推移，你们会改变对我和其他一些事情的看法（笑声和掌声）。自从我第一次来到你们的城市，一直到去年的十一月，已经过去了五十六年了；我那时候还不到十四岁，为了到这里来“上学”，学习各方面的知识，学习我装满了疑问和又惊又喜的期望的贫瘠的脑瓜里所能想象到的各种知识。而经过这么久的历程，现在已经被我们掌握。我们将会看到一些让人感动、悲伤，同时也是美好的事情，就像我亲爱的故乡的第三代人振奋起来说的：“你们绝不就是葡萄园庸碌的劳动者，你们用劳作创造了大量的财富，也受过各种评价，这是我对你们的评价！”正如谚语说的那样：“三十六行，行行出状元。”人必须乐于接受别人的评价，而你们这群苏格兰的年轻人赞许的声音对我意义重大。我来为此向你们表示感谢，尽管我无法向你们更深地描述我的情感，或许，此时无声胜有声吧（掌声）。

你们中的一些人知道，这份职位第一次被推荐给我的时候，我还不是很有把握能胜任，而且我自己深表怀疑。但我有理由相信，在这个职位权力中或多或少有一些我能胜任的重要职责。这个，我承认，是我接受此职位并能克服自己的一些疑虑的主要动机。如果我担任这个职位能为我的母校和你们服务，我为什么不去做呢？（热烈的掌声）但就在我接手这个职位，进行实际的思考时，我发现这个职位中是否有我能真正胜任的职责变得越来越不确定和模糊。我曾经生活在离你们四百英里远的地方，和你们有着完全不同的思想意识；而且我的身体随着这些年日积月累的负担已经变得虚弱，我对和你们有关的学科的那些东西完全陌生——所有的这些都让我充满了不安，觉得根本不值得去考虑我能否胜任这个职位这件事。然而，你们可以放心，如果任何这样的责任以任何形式出现的话，我会根据我最准确的判断尽最大努力去正确地、妥善地承担起来（掌声）。同时，我目前承担的职责就是给你们演讲几句，有可能比较有趣，但也可能没意思，具体原因你们可以自己去想，我的演讲应该在这个场合不会完全无用或不切实际，也多少会和你们从事和追求的学科相关。我打算给你们讲授一些零散的感受，可能在要点的顺序上比较凌乱，但这都是我最真实的感受，而且以它们本身存在的形式展示给你们；我会讲一些我对你们在这里从事的学习的真实确切的想法，以及你们将会开始一场什么样的比赛，你们将在这个世界上找到什么样的竞技场。按例，我本应该把所有的话写在纸上，然后照本宣科地念出来；那样的话现在对我来说就简单多了（一阵笑声）。但当我尝试这样做时，我发现我不习惯于写演讲稿，真的不太擅长。所以我把稿子扔在一边，正如你们看到的，带着对带稿演讲的建议的敬畏，决定依靠对自己的信任在这儿演讲。你们将因此被迫接受我现成的、直接来自心灵的真实想法；这也算是对你们听我顺序和结构凌乱的演讲的补偿；

我会尽力做到不说假话，至少目前我是这么打算的，我想这也就是我能保证做到的了（一声大笑）。

我认为，建议这个东西吧，对年轻人，对所有人，基本上被认为没什么价值。建议虽多，但真诚的行动却很少。那些没有实际行动的空话是完全没必要说的。因此，我不会过多地去建议，但，有一个建议我必须提给你们。实际上，它是所有建议的一个总结；毫无疑问，你们已经听过一千遍了，然而我必须让你们听第一千零一遍，因为它是最真实的，不管你们现在相不相信。换句话说，在所有事情中你们一生中的收益都取决于你们的勤劳，而现在它还是这样称呼，在你们接受教育的这个地方！勤勉，它包含了一个学生可以有的所有美德；我的意思是它包括了所有能引导你们在学校里获得真正向导和进步的各种行为的实质。如果你们这群年轻人，这群正值人生黄金阶段的人相信我。如你们所听到的，就是那样，在人生的播种时期，你不播种，或者播下的是毒种而不是燕麦，那么最后就不会有收获或收获甚微。如果你们没有按照从导师那里听取的建议去做，当然，我们的导师都是十分有智慧的，在你们回忆起这些年的事情的时候，你们会哭着后悔的，后悔已经来不及了。在大学里获得的学习习惯会使你下半生受益匪浅。在你们正年轻的韶光里，整个思想是浮动的，大脑可以让思想形成各种它们主人希望形成的或强迫其形成或自然形成的形状。随后，思想会处于一个可塑态，但也开始逐渐成形，形成岩石或铁矿那样的密度，就像你不能改变一个老年人的生活习惯那样不可改变：老人，他一旦开始就会一直持续到永远。

我的意思是勤奋的同时，在其他的品质中，诚实，在你们所要追求的，要从事的事情中，也是非常重要的。在你们追求学习的道路上要怀有名为诚实的良心，并不断努力去坚持。坚持学习，是我想说的一件事，能够让你们明确区分什么是你们已经知道的，什么是还不知道的。把所有不知道的事情放置于此界线的假想边缘，就像是后来需要掌握的事情，如果确实需要掌握的话，千万不要不懂装懂。只有一件事清晰地印在你的脑海中，并在变得更加清晰时，你才能确定你已经掌握了，这样你们才能运用你们的智力去全面地复查。会有这样一种情况，一个人对一件事只知道点儿皮毛的时候，就会说服自己，甚至去说服别人相信他已经了解了此事，并为此还自我夸耀（听的声音和一声笑）。在一些大学里，仍然有一种叫作填鸭式的教学方法（笑声），就是填鸭式地给学生灌输考试要考的重点。要避免所有这些思想，因为那是受人尊敬却完全没有价值的思想。对你们老师讲授的东西要谦虚地、谨慎地接受并刻苦钻研，因为老师们是在根据他们所能达到的理解程度致力于正确引导你们向前的人；有条理地去做老师们给你们布置的事，如果可能的话，尽力去理解它们，并适当地遵循和调整让它们适合自己的理解。慢慢地观察你能独立地完成哪种工作，对于一个男人来说，在世界上找到什么工作是适合他做的是最重要的。简而言之，像其他的所有的事情一样，就学习而言，品德是最值得重视的，凌驾于其他方面。一个不诚实的人没法做实事儿，他的学习永远不会有真正的收获，或许，他不去尝试还更好，否则容易作茧自缚。他写出的东西除了给导师抹黑，什么都做不成。这是个古老而真实的信条，你会发现它被生活在这个世界上的历代先哲们验证过，而我们是最年轻的一代。

我敢说，你们知道，你们中的很多人知道，我们的大学已经有七百多年的历史了。在阿伯拉德和其他持有人们希望听到的学说的思想家出现后，学生们就从世界各地向他们聚集。但那时还不能将事情记录在书上，就像你们现在可能出现的情况一样。你必须听伟人直接对你大声地讲授，否则你完全不明白他想说什么。于是他们聚集在一起，这些善于演说的人，这些能教授各种不同知识的人，在国王以及其他担心人类文化前途的有权有势的人的支持下，渐渐形成了他们自己的一派学说，并高贵地追求他们的最大利益，而且以一个大学为头衔形成了一个有着高特权、高尊严和真正高目标的法人团体。

也许你们已经听说，几个世纪的演变过程已经改变了所有这些，我们现在的大学就是书本的集合。毫无疑问，所有这些也已经被发明在我们时代和大学的起源的中间时期的印刷术大大地改变了。人们现在没有必要亲自到一个教授演讲的现场去，因为在大多数情况下，你可以通过书本知道他的理论，然后一遍又一遍地阅读它、研究它。这是一个极大的改变，即印刷书本带来的一个事实。我不太确定我所知道的一些大学是否已经完全接受了这种情况，以及学业的完成是否与此完全相符。不过，大学在社会上已经拥有并将继续拥有不可或缺的价值。我认为这也许是一种很高的，可能是最高的价值。大家都清楚地知道，大学是以致力于神学的宏大目标开办的。他们把着眼点坚定地集中在天堂方面。也许，从某种意义上来说，人类最大的利益几乎交托给了他们。至于神学，正如你们所知道的，它已经存在，特别是在那时就已经进入此世界成为最深奥的主流研究，研究关于这个浩瀚宇宙的本质，研究我们与它，以及和所有已知事物或者和只是被上帝知道的东西以及上帝本身之间的关系。神学曾经是所有这些存在事物的名字，所有这些对人类来说仍是存在的，然而，这些消亡了以后，这些名字也许会改变。事实上，教堂的众多信徒们使神学处于繁荣的状态(笑声)。从所有人的利益出发，神学是大学里最伟大的课程。我认为它现在仍然是一样的神秘和伟大，尽管因为许多的原因，通过多种手段的努力，许多已经被忘记，一点儿也不如期望的那么成功 (笑声)。

然而，仍然是这样一个非常重要的事实，大学在当今时代主要的用处就是如我在上面间接提到的，在你已经完成你所有的课程后，接下来的事就是书籍的累积，将许多好书聚集在一起，以后再继续学习、阅读。大学主要能为你们做的，也是我已经发现大学能为我做的，便是它教我去阅读关于各种语言、各个学科的书，以至我能够读懂涉及这些东西的书，并在我发现它适合我时，渐渐进入一个任何我想自己掌握的领域。

好的，先生们，不管你们对这些历史要点有什么想法，在你们每个人身上最清晰、最重要紧急的责任便是勤勤恳恳地阅读。学着成为一个好的读者，这也许是一件比你们想象中更难的事。学着有选择地阅读，认真仔细地，用最高的注意力去阅读各种各样你真正感兴趣而不是想象中的，而是你发现真的适合你从事的东西。当然，现在，有许多阅读材料可以给你们阅读；你们必须先由你们的教授所推荐的对于你们听课有帮助的书籍指引。然后，当你离开大学进入到你自己的研究领域，你会发现，选择一个特别适合你、能让你学习工作的领域是非常重要的。所有人中最不高兴的人便是不能判断他将要做什么，世界上没有适合他的工作且没有深入去做。说到工作，它是治愈所有曾经困扰人类的严重的问题和痛苦的最好方法——诚实地去做你打算从事的工作。

如果在任何一个茫然的模糊的时候，你想到的仅有的选择就是读书时，这是一个对你而言非常好的迹象，也许你能得到的最好放松便是读一些你非常感兴趣的书。然后，你就会处于最有准备的，所有可能的最好的条件下，通过那本书提高自己。这和医生告诉我们关于病人的身体健康和胃口的情况是类似的。然而，你必须学习去区分自己是真的有食欲还是假的有食欲。有这样一种假的食欲的事例，它导致一个人饮食混乱，被诱惑至吃辛辣的食物，而他根本就不应该吃或再吃。但是那些东西很美味，他就陷入了饮食思想的短暂麻木中。一个人应该检查并找出他对什么真正地有食欲，什么适合他的体质和条件。医生告诉你的通常就是你应该吃的。读书也是如此。

如果对你们所有人都适用，我将会说去了解历史，去探究在你们之前在这个地球上、在人类的家族里已经发生过的事，那是非常有益的。

罗马和希腊的历史是你们首先要关注的。你将发现你已经了解的古典知识完全适用于去解释它们。那里有展示于你面前的世界上存在过的人类最非凡的竞赛场，那将打开很多的遐想与思考。如果你能做到这样，它将是一个极大的优势——先不要说他们的这两种语言将提供给你什么，这个你的教授能更好地给予解释。典型的语言，已经被一致承认为目前我们已发现存在人类中最完美的言语形式。如果你好好阅读，你将会发现两个非凡的国家闪耀在它们自己留下的记录中，就像一种灯塔或一束孤单的亮光，照亮我们人类生活的崇高形式，另一方面也道出了过去年代的黑暗。如果你能明白这些人是怎样的、他们做了什么，你花的时间是完全值得的，你会发现许多与事实无关的、凭空的谣言、传闻与传统；但也许你们中的一些人将会感觉在面对面地看古罗马与古希腊。你将在某种程度上了解，他们是怎样设法生存下来，在世界上完成他们的功绩。

我也相信你们将会找到一件没有这么多记录的重要事情，就是在两个国家都有很多很深的宗教信仰。这一点已经被历史学的智者指出，特别是弗格森，一个非常了解罗马历史的人。我相信他也是我们大学的一个校友。他的书是非常值得赞扬的作品。他深刻地指出了罗马人的宗教本质，尽管他们的行为方式粗暴张扬、喜欢挑战和暴躁。他们相信朱庇特奥皮特马斯马克西姆斯是宇宙的主宰，并且他已经委任罗马为各个国家的首领，相信他们该遵从他的命令，去勇敢地去面对各种危险和困难，建立起无敌的战场前线，准备好去战斗，并献出自己的生命；并且他们还有着对诺言的真理、完全的诚实、正直以及所有伴随着人类最高品质的美德和罗马人后来正式以“美德”（天使，形容男子）来命名的英勇的敬畏，把这些作为一个人的荣誉和品质高尚的总结。在罗马的文学时代，这种宗教情感消退了很多，但它仍然在处于较低层阶级的罗马人民中保持着它的影响地位。至于希腊人深深的宗教本质，如果去寻找，伴随着他们美丽阳光般灿烂的艺术本性，你将会找到显著的证明。在索福克勒斯的悲剧中，有着对天堂永恒的正义以及对违背上帝法律的犯罪的一贯惩罚的深入透彻的认识。我相信你将在国家的所有历史中，发现这些存在于国家的起源和基础的东西，还会发现没有一个国家不带着一种敬畏的虔诚信念来思考这个神奇的宇宙，那就是他们认为有着一个不可知的无所不能的公正的掌控者人类的存在，没有哪个国家或者哪个人曾经忘记它。如果一个人忘记它，他则忘记了他在这个世界的使命中最重要的部分。

我们英格兰自己的历史，你将会自然而然地花费相当的辛劳去熟悉，你们将发现我们的历史超越其他所有，是值得你学习的。我真的相信，英国包括苏格兰，涌现了许多比你会在世界其他任何一个地方可能发现的更优秀的人物（掌声）。我不知道，在希腊或罗马的任何一段历史中，举个例说，到哪儿去找像奥利·克伦威尔这么优秀的人（掌声）。在我们处于世界小角落的这个岛国，我们还有其他值得回忆的人物。我们的历史一直都有它的史诗般的特点，而且最后会成为和世界历史相连的重重一笔。如果你好好地调查过，你会发现约翰·诺克斯可以说是奥利弗·克伦威尔的作者，而清教徒革命从来就没在英国发生过，正如它也没有在苏格兰发生一样(掌声)。这是一个可信的事实，不是我身上的国家虚荣心促生的，它将经得起考验（笑声和掌声)。

事实上，如果你看一下曾经发生在英国的斗争，正如我一生中不得不做的一样，你将看见人们对挡在路上的巨大的障碍是畏惧的。那个国家少数的敬畏上帝的人乘着任何一艘他们能得到的船逃跑去了新英格兰，而不是触犯有权势者。他们也不敢怀着合理的抱怨去直接对抗权势，而是要求远离盲目的崇拜。他们想整个国家都布满希伯来《圣经》，让他们以及所有人明白这是记录上帝意愿的记录——对他们来说难道还可以有一个合乎情理的目标吗？尽管如此，大约五十年前，如果不是诺克斯凭着他内心的坚定以及崇高那么就不能在这儿取得成功，在他们那样的环境中，这是不可能的，也根本就不会被尝试。因为对我而言，他也是世界上的佼佼者——约翰·诺克斯，（掌声）他从那一代追随他的忘恩负义的人身上遭受的东西的确应该让我们将自己谦恭到地面上，去思考我们国家最杰出的人，我们欠着他们一切能在国家间区分我们的东西，这些人本应被嘲笑、被歪曲和诋毁的东西（掌声)。诺克斯是在苏格兰扬名的。人们听他的，从骨子里相信他。他们高举他的理论，并违抗让他们放弃那个理论的公国和权势。“我们必须拥有它，”他们说，“我们将要也必须这样！”正是在这样的状况下，清教徒斗争在英格兰兴起。你们很了解的是苏格兰伯爵，贵族和他们的佃农在1639年前往胆色山进行抗议并且坐在那里，正在这斗争的危急关头，他们要么被镇压，要么发展得更为激烈时，他们扎营在了胆色山，在那个时刻，三万武装部队开拔出来，每个团队都追随着他的地主、伯爵或这样的有其他任何称呼的人，充满激情的他们打着“以基督的名义和契约”的旗号而来。这也正是所有的英国人行动起来，以一种热切的决心去拥有那福音书的信号。你们也知道这个斗争持续着，成为一场到底是国会还是国王进行统治的权力竞赛，一场是应该由旧的形式、旧的惯例，还是一些关于人类灵魂的新构想，也就是根据上帝的意愿进行的带有神圣决心的行动，来作为国家繁荣昌盛的法则的争论；这两者之间到底哪一个应该拥有统治权：在经历了一段长长的痛苦挣扎和斗争后，这一切被决定了——以一种我们知道的方式。

我也必须得说护国公——奥利弗·克伦威尔。他没有禁得起所遭受的谴责以及这个世界活着的所有人对他的否定，这在我看来，从大的方面讲，在英国现代史上才是最让人受益的事。如果奥利弗·克伦威尔曾经继续贯彻他的政策，我不知道未来有什么还会降临。这个政策可能会在其他方面变得腐败，而且不能够继续施行。但在奥利弗的心中，即使到最后，他对此政策的信念都是纯洁、真挚的。在他执政实行期间，这个政策是完全真实的。

马基雅弗利评论说，就罗马史而言，民主不可能在世界的任何一个地方长存。它作为一种国家管理和执政的政府模式，民主包含着不可能性，而且过一段时间就会以失败而终。但他仍然用自己的方式继续证明着这一切。我没想要你们都能无条件地跟随他。[静听的声音] ——但是对他来说，这是个清晰的事实，他认为全世界的人都可以自我管制是谬论和不可能的。但他还是得承认罗马史里，他们的统治持续了很长一段时间。但他认为那不过是美德这条法则存在于他们的宪法当中罢了。换句话说，他们的人民心中有这份信念认为，有时候任命一个独裁者是庄严而必要的；一个有着掌控万物生死权力的人，能把各地的人们划分清楚，并命令他们顺从，以在他之上的上帝的名义做任何他认为有益的事。他被上帝命令去确保我们的共和国没有遭受损伤。马基雅弗利认为这是一件能够时不时地净化我们社会系统的事，能够促使社会像过去那样持续前行。如果你考虑一下的话，当然是非常可能的。事实上，如果共和国是由一群乌合之众构成的，那么为了胜利的欢呼舍弃了更好的发展，一切都将会走向歧途，这时独裁者就肯定成了一种适宜的功能。那么关于奥利弗·克伦威尔，他的专政，当然如果你非要我给他命名为独裁统治也行，大约持续了十年；你们将发现在奥利弗看来一切违背上帝规则的事物都不允许存在（掌声）。

举个例子，他的贵族式议会，他们称作准系统议会，或许是最狂热的国会（欢笑）。发现了英国的大法庭处于一种从来不会道歉的状态，也没有一个人能站起来说那是一个公正的法庭。至少在这里有一万五千个，还是一千五百个（欢笑）。我真的不记得这个数字了，姑且让我们说是后者的一千五百个吧，这样说要保险些（再次的欢笑声）。这里有一千五百个未被裁决的案件，在这之中我记得有一个关于一大笔钱已经被搁置了八十三年的案件，然而如今它仍然被搁置着。法官们在讨论着它，律师们继续拿着属于他们的报酬，而这个案子却没有尽头。在看到了这一切之后，准系统议会的人们在审慎地考虑之后，认为这是应急的手段，是人类主宰和正义之源授意过的，会以事实的名义去废止这个法院的。事实上，我真不知道到底有谁还会对这个意见持反对态度。同时，那些当代相对睿智的对这个世界有着更多经验的人认为，这是一件不合适去做而且危险的事。于是律师们又开始对此展开了大张旗鼓的讨论（嘲笑）。所有的公众，这群就算对此事件没有深刻洞察力的团结而热情的人们，却依然在抗议它。甚至是这个议会的发言人，老先生弗朗西斯·劳斯——这个为我们编译《圣经·旧约》诗篇的人，那些我们在每个周末都会在教堂诵读的诗篇，这个优秀的人，是睿智并值得让人学习的后来的伊顿大学的教务长，他同许多议员们一起去找奥利弗，集体辞职；并在星期一的早上，用他们的署名正式宣布议会被解散了。这一废除议会的法令是在星期六晚上通过的。星期一早上劳斯对奥利弗说："我们再也不能继续这样做下去了，现在我们把权力移交于伟大的您的手中。"于是奥利弗第一次在这样的情况下变成了专政者，事实上在某种程度上成了一个独裁者。

我把这个作为一个例子说给你们听，奥利弗确实真正地担当了一个独裁者的角色，这其中也包含了做事的审慎态度。奥利弗觉得议会既然已被解除，就恰到好处地可以处理大法庭的那个事儿了，而且废除大法庭，或者用某些方法改进它，毫无疑问是不伤大体的。经过考虑，这就是他所做的：他集合了在英格兰能找到的五六十名优秀的律师；幸运的是，确实存在着一些能像任何一个人一样重视英格兰法律的优秀人才，这些人还知道有着比大法庭制度更神圣的东西存在（一声笑）。奥利弗对他们说："去调查这件事，以上帝的名义告诉我关于此事应采取什么必要的手段。然后你们将看到我们是怎么清除这个声名狼藉的大法庭的一些弊病的。"于是，这些人听命坐在那里工作着，经过了六个星期的努力，（那时还没有大众媒体，没有演讲的报道，也没有任何道听途说，只有正在处理中的问题），关于他们要处理的事情，他们在脑中大概总结确定出了六十个命题。根据这些命题，这个大法庭被重组、改革，从而它才能得到新生，而持续到我们现在。它曾经成了一个麻烦事，而且不能维持下去了。这就是在一个国家中当专政盛行的时候，有关处理事情的方式的一个例子，这就是独裁者们怎样处理事情的方法。我估计整个英格兰，议会制的英格兰，从奥利弗的专政中得到了新生。基本上，当英格兰以一个国家存在时，这个专政的成果就不会消失。

总之，我认为要从普通的历史课本中深入了解我们国家的真正历史，从中查出你想要证明的东西，以及了解那些有必要让你知道的事是几乎不可能的。你可能读过非常有独创性、非常优秀，如果我不对他们表示尊敬就显得我相当傲慢的伟人创作的文章。但他们的地位本质上是被怀疑的。上帝和神，像我们的父辈说的，没有给予他们重视，也没让他们在历史中扮演任何角色。这是一个可悲、致命的情况，谁都会说这对我们所有人都是很致命的。一个在这种情况下不高兴的人，只会对世事做一个暂时性的诠释。总之，我相信，你们不会，在这些人的帮助下，理解我们这个岛国的历史发展。你不会发现这些被记录在书本上，你只会在上面发现一些凌乱的记录，和严重的错误陈述等所有此类的东西。但为了获得你想了解的，你要调查其他的资源，必须从各个方面查究。

我记得我读过科斯林的《贵族阶级》一书，作为一本天才之作差强人意，但却是一本包含着勤奋和真实度的优秀著作。在那时，我正在写《奥利弗·克伦威尔》一书，而我没有什么能用的传记体的字典。于是我认为，既然我们中的大部分人是贵族或贵族的子孙，这本书也许能帮助我，至少能告诉我一些人物是年老或年轻，他们住在哪儿等细节，比完全无据可依要好。因此我从可怜的科斯林那里获得了我想要的东西，而且从他那儿得到了许多帮助。他是个勤勉而愚钝的伦敦售书商。大约在一百年前，他经过查阅各种权威的羊皮纸文件、宪章公文、档案和书籍，广泛而深入地收集，不论何地能得到的，他所需要的信息来撰写此书。他是一个非常有功绩的人。

从历史中我不仅找到了我想解决的事情的方法，而且逐渐地察觉到一个巨大的真相，我也真的建议你们每个人通过了解历史去发觉这个真相。那就是英格兰的国王们，上自诺曼人的征服，下至查尔斯一世，实际上，在很大程度上，就他们所知道的，习惯于委任那些值得被委任的贵族。事实上，我发觉，那些他们委任的贵族都是皇家的人，大脑里充满了正义、勇猛、人道主义和各种各样统治其他人所应有的品质。而他们的儿子和孙子所拥有的他们的血统，同样会变得非常的卓越，因为这更多地取决于血统，和目前被普遍认为的相比。是我从来没有听说过任何聪明的人会完全来自一个愚蠢的人（笑声）。如果你观察你知道的家庭，你就会发现这样的例子到处都是。我知道的根据我这方面的经历就是这样的，我能追溯到父亲、儿子和孙子，这个家庭中每一个人的印记都是很明显的。所以，这个世袭的原则体现在很多方面，在政府中，以及其他事情中都有，而且一旦它在这些事中被固定下来，它就必须被重新识别。你也会觉察到，在你读的历史中，如果在任何时候一个贵族的血统出现了问题，如果这个事实上拥有贵族血统的人是一个傻瓜，那么在那些诚挚而实际的年代，这个人就会陷入混乱，也有可能背上不忠的罪名。简言之，这个人很快就会和他的贵族血统完全消失（笑声）。

从这些科斯林的旧文件中，你学习和明白，一个贵族在他的生命历程中，用一种虔诚的、庄重、端庄和具有男子气概的方式来引导他自己，当他向生活告别，他的遗嘱常常会值得注意和令人细细思考。然后你会察觉到他对穷人的友好以及严谨、同情的行为、他的好客、宽宏大量——总而言之，他自始至终都是一个了不起的贵族，一个虔诚的、英勇的人。通常，国王在任命这种人的时候，具备从模糊到精确的能力，就会说："先生，你来到我这里，从普通水平的人中出来，在那里你可能会被践踏、被推挤，在某种意义上，用你过人的天赋，你什么也做不了。来到这里，给你国家的一个区域，并把它或多或少地变成你想象的那样；做一个在我之下的统治者，你要懂得这就是你的作用。”我说这就是一个人能为其他人所做的最好的事，而且没有事情可以像这件事一样具有全能的上帝或是神圣的政府的特点，这件事，我们可以看见，发生在英格兰大约有六百年。这就是英国历史的不朽灵魂，这是历史上真实的，下至詹姆斯，甚至查尔斯一世。任何一个没有功绩就被任命为适合当贵族的国民是不会被理解的。在查理一世时代，人们逐渐知道是这样说的，如果一个人出生在有身份的家庭，而且能明智地专门给朝臣们送去1万先令，他就能成为一个贵族。在查理二世时代，这种情况仍然发展得更快，而且以一种不断增长的速率进行着，直到我们看到现在进行得非常快的危险步法（笑声），所以现在的一个贵族跟它以前的样子比起来显得很微不足道。本来我可以对这类进行更多细节上的说明的，但我必须转向另一个主题的分支了。

首先，要更多地注意你们的阅读。我不知道你们是否已经深刻地认识到了有两种类型的书。当一个人在阅读任何一种类型的主题时，对大多数领域的书，或所有的书而言，如果从广泛意义上看，他会把好书和坏书进行分类。我不敢断言在这么明确的事实下，你们对每本书种类的好坏的认识是不清楚的，或者说是有错误的认识；但我想提醒你，它正逐渐成为我们生活中思考的重要部分。我们必须消除人们的关于只要他们在读任何一本书，或者一个无知的人在读任何一本书，这就比什么都不做好的这个想法。我可以确定地说这种想法是有问题的；我甚至敢否定它（笑声和喝彩声）。对很多读者来说，他们和书没有关系是更安全和好的。那些对读者没有用的书的数目正在疯狂增长（听）。但是一个真正的读者也会知道，无比高尚的人写的书是有一定数量的——不是很多书，但却是能够占据你整个阅读生涯的，让你或多或少去坚持读的书。简而言之，正如我在别的地方也已经写到，我认为书就像人的灵魂，被分为绵羊和公羊（笑声和喝彩声）。一些书是积极的、适合的，带领着我们往上走，朝着天堂走去；我的意思是在教学上有无价的优势——对每一代人的教育都有促进作用。其他的书，大量而可怕的，是消极的，在产生更多、更大、更宽的危害。要严格戒备后一类书，我亲爱的年轻朋友们！

至于其他，对于所有你们在这里的学习和阅读，还有不管你们可能学到什么，你们必须得记住学习不只是得到特定的知识——不单是技术更加高超等等所有此类。在这些后面有更高的目标，特别是对那些为文学或演讲，还有神圣职业追求的人而言。你必须牢记在心隐藏在这些东西的后面，你们的最终获得物，即所谓的智慧；也就是说，对你周围事物合理的认识和公正的判断，一种带有正义、公正、清晰的洞察力和对事实的忠诚依从性的表现。能拥有智慧是好的；能掌握智慧无穷的价值就更好了。这是不能被夸大的；这是一个人最高的成就："他是有福的，有智慧的。"我认为这是人有时很容易丢失的；从来没有比现在更容易的，我有时在想，如果这是一个错误，那全都是错误——然而我将不会再去深究这个问题。

但是我想说，关于读书，如果它真的那么重要，那一个出色的大学图书馆将会有多么重要呀！我希望这不会被教育你们的女士或先生忽视；并且，我很高兴听说你的大学图书馆在我知道以来已经改善了很多，并且我希望它将被改善得越来越多。我有时甚至在想，为什么在每个镇上没有一个图书馆让那些想读书的人受益，读到很多书呢？如果可能被允许的话。是的，完成这些是需要钱的——并且，这在目前仍然可能是不能得到的，你还需要在选择书方面做出判断；真正地洞察到什么是对人类灵魂有利的书，我们应该排斥带有哗众取宠性质的，仅仅使那些愚昧的人兴奋惊讶的书（笑声），尽可能选择到有用的、好的书。让我们期待未来我们在这方面会越来越好。

在这个大学，正如我从很多方面了解到的，捐赠基金非常流行；这是一个勤勉的，值得嘉奖的事业，用于筹集新基金去鼓励那些在大学里天真的年轻人，特别是我们这个首要的大学（听声，听声）。呃，我完全地参与进了对大家行动的赞同之中。那是非常可取的。它应该获得响应，而且我们也肯定期待着它将被响应。如果不是这样的话，至少，对于苏格兰这个在金钱方面上从来没有像当前这样富裕，从来没有如此需要建立优质的大学，建立抵制除了钱之外还在广泛传播的许多不良的影响的机构的国家，这将是非常令人羞愧的。在捐赠基金的道路上不应该有阻碍（一阵笑声）；

不管怎样，我们应该达到与粗鲁而又未开化的祖先们竞争的程度，因为我们已经喜欢这样称呼他们了。正如他们一样如此的慷慨，这已经超越了所有的表扬；而和他们相比，我很抱歉地说，我们还没有任何的办法与之平等，或接近平等（大笑）。这里有充足的，或者过度充足的钱。有时候，我情不自禁地想，可能在其他任何时候，在苏格兰，钱的数量从来就没有只是现在的百分之一，甚至只是千分之一。因为，无论我走到哪里，哪里总是有金制物品（一阵笑声）——那是“空前的繁荣”，人们都通过以百万英国货币来计算他们钱的数量。从来没有如此充足的金钱，却没有用它来做一些好的事情（对，对，一阵笑声）。没有人知道——或者几乎无人知道——花掉他的钱到底有什么好处。事实上，对他而言，这经常成为一个诅咒。对他来说，从来没有拥有这么多的钱可能会更好一些。但是我个人看好大家都这样想（笑声）。尽管如此，对于那些怀着诚实目的奋斗而来的富人来说，像这样，为那些可能将来出生在这个世界上的有才华的穷人遗赠一些收容所，让他能在自己的道路上走得更远一些，我也认为这将是有效减轻负担的方法。去做吧，像我已经描述过的古诺曼贵族人那样做吧；让那些品质高尚的穷人从因格格不入而被无视践踏的脏、乱的地方走出来，进入一些他可能得到某些权力的职位上，让他有能力做一些对他这一代人有益的事情！我希望，在这个方针上，我们能够尽可能地完成更多；我们的努力不能够松懈，直到这件事情到达了一个让人满意的状态。至于大学这个传统部门，毕竟，我们肯定希望它能被尽可能地支持——我们允许有适合的人捐出他们的奖学金和资助金，奉献出更多精力来栽培这个特殊的部门。我们要有比现在拥有更多来自苏格兰各所大学的捐助，而且我希望我们会这样。

我有义务要说，然而，在后来的时间里，捐赠好像并没有成为大学发展整件事情真正的支柱。例如，英国人，在世界上是为国家的大学捐赠最多最富有的人；这是一个明显的事实，自宾利时代以来，你找不到任何一个以欧洲大陆人的名字命名的奖学金，或者用那种方式在人类求学过程中构成一定程度的变革。一个这样去做的人是值得被记住的人；他贫穷，而且也不是一个英国人。一个确实做到了变革的人是萨克林州一个穷织布工的儿子；他住在德尔斯顿一个朋友家的阁楼里，把地板作为他的床，两张对折纸板作为枕头，在这种环境下编写了他的《提布鲁斯》；就是这个编写了《提布鲁斯》的人，不得不在街道上收集豌豆荚，把它们煮了后作为他的晚餐。那就是他的捐赠（一阵笑声）。但是不久后他被发现做了一件很伟大的事情。他的名字是海恩（欢呼声）。我还记得，当我拿到那个人写的维吉尔的版本的时候，在我脑海里，这就是一场相当大的变革。我发现，我第一次理解了维吉尔；正如海恩已经向我介绍过的，第一次，我进入了罗马人生活的深处和思维方式；已经指出了这些被写出作品的详细情节，也给了我它们的相关说明。而且这个变革过程也已经进入了用多种方式发展的阶段，也传播到了其他国家。

整体来说，有一个为什么现在的捐赠事业没有像过去的日子那样繁荣的原因。当人类建立修道院、大学，以及其他所有的像这样性质的事物时，取得了正如我们所知道的那样成功的时候；但现在一切都已经改变了；在那个方向上，大量的热情被冷却了。部分真正的原因可能是，人们已经对大学现在是否是我称之为智慧的真正的来源；是否他们比一个在特定的艺术领域受教化的人要多一些东西，或者多更多的东西，表示怀疑了。事实上，这种类型的怀疑在世界上已经存在很长一段时间了（一阵笑声）。过去，有一句谚语是这样说的：“一盎司的天生智慧抵得上一磅的神职人员。”（大笑声）有一种怀疑，就是一个人也许并没有像他看起来那样睿智，或者因为他已经滔滔不绝地发言（大笑声）。当历史悠久的大学的基础“七门艺术”，为了适应现代社会的需求，而被调整了一些——尽管这些艺术中的一些对我们来说仍然足够过时，可以被淘汰了——会让我们产生一种感觉，就是大学里，仅仅是声音，仅仅是一种演说文化，如果是出自一个人说的话，那它在任何方式下都不是智慧的同义词了！这样的一个人可能是一个“伟大的演说者”，和你喜欢的一样非常有说服力，但他却没有一点儿真材实料——尤其是如果这刚好是此人的意愿和目标，那么他所处的集体环境就会把他当成一个有学识的人。我听见人们这样抱怨说，女仆人正被“科学”教育着，正很显然地变得越来越疏远于自己的工作，泡、煮、烤（大笑声）；然而，从我们最高地位的女仆到最低地位女仆，却没有人教导她们什么是有必要让人知道了解的——关于忠诚地服从、谦逊、谦卑以及正确的道德举止。

噢，如果有人深入去思考——在热情高涨地听了精彩的演讲之后会得到什么，这将是所有章节中凄凉的一篇。关于此我已经写了一些非常激烈的东西，也许比现在我希望他们的更加激烈；但是不管是过去还是现在，我相信有着深刻的说服力（对，对）。有很大的一个必要性就是我们需要比现在有更多一点儿的沉默。看起来似乎这世界上最好的民族——是以英国和美国为首——他们将出尽所有的风头（掌声和笑声）。但是不久后就会出现一幕幕绝对的悲剧，在不久以后我已不在人世之时。有时间该说话，也要有时间该沉默。此外，沉默是一个人永远的责任。他将不会得到任何关于什么是复杂的真正的理解，如果没有保持沉默，他也不会真正理解与他利益相关的一切事情。“注意言行”是一句非常古老的警言，也是最真实的一句警言。

我不想打击你们想成为雄辩家德摩斯梯尼的勇气，以及你们对语言精华的学习和那所有的一切。请相信我，我和你们一样十分珍视它们。我认为，而且，对于一个人来说，知道他是用什么工具来沟通交流他的思想，怎样才能达到使用它的极限，那是件非常优雅的事情，也是最恰当的事情。我想要你们学习德摩斯梯尼，去了解他所有的成就。与此同时，我必须说，即使德摩斯梯尼在场，演讲，整体来说，似乎没有朝着它本来该达到的好的方向发展。他并没有建议什么符合实际的事情，很多都是恰恰相反的。请告诉我为什么，如果一个人他讲述的事情不是事实，那他还是一个好的演讲者吗？福斯昂几乎根本不说话，却同样能达到和德摩斯梯尼几乎一样的成就（笑声）。他曾经告诉雅典人，“你们不能和菲利普开战，如果你们不挑衅他可能还会更好一些，当德摩斯梯尼总是积极主张你们那样做的时候。和菲利普相比，你们没有一点点的机会。他是一个不怎么乱说话的人；他有极强大的纪律严明的军队。他满满的宝藏能够收买这座城市里你们喜欢的任何人。他正以不变的目标稳固地进行着他的计划。而你们，只懂得无目的地大声喧闹，被你们的克里昂和特纳将军——滔滔不绝地向你们说出你们称之为智慧的东西。菲利普绝对会打败任何一个像你们这样的人，用所有狂怒的行动继续进行从这个国家到另一个国家的猛烈的攻击”。德摩斯梯尼曾对他说：“福斯昂，某一天你将会使希腊人发疯的，他们会杀了你。”“是的，”福斯昂回答道，“当他们发疯的时候，我会被杀死；而他们只要再一次清醒过来，你就会被他们杀死了！”（笑声和掌声）

还有关于他是如何去麦西尼的事迹，他被邀请带领一些代表团，去处理一些有着错综复杂，易引起人们争端的性质的事件。福斯昂如约去了，继续前行。而且，他像往常一样，讲了一个和他自己，和他的案例有关的清晰的故事。他是一个少言的人，但他说的所有话都是真实的，而且说到要点上。当被打断的时候，他会间歇一会儿后，又继续讲述他自己的故事了。当有人因为某事打断他的时候，福斯昂会尽力回答他；接着有其他的人这样做，他也尽量像之前那样做。一直到最后，很多人走进来了，所有人开始无止境地争论、大声叫喊。只要是福斯昂走过的地方，他会把他的人员留下来，然后转身，不再对其他人说任何的话。我觉得，在和福斯昂的人员交流的过程中，有一种说服力。它就像德摩斯梯尼曾经说过的东西一样：“走你们自己的路，然后我就不用和你们一起走了。”（掌声）

这些考虑因素，以及与它们相关的种种因素——源于人们对这个新纪元世界的仔细观察的无数的考虑因素——导致了各种各样的人对语言教育的有效性和益处产生了怀疑。我并不是说它就要被完全地排斥，而是，我们应该更加紧密地控制住这个趋势，不能让它从我们的指缝间溜走，让它处于一个比之前更糟糕的状态。因此，如果“一个好的演说家”，从来没有如此有口才，没有看清事实的真相，没有说出真实的事件，却一味地谈论假象和事件中的错误——那这世界上还有比他更让人讨厌的事物吗？（大声欢呼）我听见很多人说这样的演讲“多么棒啊！”。呃，它真的不是一个演讲，而是被叙述的事件，这让我十分担心。即使我能理解，事件是真实的，我也实在不在乎那个人怎样讲述事情的。优秀的演说家，但是倘若他告诉给我的事情完全与事实相反，那又怎么样呢？倘若他对于事实已经形成了一个错误的判断——如果他有自己的想法（就像福斯昂的朋友，克里昂将军），在关注事件上却没有能力形成一个正确的判断，那又怎么样呢？那种类型中的一个优秀的演说家，正如这样，他会说："噢，每个人都想要被一件不是真实的事情说服，这里就有一个人是给你们的！"（极大的笑声和掌声）我建议你们当在听这种优秀的演讲的时候，一定要非常小心谨慎（持续的大笑声）。

哎，所有这些糟糕的事情正是我们这种语言教学的方法众所周知的产物——教师仅仅是致力于学生口舌的培养，教他们怎样以一种特别的方法说话（笑声）。这造成了各种各样的思想家对这种不是非常有益的教学过程产生怀疑。而且他们渴望更少理论性的，而更多实际的，具体的能解决在教育中出现的问题的方法——在效果上，成为一种完全的非语言教育，一种哑巴式教育，只是除了严格需要说的地方才说。如果我深入细致地讲，这里将会有与之相关之事的大量描述空间，那么我一定会内容丰富地说出在歌德书本里关于此最经典的一篇文章，也建议你们去读这篇文章，试着边学习边理解。这是他最新的一本书，是在当他已经七十多岁时完成的。我认为这是他曾写过的书中最美好的一本；书中充满着谦恭的智慧，至高的悟性和真诚的态度，被那些有鉴别眼光和感悟之心的人，证明具有罕见的启蒙性，十分动人。这个关于教育的章节，是《威廉·迈斯特的旅行》中的一篇，甚至可以说，是用一种断断续续的方式形成了那本书的主旨。很多年前，我第一次读到它，当然，当我对此书进行翻译的时候，我就深入理解到了它的核心内容。从那时到现在脑海里还是老在想着，可能，这几个世纪以来被完成的最优秀的作品就是这本著作了吧！我经常谈到，书中有十页的内容，如果抱负是我的为人原则，那我宁可只写了这十页书（如果我能写出来的话），和在我来到这个世界前就已经出版的所有书相比。深奥，这个单词在这里，就是指这本书意义的深奥。这些页的内容打开了基督教的画面，包括现代和古代世界宗教现象；整本书以一种遐想的、优美的、精妙的方法来概略地叙述，以便于让他在街道上或公开讨论的场合中超尘脱俗，还证明了这是他经过很长一段时间沉思后的结果。

在其他方面，他还用一种什么都提及的轻快的、概略的方式，结果就形成了一幅漂亮的图画——一个完全的无声教育框架，至少除了学生们很有必要说的话以外再无其他言语。在这个世界上可发现的三个最聪明的人，聚集在一起，共同思考、共同解决、共同指导，这种在重要性远远超过了其他东西的功能——这样建立起了年青的一代，以便于使他们摆脱拖他们后腿并且阻碍他们前进的危险的东西；的确，这种功能是促使我们能够不断进步的唯一东西，如果我们要为我们后面时代的人，给这个世界留下点更好的东西，而不是更糟糕的话。这个首领是这三个人中最年长的，他对威廉说："身体健康的孩子出生时自身带有最珍贵的天赋，然后这些天赋被本性驱使充分发展，本性提供了少量明智而有益的帮助；本性常常怀着宽容在这个发展过程中担当监督者的角色。但是这儿有一件事是小孩不能够通过他自己带到世界来的，并且没有它其他事都会变得无用。"坐在他旁边的威廉问道："那是什么呢？""所有的人都想要的，"年长者说，"也许就是你自己也想要的。"威廉说："你能告诉我那究竟是什么吗？""那就是，"另一个回答道，"尊敬，（敬畏）！"尊敬那些比我们自己伟大、优秀的人；这是和恐惧完全不同的敬畏。敬畏是介于宗教和人类之间的情感。

于是，他开始进一步介绍现代和远古世界的宗教信仰的细节。事实上，他辨别出了在这个世界上各种各样的宗教信仰，这里有三种敬畏的方式。那些男孩生下来都被训练学会一定的手势，把他们的手放在胸上，望着天空，作为第一敬畏的方式。另外两种方式以其他形式出现：因此他们给出了三种敬畏的方式。第一种并且是最简单的一种是用来对高于我们人类比我们人类更伟大的事物表示敬畏。这种方式是异教徒的灵魂，在远古时代没有比那个方式更好的了。接着，这儿也有对我们身边的人表示敬畏的方式——敬畏我们的同类，关于此，他把很大一份功劳归咎于人类文明里面。第三种就是对在我们人类之下的崇敬方式，在痛苦、悲伤、矛盾中，甚至是在血肉之躯所憎恶的东西中，认识到其中非凡的意义所在；认识到在这些里面有着甚至比在此之前更多的意义——无价的祝福。他给基督教——

最高级别的宗教信仰的灵魂，定义了一个高度，如歌德所说（这是真实的，我认为即使从字面意义来说），“就是人类是命中注定的并且能够获得的高度”，人类一旦达到了这种高度，他们将永远不会倒退；人类不会很快失去这些（歌德认为）甚至会永久地遗传下去！甚至在不被信任的年代里，在最倒退衰落的年代里，他推测也能找出一些能够识别宗教信仰的最高意义的基督教灵魂。并且一旦这个世界接受了这个灵魂的高度，就不用担心它会永远地消失。

接着，年长的那个人继续解释他们教育和培训那些孩子的方式，在商业、艺术和科学领域里，甚至在任何最适合他们并让他们追求的领域里。最重要的是，他们很渴望去发现那个男孩的天赋；他们以许多高明的方式不断地去试探和观察他，渐渐直到他们可以发现这些。威廉也把他自己的孩子留在那里，或许是希望他们可以把他变成一位绘画大师，或者别的那类的人；而这孩子回来后，威廉在他身上看见了沙暴般的被灰层覆盖了的平原，这孩子干不成任何事。结果证明这孩子是一群如野马般的年轻人中最狂躁的一匹，这群人被一些年轻的马夫轮流教授马术、狩猎以及当新郎官。威廉自己的孩子也在其中，并且他发现这孩子在破坏马队方面是最适合的（笑声）。

那最高的效果和最珍贵的从理想的教育的模式中所产生的成果，就是歌德所说的艺术——目前我可以不给你很明确的解释，除非它早已经比它本身更清晰（一阵笑声）。歌德把它叫作音乐、绘画、诗歌，但是它是处在一个比普通高很多的阶段。并且这个阶段我恐怕是我们大多数的画家、诗人和音乐人都不会通过的集合（又一阵笑声）。他把它认为是人类文化可以到达的最高峰，无比的珍贵和崇高。并且他观看着它是怎样被巨大的勤劳的表演的人表演出来，事实上他的信念是如此的明智和出色。它给出了一个如此好又有远见并且和以前一样高、毫无疑问的观点，它对世上的人也是依旧可能。那就是我可以全部告诉你歌德关于无声的教育的好的定理。我承认它似乎对我来说将来有一天在那里面始终都会产生些阴影，除非这个世界得出它全部都是恐惧的结论，一些种类的教育的方案和它相似，被一些最智慧并且也是最恐惧的处在世界的远距离观看的人所掌控着，在每一次的表演中就是一次真实的训练：没有一个是其中的发言除了跟随着动作的发言，这就应该是在和人类相近的可能的规则。那么一个人应该说并不是那么频繁和多，而是相当的罕见，除非他是为了一些即将干的事情，也就是说，让他自己去做其中的部分并且也不再过多地说什么。

我只是仅仅想补充说，如果可能，这些全部都是歌德的定理。或者有些相似的事情，想想我们早已经拥有的和我们已克服的困难。我可以说这世界上没有什么你可以如此困难地想象，基于初步印象的，正如让一群人作为士兵聚集在一起。一些坚强的、粗鲁的、无知的、不顺从的人，你把他们聚集在一起，许诺给他们每天一个先令，按等级将他们划分，给他们非常严厉和严肃的军事演习，并且通过胁迫、训练和强迫的方式（单词drilling，如果你去寻原始的意思，即意味着打、持续的折磨到一定的力度），他们确实学到了必须学习的东西，并且这个穿着红色外套的训练你们的教官，是这个世界上最强有力的一个无可比拟的生气勃勃的机器，一个让你不得不看的奇迹，他将会努力去获取、服从于一个人，并且我相信所有的这类规定的事情都会被完成的，将会为他自己献出自己的生命，准时地去做只要是他的长官命令的任何事情。如果这里被给予相同的注意。许许多多的事情被排列、组织在这无声的系统中——并且或许不久在一些机械、商业的和制造业部门一些初步的尝试将会得到实践。为了节约人类的劳动力和避免人类社会的悲剧，这些努力将是不可计算的，如果它开始或者还是曾经的一部分。

唉，去思考它究竟远离了多少、任何真正的这种满足是多么的痛苦！我要做的不是对你隐藏，年轻的先生——你将会进入困难重重的世界的一个时期。这也是我即将告诉你的最后的一件事情——你将会进入困难重重的世界的一个时期。而且我不认为你将会在里面比我们更容易地找到你的道路，即使你有我们没有的许多的优势，你有供你选择的职业、通过公开的考试等，那些都是一些将被认同的事情，其中我们希望去看到一些越来越多的完美。所有的那些全都是我的时代所不知道的，你有许多可以被认为是优势的东西。但是如果你找到了通往这个世界的路，我认为将会比以前更加混乱。看看个人的意愿，改革已经来到我们身边，我们必须进入改革的时期。所有的事物都受到了革命之火的影响，事实如此，越来越热的元素包围了所有事物。很渴望地想知道过去似乎躺在时间的长河里的牛津大学和其他的一些地方将会怎么变化。不理会一切的变化，他们逐渐变得幽默起来，各种新的想法是漂浮的。很明显，在这个世界上，无论是用石棉做成的用之不竭的东西，还是其他的东西都将要被烧掉了。没有其他东西能永远站在一个高度，它都会向外扩张。

我是说，换句话说，我们正处在一个划时代的无政府状态。无政府主义加上一个警察！（笑）没有人在偷东西时是没有一些警察正准备逮捕他的（更新笑）。但是，其他观点认为，人类正在变成一个混乱世界的子民，而不是有序的宇宙。有些人是不听话的、不满足的，鲁莽中又含有一些其他的品质（这些是在这个时代的普通人）；而聪明的人——极少数的，其中我希望你们要注意，要越来越关注这个事，警惕地看守着；并将需要充分开动脑筋。有时我们会发现，总之，在他周围的那些弯曲的东西他都得拉直，不管他去哪里，都会有多种多样的事，考验着他的能力，但是，那会使他变得伟大。

但我为什么对这个事也要抱怨呢？因为这种本性是所有的时代的人与生俱来的。他出生是为了用万能的上帝赐予他的微小的力量去做适合他做的事；并且用他最大的努力使之维持到生命的最后一刻。我们被要求去做；而我们都得到奖励——我们完全相信，如果我们有应得的，那就是我们已经做完了的工作，或者至少，我们曾试图做工作，这本身是一个伟大的奖励。

总体上，要避免所谓的野心，那是不好的原则，如果那是一个考虑因素的话，野心包含了各种层次的粗俗。我极其地肯定最睿智的建议：不要雄心勃勃，不需要过多的成功，做到忠诚和谦虚。阻止骄傲的卓越的想法进入你的脑袋，或者看着它们越纯洁、越高贵。有一种比得到加利福尼亚州更高贵的雄心，或者比能得到地球上所有人的票都要高贵（响亮和持续的掌声)。

最后，先生们，我有一个建议给你们，该建议非常的重要，虽然是一个非常谦卑的建议。在你们的热情和激情中，像这样，我预见到将上升到很高，先不说我给你们的建议会让你们稍微冷静一点，我要告诉你们——记得保持健康。我不怀疑，你们会为了达到你们所瞄准的很高的目标，会使你们年轻的灵魂发生强烈的扭曲，而把生命看得很廉价；但你们要从长远考虑，从现在就开始注意比什么都好，而对我来说，这点如果我能早点考虑到，那将是多么好的一件事情，你们要知道健康是一件需要坚持的事，你们需要把它当作你们当前需要做的最重要的事（掌声)。在这个世界上你不能找到一种成就可以等同于保持完美的健康。金币和百万钱财能和健康等同吗？法国金融家说，“为什么，因为没有买得到的睡眠！”睡眠在市场上没有任何报价（笑声和掌声)。

有件事很奇怪，而我早就说过，经常萦绕在我的脑海里，古语表示“神圣”的词，在日耳曼语言中，heilig，也意味着健康。因此，“heilbronn”的意思就是一般情况下的“太棒了”或“身体很好”。我们在苏格兰语中也有“强壮”一词和它的派生词；我想，我们的英语单词中的完整“whole”（带“W”）一词，表示是一个整体，没有任何的漏洞，是同一个意思。我发现我们除了把“holy”一词用“healthy”的意思来解释外，别无其他更好的定义（掌声)。一个头脑清醒的男人，处于平静的状态，他的智力像几何平面般明亮的镜子那么清明，对所有的对象和印象都有灵敏的感官，也能按照合理的比例对任何事情进行想象；而不是扭曲成凸面或凹面，也不歪曲一切，以至于他经过不断的摸索和推敲就能看到事物的本质：思维处于一种健康的、清楚的、灵活的状态，能真正识别出所有围绕在他身旁的事物，而这是我们永远不能实现的。事实上，我们在做的事就是破坏健康本身。如果你要做任何重要的智力型工作并且需要持续很长一段时间，那么你就不能这样破坏健康；如果，例如你想写一本书——在没有损害健康的前提下完成这项工作是不可能的（至少，我就是这样)；而且这是真的必须经历的；如果这是你的事业，你必须遵循你应该做的，去做到这一点，即使甚至不惜以牺牲健康为代价。只是要记得，在任何时候，都要在完成它后尽可能快地恢复健康；并视之为真正的重要和中心的东西。你的目光应该一直朝着“heilig”，它的意思是“神圣的”，也代表“健康”。

而这旧的词源，对经历了这世界如同是一个忧郁的监狱房的那些阴郁的、严厉的、修道的人来说，这是多大一个教训！它确实已经具有了我一直暗示到的所有丑陋的东西；但还有一个永恒的天空在它上面；以及祝福的阳光，预言着春天的绿色和未来的丰收——这一切都在其中。虔诚并不意味着一个人应该整天对任何事都苦着脸，并明智地拒绝享受造物主赐予的东西。即使你和最虔诚的人在一起时也会发现不是这样的——特别是和老诺克斯在一起时。如果你仔细观察老诺克斯，你在他身上会发现一种奇妙的苏格兰式的幽默感，以及一个最可怕的、严峻的事实，在必要的时候他会哈哈大笑。我们在老诺克斯身上真的可以找到和在其他任何男人身上找到的一样的最阳光的笑容；例如，他的《历史的改革》，这是一本我觉得你们都应该读的书（掌声），是一本优秀的老书。

整体上，我会尽力让你们对你们的工作振奋起来，无论它会是什么样的工作，都不要怕它；不要屈服于悲伤或矛盾，而要继续朝着目标前进。不要总是假设世界上的人们对你有敌意或者对你不怀好意。在一般而言，你会发现很少有人会有计划地不怀好意地针对你。你可能常常觉得仿佛整个世界都在阻碍你，把它本身当作阻碍跟你作对；但你会发现那只是意味着，这个世界是在以和你不同的方式旅行，在走它自己的路，只是不经意地踩踏到了你。但最主要的是：谁对你都没有特别的敌意；只是每个人都怀着对自己极其好的想法，他有权怀有这样的想法，并朝着他的目标狂奔。即使在文学之外，我应该说，这也可以作为一个普遍规则（笑声），虽然我只是附带地一说。如果在一个你认为的冷淡的和残酷的世界里，你发现许多人对你严厉和漠不关心，这确实常常发生在一个心灵脆弱正值奋斗的年轻人身上，那么你也会发现有高尚的人在友好地看着你，而且他们的帮助对你来说将会是如千金难买般宝贵。在你继续奋斗时你会遇到美好和邪恶的东西，但你最终会获得属于你的成功。

我将以常常浮现在我脑海的仍然是来自歌德的几句诗文作为结束语。我觉得，在一定程度上，这几句诗中包含着一些现代诗的东西。它很深奥，如同房子的地基，很深、很高，而且很真实和明了：我认为，自从莎士比亚离开之后，这个世界上再没有比他更明了的人，或比他更高贵、更伟大的学者存在着。下面就是这位诗人所吟唱的：一种乡村旋律或与人类相搭配的音乐：

“未来隐藏在那快乐与悲伤中；
我们努力压制和摆脱，
但我们依旧生活其中，
这让我们畏惧不前。

我们面前的神圣，
模糊了这黑暗入口；
所有凡人的目标：
星星在我们上方静静地休息，
坟墓在我们身下沉默！
当你认真地凝视，
感到的是恐怖，
是幻象和错误；
使勇敢的人感到困惑，
带着怀疑和不安。
但听到的是声音，
听到的是圣人，
世界和时代在说：
‘好好地选择；你的选择
简短，但无休止。’
这里的眼睛在看着你，

在永恒的宁静中；
这里的所有硕果
是对你勇敢的奖励，
努力，而不要绝望。”

努力而不绝望：我来升起你们的希望，“我来让你们抱有希望”！这是我的最后一句话。绅士们，我衷心地感谢你们耐心地听我讲话；并带着最美好的祝愿让我们此刻说再见吧。

校长职位任期的结束——爱丁堡大学。卡莱尔先生，爱丁堡大学的前任校长，被请求对同学们发表一篇告别演说，但是被他婉言拒绝了。下面是他的回答：

先生，因为您被选举为爱丁堡大学的校长，鉴于您有成为委员会的副主席的实力，这使我禁不住写信给您，就是为了知道您是否能够给同学们发表一个告别演说。

Gladstone 先生给了我们一个告别演说，我们天真地希望您会觉得方便也这样做。您的就职演说依旧被我们珍藏在记忆里，并且我肯定没有什么事能比再一次听您讲话更能给我们带来快乐。我相信您会原谅我的这次打扰；并希望能够收到一个肯定的答复。

爱丁堡第二剧院，1868 年 12 月 3 日

给卡莱尔先生的邀请信

亲爱的先生，我非常抱歉在现在的情况下，一个告别演讲是我无法思考的。确定了年轻的绅士们对我如此的友好，我非常高兴。我曾经沉默地、带着足够深厚感情地送给了他们我忠诚的再见，至于忘恩负义或者想要被问候是与我缺席的众多原因中没有关联和意义的。带着年轻的热情和美好的外表，他们赐予了我他们所拥有的全部的尊重和忠诚；因为现在仍存在一个又一个的原因，并成为令我难忘的动人的回忆，甚至是伟大的、悲剧的，在我的余生中将永远不会被忘记的回忆。用我的名字向他们道别，如

果他们仍然爱我，打美好的一仗，像个男人般在告别中解脱他们自己，就仿佛他们被征入伍并且献身，当然这是提前撒谎。

A.罗伯森，文学硕士

切尔西，1868 年 12 月 9 日

给 A.罗伯森的回复信

告诉他们向永恒的神谕请教（尚未不可闻，也不会变得如此，当神谕值得被问或者几乎完全地忽视神谕时，那么相对比的就会是暂时的威胁或者胡言乱语。希望他们把神的指示作为至理名言，如果她将放弃她的财富，虔诚地、勇敢地、谦逊地，超越生活本身或生活的各种奖赏，用她的整颗心、整个灵魂。如果是这样，不是其他任何情况，我将再一次声明，那对他们而言将会很好。

别了，我年轻的朋友们，永别了。

——你们真诚的托马斯·卡莱尔

爱丁堡 1868 年 12 月 12—13 日的报纸

沃尔特·斯科特先生

Sir Walter Scott

〔苏格兰〕 托马斯·卡莱尔

美国的库柏断定，在他的其中一部著作中曾说，人与生俱来就有一种关注出了名的人的倾向。事实正是如此，正如对所有人的观察和调查，从中国到秘鲁，从尼布甲尼撒二世到旧希科里，都证明了如此的事实！为什么人们都涌到纽盖特那改良后的吊架前，都想去看一看？这个即将被实行绞刑的男人就刚好处于这样一个让人瞩目的情境。人们涌向这里来围观到如此程度，而葛林纳克并不是唯一一个在这里被结束生命的人。再一次，问一下那些坐在皮毛车、敞篷车、双轮车以及高雅的马车里的所谓高贵的人为什么都如潮水般涌到这里，为什么这么积极呢？他们为的是想看看瑞格马璐夫人，这位让人瞩目的女人；瑞格马璐先生，这位让人瞩目的男人！再或者说是把这个庄严的时刻，现代文明的浓缩，当成了一个狮子的宴会。屋子里华灯闪烁，五光十色，浓烈的灯光打在穿着长袍的金发碧眼的美丽女人们和有着华丽衣服的女人们身上，她们脸上带着温柔的微笑。因为那里还有高高在上令人瞩目的狮子们：不同种类上了年纪的祭祀们站在大家面前。祭祀们看起来是和蔼可亲的，是值得去那里看一下的，看着他们，但不能问问题，然后满足并感激地离开。虽然在这狮子的宴会上一句话也不能说，但这就是它的特点。这是一个人类的聚会，并且（现在文明已经到达一个很高的程度）人类聚会最初的目的，也就是能在这里实现灵魂与灵魂清晰地对话。但这里却没有对话，没有，这里有的是带着阴笑的诡辩和说服之词，有还不如没有。因为某种原因，人们沉默地、虔诚地看着这场狮子的盛宴，难道不是每个狮子都被标记了吗？就像给酒瓶做标签一样。

让标签挂在他身上，以一种看起来很好的装饰性的方式，这个银色吊牌还刻有他的名字。你可以拿起他的吊牌去看，能通过这进一步的调查获得直观而有用的信息，于是对话就完全不需要了。正如费尼莫尔·库柏说过，一个真理是，人与生俱来就有一种关注出了名的人的倾向。此外，人的天性中还有想出名和被关注的欲望。

对于后者，我们可以称它为一种有价值的倾向，这对于人类来说是不可或缺的。没有它，哪里来的明星和屌丝，哪里来的社会等级，哪里来的野心和对金钱的追求，以及有马车的体面和没马车的卑微；总之，它是整个人类社会凝聚和前进的主要推动力。这种倾向，我们说，有多元化的起源，多元化的结果，不但不可笑，反而很庄严、意义深远——对它我们可以推断是来源于人类习惯群居而迷茫的本性，这本性带着人们活动，“就如瞎眼的动物习惯冲向发亮的物体，其实不过是一个擦亮的啤酒杯，却误认为是一个发光的神物”。或者，“是温顺的本性，驱使他们涌向人们都涌向的地方!”于是对于人类是怎样让自己崇拜上帝的就变得很让人好奇了。对于这个世界上最有名的人，整个世界都崇拜的这个人，大家都为之喝彩，如果当他不再被喜欢的时候，他还是他，不是另外别的人，从各个方面来看就还是这个人，同样会被整个世界的人习惯地推进狗舍里面。愚蠢的世人，你们究竟那么急切地想要看什么呢？这正如一个被擦亮的啤酒杯，当它运气不好处于一种阴暗环境的时候，难道整个杯体显示不出同样的暗灰色吗？

不过，说到底，我们的本性中不光有着习惯群居的温顺本质，还有一些更好的东西，或者说是最好的东西，那就是被称为英雄崇拜的永久不变的事实品质，是我们内心与生俱来的对伟人的真诚热爱。这种本性本身，不像是对连傻瓜都会要的一枚小得发亮的便士的追求，而是对一枚他们错误当成的金币的盲目热爱。对伟人尊敬是人类一直以来的天性，在所有的年代里，尤其是在现在的年代，这是最崇高而可判定的事实。在所有的年代里，尤其是在有这么多新事物发生的年代里，“这仍然是一个神圣的事实，是本性巧妙地驱使着人类去遵守他们应该遵守也只能遵守的任何事情”。在最愚蠢的呆子和最傲慢的傻瓜面前，展示出一个实际比他更高尚的灵魂，即使他的双膝坚硬如青铜，也只有双膝着地，虔诚地跪着以显示他的崇拜、尊敬。正如书上写的，也许会被引用或者重复，直到世界上所有人都知道为止。好好地去理解这种“英雄崇拜”是最基本的信念或者第二种或者第三种的信念，但是它永远作为人类的终极信念而存在。不可摧毁，即使它的形式在变，但是实质是没有改变的。在此基础上，政治、宗教、忠诚并且全人类最高的利益可以并且能够被建立，正如坚硬的石头能够忍受的，人类也可以忍受。这就是所谓的英雄崇拜，大部分都是源于人类天生对伟大英雄的崇拜之情。考虑到这有利于带给现实的不可形容的好处，难道我们能够做的就是乐意地原谅这多样的表面的愚笨，乐意地祝福甚至是这群狮子般的人，带着标签的狮子们或者那些没有这项改进措施的他们，祝福他们各个方面繁荣昌盛？让英雄崇拜延续下去，就拿我们来说，当真正的金币还没有到来的时候，让我们努力地追求那些镀金的硬币。但是，至少这证明了金币的存在，他们被认为存在过，并且有价值。如果可以，就去寻找伟大的人；如果不能，那也别放弃寻找伟大的人，即使缺少伟大的人，但是也要有闻名的人，数量达到满足人们强烈愿望的数量。

沃尔特·斯科特先生是不是一个伟大的人，对于一些人来说还是一个未解决的问题。但是对于许多人来说回答是毫无疑问的，他是一个非常杰出的人，甚至是一个著名的人。在这个年代里面，还没有像他一样的文人在任何国家里面受到如此多的欢迎，包括细数所有时代的所有国家里面都只有极少数像他这样杰出的人。不但如此，更可以说沃尔特·斯科特先生的受欢迎是在特别的人群里，并不是在平常的老百姓里面。他的仰慕者几乎是同一个时代里文明国家中那些非常聪明的人，并且在某些程度上，许多是像他那样杰出的人。他有如此的幸运，并且保持这种影响力长达二十到三十年之久。正如所有观察者观察的那样，他是一个伟大的人，一个重要的人，或者说仅仅是一个值得关注的男人，他的确值得这样称谓。在极少的情况下有他这样的人。对他来说，因此，在其他人心中的那种天性就不会缺少了。就让人们看吧，像世人已经看了这么久那样看着。现在，他的“生活”自传，由他女婿和一些文学出版商搞出来的，再一次地唤起了世界上人们对他的关注，这可能是最后一次他会引起如此的关注。在世人们即将与这个著名人物告别，继续他们的关注之路时，并且人们已经认可了他在很多方面杰出的成就，为什么周期期刊不可以同样地刊登他们关于他的思想呢？各种各样混杂的读者，来自不同的地方，并且在数量和质量上有着很大差别的读者，他们正在期待这部生活自传的问世。带着内心微小的使命感，但是也很乐意地服从命运或者自然的安排，如今的评论家将要随大流地对其进行评价；但是到底做得好还是做得不好，就不是由大流而定，还是取决于他们自己。只有一件事他却很明确地希望，就是至少等这第七卷的自传能够完成；对于前六卷书，正如人们知道的，已经延伸出了第七卷，并且该卷在不久的将来就能问世。但是那些焦急的出版商们，厌倦了等待，已经变得越来越强硬了，他们说，无论作品能否完成，他们都将在来年之初出版这部作品。或许这是最好的吧，我们对斯科特先生的印象不会因为第七卷作品而改变。较早的六部作品也没有让我们有多大的改变。正如事实上一个靠他自己已经完成两百多卷作品的工作者，并且在他生命的三十年里，结交了许多的朋友，他必定已给人们留下了固定的认识。就让那些强硬的出版商去做催促的工作吧。

首先，因此，对于所谓这第七卷“生活”自传本身，我们可以肯定，洛克哈特先生在自己这一方面已经获得了正当的续写许可。我们的大致判断是，他将用一种可信的并且精工细作的方式完成他计划好的这部作品。正是如此，他对这部作品究竟是怎样的概念，并没有太多的夸张。运用任何一种艺术上或文学上的规则去勾画斯科特的生活，然后让一个读者，经过充分的检验后，会说：“这就是斯科特，这就是他留给人们的印象和他存在于世界上的过往经历，这就是对世界是怎样自然地对待他以及他怎么改变世界的描述，伴随着他带给他自己以及我们的意义以及影响。”但这绝不是洛克哈特所谓的计划，草率地说，一个撰写能够超越其他任何自传作品的计划。计划里它应该从各方面被完美地编撰，超越从《奥德赛》到《托马斯艾德伍德》甚至更靠后的作品。因为世界上没有史诗，但是实际只有人物传记，它记叙着一个人的一生：人们可能还会说这里没有关于一个人的一生真实传记，却是一个史诗，押韵或是不押韵的史诗。它是一个人们在其他情况下会喜爱的计划，但是现在却不是。七卷自传比史诗更具市场价值，比史诗更容易写作。比如，《奥德赛》的每一页在以前能卖多少？能抵得上一章《匹克威·克外传》，或者是说，抵得上这本书的微小部分。在商业代数上，这是一个方程式：《奥德赛》等同于被未知整数划分的《匹克威·克外传》。

至今在文学上还有一个巨大的发现，那就是一个作家获得的报酬远远超过他创作作品的价值。这实际不是适用于任何事情，并且是任何行为或行动上的。一本著作，不是处于表面的东西，而是深藏内里的，如从树根和熔岩的底层迸发出来的不断进步的东西才能决定它的价值。在所有有利于任何事的言语背后，还有一种更好的沉默。沉默深奥的如同永生；而言语如同时间那样肤浅，这样看起来矛盾吗？为时代悲哀吧，为人类悲哀吧，那些呱呱乱叫，过分的言语、过分的演说的人最终会词穷得如光秃的撒哈拉沙漠，对这些人来说，世界上古老的真理都是陌生的。这就是我们说的规则，无论起不起作用，无论承不承认，人类之始它就在，人类除了不断地把它更广更远地传播，往肤浅和流行方面发展，除非把它变成金银首饰，否则最终所有的这些都变得无用了吗？有人会想，就如一大桶洗碗水，为狗舍准备的一周之内就会变馊，让它被重新净化和浓缩吗？在这方面，也许我们最开始提到的尊敬的詹姆斯·费尼莫库珀已经为我们带来了他的《皮袜子故事集》，一部关于人与自然在西部荒野的精巧概要（他本身就要这样写），就像圣皮埃尔开拓东部岛屿一样；书中万千混沌的东西是在科尔本和公司的催促下匆忙堆砌而成，最终造成整本书拥挤的一片混乱，到处都不连贯。具备这种漫射的写作和四散的行为风格的作家像一个火神，它的灵魂穿过火焰显示出来，这已经绰绰有余了。当然，如果这曾经的发现是有价值和有必要的，那么之前提到的都表明了那些作品并不如被支付的那么有价值。这些有必要的发现，将给予整个写作工程，堆砌工程，知识的扩散，智力的行军，或者给这个前进的变化的新老世界里的社会，任何所需要的世纪的长度去发现。一旦发现，这样一旦被发现，我们将兴奋得把帽子扔向空中并尖叫道："胜利了！恶魔被制伏了！"——与此同时，就会去想着，七卷传记的完成没什么不可思议的，反而一卷要更好一点；并且会想到，一些其他事情的发生跟过去已经知道要发生一样，还可能继续发生。

我们接受洛克哈特先生的目标，这并不是要我们向别人暗示的那样可以带来多么夸张的艺术作品。或者甚至是带来，除了按照时间顺序叙述和通过一些必要插入解释，写出所有关于斯科特的文字、文件和他觉得适合让人们去注意的事情，好让人们似乎有可能去读除此之外的事儿。于是，他的作品集并不是一篇文章，或者不是像我们所称的一篇完成较好的文章。但这也不是一项没有难度的任务；这可能是一项需要极其多样的才能来完成的任务。例如，从《汉娜莫的生活与书信》一直到《斯科特的人生》，实际上这里涵盖的范围极其广泛。我们来欣赏和接受这七卷集，并且对它们具有的真实性感到欣慰吧。不仅如此，至于它是由七卷构成而并非一卷，可以恰当地说这刚好适合公众的需要。不这样弄出七卷传记来，就在里面显示不出一个作家的策略。假使洛克哈特先生辛苦地强迫自己去写成一卷书，而不是巧妙地编辑成七卷，这将在英国本身也不会有多少人会这样去做，将会导致的结果毫无疑问的是，在那时他的读者将会难以想象地减少。如果宽宏大量的赞美不能加在他身上，那么我们必须承认他的审慎，这将让他更受重视。

事实上，这部作品，运用这种方式完成，能够很好地去享受它；不然的话，假如斯科特的人物传记，没有被编辑、排版完成，只是零散地放在那里，处于一种初级的完成阶段，而且如果有必要的话，可以在任何时候被任何有需要的人来完成，就不好了。既然已经如此完成了，正如我们重复到的，这部人物传记是被倾注大量精力完成的作品。睿智、决心、公正、勤勉、良好的习惯、强有力的判断，这些品质都贯穿于整部作品，可以被看到。我们认为这些日期、计算、语句应该是准确的，那么这些就需要经过十分艰辛的调查，而这样的调查是其他人不可能那么深入做到的，而且他所调查得出的结果被简洁地叙述出来。斯科特的信件，通常并不有趣，然而却从未完全索然无味，都给予了充裕的陈述，充裕地，也是选择性地作了陈述；对于这些信件的回复也作了选择性的陈述。故事，景物描写和详细的个人回忆，以及时而对他大部分美德的赞颂，用粗犷的笔法，以及真诚和栩栩如生的描绘，适当地插入了叙述。斯科特一生认识的各个人物都真实地在这里出现，并且能够被巧妙地叙述。总之，作者是一个勇敢的、明智的、有决断性的人，他描述出了公众有权力期望了解的书中提到的人名的事情或相关的事情。

我们听到的有关极力谴责洛克哈特先生的事，谴责说他过于健谈、轻率，并且记录了很多应该被抑制的事情。被提及的人和事不总是以一种修饰性的语言表达出来，好像比人们期望的可以说的多了很多。书中提及的各种人、名字和姓氏都“承受了英雄给予苦痛”，不仅如此，这部传记里的超级英雄被视为是非英雄的；是有关他毫无装饰的事实叙述，以及那些和他有关系的人也是用平淡的语言来表达的。因此他被说成“太个性”、“轻率”，甚至更糟的是被讽刺为“侵犯了别人神圣的私生活”等。这本是一本多么精妙、得体的英语人物传记，神保佑那些苛刻的嘴！体面的达摩克利斯利剑般的批评永远地笼罩着这些可怜的英国传记作家（正如他对普通的英国人的生活所做的笼统批评），这将他不断推向麻痹的边缘。因此，有种说法是“除了权势人的生活之外，没有英国人的生活值得品读，这些人自然地用钱换来了体面的好日子”。英国的传记作者长期地深切感受到在他的人物传记中，如果他写下任何可能冒犯别人的事情，那么他就是写作了。那么一个清楚的结果，严格来说，就是不能被写出任何可能的传记。那些可怜的传记作者，没有对眼里的上帝恐惧，而被迫退休处于一种虚无状态；除此，他怀着忧郁的心情，生活比较拮据地进行创作，最终的结果是一无所获。他写下的也是我们一直一卷一卷阅读的都是徒劳的：没有人物传记，有的只是一些模糊的关于传记的影子，直白，无趣；这些传记没有特色和内涵；正如我们说的，是虚无的，如风和影子，这些才是这种传记真正的本质。

没有人过着没有冲撞和不被冲撞的生活，从各方面来说，人们不得不让自己抬起胳膊肘生存在拥挤的世界，在里面承受和给予别人撞击。就本质来说，人们的生活就是一场场战争。我们可以想到，那唯一的牡蛎，就是通过和其他牡蛎的冲撞存活在世间的；而且毫无疑问的是它的这场碰撞带着必要性和困难性；它是作为虽有缺点但真实的牡蛎，而不是作为一个完美理想化的牡蛎让自己通过竞争活下来的。这个牡蛎内心一定带有一些懊恼、怨恨和胆怯。但对人来说，他那伴随着矛盾精神的斗争是无止境的，可能是外面的也可能是内在的；伴随着邪恶的精神（或者可以称之为脆弱、贫困、可怜的精神），这种精神存在于其他人和他自己身上。人的行走，正如所有人的行走一般（机械师说）伴随着一系列的跌倒。为了将这些东西描绘出来，去刻画一个人的生活。让这些被恰当地描绘出来，带着一定高贵和分寸；但是，说到底还是要把这些描绘出来。不存在因为某些人特殊的想法，就把《哈姆雷特》中哈姆雷特的角色删掉的悲剧！不存在那些所谓人物传记的影子，让达摩克利斯的体面之剑（他，毕竟只是一张纸老虎）去任意地批评吧！有人希望公众的品位会在这件事上有较大的改变；也希望这些虚无的传记和其他与之有关的虚无一起——被收回或者回归虚无。可能洛克哈特先生感觉公众会支持的是让他去睁开眼睛，就让他写出的冒犯之举去遭到那一小部分批判性的公众的反对吧，我们也快乐地接受这种预兆。

也许那时，对他的作品所有丰富的赞扬，在现实中没有如同对他的这种责难一般的如此值得一谈，这一事实也已经相当丰富了。责难好过了许多的赞扬。他因为说了这些和那些，没有经过仔细考虑而冲撞了这个或那个人的话而被认为犯了错；换言之，他因为精心计划地给他描述的人或事物一种真实生活的特色，而不是模糊地进行一种平淡无味的影子型的叙述而被责难。我们听到有几个人大喊道："看，有些东西完全没有按照我们的喜好来写！"好朋友，这确实是很遗憾的呀，但是，谁又能避免这种情况的发生呢？那些要聚集在篝火周围的人，有时，也会十分合理地烧着自己的胡子；他们为了照明和取暖要付出这种代价；而大自然灰暗的曙光对所有人来说都是安全并且免费的。对于我们而言，我们希望从今以后的所有英国传记的书写形式就要这样去写。如果他们觉得用其他方式去写是合适的，那么，他们根本不去写会更加合适，也就是说，除了写出影子之类虚无的东西外就别无所出，这绝不能成为作家的职责。

有这样一个问题摆在传记作者面前，就是如何描写关于一个人真实生活漫游的形象。他将充分地想到，这里面有好的东西，也有不好的东西，在这种情况下，描述那些不好的东西而对他的同伴们产生的影响将肯定被铭记。不仅如此，这也许会扩大他作品的负面影响，以至于许多传记出版企业，不管再怎么有前途，也必须放弃对该书的出版。但是一旦开始着手写这传记，一个在任何规则之上的规则就是如实地把它写完，而不是写出一些虚无的影子传记。当谈及那些他在作品中不得不描述的人时，当然，他将对他们保持自己最大的宽容，但他还是会洞察一切。他决不能写下任何不真实的事物；不仅如此，他也决不能放弃写真实的东西，或者把它们埋没在黑暗中。但是已经发现了对于他的作品有必要写的东西，并且在充分地权衡了利弊之后，他就会毫不犹豫地马上付诸行动去记录下这些事，也不会去在乎除了对上帝的敬畏外的担忧。人们谴责传记作者的审慎，反对或赞成他做出的构思，对他充满恶意和虚伪，不仅如此，人们对他所有可能避免的错误进行抨击、责备；但是，要知道只有通过他的这种计划，一部传记才是可行的，传记作者才能希望写出一部传记；而不要去责备他犯了不应该犯的最大的错误。

至于针对巴兰坦人和其他遭受伤害的人的叙述是准确的还是错误的，目前在一些地方都未被决议，而这些我们也了解甚少。如果他们犯错了，那么就纠正他们的错误；如果这些错误是可避免的，那么就让作者受到应有的责备和惩罚。我们只能说，这些事情在他们表面呈现不出不准确的外貌；在任何地方也察觉不到作者带有一点最细微的敌意痕迹或不公正的感情。这种可能性是毫无疑问的，并且直到更好的证据出现时，公正的结论就是事实会如同它本该呈现的那样。就让责难声袭来吧，让它随意地传播到远方。对于洛克哈特先生来说，勇敢面对大众，这几乎相当于是对他高度的赞扬，但是他却藐视这些，并且这也是他第一个这样做的，藐视这些公众的伪善之言，这些我们见到的一种最为普通的面子上表扬，它紧紧地和其他的猛烈批评方式连在一起，好让它表面看起来很温和。

其他的责难，说他把斯科特描述得不英勇，也从这同一批评的根茎传播开来；这或许是从那根茎里长出来的更绚丽的批评之花。责难者说你所描绘的真英雄必定是没有特点，但是纯洁、无瑕、客观的幽灵英雄和这种责难联系起来，出现了一种假说，这种假说可能该归结于有些人的名声，因为它自身是无法传播那么广的，说洛克哈特先生心中可能不喜欢斯科特，并且尽可能地用阴险的方式来诋毁他。这种假设确实比较流行，他自己的耳朵也时不时会听到。对于这个惊人的假想，如果有什么必须得说，那就只能是为了沉默而道歉——为“他在第一眼看到无限的事物时，沉默着忍受着责难”道歉。如果说洛克哈特先生有什么根本的缺点要去责难的话，如果说在任何一方面他的眼光出了问题的话，那看起来甚至该是这样的：就是斯科特整体上对于他来说是可敬的，因为斯科特的伟大铺天盖地地涌向他，以至于让他的眼睛都无法顾及；于是斯科特的严重的缺点变为了优点，他那平民般的俗气就变成了可靠的审慎和懂礼节，并且他的高贵之处就无法衡量了。耐心的传记作者都会详细地描述他的阿伯特，他的女海盗，好像把他们当成是拉斐尔的画像，年轻忧郁的《哈姆雷特》和《奥瑟罗》，做出快速而戏剧化的场景描述；或者是亲切地分析这些人物。这个如同小说制作工厂一样的人物，斯科特，拥有每年一万五千本产量的小说，对他来说正如一个神圣的创作天才一样，把斯科特高贵的胜利之声推举到了天堂般的地位。斯科特对于洛克哈特来说是前所未有的，在洛克哈特面前，他就像无边的大海那样壮阔的人物。对于这个惊人的假说，就让这表达出的沉默成为唯一的回应吧。

那么总的来说，关于洛克哈特先生写的《斯科特的人生》，信任我们的读者去阅读它时，可以认为这是由一个有天赋、决断性和洞察力的人写的；而把它写成七卷集而非一卷，这是因为公众将会为读它付更多的报酬，但却真的是用勇气、率真和真诚去写成的；从整体上说，是用一种可读性和可推荐性的方式去写的。任何人想读它的话，都可以去买一本，或者花钱去借一本，可以比平时更能保证你们的钱不会花错。现在已经了解了他的传记，我们将看一下他和他的作为。

对于斯科特是否是一个伟人，我们不打算深入地了解，这个问题很常见了。不容置疑，有很多人曾被称作的伟大，远不及他本人的伟大：也更不用去怀疑在很大程度上，一个人的伟大即使是由一个人真正的价值标准来衡量；这所谓的伟大与他本人相比较，也是没有什么价值的。那些认为斯科特是伟大的人，也许会极纯粹地这样形容他；也许是出于对他品质的敬仰，也许怀着诚挚的心灵对他的效仿。同时，在我们对其的夸奖中有着一定的精确度在里面是很好的。很有必要去知道，从一方面来说，世界上所谓的名气、令人吃惊的奇迹都不会持续很多年的时间，也不会让一个人变得伟大。这种名气是一个人非凡的财富；表明了一个人对他所处环境的完美适应，但可能或不可能表明他有任何伟大之处。根据我们的想象，如上述的暗示，似乎有一定的神化成分在里面；但在现实中，完全没有这种神化存在。名声就像照明灯或者大火的火焰，围绕这个人燃烧；展示着他内在的一切；没有给他放入更多最细小的条款，而是经常从他身上提取很多精华，火焰燃烧着这可怜的人直至燃成灰烬和残渣！然后，从本质上讲，这种名声只是短暂的；我们所谓的持续“若干年”是不可预期的，有时会非常突然地就结束了。人们的愚笨，尤其是朝着任何对象围作一团的人们，是很极端的。那些围绕着他们的光环和火焰，就像新的已经升起的太阳，只是证明了烧焦的油桶，和地面上焦枯的秸秆。异教的公主大喊：“唯主，唯法里内利！”——现在他们还在吗？

在文学史上，有着甚至比斯科特更有名气的人，但他们没有任何内在的东西能够持久。洛佩·德·维加，全世界都敬仰他，完成了众所周知的成就，他在几乎数小时的时间内完成了令人满意的五幕悲剧；这无论是现在，还是过去，都是名气最大的，或许是列于所有名人中最伟大的人。而洛佩自己，如此大的名气、如此的闪亮，没有被证明是天穹中的光芒四射的太阳或者闪亮的星星；但是和曾经迷失和消亡的星星一样美好；或者就像在有些人眼里昏暗遥远的极光发挥完极致的光芒后，留下灿烂的虚无。这个伟大的西班牙人，当时境遇惨淡，又黑又贫穷，是一个残疾的士兵，在监狱里写出了他的《堂吉诃德》；此外洛佩的命运是凄惨的，他的名声对他来说，也许是一个诅咒；他身上也有些虚幻的东西，一种在一些其他名人身上追寻不到的神圣的品质；即使他这般的光芒四射，虽然全世界都敬仰和宣传着他，但这也不能改变他真实的生活境遇，特别是当他活着的时候；他不得不带着万分的忏悔爬到修道院或者牧师跟前，了解到他的福音不在那里；还懂得了当一个人感觉他的人生有问题、出现错误时，没有能够支持他的旁观者可以把他引入正轨。

或者追溯到我们的时代，奥古斯特扣赞伯有名吧？如果传闻和掌声是可信的，他，从不久前，被称为最伟大的人；他的思想很明显的被长毛绒和纸板包裹着，渗透、渲染着文明的欧洲；从卡迪斯到堪察加的所有戏院里，最刚强的外表的人也为他的作品感动得哭泣；他每个月大约创作两部悲剧，表现出了他惊人的天赋。总的来说，他已足够光芒万丈了；但他也已经归入“寂静”和“死亡”，已没有了光芒。我们将忽略这些所有的名气，把它当作和斯科特伟大与否无关的东西，把它作为一次事件，而不是才能。

剥去那伪造的光环，把它降低到自然的尺度，就会有一个现实中的沃尔特·斯科特，根据人们的议论，我们可以在他身上发现，他到底被视为伟大与否。朋友们对于他的绰号的准确要求，很可能否定给予他“伟大”的头衔。我们能够发现有比在这儿更多的其他东西来说明他的伟大。没有人明白伟大的真正含义，斯科特曾被什么样的目的，本能或者是倾向所激励，才能被称作“伟大”。他的生活是普通的，他的志向也是世俗的，在有些人看来，他身上没有什么精神上值得崇拜的东西；全是这个世间朴实、实惠、物质的东西。他喜爱景色如画，热爱美丽、生动、高雅的东西，这是一种真挚的爱，虽然比不上数百个二流诗人身上那种真挚，但这也是他身上拥有的最高品质。

他那能展示这些品质的力量，诗人般的力量，就像精神力量，是一种天赋的外延，也许我们会说，而不是内含。在实际生活中。在事业上，他涉及的领域很广泛，很多方面都成就显著。他是一个多产的作家，这不是说他的作品的数量的多少，即使在质量上，在很大程度上他也多少超越了一般的人。据说，“没有人写出了那么多卷的作品，其中却有如此少的句子被引证”，华丽的辞藻不是他的专长；也没有什么强烈要求他这样：世间存在的伟大的秘密对他来讲没什么吸引力，没有驱使着他陷入呆板的孤独中，去苦苦寻求它的答案，没有达到要么找到答案要么就陷入死亡的程度。他身上没有殉道者的任何东西；也不会“为我们进入暗黑的区域屠杀怪物”，他既不会被这样指引，也不会被驱使，去这样冒险。他的奋斗主要是为他自己的利益，通过吸引市场上普通的平民当他的读者，去计算自己能实际赚取多少金币。他所信仰的东西，想要找出来是很困难的，除了他对权力的热衷，任何种类的权力，甚至最残暴的权力。没人知道他信仰任何的东西，不，他甚至不相信任何东西；但是对于世界里和家庭的常规惯例他会沉默地勉强遵循。于是，就这样，对他而言，错的、半错的和正确的东西都像是对的，或多或少都有点自己的影响力量。能这样想很好，或许也不好。我们发现他写过这样的话，为在天堂享乐的那些人哀悼吧；但也可以肯定这也是为在巴别塔、丹尼尔大教堂里享乐的人们进行的双关的哀悼。另一方面，他著了很多卷书，供成千上万的人欣赏消遣。这能称之为伟大吗？对我们来说，似乎伟大的人内部拥有的和挣扎着的应该是另一种别的品质。

闰勒特兄弟，一个传教士，询问过印度教的上帝，那个最近才建立了神的地位的拉姆·达斯，关于人们的罪恶，接下来他应该做些什么呢？拉姆·达斯马上回答说，他的肚子里燃烧着足以消除世上一切罪恶的火焰。拉姆·达斯的回答迄今为止是对的，而且他身上体现出了一种很好的意义；这的确是对一个神圣的人相同的测试，没有了这个，他就不是神圣的，或者伟大的。如果他不使用他所拥有的愤怒之火在一定程度上消除世界的罪恶、灾难和错误，那为什么他还在这里呢？说一个伟大的人必须具备善行、远见，成为人们的朋友，这都太遥远了；不，这种专门自诩的“人类的朋友”不是我们现在要遇见的最不幸的人。一个伟大的人如果没有这样的火焰，去暗淡地燃烧或者剧烈地燃烧，作为他心中深处神圣的命令，在完成前从不停止，直至完成，那么他就是大自然的一个谬误。按照先验论者的说法，一个伟大的人总是拥有他的思想。

拿破仑，不是最伟大的人，但他身上拥有着足够的谨慎和自我主义；然而，他也从没有以一个如此清晰的思想作为开始：这个思想就是，民主主义是人类应追求的事业，是正确的，无休止的事业。于是，他自称“民主主义的武装战士”，还用一种相当伟大的方式证明它。不，最后，他有了这样一种想法，他用“民主是人才的职业生涯”作为他的工具操纵他们。这真的是一个关于此倡导的最好的思想，甚至是一个真实的中心思想，对于这个思想，所有其他人不管在任何程度上的听从，也都必须听从。很不幸的是，拿破仑只有在军队领域里才能实现他的这种思想；于是能够在国家的平民领域部分地试行他的思想之前，他首先必须为自己奋斗一段时间；但是，后来他被胜利冲昏了头脑（没有人的头脑会比他承受得更多）；于是他失去了自我，像他们说的，成为一个自私的野心家和骗子，而最终被砍头；把他的思想留给了其他人在去国家平民领域内去实现。这就是拿破仑；这就是所有伟大的人：有着孩童般的思想；或者，用拉姆·达斯的话说，他们身上充满着消除人类痛苦的火焰。有意识的或无意识的，潜在的或外在的，在斯科特的内心，有着这样的火焰的痕迹存在。

另一方面，不友善的评论家必须承认斯科特是真实的、真诚的人，这是了不起的事情。没有矫揉造作、无稽之谈或扭曲事实、美誉伪善的影子。不，而且，他如此的善良，难道不是真正勇敢、强大的人吗？他肩负着如此辛劳的工作，得到了如此多的幸福，他用自己的双手在世间劳作着，同时享受着幸福，面对不幸或者是幸运，他都是坚不可摧的。一位非常沉着、无敌的人，在困难和压力面前不会气馁；像大力士一样把禁锢他的枷锁扛在他大力士的肩膀上，在危险与威胁面前，对那种恐惧的耳语嗤之以鼻。而且，他拥有着真正阳光般的幽默与仁慈，和自愿而欣喜地对诸多世事的同情，他身上潜藏着如此绚丽的神圣之火，作为他根本的潜在热量，作为他对丰富的生命的内在热情，他是一个多么强健、健康的人。事实上，我们对斯科特最好的定义应该是这样，那就是他，如果不能说他是一个伟大的人，那么他也是一个非常受人欢迎的人，一个非常强健的、完全健康的，而且富有才华、成功的人。一个显然状态良好的人，身体健康，灵魂健康，我们会将他称为最健康的人。

无论是对健康的人，还是其他人来说，健康不是件小事，而是非常大的事情。基本上，写寓言故事的幽默作家其实也是一样的，他们对健康也是非常重视的，他们并不为了所谓的高官、富有、衣着华丽而屈身自己，他们所坚持的肯付出精力的只有健康。那些脸色苍白的人，坐在华丽的马车里经过他们的时候，被他们看成是失败者，悲惨而可怜；而那些脸色红润带着旺盛精力赶着马车的车夫，被他们认为是成功的，值得尊敬的。健康不仅仅意味着协调，与健康相关的所有同义词都可以表示其含义，例如恰当的顺序、良好；在某种意义上，正如我们亲身体验到的，这难道不是我们自身所有价值的整体表现吗？从目前来看，活着的健康的人就是大自然最有价值的产品。一个强健的体魄是非常好的，而健康的灵魂的价值超乎了其他所有应被祈祷的东西，是天堂赐予人间最神圣的福音。不需要人生哲学的人造药剂，或者什么禁锢的信条（总是很可疑），健康的灵魂能辨别什么是好的，然后追随它，保持着它；而且能辨别什么是坏的，然后自然地丢弃它。这是一种大自然赋予的本能，就像是能够指引深林中的野生动物去寻找它们的食物的东西，能够指给人类应该做什么，应该放弃什么。错误的事和外来的东西不会被人类健康的灵魂追随；伪善之言和所有奇怪的、不健全的表面东西都是不可能的。就像沃克的《本源》一书，其中他把自己的健康看得那么神圣，以至于他不会为了节约肥皂和水而让自己总是满脸污垢。健康的灵魂可以在你工作时伴随着你，你也会受益，它是非常根本的、有价值的；而其他东西则是你不应该带有着去工作的，它并不重要，也并不适合你。因此，正确地说，它是对人类整体本性的内在的忠告。健康的灵魂，正如不需要逻辑性的东西去证明最具争议的谬论是荒谬的一样。就像歌德亲自说的，“这种健康就像水从穿蜡布衣服的男人身上流过一样掠过我的身体”。健康的本性是一种福音；它是连贯的、讨人喜欢的、合作性的事情，并不是不合逻辑的、自我分心的、自毁的事。它使人体的所有器官能够得到和谐一致的调节而正常运行，是一个人对所有事情和所有人的感觉达到了一种恰当的平衡。于是人们身上美丽的光芒是从内向外散发，给人启发与添彩。

现在所有这些健康的东西都可以从沃尔特·斯科特身上看到，在任何这样的程度上，他是我们现在能够记得的唯一这样的文人。如果他不是唯一的一个，那么能想得到的和他处于最对立面的人物，而且和他有着对等的成就的人就是：威廉姆·科贝特。他们两人还有着和从表面看起来完全不同的相似之处；这不是对相对于斯科特的蔑视；因为科贝特，同样作为他那个世纪典型的英国人，强壮得像犀牛，他结实的皮肤下闪耀着单纯的仁慈和温和，也是一个非常勇敢的神话。大自然对我们太慷慨了；在那可记载的最黑暗的年代，那时在英国文学里如雨后春笋一样遍布着沃特姆主义、拜伦主义，以及其他令人伤心和颓废的感伤主义（是内在的《风》的产物），大自然友善地赐予了我们两个健康的人，对他们两个自然造物主也许会自豪地说：“这两个阳光的人也是在英国被创造的，像他们这样的四肢，我也是在那儿造出来的！”他们是那里最振奋人心的风景之一，关于他们是否伟大的问题就由你去解决了吧。一个健康的本性可能是或者不是伟大的，但是没有什么伟大的本性是不健康的。

或者，从整体上讲，难道我们不可以说，斯科特在身披十九世纪的新装下，本质上是一个处于上一世纪边缘的老斗士；是那种造物主在他的故乡创造的老的人？他坐跨在马鞍上，手持利矛，正如他在自己的书桌上奋笔疾书一样释放着自己的热情。人们想知道，他是怎样在势头正旺的哈登的《须鳕》时代，扮演一个须鳕的角色，同哈登并驾齐驱；而且他在晚年乐意去刻画的形象也就是一只健壮的配有暗黄色皮带的《孚立维小狗》。那是因为他身上有着强烈的自强品质；同样的坚强和多倍于以前的刚毅充满在他内心。他本可以战斗在红线上，以最猛烈的方式砸毁皇冠，如果那是他的任务的话；他本可以在泰恩河谷抢牛，用丰厚的利益回报他所受的伤，他可以非常合适地成为人类的船长。他是一个没有忧虑和空想的人；一个头脑冷静、内心热情的人，有着乐观粗野的性情的人，当看准了好的机会，就会直接朝着那个方向去努力；为了胜利加油。在那种情形下，他的内心会有多少的麻木不仁啊，而毫无征兆地离去。但实际上，谁会知道在众人心中藏有多少的麻木呢？或许我们最伟大的诗人是沉默的弥尔顿，而那些有声的作品是我们在幸福的瞬间所看到的人所创作的，也许在这里，也许在那里，就像它是偶然发生的，而创作出了这有声的作品。在埃文河畔的斯特拉特福是否依然到处是贫穷、动乱和张贴的扣押令，仍然是一个问题，连莎士比亚他自己也不曾依靠宰牛和剪羊毛过活。如果埃德尔的寄宿学校办得好的话，我们就不会从没听说过塞缪尔·约翰逊；塞缪尔·约翰逊曾经是一个胖胖的校长以及一位信仰教条主义的拉丁文法教师，为人们所知晓的就这些了。大自然是很神奇的，难道早餐时你不经意吃掉的那两个鸡蛋，不能孵化成一对飞鸟，用它们的双翼遮盖着整个世界吗？

但在泰恩河谷抢夺牛群，或者在红色站线上砸毁皇冠，都不是斯科特——这个强壮的边缘战斗长官被任命去执行的，而该是更多其他的工作。在这虚伪的十九世纪初，他应该成为英国和欧洲的诗人和小说家；他的事业是在这里，而不是在那里。哈登的长毛牧羊狗将会发现那真是太令人惊讶了，就是他是怎么样调整自己适应新的环境的呢？他是怎样靠自己融入这一环境中？让环境为他服务，最后在其中健康胜利地生存的，以及他是怎样描绘出那种牧羊犬的形象，能超越哈登所描绘的所有牧羊犬，更有效地驱赶羊群。这就是我们要大概了解的关于准男爵——沃尔特·斯科特先生生活和成就的历史。这是一段非凡的、内容丰富的、令人愉悦的历史，是值得我们了解的。而且，大概地了解一下这方面和那方面的历史就已经足够。因为我们的知识范围是有限的；而且这段历史也不是那么的成功，或者那么的神圣，也不是极其地有教育意义；其中没什么我们要去强烈责难的，也没什么要去全力热爱的；其中有更多的东西是要去关注而不是崇拜；而关于这段历史也没有那么深奥难懂。

直到他三十岁时，斯科特的生活中也没有要决定从事文学之路的迹象，或者很明显地要从事其他任何方面的迹象。他结婚了，并过着安定的生活，经历了常人该经历的基础阶段，至今仍没有任何出名的征兆。他的生活和处于他那个时代和地位的所有爱登堡年轻人的生活一样。在很多方面，我们必须说他非常的幸运。他的父母身处轻松或富有的环境之中，然而却没有受到贵族社会的奢华与堕落的影响；他们在社会地位、生活设施以及文化方面没什么特别显眼的地方，然而也没有什么欠缺的地方；他们周围的一切都那么的有条不紊、常规化；他们审慎、成功、仁慈地生活着，他们身上那种温暖和阳光的魅力，充满感染力的感情，那种勤勉和普通市民的安稳心态，不断地上升成一种高雅，就是在这个良好的环境中，这个年轻人的内心才可以健康成长。大自然赐予了斯科特健康的灵魂，然而，就如俗话所言，“让他去拥有健康的灵魂，但不是健康的身体”。他在童年时期遭受了残疾，就让这个勇敢的小男孩失去了活蹦乱跳和调皮捣蛋的机会，而学会了去想，或最低程度地去想能够直直地站立是多么伟大的一件事。年轻的斯科特，没有壁球和滚动的铁圈等游戏做伴，而是沉浸在民歌、历史书还有丰富的传奇故事中，这些都是由他妈妈和周围的人大量地给予的。这表面的一点残疾，外在跛脚，没有给这个年轻人的存在笼罩一层阴云；反而促使他能够朝着适合自己的方向发展。这种让人痛苦的残疾如果成为他高贵内心的一部分，不断地侵蚀着他的身心，在这种情形之下，沃尔特·斯科特是不能成功的，或者说他即使拥有其他的天赋，成功也不会产生或成为可能。大自然给予了健康孩子很多，太多了。良好的教育就是它的良好展示；而他本身展现得比他的同类会更好。

在这儿插入一个情况，就是那个被称为苏格兰长老会的地方。这个长老会的影响能被不断地感受到，无所不在。“这种苏格兰的乡下口音似的东西”，拉罗什福科说，不仅仅存在于语言上，还在思想上、性格上以及存在的方式上，永远不会在一个人身上消失。我们相信，斯科特，他的一生都是这种苏格兰主教制度的反对者，但是这对这种教会的影响作用不大。了解苏格兰斯科特会的人，没人会怀疑，在斯科特身上有着这种长老教会的巨大影响。这个国家的所有人，就像曾经发生过的一样，内心深处已经充满了这种宗教的无限的思想观念，“被施加了这种不可磨灭的影响”。这种人在被创造时，从宇宙中、从永恒的造物主那里获得的，苏格兰长老会的思想、道德观念、潜意识已经渗透到了这些偏远的山村，最纯朴的人心里。不管是美丽的还是可怕的，这种天赐的使命感、神圣的责任感，弥漫在他们的整个生活中。这些人思想中都有一种激励：从更加特殊意义上讲，“万能的上帝激励着他们去认知”。激励着他们崇敬勇敢和事实；对勇敢的老诺克斯永恒的崇敬，他是真实中的最真实。于是当他和他的事业陷入民事纠纷时，处于困惑和混乱时，但还是在为生活而奋斗时，老诺克斯就派出校长到各个地方，说“让人们被教导吧”；但这实际上不过是他赐予人类的伟大的指示中不可避免又相对不怎么必要的。而他的指示，真正的意图是，“让人们知道他们是人；由上帝创造，对上帝负责；上帝会在能持续到永恒的任何低潮期给予他们帮助”。这是实实在在的一个伟大的指示。让他们知道自己不是耕作和做工的机器，不是听话的饭桶，（从未如此装饰）来消化这些产品：不，无论如何；都得让他们明白他们和奴隶不能相提并论，他们自己也不是奴隶，是人。这就是诺克斯用人类的声音和力量带来的这个伟大的指示，并找到了相信他的人。

我们说上述的这种成就，哪怕就完成这一次，效果都是巨大的。这个国家拥有的这种思想可能会改变它的形式，但不会消失，因为它在这个国家已经成熟；思想以及一种精神上的男子汉气概，那些人准备做所有的工作所需要的，在永远起着作用。这种思想化为多种形式：如变成拼命地去赚钱的那种勤勉，就像在某些粗俗的苏格兰人和新英格兰人身上看到的；但它还可以作为简单而成熟的推动力量，或者变成感官的灵敏性，但它仍然在那儿；有一天它可能会作为对休谟思想的深切怀疑而显现出来（像摔跤的提坦神一样去对新观念进行怀疑和调查，这虽然痛苦，但仍然是善行)；而且，或者某一天，它可能作为伯恩斯激励的旋律显现出来：总之，这个思想就在那里，并且将继续以一个坚强的吃苦耐劳的考虑周到的人所在民族的声音和行为的形式显现出来，包含着任何它可以涉及的以及从它自身能够表现出来的东西。苏格兰人的民族性格来源于多种情况；首先，这种性格中带有撒克逊人的特点，但接下来，除了这个之外，其他的都来源于约翰诺克斯基督教长老会的福音书。这似乎是一种好的民族性格，但在某些方面又不太好。让斯科特感谢约翰·诺克斯吧，因为他欠他太多，就好像有他对篮球的梦想那么多的债务。在他的那个时代，没有人比沃尔特·斯科特更符合苏格兰人的特点：不管在好的或不好的方面，所有苏格兰人具备的特点，都充斥在他身体的每个细胞中。

斯科特的童年、学生时代、大学时代，读起来是令人愉快的，虽然这些和他所处的地位和同时代的其他人没有什么不同。对他的缅怀也许足够持续到有关他的生平记录变得比现在更加让人好奇的时候。也许一些处于二十一世纪末未来的苏格兰小说家会对自己说："他对宪法下的孩子们来说是十八世纪末期活着的一位伟大的爱丁堡作家。"下面讲的是我们能搜集到的关于他初期记录的一些片段。片段来自一本由他开始写的自传，很遗憾他没有完成。斯科特的优秀才华从没有比他开始写奇闻逸事和回忆录时表现得那么突出。他这样一个叙事和描写自己的大师，肯定会写好一个个人自传。在这里，如果从任何一个方面来说，他的知识是完整的，那么着实到处都存在着他所有的幽默和谈笑风生。

"有一个奇怪的事件是值得记录的。看来，我的母亲已经派了一个女佣来照顾我，在沙地罗威的这个农场，好让我不给家庭带来不便。但在照顾这个野性未驯的男孩时，那个男孩对她说了和做了很多淘气的事儿，以至于把这个年轻的女佣都逼疯了，都忘了她自己本来的职责了。她变得极其渴望回到爱丁堡，但当我母亲强制她留在这里时，她便开始对可怜的我产生了怨恨，导致她被扣留在了沙地罗威。我估计，就是这样引起了她那种精神错乱的情绪；因为她向老艾莉森·威尔逊管家坦白，她在一种强大罪恶感的驱使下，曾经把我带到克雷格那儿想用她的剪刀把我的喉咙剪断，然后把我埋在沼泽里。于是艾莉森立即把我保护起来，以防她的密友遭到她进一步的罪恶引诱，至少到目前为止，我是这样想的。当然，她被开除了，我也听说她之后成为一个疯子。

在这里，在沙地罗威农场，在我父亲的祖父的住宅里，我已经提到，我第一次有了存在感；我清楚地记得我的情况和外貌有点不正常。为了医治我的跛脚，在一些奇怪的补救措施中，一些人强烈地建议，就像宰一只羊供应整个家庭一样，我应该被脱光衣服，然后全身包裹起来，就像动物的身体被剥下一层皮那样被剥光。我清楚地记得，自己穿着这个鞑靼人一样的服装，躺在农舍的小客厅里的地板上，而我的祖父，一个满头白发的德高望重的老人，曾带着各种兴奋想让我试着爬行。我还清楚地记得，已故的迈克镇的乔治·杜格尔先生，现在亨利·杜格尔先生的父亲，也一起加入这个尝试。上帝知道是怎么回事，他是我们的一个亲戚；我还记得他，喜欢老式样的军队的着装（他当过格瑞斯的陆军上校），戴着一个有着深深花边的翘舌帽，穿着一个绣花的猩红色的马甲和一个浅色外套，外套上乳白色的纽扣以军队的式样扣着，他在我面前跪在地上，托着他的手表沿着地毯引诱我跟着它。一个仁慈的老兵，和一个裹着羊皮的婴儿，这对那些对此不感兴趣的观众来说是多么奇怪的一对组合。这事儿一定发生在我三岁那年（1774 年），那之后没多久，乔治·杜格尔先生和我祖父都去世了。”

我们接下来会了解一下关于他“在利得斯沙拉河谷的冒险”的故事。这时的斯科特已经成长为一个有着冒险精神、喜欢旅行的年轻人和律师。在休假期间，他会到高地，到切为斯和诺森伯兰郡的边境，进行短途旅行；骑着他矮胖结实的苏格兰加罗韦马，自由地往远处驰骋，他越过沼泽和阻碍，在阴森荒凉而有争议的地盘上，在弗洛登和其他的地方，这些地方，尽管他不理解，但他的作品早已传到。任何地方，不管它是如何的阴森和荒凉，都已经有或将会有它的诗人，因此也不会在诗歌方面不为人所知。利得斯沙拉河谷，曾经就如同大多数的山谷一样平淡无奇，但现在却获得了名气，让我们看一眼这个地方吧：利得斯沙拉河谷也是在这种永恒的苍穹下，我们这个古老的地球的一部分；在浩瀚的宇宙中，收获和赐予，以一种最不可估量的方式。斯科特在那里的经历属于完全乡村田园式的类型；那里完全不缺威士忌酒的香气。在这里我先指出，他文中对这个地方特点的描述为了增强效果而夸张了一点：

“在七年不间断的旅行生活中”，洛克哈特先生写到（因为斯科特先生自己写自传已经搁置很久了），斯科特做了一次突然袭击，正如他所号称的，和罗克斯堡的代理警长——舒特雷德先生来到了利得斯沙拉河谷，让他作为向导；带他探索了每个小溪流的源头，每座损毁的城堡从地基到城墙的碎片。这个时候的这个地区是不会出现四轮马车的——其实，事实上，这是一个两轮轻便马车，由斯科特本人亲自驾驶，作为他旅行的代步工具，在他七个短途旅行中的最后一次。在整个山谷中，没有客栈也没有任何形式的酒吧；旅客们的居所就是从牧羊人的棚屋到牧师的住宅，再从欢快而好客的牧师的住宅到粗糙但同样快乐而热情的牧羊人的住宅；无论他们走到哪里，都会收集到歌曲和曲调，偶尔还可以看到古代的遗迹，甚至伯恩斯曾把这些“旧的残片的延存”归咎于格罗斯队长。在这次的漫游中，斯科特得到了他的《苏格兰边境的歌谣集》的大部分素材，而且也从中对这个纯洁的宗教人的生活方式有了密切的了解，这些东西构成了在他这部最具魅力的散文作品中最佳的魅力。但是，在他对此的探索之前，他是经过多久才有了确定的研究对象的，似乎还是个疑问。“他当时有些困惑，”舒特雷德说，“但他当时并不在意这些，直到很多年后也许才清楚：起初，我敢说，他想到的只有奇妙和乐趣。”

“在那些日子里，”我面前的备忘录写到，“是没有那么多的律师的，至少在利得斯沙拉河谷是这样的”。这个受人尊敬的代理警长继续描述着那个乡下人慌乱但不是完全放松了警惕的表现，就是在他们拜访（威利·埃利奥特的米尔本–霍姆的住宅）第一个农舍时，当这个诚实的人被告知他的这个客人是上流人士时的表现。当他们下马车后，跟往常一样，他对斯科特进行了热烈欢迎，并坚持自己把斯科特的马牵到马棚去。舒特雷德陪同着威利去马棚时，这个农民悄悄地看了一眼斯科特。“透过门扉的边缘，”小声说，“嘿，罗宾，我说，我现在有点儿看不起他，你不会介意吧。”我认为他只是一个跟我们一样的家伙。说着，他家的一群不同品种的狗已经围在“律师”身边，而斯科特对这些狗的问候的回应方式立即让威廉姆·艾略特放下了戒心。

根据舒特雷德先生所说，这个好男人是丹尼·丹梦德（一种英国小猎犬）最好的原型。他们在米尔本-霍姆吃过晚饭，在威廉姆·艾略特如山洞一样的小宅里参观了一下，用舒特雷德先生称赞的话说，直到他们一半的人已经酒足饭饱时，他们又开始登上马车继续前行，到了在克里格赫德的埃利奥特医生的家，在这里（“因为”我的备忘录记载，“民谣当时十分的盛行”）这两个旅行者睡在同一张床上——确实，在这种原始地区，他们在大部分的旅程中都是如此。艾略特医生（一个牧师）已经收藏了斯科特先生要寻找的大量的民谣情歌。第二天早上，他们带着明确的目的，似乎骑了很长一段路，去拜访一个在涂兹河浦的老的托马斯，我猜想，是另一个艾略特，这人以他演奏苏格兰风笛而闻名，特别是在真实轻快的曲调(dick o' the Cowe.）的技巧掌握方面。在他们出发之前，在六点钟时，这个民谣收集者说：“我们就空着肚子吧，把它留给一只或两只蘸了芥末的鸭子或者一些伦敦的守门人。”后来老托马斯遇到了他们，不过，在他们到达涂兹河浦的时候，还吃了一顿丰盛的早餐；吃完早餐，老托马斯在所有种类的“马术音乐”中，演奏了一种可怕而神秘的曲调来取乐他们，而且，还用大量的威士忌酒来招待他们，这种酒装在特制的木桶里，类似于一个小的牛奶桶，这被他称作“智慧”，因为这种智慧每次只能由精神食粮生产出几汤匙，虽然他添酒的技术已经炉火纯青，而且这种智慧已经被庆祝了五十年，它比教区内的任何一碗都更容易让人喝得失去节制和理智。在对这种“智慧”给予了充分的尊敬之后，（喝了很多威士忌酒后），他们再次登上马车继续前行，穿过荒野和沼泽，到其他一些同样好客并且会吹奏风笛的主人家停留。舒特雷德说：“啊，天哪，原来跟斯科特在一起能享受到不断的乐趣和笑话！我们甚至没有走出十码远就能够开开心心地笑起来，唱起来，吼起来。无论我们停留在哪里，他总能恰到好处地表达自己的幽默让每个人都喜欢他！他赞成按照其他人说的去做；从不让别人觉得他自已多了不起，或者是抢同伴们的风头。在这些旅行中，我见过他的那些情绪，严肃而欢快，癫狂而认真，清醒而迷醉——(这个，然而，甚至在我们最原始的旅行中都是少见的）——但是，不管是迷醉还是清醒，他还是一个绅士。当他喝醉的时候，他看起来过分的沉重和痴傻，但是他从未丧失幽默。

关于斯科特的自传，有一些让人怀疑的行为，被可疑地进行了叙述；但是关于下面的一些叙述我们又能说什么呢，因为在他们的旅行中，威士忌酒的成分起到了一个相当突出的作用。我们会说这是可疑的，但不能被诟病，他们确实喝了过量的威士忌酒；而事实上，叙述中关于善良的希望和推想的部分为了增加表达效果，而对这些特点夸大化了。

一天夜里，到达了一个地方，他们和一些查理家的人或者其他（我忘了名字）人聚集在荒野中，像往常一样受到了热情的接待。但是，他们在经历过几天的劳顿之后，主人对他们在饮酒方面适度而有序的招待让他们俩都感到意外。在吃晚饭时，他们只喝了一瓶窖藏已久的陈酿；之后，刚好一个年轻的神学学生在房间里，就被要求以伯恩斯的一种“周六之夜”的好的旧形式来“大声”朗诵《圣经》，这个仪式刚进行了一会儿，这时这个农场的好男人说话了，他原本的“意向”，就像米切尔先生说的那样“是有点瞌睡了”，结果他突然站起来，把他妻子和这个年轻的牧师都吓了一跳，揉着他惺忪的眼睛，声音洪亮地大声感叹道：“啊——这是最后一桶酒了！”当他说着这句话的时候，又跌倒了。听说在斯科特律师的来访之前，他委托了一群健壮的牧人，到某个走私酒贩的栖息地，一个相当远的地方——索尔威湾，为了从那儿弄回点好的白兰地喝。于是这个日常的虔诚的家庭敬神的“练习”被他无奈地打断了。这个农场男人在对自己迄今这种低劣的逗乐方式做了无数次的道歉后，这个快乐的埃利奥特，或者是阿姆斯特朗，马上把一桶酒放到了桌上；他表现得温和而单纯，并没有忘记给牧师斟酒，继续让大家畅饮，直到黎明的曙光照进这个派对。当他和他的利德斯沙拉河谷的伙伴们在一起时，我很少看见沃尔特·斯科特先生无趣过，当他带着极其幽默的口气模仿这个老主人听到马蹄声时突然爆发出来的行为时，他知道这是买酒人带着酒回来了——这让主人的妻子惊慌失措——也让这个年轻的牧师怀着悲伤绝望的心情合上了他的《圣经》。

关于利德斯沙拉河谷的描述，我们在这里就像那个年轻的牧师一样，不得不带着一种悲伤的失望心情合上书，让读者自己去感受他能给予的精神营养。从中显示出了，虽然是以一种比较粗鲁的方式，这个年轻的律师，以及那个时代同他类似的那些年轻的人们，是风华正茂并且清醒的，而威士忌酒有时候会让他们昏了头。现在，我们可以想象一下，这个天性活泼的年轻律师已经为他的第一桩案子做了辩护，已经在义勇骑兵队服过役，结婚了，并被提升为州长，而他的这些经历都不显得浪漫；他在修道士路易斯的指导下，在德文翻译方面，在对歌德的作品《铁手骑士葛兹》的翻译方面，努力并取得了一些进展；于是就看到了他打开了《苏格兰边境歌谣集》的新篇章，也打开了这个新世纪的开端。

因此，迄今为止，在自然本性和实际环境的综合作用下，已经造就了他这样一个不怎么卓越不凡，但也是有相当价值的人：这样一个健壮的三十岁男人，充满了远见和幽默细胞，自身有着可以胜任任何一个商业重担的能力，热情好客，富有责任心，守法的公民；至于他的身上还有什么其他的能力，没人能说清。因为确实，谁能通过对任何一个人的一生的审视，去说他身上具备什么能力呢？让我们对一个人人生能可被叙说的部分一直重复叙述下去，就让那些不可被叙说的不被发觉的部分成为他的一小部分秘密吧；连他自己都从不知道，其他人就更不清楚了。给他空间，给他激励，让他带着自己被严格禁锢的灵魂，到达无限的领域；如果需要，可以让他创造奇迹。这就是伟大的人身上具有的最让人安慰的事实之一，尽管这还处于一种不被了解的状态。不仅如此，就如上述暗示的，我们称之为伟大的人，同时也是本性最温和的人，也可能就是那些不为人知的人。哲学家费希特在这样的信念中找到了安慰，从所有的布道坛和社论桌以及出版的期刊和周刊的言论中，他只听到了无数的关于默默无闻的普通人变成伟大的人的那种议论，在这种任何地方都不该有的无休止的骚动和本来应该归为沉默的喧嚣中，所有这些事的发展就好像是被剧烈搅动起来的泡沫，坚定的费希特几乎渴望能够通过“对知识征税”来稍微平息一下这种骚动——我们说，他是靠着他那种不动摇的信念来安慰自己，那就是伟大的思想确实仍然在德国存在；那些有思想的人，在他们自己的一个小角落里，真正地做着自己的工作，尽管是以一种默默无闻的方式。

沃尔特·斯科特，作为一个隐藏的斯科特，虽然从没能够在本世纪以及永世的历史长河中带给所有人二十年的欢乐，或者通过文学创作获得过以及失去过数以百万计的英镑，但是他可能是个很高兴的人，但绝不是一个无用的人，不仅如此，谁又真正知道是否还有一个更有用的沃尔特。然而，这不是他的命运。这个相当非凡的年代的天才——这是一个曾经缺乏笃信和对怀疑主义感到恐惧的年代，他对这个年代的行踪知道得很少，却要去面对或者承受很多的悲伤，总之，他要在这个新的形势下去生活——他对自己说：在我这个贫乏却非凡的年代，什么样的人可以做临时的安慰者，或者是精神巧克力的制造者，来稍微地抚慰一下这个年代濒死般的沉闷和各种悲伤。因此，环顾全世界，这个天才说着“什么样的人呢？”然后发现他自己行走在布满灰尘的爱丁堡国会大厦外面，身上穿着他的律师长袍；大声地宣告：这个人就是他！

《苏格兰边境歌谣集》被证明了是文学领域中一个能够发展成为最宽阔的河流之一的源泉。有韵律的传记体文学（它在一定时间里将变成平凡的传记文学），是作家为我们对古老生活的重现：它是一个强有力的词！它让过去的生活不是作为一种呆板的旧传统，而是作为一种可感知的存在，呈现在我们面前。他们就在那里，那些结实的老斗士，他们有着勇敢、质朴和力量，有着诚实和健康，他们能够坚强地自我救助，他们穿着坚硬的盔甲、皮革短衣、靴子，以一种离奇有趣的风格和装束，在那里看着、生活着。这种古老生活的展现，就像在文学海洋中新发现的大陆一样；对于新世纪，它就像理想中的闪亮的黄金国——或者说是肥沃而幸福的想象中的乐土，以及可以什么都不做的天堂。在这个新世纪的开端，这个一切都很贫乏无力的时期，没有比这种传记体文学更受欢迎的了。它带给人太多的出乎意料，太多的振奋和愉悦；在这个新的理想黄金国中；在这个肥沃而幸福的想象中的乐土中，人们可以任意地享受而不用做任何事；是迎接这种新的文学时代的时候了，这个属于沃尔特·斯科特的时代。他的第一部长诗《最末一个行吟诗人之歌》以及《玛密恩》、《湖上夫人》、《岛屿的领主》等长诗继歌谣集后很快也获得了成功，并且给他带来丰厚的利润和高度的赞扬。至于，他的每部新的长诗赚得了多少数以千计的金币；有多少数以千计（有时是五万本或更多）的副本被印刷出来；随后，他获得了什么样的称赞、评价、声誉和崇拜。所有的这些都被记录在这七卷自传里面，这将在文学的统计资料中显示出价值。他的自传是一部杰出、非凡的历史；所有人对其中的概要都很熟悉。读者会回忆起它，或者对其进行思考。而人们对此的想象空间也可能超出现实真正达到的程度。

斯科特在他生活的中期，拥有很多的著作权，有着新的正式收入并获得了晋升，他很有钱，名声斐然，让人感觉他是一个在各个方面都很成功的男人。“健康、财富、才智在引导着他。”（就像他的地方谚语说的那样），他拥有着这三样东西，他的前途一片开阔，胜利在那里等他；他的能力，他自己本身，不受约束，成功地展现给世人——最高的福音降临在他身上。广泛的朋友交际圈、个人忠诚的仰慕者、天伦之乐的温暖，这些福音会被赐予那些能够真心诚意地顺其自然接受它们的人；外在散发的光芒和声誉只会给予少数的几个人：谁不会说斯科特是开心的。但其中最令人高兴的情况是，就像上面我们所说的，斯科特的内在有着一个非常健康的灵魂，致使他对外在的光芒和声誉并不那么在意。他内心的真实写照是健康的，不是扭曲的，也不是虚假地闪着光芒或者是阴暗的，而是他们本来的面貌。他身上有着应该有的一定程度的勤勉和毅力，而且对自己的勤勉他有着清楚的方向。如果要针对健康进行传道和说教，而且要说教说得有价值，那么斯科特应该是一个范本。所谓的理论在逻辑学上被明确论证是真实的，然而在实践中则被证明可能是真实的，或者不真实的。但对此有个很重要的实验，那就是这个理论带来的结果是好的吗。当正式付诸工作时，一个人的生活就剩下了喧嚣，让自己陷入烦躁的空洞中，那么这时什么才能去证明他的信条是最明智的，证明他的生活原则是最好的呢？他的这些信条和原则在这方面是错误的，那么在其他方面也肯定不适用；它们只适用于公开定罪的谎言，我们应该说，被拒绝作为仿冒品，然后扔到狗那儿。这样的理论或信条如果被证明显然是错误的——我们能够说，它只适合，被作为赝品而舍弃，作为废物丢给拘吃吗？我们不能这样说，但我们可以说，不健康的身体或者思想，是一种失败，是一场（在一个好的或不好的起因下）以糟糕的成功而结束的战斗；而唯有健康才是胜利。让所有的人，如果他们可以控制自己，都努力保持健康吧！一个人无论什么原因陷入痛苦和疾病中，就让他考虑一下这个建议吧；得让他清楚地知道，他那种状况不是获得了什么好的东西，而是肯定地伤害了自己——他这样，也许是或者不是，在向着好的方面发展。

斯科特健康的灵魂在所有事情中都有明确的显示，而且有一个方面，没有比在这方面更能明确显示出他的健康了，那就是他对自己的名誉的淡定态度，对自己最初成名的反应。钱可以买到钱能买到的东西，但人们所谓的名声是什么呢？一个华而不实的纹饰，多并不是好的，除非，它真的很可能变成钱。对于斯科特，名誉只是一个有益的、令人愉快的奢侈品，于他的生活没有必要。不管现在还是曾经，看起来不需要太多的努力，而是由自然本性教导，这种本能地指导着这颗健康的心，明白什么是好的，什么是不好的，让他觉得自己没有同样名誉的粉饰也可以一直生活下去；觉得自己不应该信任这种名誉，而应该随时准备看着这些名誉从身边溜走，而自己像往常一样继续自己的生活方式。正如我们推测的那样，他以这种方式所避开的罪恶，是不可估量的；这让他的生活完全避开了堕落，大喜大悲，和不知名的低劣苦恼，让他对这些知之甚少。庆幸的是，在他取得名誉之前，他已经到了比较成熟的年纪，这个时候的他更容易承受那些虚荣的东西。一个人的幸福之中潜藏着一个多么奇怪的涅莫西斯啊！它在你的嘴里会甜如蜜糖，在你的肚子里却苦如黄连！一些低级构成的个体，我们可以知道，他们在5~20岁的年龄段，主要的才能停留在了低级的敏感性上，在那个背后只有肤浅和空洞，他们被局限于一般的想象力中，只是在一个轻浮的高度上空盘旋；他们被教导去相信那个看似神圣的旨意，相信自己是个伟大的人，这样的人似乎是最幸运的：唉，难道他们不是最不幸的吗？哦，低级构成的个体，不要去吞食希神赛丝的迷烟；那是让人堕落的毒药；它会吸干你整个生命的源泉，你的一切都会枯萎和凋谢；你将在阳光下显得很可怜。

比如说，有比穆尔写的《拜伦的一生》更让人悲伤的书吗？先不说停留在空洞上面仅剩的低级的敏感性，看看可怜的拜伦吧，他的身上真的潜藏着很深的内涵。他坐在那儿自我放逐，带着一颗骄傲的心，这颗心努力说服着自己去藐视整个宇宙万物；而在远方，在那神秘的巴比伦，让任何一个卑微的小人物拿起笔去评价他，让你们值得骄傲的拜伦被折磨得来回翻滚——那些可怜的小人物就好像是魔术师，或者他们的笔就像是充满电流的电线，击打着拜伦的脊髓！多么可悲、可鄙啊——个人宁可是一只小猫或哭泣的海鸥！而作为亚当的子孙，不管是伟大或者渺小，只要你是可爱的，那些和你同时生活的人就会爱你。那些没有和你同时生活的人，他们有没有那么一刻把你名字的字母，按顺序刻在他们的记忆里，或者把喜欢你的标签（就像我对大力神赫拉克勒斯的喜欢一样）贴在他们身上。没有这样的一刻，清楚的事实证明，根本没有这样的时刻。然而，看呀，现在没有你能自由喜爱的灵魂——从一个灵魂那里你总能唯一确定的是对他足够的敬畏；没有存在的灵魂恰好能和你一起！你的世界是怎样变成沙漠的啊，你呢，为了一点模糊不清的言语，变得贫穷、破产，你破产的不是你的金钱，而是你的心灵和思想！“那头懂得爱自己的金黄色小牛，”珍·保罗说，“已经成长为一头热血沸腾的法拉利斯公牛，让它的主人和崇拜者着迷。”野心，这种发光和发热的欲望，是这个世界上罪恶的开始。一个从事文学创作的人，把一切都建立在他的声誉之上，难道他自己不就因此成了撒旦的追随者（名为撒旦，敌人）以及恶魔学校的成员吗？

就是在他创作长诗的时期，斯科特与出版商巴兰蒂尼建立了业务关系，而且私下里和他进行着大笔的生意往来。对于那些为他戴上了英雄的光环的人，把他当成了诗人和预言家的人，斯科特的这一部分自传似乎和他们所了解的有点儿冲突。看着斯科特在现实中打拼，就如他那样，就是那样，他的公司，因为已经证明了是如此的不幸，可能会被称为是可悲的，但不能被称为不自然的。现实的斯科特看重各个方面的实际问题，而他发现现实的金钱是最实际的。如果能通过某种方式来诚实地赚取金钱，不管是通过写诗，还是通过印刷和出版，为什么不可以呢？这样做，伟大的事情最终可能被完成，巨大的困难会被马上克服，他再也不用和书商们进行各种烦琐的讨价还价，那种矛盾的罪恶感也会减少。而印刷和售书的买卖和他作家的身份也并不冲突。伏尔泰事实上没有靠版权挣钱，在他的那个时期，通过供给战争军需的买卖赚了很多钱；我们相信，他主要是通过买卖粮食挣钱的。圣·乔治，他们说，是一个在卡帕多西亚的熏肉经销商。一个成功的人会通过可能导致他成功的手段，去帮组自己朝着目标奋进。而斯科特公然的目标就是获得社会地位，及对这个世界美好事物的实际掌控，为了这个目标他恪守着伊阿古的那条最高戒律，把钱装进自己的口袋。

这里，的确可以这样评论，也许没有任何一代的文学人士，在精神领域的各个层面完成的使命，产生的价值会比斯科特要小：这不仅是指所谓的名誉，其中伴随着空想的痛苦的那种虚荣；也是指他作品中的精神意图，无论是指向这里或是那里，或是有其他任何的倾向；事实上就是指他作品的意图和效果，除了那些，我们可能会说，自动显示在我们眼前的东西，以及在某种意义上，能被察觉，看到并扣进马裤口袋里的东西。这个在我们心中的维特，有点太不像一个幻想家了！但就是这样，这个十九世纪，我们最崇高的文学家，他不可估量地超越了其他所有人掌控着世界的视听，如实际的一样，他没有任何信息传递到世界上；也没有希望世界通过这样做或那样做，能够自我提升和改善，只是要求支付给他一直在写的书的报酬。他确实非常卓越；也许，这才是最适合在这个堕落而倦怠的年代做的事情吧，在这个缺乏信仰和对怀疑主义感到恐惧的年代；或者，也适合与现在完全不同的另一个年代，充满着和平而胜利气氛的年代。这是可能的，可以肯定自从莎士比亚时期，还没有出现像斯科特这样对自己要表达的目标并不那么刻意的伟大作家。他和莎士比亚一样，表达出的东西都不是刻意的：他们的作品都是来自内心真诚而完整的表达。那么现在说说他们是否同样深刻呢？或者，可以说他们一个是旺盛的火焰，而另一个只是不产热的磷火和纯粹的树脂烟花吗？这将取决于他们所表达出的思想价值；因为他们二人的写作都是那么自然，都是一个不被未来目标束缚，直率的表达。除了把观众吸引到环球剧院，莎士比亚对他的戏剧并不期待其他的成果。但这些戏剧真的已经有了成果，怀着一颗自由的心，写出宇宙给予自己的启示：如果写出的东西是从天而降的圣火，应该是很好的；如果只是树脂烟花，应该也可以达到它能所达到的效果，或者比其他的要好。

在我们这样一个极其严谨的宇宙里，一般来说，一个公正的法官，将需要一个有话可说的发言人。否则的话，对他来讲，最好保持完全的沉默。这是比斯科特的人生信条更有决定性的真理——除非是在一个整体堕落，没有真诚，没有怀疑主义的年代。这些东西是公正的法官需要从文学人士身上得到的；然而，而且对于斯科特带着完全好的信仰表达出来的东西中，如果没有其他东西值得承认的话，那么他的诚实就是应该被承认的伟大价值所在。他的作品中是有些价值的，而不是一无是处。如果没有来自天堂的信使透过他的眼睛，那么就不会有他那一整套的奇想，怪想，漫谈和狂热的幻想，也不会有所谓的“高贵思想最后的污点”——充满着痛苦和无边的恶意；他将是一个亲和的温顺的凡间人。斯科特低于前者那种品质的距离就像地球离天空一样远；但他高于后者的距离就像欢快绚丽的地面和荒芜的地狱一样远。让他去按照自己的风格生活，并在这些方面尊重他吧。

现在才写下关于那些韵律的浪漫作品的批评已经晚了；同时，我们也许会这样评价，它们所受到的欢迎看起来是很自然的。首先，这些作品中包含着明显的价值特征和真实的写作力量。这样评价在某些程度上是说谎，或者被认为是在撒谎，但是从受到的欢迎程度这个底线来说，它们在斯科特的韵律浪漫作品中被大量地显示了出来。作品中确实描绘和展示出了一幅幅画面，构想出了能引起人们共鸣的人类感情。想到他塑造的那可怜的黛拉-克斯卡的角色，以及其他编造出来的穿着旧的破烂衣服的角色，是他作品中稳定的主题后，也许就可以认为斯科特作品的卓越之处是优秀的、最高尚的。当一个海莉成为主唱歌手，那么一个斯科特可能也会受到热烈的欢迎。考虑到斯科特作品中展示出的对植物的热爱，甚至是对三角恋情的热爱，是否符合普通男女们的好恶的口味。人们对于斯科特所能代替的东西更加喜欢，因为小说主旨被一遍又一遍地乏味地重复，成了一种主旨的影子。

但是，其次，我们可能会说斯科特作品所展示出的那种价值，特别适合人们的口味。人们生活的年代，我们把它称之为堕落的精神倦怠期，缺乏信仰，对怀疑主义怀着恐惧，在这种奇怪而新奇的环境下，人们的生活沦为半衰期。而现在，斯科特的作品所描绘出的所有画面给人们带来的是充满活力的、兴盛期的生活。

他的读者被带回到了艰苦而豪迈的日子里，在那里我们这个年代的那些弊病还没有出现。那个时候强壮的战士们，武装着铁甲战衣，他们的内心坚韧得如同被包裹着橡皮和三层的铜皮，驾驭着他们的彪悍战马，挥舞着他们用来拼杀的长矛，毫无顾忌地、坚定地向前冲。读者们带着习惯性的思维感叹道，“天哪，我也曾经生活在那个时代，但是，自己从不知道那些圈套、疑惑和病态，也从未或感觉在那一群活着的人当中活着”。最后，再说一句，在这个被斯科特新建立的诗情画意的世界之中，对读者来说，不需要他们付出任何的辛苦；其中自然体现出的美德和优越之处，只是供他们欣赏一眼。这个诗意的世界对读者们来说，不仅仅是一个理想中的黄金国，也是一个想象中的幸福乐土和自由的天堂。读者们，绝大多数的读者，最乐于做的就是，躺下来看着他的小说，舒舒服服地感受这个世界。正如传说中土耳其的浴室服务者要达到的目标，想用他们的按摩、洗头和热敷来或多或少获得点效果，而客人们则处于完全闲适的状态来享受这些服务——而斯科特的小说在很大程度上也实现了类似的目标。斯科特让人们倦怠的想象力回到了休养状态，他作为一个艺术家，给读者提供了精心勾画的场景，和激动人心的有序的故事描述，他悄悄地对人们耳语，休息吧，让你不太热烈的感情自然而舒适地释放。一位评论家说道，“粗鲁的人只能看见一些发生在表面的事情，稍微文雅点的人应该学会感知，真正文雅的人要能够深思”。

我们把《苏格兰边境的歌谣集》作为汇流成韵律浪漫长诗这条伟大长河的源泉；但是根据一些记载，浪漫长诗能追溯到更高、更隐蔽的源泉；那就是歌德的作品《铁手骑士葛兹·冯·贝利欣根》，正如我们所知的，斯科特在他的早年翻译过这部著作。追溯到许多许多年前，发现了有关歌德的作品评论的记载，回顾起来，可能这些对大多数读者来说是仍然是陌生的：

"我们刚刚提到的两部作品，歌德的《铁手骑士葛兹·冯·贝利欣根》以及《少年维特之烦恼》，虽然是一个天才年轻人的初次伟大尝试，但是，它们仍然不是靠作品本身的卓越而变得著名，而是靠极好的运气。很难再找到两本书能够超越这位年轻作家的这两部作品给欧洲后来的文学产生深刻影响。这是他的处女作品，在他二十四岁的时候写成。《少年维特之烦恼》似乎抓住了世界各个角落的年轻人的心，为他们表达出了期待已久的话语。和通常发生的一样，这些同样的话语，一旦被表达出来，很快就被大量地重复，被用各种各样的方言传播，被通过各个层面的注释来歌颂，直到这些话语让人觉得倦怠而不是快乐。这段时期多疑的伤感主义，美景的追求，爱情，友谊，自杀和绝望成为文学作品的主题。虽然，这股流行风经过很多年后，在德国平息下来；它再次以各种各样变化后的形式出现在其他的国家，到处都留下了它带来的清晰的好的影响和坏的影响的痕迹。而《铁手骑士葛兹·冯·贝利欣根》这部作品的运气虽然没《维特》那么好，但绝不能说这部作品不够伟大。在德国，《葛兹》这部作品的地位虽然显得是那么唯一和不可超越，但是它却引出和造就了无数歌颂骑士精神的戏剧，描述封建制度的作品以及和富有诗意的古文物表演；这部作品的影响虽然很久之前就已经消失，但它在当时对那代人产生了深远影响，而且对我们来说，它的影响仍然更加明显。沃尔特·斯科特先生文学事业的第一步就是翻译《铁手骑士葛兹·冯·贝利欣根》。如果才能可以通过教导来传输，我们可以说斯科特的《马米恩》和《湖上夫人》这两部作品，就是歌德最主要的教导功劳，在它们之后斯科特写出了很多优秀作品。确实是，斯科特这粒种子被种在了合适的泥土中因而能够茁壮成长。如果他不是太固执和正直，他会比其他人发展得更好、更广阔；而世界上所有国家的人每年都仍会因为他的成果而相聚在一起。”

至于《铁手骑士葛兹·冯·贝利欣根》这部作品到底对斯科特的文学终点有多远的影响，是否没有它，斯科特的韵律浪漫长诗以及他的浪漫小说《威福利》会不会像他写得那么优秀，这仍是个非常模糊的问题，模糊而且不是很重要。然而，事实上，毫无疑问，有这样两种影响的趋势，被称为葛兹主义和怀特主义，对于前者，斯科特便是代表；这两种主义已经产生了并且仍然在欧洲的一些地方产生着影响。在德国，也流行着充满深情的、半带着遗憾的对过去缅怀的写作风格；德国文学史上也出现过真正的怀古时期，甚至在斯科特开始产生影响之前就已将它完成。然后，至于怀特主义的影响，难道在英国没有出现拜伦和他的同类风格的作家吗？没有其他任何国家受到这种主义的影响比得上英国一半的国家；当我们的斯科特先生把骑士精神文学带到了世界的尽头，拜伦也把怀特主义的影响带到了世界各地。在法国，人们虽然正忙于拿破仑的大革命，并没有什么闲暇去关注葛兹主义和怀特主义；但是这个国家还是受到了这两种主义的影响，只是以自己的形式出现而已。在那里我们见证了这个时代绝望的文学期；看到了怀特主义的最贫乏的文学形式，可能也是它们自己的最终形式。从另一个极端性的标准来说，也见证了葛兹主义和怀特主义合为一体的文学形式，好像一块大的烤牛排——让人好奇的是，怎么全欧洲就像同一个郡县中的一片由不同的几个教区组成一样；自从十字军东征时期，甚至更早，不同的教区总是能够受到同一种主义的影响；我们历史上的那些经典的战争就好像是不同教区的争吵，它们始于彼此间的无知、自我陶醉和自我的吹嘘，以残垣断壁、家园被毁、一片废墟和人员伤亡为结束。对于这种相互间的争斗，隔阂，在一定程度上，人们希望能够逐渐被搁置，并达成一种良好的共识。

但是退一步讲，这里与我们紧要相关的，是去注意英国的怀特主义的影响，以那些拜伦的诗歌的形式表现出来，是那么的有影响力，那么的切中要害，给那些品味已经倦怠的人产生了深刻影响。这种拜伦主义也是“对现代思想非常重要的一种思想感情。这种感情因在这个懒惰的、耕作的、没有自信的时代，激情不能转化为行动而产生！”“在这个缺乏信仰以及怀疑主义的萎靡时代”，人们都带着特别的兴趣投向了拜伦主义。这个年代，针对这种痛苦的麻痹和倦怠如果没有好的疗法，那么拜伦主义至少能够让人们对这种痛苦进行愤愤不平的诉说。

一种恶诺夫斯的诅咒笼罩着此时的人们——让所有人都感觉自己很重要。对过去半带着遗憾的回顾已经让位给了拜伦主义，此刻，在许多地方，都笼罩着恶诺夫斯的诅咒。而斯科特是第一个察觉到骑士精神的浪漫主义正在衰落的人。他的浪漫长诗已经占统治地位长达10年，这是一段相当长的时间；而现在似乎已经到了让位、退去的时候；这并不是什么好事情；然而斯科特对此已经做好了心理准备，就像一个勇敢的人会做的，沉默而冷静地去面对这种转变。毕竟，诗歌不是他生命的全部；而且长诗已经带给他如此多的金钱；这个，至少是不会从他那儿被拿走的。他目不转睛地看着即将到来的变化，继续从事他作品的编辑、编译工作，以及多渠道正式的商业行为，并获得了可靠的利润。

在这种转变面前，他准备做的就是隐退——而现在看来，已经被证明没有隐退的必要了。让他那韵律的浪漫长诗变成一种浪漫的散文小说；摆脱押韵的束缚，尝试在更宽阔的领域创作。在1814年的春天，他的第一部浪漫历史小说《威弗利》问世，这是在英国文学编年史上一次难忘的事件，是在英国书籍销售史上值得给予三倍甚至四倍关注的事件。拜伦以诗为颂，而斯科特用小说来叙述；当拜伦的诗歌经过各种的变化吟诵到《唐璜》为止的时候，斯科特仍然在写他的浪漫历史小说，在引领着整个世界跟他走。斯科特所有曾经因骑士精神的长诗获得的名气，都被他的小说带来的更大声誉所埋没。伴随着《威弗利》问世后的一系列小说作品的完成，让他变得世人皆知；人们带着痴迷和震惊见证着，观看着他的成名。在这个岛国上，还罕有人能够获得像他这样高的文学声誉，并且是能够传播得如此广泛的声誉。因此，沃尔特·斯科特先生变成了沃尔特·斯科特爵士，阿博茨福德的准男爵；好运伴随着如哺育宙斯的羊角般的财富，名誉和世界级的称赞降临到他身上；他一时成了农民，以及所有普通民众最喜爱的王子；

他是农民和所有中产阶层的人们的最爱。他的《威弗利》系列小说，一个紧跟着一个，似乎永无止境地不断问世，成为最普遍的读物。就像每年都要获得的丰收一样，他受到了欧洲的各个国家、各个阶层的欢迎。

一种奇怪的情况变得越来越严重：小说的作者本来很出名而变得不为人知了。从一开始大多数人就怀疑，后来很快，极少的聪明人也来怀疑，《威弗利》的作者是沃尔特·斯科特先生。关于此，至今对公众而言，依然保持着一种神秘感，让此事变得越发蹊跷；而对观看这整个过程的作者本人来说，这无疑是非常愉快的。他也许根本不像其他运气不好的作者经常做的那样关注这种事情，或者经过长期调查得出了“明确的证据”最后证明，这部小说的作者不是沃尔特·斯科特，而是一个令人惊讶的某某先生，这在当时对一个作者来说是人生的一种惨淡境遇。但是对于斯科特这个享有特权的作家来说，就像国王的一次微服出访。所有的人都知道他是一个国王，是侠义的古斯塔夫或者恺撒·约瑟夫皇帝，但是他却不带任何仪仗和不需任何仪式加入他们的会议，就像骑士杜诺德，或者洛林伯爵。他们对王权从不厌倦，也对自己亲耳听到的所有赞美感到满足。总之，《威弗利》这部小说的流通和成功盛行，让人们对“威弗利的作者”的通常想象，变成了一位活着的神秘人士，并且让这种想象成为世界上的主要谜题之一。

一个成功的作家是怎样贬低自己的身份，在这样的环境中生活着，这是值得一看的。我们很乐意去查寻斯科特这段时期的相关生活，但是这样做对这个问题并没有多大的证明作用。他的书信，像刚才所陈述的那样，都很有趣，然而一些也很无趣。它们充满了愉悦，充满了才智和独创性。但是它们不涉及任何私事的描述；没有人怀疑这些信的真实性，那种所谓的真实性，也许有人会说，这些信，无论在任何情况下，都没有体现出斯科特内心的大部分想法。考虑到你自己以及周围相关人的面子和虚荣心，对这些书信，那些常规形式的推断，从来都没有停止过。一股关于斯科特书信的推测之风开始刮了起来，变得清楚，任意而高兴地推断。但是，来自这些书信的判断，好像总是和事实本来的真相，如两条平行线一样从来不会有任何关系，感觉好像一个人被踩在脚下，但却欢呼着。书信是关于一个人的世界的大部分生活的描述，甚至是这种描述中最具代表性的一种；但是对于斯科特这种，他的世界已经被人们看得很清楚的人来说——实际上他的书信中所表达的，很少是自己真正的表达风格；根据洛克哈特先生的记载，我们可以选择他的 些书信粗略地了解一下，他第一次与皇室或者说摄政王本人共餐时的情况，这是一个相当正式的场合。

当摄政王从克罗克先生那里听说（他后来是海军部的秘书），斯科特要在三月中旬进城（1815），便说，“他来的时候跟我说，我会给他精心安排一个小小的晚宴，来欢迎他”。当斯科特早晨觐见摄政王，并受到了高贵的接待之后，他如约地被邀请与摄政王共进晚餐，这次觐见是通过他的挚友亚当先生（现在是苏格兰陪审团法庭的首席法官）介绍的，他当时掌管着一个皇家秘密机构。关于这次接见，也包括那个晚宴的安排，摄政王曾经向亚当先生咨询过。王说，“让我们”，“只邀请几个他自己的朋友，苏格兰人越多越好”。亚当法官和克罗克先生都向我保证，在他们的记忆中，这次聚会是最有趣的并且最和谐的一次。这个晚宴的成员有，我相信，约克公爵——戈登公爵（之后的亨特利侯爵）——哈特福侯爵（之后的雅茅斯城主）——法夫伯爵——和斯科特早期的朋友，梅尔维尔勋爵。“摄政王和斯科特，”克罗克先生说，“是我所恰巧遇见过的，两个最睿智的故事讲述者，他们都使用了自己的一些讲述技巧。他们两人都明白自己讲述技巧的优势所在，都展示出了自己的讲述才能并收到了令人愉快的效果。在我回家的路上，我真的不能判定他们之间到底谁更优秀。摄政王好像被斯科特感染了，斯科特也一样；因此斯科特在他以后访问伦敦时，更是频繁做客于皇家餐桌上。”这个陪审团的首席法官亚当勋爵回忆道，摄政王特别喜欢听斯科特讲述那些老苏格兰法官和律师的奇闻逸事，有时候，他王者的高贵风范，被遇到的这位带有某种滑稽的具有貂的机敏特性的朋友，逗乐得荡然无存。斯科特讲述了一个故事，这个故事他非常喜欢讲，是关于他的老朋友司法秘书布莱菲尔德勋爵的故事；而摄政王在听到这个故事后对它的评论把斯科特逗乐了，后来在很多场合都被他经常提到。这个趣事是这样的：每当布莱菲尔德法官进行特别的巡回审判时，总要去他巡回审判的小镇邻近一带的一个相当富有的绅士家里拜访，并且至少在那里逗留一晚上；因为他和这个绅士都是热情的国际象棋迷，他们通常都会以他们最喜爱的对弈作为告别。在一次春季巡回审判途中，他们俩的对弈直到破晓还没分出胜负，于是这个司法秘书说：“好吧，唐纳德，我这会儿必须回去了，就让这个棋局放在这里不动，等我回来继续和你对弈。”后来他在10月份时来了，但没有去他热情好客的老朋友家里。因为那位绅士这时正因一项重罪被暂时逮捕（因为造假），他的名字也上了波蒂厄斯的羊皮卷上，或者说他的名字已经上了那个将受到他的老朋友保护的名单上。他最终还是依法被起诉，并被依法审判，陪审团宣判他有罪。布莱菲尔德随即戴上他的法官三角帽（它同英国法官的黑帽子是一样的），按照通常的法律条款，对他的朋友进行了宣判——“吊起脖子，施以绞刑，直到死！愿仁慈的上帝保佑你这不幸的灵魂！”在用响亮的音调进行完这庄严的宣判仪式后，布莱菲尔德卸下了他严肃可怕的伪装，对他的朋友熟悉地点头示意，强忍着悲伤对他的朋友轻声耳语：“现在，唐纳德，我的朋友，我想这次你真的被我将军了。”在听完这种麦奎因式的残忍的幽默后，摄政王痛快地大笑。他接着说，“我相信，斯科特”，“这个顽固的老法官似乎在处理事情方面和我一样冷酷和残暴。你难道不记得汤姆摩尔有一次在早餐时对我的描述吗——桌上摆满了茶和吐司，也充斥着死刑令及清晨的讣告？”

接近午夜时，摄政王呼吁：“干杯，让我们所有人对《威弗利》的作者表示祝贺！”接着，当他给自己添酒时，意味深长地看着斯科特。斯科特开始困惑了片刻，但立即明白过来，他把酒杯斟满，说：“伟大的殿下您似乎认为我想要这些荣誉和祝贺。我没有这么虚荣，但我会像真正的西蒙普尔一样把这些对我的真心赞美记在心里。”然后他举起那杯红葡萄酒一饮而尽，并加入了王子殿下本身发起的众人的起身高声欢呼中。但在这些人回到自己的座位之前，摄政王又说“跟那时一样，阁下，《马米恩》的作者——沃尔特，我的绅士，我这一次将了你的军了”。紧接着第二轮举杯和欢呼声持续了更长的时间，斯科特站起来，以简短的话表示了回敬，这些话让这位法官勋爵先生印象深刻，被认为“严肃而优雅”。后来这个故事以不同的改编版本被传播。斯科特离城之前，再次做客于卡尔顿的家里，这次的聚会比以前要小型些，但却有更多的自由和欢乐。聚会上什么都不缺，摄政王还唱了几首重要的歌曲。

或者，从很大程度上说是在隔了很长时间之后，我们再看一下另外一次晚宴，它虽然没那么正式却得到了更好的描述。这是印刷商和出版商詹姆斯·巴兰蒂尼举办的晚餐，在爱丁堡市坎农格特的圣约翰街举办的，就在《威弗利》小说问世的前夕。

这次的晚宴，用詹姆斯自己最喜爱的话说，是华丽的；宴会上供应有市议员才能享受到的甲鱼和鹿肉，让人舒适的冰镇威士忌、烈性麦芽酒以及温和的马德拉葡萄酒。当晚餐开始时，魁梧的行政总督站了起来，举起酒杯，用了约翰·肯宝所具备的本领，以麦克白式的开场白大声说："斟满！我敬在座的各位先生！"

他又说，"敬我们的国王，上帝保佑他"！

接下来又说——"先生们，下面这杯酒我们在座的各位绝不能省略：我敬您，沃尔特·斯科特先生，祝您身体健康，万寿无疆！"于是所有人都祝福他身体健康，斯科特简要地感谢了这些人，并向宴会的主人表达了温暖的谢意，巴兰蒂尼夫人退出了宴会；就像平常的宴会敬酒方式一样，酒过三巡之后，主人詹姆斯先生再一次站起来，这时他额头的每根血管都膨胀着；他的眼睛严肃地盯着无人的地方，他提出建议，不像之前那样声音洪亮，而是"屏住呼吸"，像站在舞台上的阴谋家小声说话能引起走廊的震动一样说，"先生们，让我们为《威弗利》的伟大作者干杯！"于是欢呼声高涨，斯科特参与了众人的举杯庆祝，之后是一阵静默，这时巴兰蒂尼接着说——"在他上帝般的表情中，带着平静和严肃，又暗含着伟大和神秘"——为了掩饰这份晦涩的感觉，他的这位声名显赫却非常谦虚的客人，在众人的盛赞之下，依然选择低调。为了感谢众人让他感受到了无比荣耀的称赞方式，也为了确保让众人感受到，当他被这样夸奖时，他是无比的高兴与自豪——他说了"这是他一生中最骄傲的时刻，等等此类的话语。整个宴会中在斯科特哑剧般的表现中显出的冷静、严肃而幽默的特点，非常完美；而厄斯金尝试着讲述一个关于同性恋男人的冷淡态度的故事，更是在这快乐的气氛中增添了滑稽和搞笑。这个宴会的主人，出版商也被斯科特逗得突然大笑，他也很清楚地让这部新小说成为晚餐讨论的主题。新小说的名字一被提起，紧接着就是欢呼声和另一轮的举杯；但在这之后，再没有更多值得举杯的话题了。为了活跃气氛，这位主人自愿献唱了许多夸张的歌曲，但是以没有对任何的乐团存有不敬的风格唱了《洛迪女佣》或者是《比斯开湾》，或是《夜晚未睡的小娃娃》等歌曲。紧随其后的便是新一轮的敬酒，不时也有其他客人唱几句小调来衬托气氛；老乔治·汤姆森，伯恩斯的朋友，准备好了要唱一曲《荒地婚礼》或者《威利的吻痕》；宴会就这样继续进行着，直到斯科特和厄斯金以及一些牧师或非常保守的人士，有机会获得主人的准许，在恰当的时候退出了宴会。在这之后，宴会的情况发生了改变。红葡萄酒和橄榄换成了烤排骨和一大碗威士忌；在几杯烈酒下肚之后，这位主人又变得兴奋起来，詹姆斯先生开始高声赞美即将问世的这部浪漫小说的优点。他大声说道，“一章——一章就够了！”在“不，女士，不要”等话语和一些更多扭扭捏捏的矜持之后，他开始了他一段长篇的赞美；赞美的开始，詹姆斯先“嗯嗯”地清了一下嗓子，然后开始大声朗读小说中他认为是最引人注目的对话。

我开始听到的是他读的关于珍妮·帝恩、阿盖尔公爵和卡罗琳王后在里士满公园见面时的对话；尽管他对自己的一些浮夸的朗读技巧感到很享受，但我不得不说他的朗读对那个场景做了恰当的陈述。在他朗读的所有事件中，他所达到的效果是深刻而令人难忘的；难怪在这个让人高兴的印刷商正式地以《马米恩》中的最后表达来作为这个宴会的结束语前，大家都纷纷向他敬酒，这并没对后来布拉汉姆在宴会上的表现造成轻视。

在阿博茨福德，斯科特的事情展现出了相当繁荣的景象。斯科特一直在那里，靠着泰德舒适的河岸建造住宅。他在那儿买了并一直在购买土地，购买的速度比得上他的新小说《威弗利》挣得金币的速度，或者甚至更快。斯科特通过盖房子把他的钱变成了摩尔式的良田，建筑用的石块、木头或者被种植的树木。

大约在1820年2月中旬，洛克哈特说，“在那个时间以前已经安排好了我即将在春天与他的长女结婚——因此我和他的一部分家庭成员一起陪他去阿博茨福德旅行，在途中，他常常沉迷于星期六处理案件的时间。在这样的时候，斯科特在通常的时间里出现在法庭，但他穿的不是正式的黑色律师袍，而是在工作长袍里面，穿着乡村的晨礼服、绿色的夹克衫，等等。在正午时刻，当法庭休息的时候，彼得·马蒂松肯定会在议会休息的时候出现。五分钟之后，斯科特就会脱掉长袍，卷起衣袖，光着胳膊，在泰德河岸边游玩。当我们开始……”

第二天早晨吃早餐的时候，约翰·巴兰蒂尼出现了，那时，他拿着一个狩猎箱和猎枪在几英里外的利德斯溪谷里狩猎，和他一起的还有治安官先生和他的客人。那天很晴朗，天空很明净，斯科特一读完教堂的晨祷和杰里米·泰勒的一篇布道后，我们就在正午前出发去巡视他在高山上的领地。他的猎犬麦大和其他受宠的猎犬一起陪着我们出发。还有他忠诚的侍从汤姆·柏迪陪着我们一起开始这次旅行，我或许可以省点力气，而不必做任何尝试去描述他的外貌，因为他的主人对他的这个好帮手给了我们一个相当真实、贴切的描述。“他或许有六十岁了，但是他的额头上没有太多的皱纹，他的黑而发亮的头发没有因为年龄的增长而变白，也仅仅只是出现白斑而已。他的行为举止表明了他依然很刚健，虽然他人看起来个头比较小，但他的肩膀很宽阔，方方正正的，肩两侧瘦瘦的，明显看得出肌肉的力量和活动。或许岁月多少让他出现了点老态，但他看起来总是精力充沛。一副生硬而严厉的表情，在和他的头发一样灰白的突出的眉毛下有一双深陷的眼睛，一张大嘴，紧贴上下嘴唇的是一满口白的不寻常的毫无受损的牙齿，他的嘴大得可能像食人恶魔的嘴那么大，这些构成了他可爱的外貌。”他穿着斯科特破旧的绿色夹克衫、白色的帽子和土褐色的裤子；可以想象他作为一个诚实的值得信任的工头，受到了他主人多年宽厚的对待和照顾，已经慢慢抹掉了他因穷苦和焦虑以及偷猎的狡诈习性带给他原本面容上的生硬和冷酷，这就是一个1820年的汤姆·柏迪，站在我们面前。

我们都很高兴看到斯科特已经完全恢复了他身体的活力，而不是像那个治安官一样，当他跟在斯科特后面穿过一个又一个峡谷，上上下下，张着嘴，喘着气，常常停下来擦他额头上的汗水，还辩解说："不是每一个作家都能领先他这么长的距离。"但是柏迪的脸上闪耀着兴高采烈的光芒，因为他注意到了这个挺着啤酒肚的售书商给自己安排了一个非常艰巨的旅行。斯科特得意地呼喊，虽然或许有十遍："汤姆，对我们的树木来说，这将是一个极好的春天!"——"你可以那样说，州长。"汤姆说，然后他围着这个治安官徘徊了一会儿，又说"我的警官啊，"他来回挠着他的额头，继续说，"我觉得这对于我们的别克也将是一个极重要的季节。"但是汤姆的确总是说起我们的别克，就好像它已经成了和我们的艾特和布克一样的从土壤里长出来的普通作物。穿过海克斯克拉福后，然后到了打油诗人格伦的家里，后来我们又到了亨特利本镇，我们在这里受到了热情好客的威尔德姐妹的招待，斯科特叫她们弗格森小姐，在这里我们已经筋疲力尽的出版商缓了一口气，这也重新给了他们勇气，继续沿着这条著名的相同河谷前进。在一个非常幽静的地方（叫作柴福伍德）有一座小木屋，"把它稍作改装，斯科特认为它可以变成一个很适合他的女儿和未来的女婿夏天度假居住的房子"。在我们返回的路上，斯科特变得有一点儿疲乏了，他把他的左手放在汤姆的肩膀上，非常吃力地支撑着自己的身体，与他的"礼拜日小型马"聊着天，他称呼这个充满深情的家伙，就跟称呼随行的伙伴一样。汤姆精明干练地还带着点男子汉气概地时不时插句话，当他偶然听到了在他理解范围内的笑话时，他就咕噜咕噜地露齿而笑。很容易看出来，从州长使劲儿抓住他的衣领作为依靠的那刻起，他的自信心已经开始膨胀起来了。

阿博茨福德滋生了一大批的游客、漫游的狩猎人和所有可以想得到的对斯科特的小说痴迷的人。

孤零零的埃特瑞克郡见证了它自己的成名，这里所有的道路上都充满着被接踵而至慕名而来的游客的脚印和足迹。最多的时候，一天之内会有"十六个团体"来到阿博茨福德；这里面包括不同的男的和女的、同辈的人、索齐尼派的传教士，以及任何能够被区分开来的人、任何因小说而对这个地方充满热爱的人。洛克哈特先生认为，文学史上没人能够做到这样，让作品中的地方变得这么出名，这么多人慕名而来；除了在伏尔泰的时代的费内郡，然而，即使是费内郡也达不到这样的一半出名。这些斯科特作品迷们真的是痴狂的物种！这些人正如席勒所说的“麻蝇”，像嗡嗡作响的成群的“青蝇”，它们从不放过任何在人类光鲜生活中腐败变质的东西或者任何在空气中有着腐烂气味的东西，因此这是上天任命的。斯科特的健康，身体上和精神上的，他异常坚强的性格，没有比在处理他人生中这段时期所面临的状况，更能够果断地展示他这些品质的地方了。可以判断，他招惹来的青蝇是青色的，有着普通人一样的格调和特性。我们听一下巴兹尔·霍尔上校的讲话（在一个非常压抑的情形下）：

我们到的正是时候，看到晚餐餐桌上有几个其他的客人。大厅里被汽油灯照得亮堂堂的，显得异常的富丽堂皇。假如我有一百支钢笔，用每一支来单独记下一件奇闻逸事，也不能去奢望能记录下这些故事的一半，用斯宾塞的话说，我们的主人，斯科特“思如泉涌”！——在旅行的一路上都在用数不清的奇闻逸事让我们开心——就像一条富有诗意的溪流从他唇间流过——泥泞的道路简直不能行走，但我不曾见过任何地方，因为他魔术师般地描绘这狭窄沟壑的技巧而变得如此有趣——虽然不可能和这个主题扯上任何关系，但他却能立即讲出适合它的奇闻逸事。我们这样一路走着，享受着他流水般的诗歌和小说。晚上，我们的确享受了一顿丰盛的晚宴，沃尔特先生问我们曾经是否读过《克丽斯特贝尔》。由这个不同的阅读经历，他又引出了数百个故事，一些是离奇有趣的，一些是可怜的。像往常一样，我们今天吃早餐的时候，又享受了他的第一百五十个故事——只有上帝知道他是怎么想出来的——这个如此有天赋，如此有资格处于文学顶端的人，崇高地、自豪地引领着文学的前沿，引领着整个世界的审美和想象力！例如，他从来没有在桌上坐过任何特殊的位置，就开始讲他的故事了……

拥有着众多的崇拜者，这些天的时间里“来了十六个团体”的人们，如果是一个普通人，早就自我膨胀了；会觉得上帝都在向他点头，好像自己撼动了整个地球。一个稍微有点儿坏心肠的人（拥有斯科特这样的才能的话）可能早已把他的要求说得很清楚了：不允许成群的青蝇朝这里飞，这会打扰他的工作——他会在如同国王一样的荣耀下，让人们尝尽加了糖的黄连的痛苦！而好心肠的沃尔特先生，就像一个沉默而勇敢的男人，都没有那样做。他让这个事情顺其自然地发展；享受着其中该享受的乐趣；忍受那些他自己无能为力的事；同时，他坚持写他日常的浪漫奇闻逸事，保持着一颗镇静和沉着的心。总之，他在这人群涌动嘈杂的环境中，调节着自己，使自己不被打扰，而是让这环境去为他服务，就像他会对一个沉默、贫穷而孤独的人做的那样（或许他感觉到更多的是舒适）。毫无疑问，这种环境也对他产生了影响，以一种可悲的方式让他的内在生活狂热起来，尽管他在努力使它冷却；但是这对他产生的影响可能比产生在别人身上的影响要小一些。因为他的客人不都是青蝇之类的，远远不是那样。洛克哈特先生将提供给我们，这个在英国曾经出现的费内，或者即将出现的，他的最光明的一面；于是，我们将离开关于阿博茨福德的描述，来看一下斯科特人生主要的顶峰期生活。

这是一个清新而明亮的九月的早上，纯净的空气让阳光更加充满了活力，去纽瓦克市山区的骑行已经准备就绪了。唯一一位为自己准备了另一项活动的客人是最忠实的钓鱼者——罗斯先生；但他骑着一匹矮种马，装备了钓鲑鱼的鱼竿和渔网，他的汉福斯猎犬，以及汤姆的一个哥哥查理·柏迪跟随着他，那个时候查理是当地最有名的渔夫。沃尔特带领的这样一群人，目的是要去萨默维尔市的保护区狩猎，他们骑在马上前后徘徊，见证了整个马队的列队出发。沃尔特先生骑着他的西贝尔马，正在用一根大猎鞭号令马队准备出发；马队中有十几个青年和少女，每个人都骑着马，似乎对这所有的纪律满不在乎，看起来每个人都像军队里跃跃欲试的年轻运动员，有汉弗里·戴维先生，沃拉斯顿医生，还有苏格兰纯文学的创始人亨利·麦肯齐河。然而，这个感性的男人，此刻正在被艰难地劝说，把他的坐骑给让他的忠诚的黑人侍从，让他一路和斯科特小姐骑一匹马，直到我们到达狩猎区域。莱德劳，是这支队伍的副官，骑着一匹强壮结实的苏格兰高地马，名叫霍地·格雷，这匹马轻松而稳健地载着他的主人，尽管他坐着的时候脚几乎触到地面了。但是其中最特别的人物就是安全灯的杰出发明者。他也是为了他最喜欢的钓鱼运动来到了这里，并且在这之前的两三天已经和他的旅行同伴，罗斯先生，练习得差不多了；但是他却没有想到会去狩猎区，或者因为一个突然的想法离开查理·柏迪的队伍来到斯科特先生的队伍里。他的渔民的装束——一顶棕色柔边帽，帽子上环绕着一排排的弦线，还有数不清的蚊钩——穿着一双像荷兰走私者的长筒靴，以及一件带有鲑鱼血迹的棉布粗麻制成的大衣，这和他那漂亮的夹克形成鲜明的对照，他穿着白条斑纹的马裤，他把骑师靴擦得锃亮，虽然他不是什么优秀的骑士。沃拉斯顿医生身穿一件黑色衣服，加上他那带有安详和高贵气质的面容，让他仿佛是一位运动的大主教。此时的麦肯齐河先生已经七十六岁，戴着镶绿的白色帽子和绿色的眼镜，穿着绿色的夹克，脚上扣着长长的棕色皮革靴，脖子上还挂着一个狗哨，浑身上下都透露出一种和同性恋者亨特利本上尉一样的坚定的信徒气质。汤姆·珀迪和他的手下在几小时之前，带着所有能在阿伯茨福德、达尼克以及梅尔罗斯找到的猎狗已经出发；但是体形庞大的猎狗梅达，依然留在他的主人斯科特身边听从指挥，它现在正和斯科特的西贝尔马嬉戏，就像一只西班牙猎犬的幼崽一样快乐地叫着。

队伍前进的顺序都已经安排妥当，整支马队整装待发，就在这时安妮小姐从她所在的那一列队伍突然尖叫着大笑起来，呼喊着："爸爸，爸爸，我知道如果没有你的宠物狗陪伴你是不会去的！"斯科特环顾了一下四周，我甚至想此时他微笑着的脸上应该带着一丝红晕，当他察觉有一头黑色的小猪正在调戏他的小马，很明显这头小猪是自愿加入这支队伍的。他试图保持严肃，还用鞭子抽打着这头小猪，发出噼啪的声音，但过了一会儿，他也随和地加入到众人的欢呼声中。可怜的小猪很快就发现自己的脖子上被套上了一条皮带，接着就被拖到了后院去；斯科特远远地看着小猪离去，假装感伤地重复着的《老田园曲》第一篇——"抽死了我的小猪，我该怎么办"？

我的快乐，我的骄傲，我的小猪。

我仅有的牲畜，我再没有其他！

哇哦！但我是快乐的！

欢呼声越发大了——队伍继续前进。

当这头猪被带走时，没有人说得清，这头猪怎样就成了斯科特最大的依恋，以至于他在旅途中不断强调和佯装承认这头猪是他的小马以及这群灰狗和猎犬中的一员：但，确实，其自负来证实一个普通成员的尾巴和灰狗或是梗类犬是相连的。然而，我的确记得在另外的某个夏天，他对一只深情的母鸡也产生了相似的执拗的感伤。我把这个问题的解释留给哲学家——但其实这就是事实。对于这个普通的受了污蔑的傻瓜，我怀有崇高的敬意，把他当作和那头猪和母鸡同等类型的宠物来命名；但是在这之后的一两年，我妻子曾经坐在园椅里让两只这样的动物拉着她跑；而当她的父亲，无论什么时候斯科特先生来到我们住宅的门口，我们的汉娜莫尔和摩根女士（安妮·斯科特曾经故意搞怪地给他们那样命名）就从草地上慢跑过来，还偶尔把鼻子伸到栅栏外东闻西闻的；就像华盛顿欧文谈到的，一个白发苍苍的种篱人拿着他的巴黎式鼻烟壶："表示对他们主人热烈的问好。"

我和我妻子是在柴夫伍德度过1821年的夏天和秋天的，这是我记忆中最开心的几个美好时光中的第一次。我们这儿离阿伯茨福德很近，可以随我们的喜欢参与斯科特先生繁华而不断变化的社交生活；而且这样做我们还不需要整天担心因要承担接待整个家族新来的客人，把自己弄得身心疲惫，但是除了沃尔特先生。但是，事实上，他也不总是厌恶这样一种开放风格的家务主持所带来的麻烦。

尽管有的时候，当他听到对于学术模糊认识的郑重掌声，看到那些浓妆艳抹的戴着假发的老女人索然无味的兴奋，以及那些没教养的外来者像马水蛭一般贪婪地提问题，还有那些过意屈尊的资本家虚伪的假笑时，他的脾气也会变得糟糕。当他在家里被这样的情形折磨时，他总会不时地发现自己远方的一处房产有点特别的事务需要处理；并希望来他家里的客人们能够通宵地尽情享受，从而醒来得晚点。他总是会在这个峡谷里的居民们早起之前，来到这里的小屋。他的西贝尔小马格行走时发出的踢踏声，猎犬穆斯大德和司柏思的叫声，以及他在我们窗户下欢快地大声叫喊着起床的铃声，就是他突然离家长途跋涉来这里信号，也意味着那天“他会在自己的房间里放松自己”。下山的时候，当夕阳的余晖笼罩在小屋和溪流之间的河岸上时，看到他和自己的以及我们的猎犬围坐在一起；他指着樵夫斧头的边缘，听着汤姆·柏迪关于地里最需要种什么样的庄稼的演讲。他会在早饭后，占用楼上的换衣间，写一个章节的《海盗故事》，然后在穿戴好之后，把稿件寄给巴兰蒂尼先生，之后不论汤姆·柏迪这个樵夫在哪儿工作，他都会和他在一起，有时还会加入他们一起，就像约翰·斯旺斯顿一样卖力地干活——直到他需要自己回到阿博茨福德的聚会，或是回到他安静的小屋里。如果在阿博茨福德的客人很少并且很友好，他经常会邀请他们全体在晚上来到柴福伍德做客，而且很确定的是，在这样的时候，他会表现出从来没有过的和蔼可亲，来帮助这些年轻人安排住宿；他会准备好各种常用物品，以备不时之需；他曾经非常喜欢把酒沉在他到过的斜坡上的井里，在晚餐开始前再把酒篮子提上来。他说在他还是个年轻房东的时候，经常使用这种原始的装备，而且他认为其效果远远胜过用冰达到的效果。相似的，在任何天气足够好的时候，他都赞成一起在户外进餐，这将会很快摆脱屋子太小而造成的困扰，还能够让男士更加自然、更加轻松地来帮助女士们添菜，这样一来缺少仆人就不是什么问题了。

的确，这一切都很美好；就像薄伽丘的图画一样；我们有生之年理想中的乡村生活。为什么它那么短暂呢？并不是缺乏收入的问题：斯科特的固定正式收入足以支付任何这样的生活带来的花费；不，说这些并不是乱猜，胡说或者是嫉妒。斯科特每年不用写一本书就有两千先令的收入。那么他为什么不去搞创作，而只是为了赚更多的钱，在那里进行无意义的小说生产；他不断为自己购买一栋一栋的房产，直到自己的出版公司破产，自己变得一无所有，最终把自己葬送在了沉重的债务中，这时的他才算真正找到了属于自己的快乐而安全的居所。哎，斯科特拥有着所有的健康，但还是被野心这种可怕的疾病感染了，变得虚弱了！他拥有了国王赐予的男爵爵位，以及世人的爱戴，还有那“一天之内十六个团体朝圣之行”，这一切给他带来了如此高的荣誉。所以他要不断购买房产，不断邀请客人来拜访，保持着这种花天酒地的生活，甚至愈演愈烈。因此，关于购置房产的一切活动变得永无休止，泥瓦匠开始不停地干活，挖掘机不停地开挖，不断购买着大理石桌板，屋子的护墙板材料、窗帘、窗帘的辅料，橘黄色或是褐色的都有等。沃尔特·斯科特，世界上最有天赋的人之一，他的崇拜者称他为最有天赋的人，在至死方休地把自己变成一个乡村绅士，变成他那类苏格兰地主的创始人。

他的这段历史，是这普天之下最奇怪、最悲剧的。这种让一个强悍的人走上极端之路的热情是多么的可怜。不可否认，如果一个人不总是个傻瓜的话，那么能走向这个极端肯定是有什么地方明显不对了；结果导致，就如斯科特一样，每天像蒸汽机一样地生产小说，一年也许能挣15000先令，然后把钱用在了置买房产和家具上。他使用小饰品、古老的盔甲、家族的盾牌来装饰在塞尔扣克郡房子的石墙，对于此我们只能说他精神错乱了。他购买了一片接着一片的塞尔扣克郡一带的沼泽地，在羊皮纸上做了登记，用围栏把它们围了起来，并写下他的名字——这是为什么？他就像是一个低俗的小版本的拿破仑、亚历山大或者是战胜的英雄，但不能作为一个受人尊敬的人类老师。

“整个世界太大了还没完成一半，
亚历山大咆哮着说，
因为他只能征服这一个世界。
这只是狭窄而不足的一小桶，
戴奥真尼斯曾经说，
所有他曾读过的书，

抱怨吧，把双手放在眼睛上抽泣吧，

因为还有很多桶要完成。”

不只是他！“如果我们从本来就遥不可及的月亮上往下看”，拿破仑的成就就和我一样微不足道，那么，在任何可能的情况下，斯科特在阿博茨福德的地产又算得了什么呢？正如阿拉伯人说的一样，在每个人的灵魂里，都有个黑色的污点，是比豆子眼睛还小的东西；它一旦膨胀起来，就会把人卷进无边的黑暗和癫狂中，把人吞噬进无边的黑夜里。

至于这些威弗利系列小说中的文学角色的塑造，从受欢迎的角度来看，他们确实是非凡的。但是这些作品中的人物，在被赏析阅读多次后，不管是好的坏的，都不再有什么值得现在去细说的必要了。关于这些小说，最重要的一个事实是，它们是被快速写成的，而且比世界上其他的书挣的钱都多。还必须承认的是，这些小说在以下这些情况下，具有比通常有的更多的价值。不，假如文学创作的任务只是去无害地娱乐那些慵懒倦怠的读者的话，这些小说堪称完美的文学作品；或者说一个读者，比其他任何时候都着重强调，在他休息的时候，想要的是：“躺在沙发上，读沃尔特·斯科特写的冗长的小说！”这些作文，跟平常一样的肤浅，通常在某种程度上是堆砌而成，只是一篇文章而已。其中包含着对事件和人物情感流畅的叙述，通篇来看好像有着大师级作品的连贯性，犹如文学大师笔下自由使用的破折号，还像意大利画家乔托画的圆圈。它们是即兴创作的完美产品。此外，里面包含着恰到好处的栩栩如生、精神饱满、阳光灿烂的场景描述；对人物和风景的刻画，优雅而巧妙，还时而在最温和的沉着中夹杂着优雅和闪光点。事实上，它里面包含着对自然与人类的美、深刻而真诚的热爱，它的作者也具备了通过想象和语言来表达这种爱的能力。有关大自然，再也找不到比斯科特的作品包含着的更新奇的画面了；也很难再在其他作品中发现比斯科特更多的对人类的同情。他作品中的角色从大卫院长到狮心王理查德，从梅格梅里利斯到邓弗农，再到后来的伊丽莎白女王。

这些角色的刻画都是一个拥有开放灵魂的人的表达；一个勇敢的，拥有开阔视野和自由见解的人的表达。他对所有人类怀有真正的同胞情谊，他作品中栩栩如生的画面描写，以及包含着的同伴情谊，自由的目光和心灵，或者一句话来概括，他拥有着一般人健康的思想，他的这些小说证明了他是那些重要的作家之一。

无论是他本身拥有较高还是最高的美德，还是他的人物刻画技巧，在任何时候都不能说是有缺陷的，虽然我们在任何时候也不能说，从最好的意义上来说，他是成功的。他塑造的市政官的马车夫、戴蒙特、达尔格蒂等角色（这些人名有很多)，他们做的和说的的确都跟作者想要表达的一样；这些角色，如果不是被作者刻画和创造如诗意般栩栩如生，那么一些骗人的被当作好演员的人也能扮演他们。那么除此之外，还想获得什么呢？对躺在沙发上打发时间的读者们，这足够了。但对另外一种有深度的读者来说，他们需要更多。细细地探究斯科特与莎士比亚，歌德所描绘人物特点的不同将会是很冗长的篇章。但他们在文学特点上有巨大的不同，他们属于不同的类型，他们中一个人的价值不能用另外一个人的标准去衡量。我们对这个冗长复杂的问题，用简短的话来说，莎士比亚是从人物的内心到外在来描述，而斯科特只是描述人物的表面特征，从不触及人物内心。前者塑造的是有灵魂生动鲜活的人物形象，而后者则更多的是对人物机械的描述，看似像没有思想的机器。把斯科特的费奈拉和歌德的米妮安作比较，关于此，曾经被这样说过，斯科特因为借用和模仿歌德，“把荣誉给予了歌德”。他模仿了歌德对米妮安的描写方法，他从歌德那里，借用了这个身材矮小，有着向上爬升的天赋和狡猾的机械的人物，正如我们所说的一样。但是他确实也丢掉了米妮安的灵魂。费奈拉相对于斯科特来说是不受人欢迎的描写样本，但是对这个人物的刻画也证明了他作品的夸张描述，这在他所有刻画的人物中都有迹可循。

怀着同样的目的，我们想说这些著名的作品都是常规思想的结果，而没有其他任何思想的涵养在里头。除了这个睿智的乡下绅士能够表达出来的东西，那些观点、情感、原则、怀疑、信仰的踪迹都找寻不到。他的作品是有序的、通俗的，也是审慎的、得体的，再没有别的了。而跳出常规的范围，尝试写些英雄般的史诗，他很少这样做，即使要写也是几乎很快地转入粉色玫瑰般的伤感主义，描写如密涅瓦女神般遥远的人物，或者干脆很快放弃这方面的尝试。因为没有人比他更加知道自己已经写不下去了。从大体上来说，对比一下小说《威弗利》，这本精心写作的小说，和大多数追随它之后也是即兴完成的小说，有人可能会对这种即兴的写作方式感到遗憾。斯科特先生在这种方式下写出的作品有着一些非常完美的东西，但其他人就并非如此。不仅如此，如果斯科特先生能够专注地集中精神去创作，谁知道他会达到多么崇高的境界。如果这样，大自然赋予他的天赋，提供给他的条件，表面看起来是仁慈实际上却是最不仁慈的，难道不会驱使着他去展示出来吗？

但毕竟，纵然他的作品有最响亮的影响力和最高的受欢迎度，我们思想里总有一个永恒真实的真理，那就是除了无伤大雅地娱乐那些懒惰倦怠之人，文学创作还有着别的更崇高的目标。或者说，如果文学没有了这些目标，那文学就是一件非常无趣的事情；而且另外的一些东西肯定会包含这些目标，并且不论人们感激与否，都会去一一实现它们；否则这个不管是否充满感激的世界，将不再是一个世界。从这个角度看，在他的《威弗利》系列小说里，能被找寻和发现的价值就很少了。没有任何形式的，有益的，让人们去拥有信仰，给予谴责，获得启迪以及用于树立榜样或者引人向上的价值。在这里，受伤的心灵将不会被治愈，在黑暗中迷茫挣扎的内心并不会受到指引，人们心中的英雄主义不会被神圣的警醒声音激发。因此，我们说，读者们并没有对这些小说怀有深度的兴趣，只是怀着表面肤浅的兴趣；他们的兴趣不是长久的，甚至可能不会持久。事实上，这些小说带给人的很多兴趣都是起因于服饰描述的差异上。那些属于一个时代的言语和措辞、武器、服装和生活的风格，都被突然地极其生动地展示在另一个时代的人眼前。这些东西依靠本身的特性，对人们产生了巨大的影响，但这影响只是暂时的。细想一下，弟兄们，我们有一天不也会成为老古董，变成穿着和其他人一样离奇搞笑服饰的人吗？那些所谓锦衣玉食的漂亮女人，只要给她们时间，也将会成为最不可思议的老婆婆。在古文物博物馆里，只需经过两个世纪，那些尖顶的绅士帽将会被挂在靠近法老像的属于某个公司专有的展柜上，由古文物学家来定了哪一顶更加丑陋。还有那史图斯的燕尾服，有人可能会希望，它成为一种不可思议的服饰，能让显示出男人绅士尊严的后背看起来从未有过的可笑。依靠短腿的马裤、尖顶的帽子、软皮的腰带或是古时的言语表达，这些浪漫的英雄小说不会一直吸引着我们。从长远来看，能够简单，唯一一直引起我们兴趣的是作品中的人。软皮腰带，以及各种各样的短袖上衣和服饰都是暂时的，只有作品的人是常在的；一个作家的作品能够比其他人的作品深入人心，他就会被铭记，如果不能做到，就不会被铭记。从这个角度看斯科特，他有着清晰的实际洞察力，让人愉悦的脾性以及其他惊人的天赋，他不能被认为是渺小的；反而是作为一个普通流行小说的写作英雄，他也许会被认为是半神似的人物。虽然不渺小，也不能说他很伟大，在他那个年代，比他更伟大的人是不止一两个的。纵观所有年代中伟大的人，似乎没有哪个人的位置适合他。

那么，这些浪漫的威弗利小说取得的结果是什么呢？只是逗乐了一代人吗？它逗乐一代甚至更多代的人，并且尽其所能地在逗乐着很多代的人；但它不可能逗乐所有年代的人：噢，不！当我们的燕尾服已经变得和长腿紧身裤一样奇怪搞笑的时候，它的娱乐作用就会停止！同时，正如我们能感觉到的，它的结果已经翻了好几倍了。首先，当然特别是，难道它没有获得这样的结果吗？人类中相当的一部分，在这里已经对它提供的娱乐相当满意，并且在开始寻求更好的娱乐了。但从对一个人的影响来说，通过阅读的方式带来的娱乐也就这样了，不会再产生更好的效果了；于是人们就会问："这就是它能做到的事吗？"对斯科特来说，我们估计，他承受着它的最终结果和危机带来的各种压力，以至于变成了无法避免的事；改变将是一个伟大的仪式，虽然是间接的一个。

其次，我们或许会说这些历史小说教会了所有人一个真相，而这个真相看起来是众所周知的，但对一些历史作家和其他人来说还是不知道的好，直到他们领会到：在过去年代的世界中实际存在的是活生生的人，而不是礼仪法规、国家文件以及对人类的讨论和想象。不是抽象的图表或是定理，而是实实在在的人，穿着浅黄色或其他颜色的大衣和马裤，面带表情，内心有着无限激情的人，有着自己的风格、特点和活力的人。这些话虽然简短，却包含着伟大的意义。历史将来必会仔细体会其意义。历史的那句无力的传言"哲学是靠经验教育人们"，将不得不从各个方面被直接的观察和体验替换，因为，这个，也只有这个才能作为真正的经验。而一旦真实的经验起了作用，哲学便会乖乖地让出其位置来。而这些，斯科特已经做出了改变，这将是一项伟大的仪式，并且产生多方面丰富的影响；他揭开了一个伟大的真相——一个真正与人类实质的本性相关的真相；斯科特的固执，诚实，即使是想象中的，伴随着他所有的奇想漫谈，也是他的特色。

近来，对于即兴的写作风格的讨论，变得越来越热门。斯科特似乎是这种写作风格方面的高手。他的写作速度是极快的，而且写出的东西是很优秀的。可以想象一下，在这样的情况下，斯科特先生如果有部分小说来不及亲自写，他就口述，由别人代写，这肯定会被认为是很棒的。他的这种即兴的写作方式是一种很有价值的能力。不仅如此，而且，对斯科特先生来说，这很显然是唯一一种好的模式。如果借用太多别人的劳动力，他的版权就不能为自己赚取更多的钱，他也不能让躺在沙发上看书的读者更加舒适。从各方面来讲，这些作品都必须被快速地生产出来，不管圆满与否，都必须如同乔托的圆一样被画出来。但事实上，对于世上人们所从事的所有事情，写作或者其他的事，当知道怎么去完成它时，其中就有着最不可缺少的美好。一个人如果不知道一件事情什么时候会完成，他就是在漫无目的地消耗着自己，他就没有从事这一行的技巧，他就不会是一个工匠，而只是一个不幸的打洞人和笨蛋。完美是很难做到的；世界上没有一个木匠曾经做过一个数学上精确的直角；但是，所有的木匠都知道什么时候已经足够精确，并且不会因为过于追求精确度，而毁了这桩活儿，丢掉自己的报酬。一个人的头脑中想着太多的辛苦，就会出问题，过少也一样。那些灵巧的思想健全的人，会尽力做到，在每一种事务上花费它大约需要的精力；然后他们将怀着良心和无悔，慢慢消除那份辛劳。所有这些对即兴写作方式的支持是应该被认可的，如果需要，还要被强调和教育。

然而，从另一方面讲，针对写作的方式，我们不应该过少地，而是应该更多地去教育人们，没有任何伟大的事情是被或将被轻松地完成的，都是克服了困难才完成的。让那些有着各种天赋的即兴作家把这个教导铭记于心。这到底是轻松的还是困难的呢？一个人以任何的形式去尽他最大的努力去做一件事；尤其是，以一种被称作"灵魂的辛勤劳动"的形式，从思想的深处去努力，全面围绕着尚未产生的错误，从晦涩难懂和可能的东西中找出真实的东西。这在现在，或是任何时候都不是轻松的。所有人的经验都证实了这点，所有事物的本性也能给予证明。维吉尔与塔西坨，难道他们是即兴作家吗？那一整本的《伊索寓言》在程度上与拼凑而成的评论文章是不等同的。莎士比亚，我们可以想象得到，他能快速地进行文学创作；但是也只是在他的思维达到一定深度的时候：他在长时间激烈地进行着思维活动，正如洞察一切的眼睛能清楚地看到，他在痛苦和挣扎中苦苦思索和努力着，尽管他伟大的灵魂面对所有这一切都保持着平静。他在适当的间歇中能够写得很快，能够进行即兴的写作。这里关于这个事情隐藏着这样一个真实的秘密：这种如此快的单纯写作速度，在经过充分的准备工作后，毫无疑问是正确的写作方式。它是先在构思的大熔炉里酝酿和冶炼了很长时间后，才让如纯金的精华部分在一次迸发中流泻出来。这是莎士比亚的写作过程，他不是一个纯粹的即兴作家，如果是的话，他也不会成为莎士比亚了。而弥尔顿，作为一个绅士中的暴徒，也不是一个轻松写作的人。他没有莎士比亚的那种天赋，即使在经过长时间的准备后能够快速地写作，但是他仍然会在写作的时候费尽心思。歌德也曾告诉我们，"他在梦中没有获得过灵感"，他的作品中没有一页不是他精心构思出来的。他的作品被认为是，任何有思想的人写出的，最优秀的散文。席勒，作为一名不幸且身体残疾的人说过："创作不到筋疲力尽，永远不会被完成。"他带着高贵的天赋奋斗得不很明智，而是努力过头了，最终英雄般的耗尽了自己的生命去创作。或者说彼特拉克就是在轻松地创作吗？但丁看到自己创作《神曲》时"变得越发消瘦"；他在强烈的孤独中拼命地创作着，只为了能战胜它，并且完成它，只为能发挥出自己最高的才能。因此，它被战胜了，作品被完成了，这部作品旺盛的生命力也就永远存在于人类中间。

不，人们会认为，创作是艰辛的；创造之神在你头脑中承受着强烈的痛苦和点燃了创作的火焰，也是在这里，武装好的帕拉斯（智慧之神）也挣扎着、思考着。而至于文学创造，那就是另一回事了；这个过程可能轻松，也可能不轻松，这就要取决于它需要花费的工夫了。然而文学创造也是一样，一个普遍的真理就是，这种创造的价值取决于作品本身需要直接付出的辛苦的程度；而且，不费吹灰之力创造出来的，总是无价值的，或几乎是这样。因此，那些画圆的即兴作家们，停止对你们写作的速度和天赋大声地吹嘘吧；对你们来说（如果你们正在大量地进行创造），这是一种利润，能够增加你们的收入；但是对我来说，这是绝对的损失，是在玷污我赚到的每一分钱。为什么你们要向我吹嘘这个呢？如果你们有精力去这样创造，你们的作品卖得出去，那么就去搞你们的即兴写作吧，但是要把它像美德一样隐藏起来，默默地进行。英国作家谢里丹说："即兴的写作"，"有时候难以读懂。"有时候，甚至一直是这样，能肯定这种作品成了无用的读物，它们（对那些没有花费多少时间和辛苦创造出来的作品）甚至被当成了最难读懂的东西。

斯科特的作品生产制造能力使每个人都很吃惊；关于此，我们拿霍尔船长的例子，用一种奇特的方法来平淡无奇地解释一下；我们可以从上面引出的，他的船长日志中看出来。这个船长，一行行地数着，发现他在一段特定的时期内零散的时间里，在自己的日志中已经写下了几乎和斯科特一样多的东西；他说"至于我写的东西包含的辛劳"，"我们都知道斯科特的即兴作品没有花费什么心血，而我写出的也是这一类"。这实在是一种方便的例证，但是对我们来说，斯科特的写作速度真是太棒了，这对他的那种稳固的健康，包括身体上和精神上的，是一种证明和结果；虽然这很棒，但并不是一个奇迹。他不比除了霍尔船长之外许多其他的即兴作家更伟大。我们对此表示钦佩，但要有一定的限度。因为经过观察，对于任何作品有两种情况可说：一种作品注重质量，另一种作品注重数量！任何一个很容易对自己工作产生满足感的人，可能会非常迅速地完成工作。如果由斯科特口述，找人替他打字，那么他的自传肯定就会有第八卷问世；保证他的作品跟由他口述的一样好，那么他的自传的每一卷都要另外增加第三部分，这样的话也是一件好事。但是他并没有以这种可行的方法如此快速地进行写作，表示即兴写作不是他的天赋，而是他的习惯。这将会证明他神经系统的稳固健康，以及他的思想切中实际。总而言之，他有他自己的行业诀窍。用一种最谄媚的眼光来看，快速地写作预示着精神上的健康。不仅如此，可能大多数情况下，这还取决于身体的健康。不要去怀疑，人类能具备一种即兴写作的能力。人类的天赋，一旦被合理地确定了方向，将会影响深远。威廉·科贝特，人类中最健康的人之一，是一个甚至比沃尔特·斯科特更加伟大的即兴创作者。他的著作被认为同时具备着质量和数量。这些著作包括《骑马乡行记》《登记簿》《语法》《布道》《豪猪皮特》《政治记事周刊》《对土豆永远的抨击》和《纸——钱》等。而这些伟大的著作对我们来说，似乎更加奇妙与美好。皮埃尔·贝尔写出了大量的手稿，看不出他动机的源泉在哪里，他永远在溪水流淌般地写作，如同沟水中一股强大的潮流，至死不息，甚至他去世的时候，手里还握着钢笔。但事实上，让人最难以理解的即兴作家，可能就是日报的一个普通编辑。我们可以想到，他们写的主要文章，所涉及的内容，以及过得去的完成方式，如同已经被摔打过一百次的被筛选掉麦粒的秸秆一样，只是一种有短暂回声的声音；这种随时写成的人们已经见过一百遍的东西，最终被证明是空洞无价值的：一个仅仅拥有凡人能力的人，是怎样带着新的活力和兴趣，夜以继日地把自己紧紧束缚在这几根扑打过的稻草上面；夜以继日地对其重新扑打，夜以继日地让其产生新的短暂的轰隆声（雷声），就这样一直的扑打，一直地让其发出声音，持续相当多的年份；这是一个，在人类生理学上，遗留下来仍需做出解释的事实。人类的生命力真是伟大的。

或者我们应该说，在面对这最终的结果和危机时斯科特所承担的许多压力中，也有着因为这种即兴写作带来的压力，因此我们最好看一下这些压力中有着什么。它是一种有价值的成就。这种压力并不是没带来结果——这些结果中的一些，能让斯科特以保守党政治家的身份受到极大震惊。因为如果一旦斯科特真的采用口述让别人代写的方式进行写作，那么民主主义（如果我们深入事物的根源去观察）就不再是一个棘手的难题，或只是一种可能，而将是一种必然，是一种即将到来的好事情。“对我而言，看起来那将是不可避免的”。但是不说这些，甚至现在还可以肯定即兴写作看起来是成功的；那些即兴作家在到处不可思议地吹捧着他们的速度。有一本对《卡洛斯先生》[①]这部作品最近的译著，这是一本完全看不出包含任何高超翻译能力的最无关紧要的译著，一本迄今为止，没发现有人可以确定是它的读者的书，“当我向读者保证这整本翻译在短短十周的时间内就完成了，也就是说从今年的一月六日到三月十八日（其中还包括因为劳累过度而耽误的两个星期时间），当说到我通常一天能翻译二十页，是我五天的工作量的五分之一，读者可能会认为这是一个宣传此书的借口”。迄今为止这本译著没有读者，它对我而言是多长时间完成的作品根本不重要，管他是五天还是五十年，而唯一重要的问题就是，你完成的质量如何？

然而，事情成了这样：那股不可抗拒的即兴之作的风气占据了主导地位，像海洋的潮汐一样在我们面前推进，像诺亚的洪水泛滥在这沟水中。整个文学的前景似乎是最可悲的。当如潮水般的即兴文学向我们涌来，把其他所有文学形式都淹没了，随后而来的难道是诺亚的精神时代？这肯定是一种可怕的情景；这比得上在伦敦的雾中那个患病的马太的荆棘；哦，暴躁的马太，作为一种安慰；这并没有淹没所有的文学形式，这只是一股即兴文学作品出版和销售的热潮。难道在印刷术和门兹的浮士德出现之前就没有文学的存在吗，也没有人进行即兴写作吗？进一步说，在写作和底比斯的卡德摩斯出现之前，就没有人即兴演讲吗？文学是那些思考的灵魂的思想表达；它，有着上帝的保佑，在任何一个年代都不会被淹没，而仍会陪我们到最后。

斯科特的这种生活，通过写即兴小说赚钱来购买土地，好像并没有自

① 卡洛斯先生，一位杰出的诗人，1837。

动地终止，反而是愈演愈烈；他看不到，一个明智的目标，在任何情况下，对他所做的指引。那个作为治安官的售书商的破产毁灭的不是斯科特；毁灭的是，他自身极度膨胀的野心，即使这是个错误的野心，让他生活的方向变得不明智。不管这种野心会把他引向哪里，会让他在哪里停止，当他的新小说赚得更多的金钱时，他总要继续购买新的土地。越来越多的成功，给他带来了越来越多的野心和越来越多的狂妄。这种即兴的作品肯定只曾上过一层薄薄的蜡油；它越来越快地衰退成了让人怀疑的一类作品，变得让人谴责，让公众责难。对于它，在各处已经秘密地聚集了一个相当数量的反对派；这些威弗利系列小说奇迹的见证者，现在却无法再相信它们，而是被迫默默地进行着抗议。像这样的反对派数量在很确定地增长着，甚至，随着一直流行着的即兴创作过程的日益衰落，会导致全世界的人都来对其进行抗议，这种无声的抗议最终会变为批评的话语。严酷的事实，在这种即兴创作过度流行和衰落的更加严酷的背景下，应该被说出来了——正如在这个不再会让斯科特这个勇敢的男人内心更加痛苦的时候，现在，应该很自然地表达出来了。谁知道呢，也许这比另一种让所有人都来责难他要好点。否则，在任何比率下，他都会受到责难。有一天，治安官（售书商）这座大山，看起来如同其他坚固的大山一样屹立不倒，突然就倒塌了，就像冰山的倒塌那样，发出大声的爆裂声；突然地，伴随着巨大的咔嚓声，摇摇晃晃地化为了冰尘；这座大山沉没了，也连同着带走了很多东西。在一天之内，斯科特堆积如山的金币化为了空头支票，成了虚无；在一天之内，这个富人，这个地主，看着自己变得身无分文、丧失土地，成了一个破产的债权人。

这是一场艰苦的磨炼。他自负地、勇敢地去面对它——就像世界上一个勇敢和骄傲的人。但或许还有一种更值得骄傲的方法：就是诚实地承认自己是不成功的，然后，承认自己所有的美梦和声誉都破碎了，自己破产了；再去主动转移注意力到其他方面去寻求庇护。其他方面的庇护确实是有的，但去寻求庇护，这不是斯科特的选择，或者不是他的思想风格。要他承认迄今为止自己各方面都错了，自己的这些名声和骄傲，现在都破灭了，只是一种无意义的幻觉和遭诅咒的魔法咒语，这对一个血肉之躯的凡人是很难做到的。他说了，我会检讨自己，然后挽回自己的错误，或为之而死。静静地，他像一个骄傲且坚强的男人，他让自己承担了如同移除一座垃圾大山一样只有大力神赫拉克勒斯才能承担的任务，因为它的任务就是这样；他依靠着自己还能写出来和销售的书来赚取大量的赎金。也是在他衰落的这些年里，降临在我们身上的灾难是双倍的甚至是三倍的不幸。斯科特，作为一个真正的男子汉，开始了他那大力神般的任务，并且不知疲倦地持续努力着，怀着一种高尚的快乐；就在这时，他的生命本源开始发出咔嚓的断裂声，但他还是在紧紧地维系着它，并且与之较劲；长年累月后，在即将与死亡握手之际，他依然鼓足着干劲儿——这股干劲儿被证明更加的强大；但最终他的生命还是结束了，停止了——他最强大的内心的绳索断裂了！针对斯科特最后写出的这些著作的批评，他的《拿破仑》《鬼魔的信仰》《苏格兰历史》以及其余的作品，仍然有很多要说出来，很多要评论的，但最终没有被说出任何责备的言辞；只需要说这样一个词，就是我们内心的悲哀！斯科特如同一匹高贵的战马，一旦面对向它挑衅的长矛，它注定要拖着那卑贱的马车轮子，辛劳而死的！斯科特的衰败如同一个已经被用过的，抛射出去的炮弹，下坠的速度快速而直接——仁慈点说也许是这样。这是一个悲剧，就如他的整个人生；这又是一个关于全世界的人对所谓的财富永远都不会满足的清晰证据；人们在文学、战争、政治、金钱方面的野心，从来没有让任何人受益。

我们最后摘录的部分来自自传的第六卷，这是非常悲剧的一部分。虽然悲剧，但仍然是美丽的；那多余的毁灭般的折磨，从死神的更加严厉的探访那里借给斯科特了一种神圣感。斯科特独自搬到爱丁堡的一个出租公寓居住，每天坚持做着他每天要做的工作；在阿博茨福德，在他妻子患疾病的最后阶段，他也没能陪在身边。最后他也静静地离开了人世，他那沉睡的脸庞上有着自己曾很害怕再看到的安详。根据拜伦的《拉文纳日报》提供的线索，我们从他最后几个月开始坚持写的日记里摘抄了以下几段话：这几段话内容丰富，比自传的第六卷中其他部分更加有意义：

“阿博茨福德，五月十一（1826）——一想到，以及一回想起，我再也不可能希望从那对耐心聆听的耳朵那里寻求信心和建议，那对能够让我放心大胆地倾吐心声的耳朵，我的心就疼痛地颤抖。但是想到她现在奄奄一息的状态，我即使守在身边又有什么用，而且安妮答应了坚持随时告知我她的病情。我今晚必须和詹姆斯·巴兰蒂尼在家中一起用餐。我无法推辞，但我宁愿在家中孤独地度过。当然，我也可以去外面。我不会向那种总是试着侵蚀我意识的那种空洞的绝望感屈服。”

“爱丁堡——布朗夫人的住所，北圣大卫街——五月十二——我和善良的詹姆斯·巴兰蒂尼度过了愉快的一天，这对我家中那只黑狗是一种莫大的安慰，它会担心独自在家的我。它也很孤单。”

“嗯，我现在在雅顿。我可能会试着说，‘当我在家的时候，我就是在一个更好的地方’；在某些时候，我必须从我小说中的市政官尼克尔的马车夫说的话中寻找安慰——‘一个人不能随时依靠那活跃的市场来安慰自己’，当我思想放松时，我认为自己的身体才会得到很好的休息。这个公寓里现在有另外一个房客，一个名为山迪的先生，他是一个牧师——尽管他的名字很少人听说过。”

“五月十四——你那明媚的阳光照射在这些阴暗的旧墙上，太阳先生，你带给了我们一个清新明净的早晨。我觉得你现在看起来跟在泰德河岸边时一样的明亮耀眼，照耀着你想照耀的地方，太阳先生，你在照耀着那些悲伤和苦难——霍格昨天在这里了，他处于危难中，向詹姆斯·巴兰蒂尼借了100先令的住宿费，但这个钱他必须要还。我因为自己也要向别人借钱，所以没办法帮助这个可怜的家伙。”

“五月十五——一切事情最终来临，我收到了来自阿博茨福德的沉痛消息。”

“阿博茨福德，五月十六——她在昨天早上九点去世，在大病了两天之后——最后走得很安详。我昨晚很晚才到达那里。安妮已经筋疲力尽，并且当我到那儿的时候，她在我面前一下子变得歇斯底里。她嘶哑的口音像一个孩子，她的说话和音调都嘶哑了，但她还是用最温柔的声音说‘可怜的妈妈——再也回不来了，永远地离开了，去了天堂’。然后，她变得清醒了，她理智地、自由地和内心坚强地说着话，直到她再次崩溃。安妮那非语言能表达的行为对我来说就像一个陌生人，那么我作为一个父亲和丈夫对这个晴天霹雳有什么样的反应呢？对丁我自己，我不知道自己是什么样的感受；有时候我的情绪就像巴斯岩石一样坚强和稳定，有时候我的情绪就如滴打在岩石上的水珠一样虚弱和凌乱。我像曾经生活中的自己那样清醒地思考和决断着。然而，当我对比着现在的境遇和不久前的情况时，我觉得我的心都要碎了。现在的我，孤独、年迈，除了可怜的安妮，我失去了家庭的所有；我成了一个贫穷潦倒的人，失去了能和我交流思想和给予我忠告的知心人，在我的内心充满了挫败感而对磨难产生了绝望情绪时，这个人总能通过交心帮我去除这些忧虑——甚至她的缺点对我也是一种帮助，除了我疲惫的自我反思，她能让我想到其他的事情。”

“‘我已经见过她了。我看到的那个身体，是不是我的夏洛特，是不是我三十年的伴侣。这里有着同样匀称的体型，虽然她曾经是那么有弹性的四肢现在已经僵硬了，但是她那已经萎缩的黄色脸庞，看起来是在嘲笑生活而不是在模仿它，这真的是曾经充满着活泼表情的那张脸吗？我不会再去看这张脸了。安妮认为她母亲的脸没什么改变，因为她对她妈妈最新的印象也是在她处于极度痛苦的生病状态中形成的。而我对她的印象还停留在之前情况相对好的时候。那时的我想着如果我这样写作下去，我就能靠写作解决我的困难，如果我能做到，我宁愿写死。’”

“五月十八——她穿上了寿衣被安放进了木棺里；冰冷的大地也会很快接收她。但那个将埋在卓伯格的废墟中，我们曾经常玩耍和消遣的地方的人，这不是我的夏洛特，她不是我年轻的新娘，不是我孩子们的母亲。”

“五月二十二——我不会只因为痛苦，而在我必须承担的责任面前那么轻易地退缩。但我真希望这个葬礼能快点儿过去。一种愚蠢的幻觉笼罩着我的大脑，好像那里的人所做的、所说的都不是真的。”

“五月二十六——如果有坏人闯入到我的房子，尽管那时我的精神承担着很大压力，我不会尽全力去战斗吗，这种类似沮丧的心情能阻止我精神上的振奋吗？我可以向上帝保证，不会是这样的！”

“爱丁堡，五月三十——昨晚我和查理斯回到了镇上，今天早上我恢复了平时早起的习惯，早上开始正常工作，并出席了法庭。我完成了帮助季刊校稿的工作；这上面的文章都是一些肤浅的文章，但那时我经济情况不好，只有接受这个工作——这是忧郁的一天——最忧郁的一天，恐怕可怜的查尔斯发现了我在哭泣。我不知道其他人的感受，但那种催人泪下的歇斯底里的激情是一种可怕的暴力——是一种抑制冲动的感觉——然后接着的是我陷入一种愚蠢的梦幻状态，在这种状态下我会问我可怜的夏洛特到底去世没有。”

这是美丽的也是悲剧的。而在自传第七卷中一定会出现的其他场景中，这里将没有美丽，而只有悲剧。所以我们最好说到这里就结束。

所以帘幕落下，强大的沃尔特·斯科特不再与我们同在。他的财富留下了，被广泛地分散着，但是可以得到的，而不是不足取的。当他离开时，可以说他带走了他男子汉的一生。在这个十八世纪的时代，没有比在他身上更能集中显示出英国的男子气概。哎，他那健康的苏格兰人面孔，透着粗犷的诚实、睿智和善良，而当最近我们在爱丁堡大街上看到他时，所有的快乐都从那里逃离了，脸上只有疲惫和忧虑——表情中深深充满着辛苦和悲伤。我们永远不会忘记那个表情，我们也永远不会再次看到它。再见，沃尔特先生，所有苏格兰人的骄傲，带着我们的骄傲和悲伤说再见。